U0154912

陈　来

朱子的哲学世界

生活·读书·新知　三联书店

图书在版编目（CIP）数据

朱子的哲学世界/陈来著. —北京：生活·读书·
新知三联书店，2024.6
ISBN 978-7-108-07801-8

Ⅰ.①朱… Ⅱ.①陈… Ⅲ.①朱熹（1130-1200）—
哲学思想-文集 Ⅳ.① B244.75-53

中国国家版本馆 CIP 数据核字 (2024) 第 055183 号

文字编辑 苏诗毅
责任编辑 王晨晨
装帧设计 薛　宇
责任印制 卢　岳
出版发行 **生活·讀書·新知** 三联书店
　　　　　（北京市东城区美术馆东街 22 号　100010）
网　　址 www.sdxjpc.com
经　　销 新华书店
印　　刷 北京隆昌伟业印刷有限公司
版　　次 2024 年 6 月北京第 1 版
　　　　　2024 年 6 月北京第 1 次印刷
开　　本 880 毫米 × 1230 毫米　1/32　印张 18.25
字　　数 407 千字
印　　数 0,001－5,000 册
定　　价 98.00 元

（印装查询：01064002715；邮购查询：01084010542）

宋徽國朱文公遺像

台北故宮博物院藏朱子像

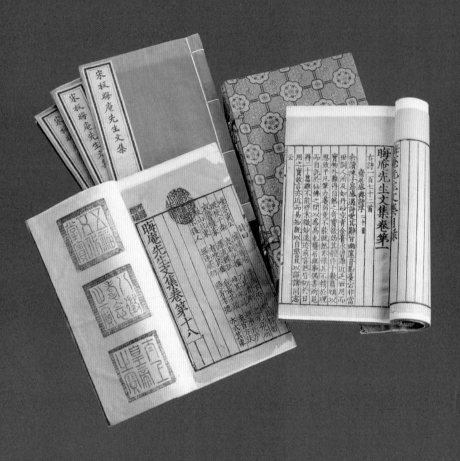

《晦庵先生文集》（宋淳熙间建刊本）

陈荣捷先生手书《朱子书信编年考证》序

陈来先生《朱子书信编年考证》各版本一览

上海人民出版社，1989 年

生活·读书·新知三联书店，2007 年

生活·读书·新知三联书店，2011 年

陈来先生《朱子哲学研究》各版本一览

中国社会科学出版社，1988年　　华东师范大学出版社，2000年

生活·读书·新知三联书店，2010年　　北京大学出版社，2023年

目　录

附 录

君子尊德性而道问学，致广大而尽精微，极高明而道中庸，温故而知新，敦厚以崇礼。

《中庸》第二十七章

朱子对《洪范》皇极的诠释

皇者，君之称也；极者，至极之义、标准之名，常在物之中央，而四外望之以取正焉者也。

——朱熹《皇极辨》

余英时先生在《朱熹的历史世界》一书中，对淳熙时期皇极说争论的政治含义做了深入揭示，指出孝宗淳熙后期王淮执政时以其皇极论为国是，标榜"维持安静""消弭朋党"，作为其苟且折中的执政纲领，从而引起理学士大夫如朱熹的批评；而朱熹所写的《皇极辨》则是对光宗即位之初重申皇极为国是的反响，朱熹要推翻对皇极说的曲解，别出正解以取代之，以摧毁当时国是的理论基础。[1] 余先生的这些抉发是很值得重视的。

按照朱熹从理学诠释体系出发的理解，皇极之"皇"指王者而言，所以有关皇极的讨论，在朱熹确实是涉及政治文化范畴的问题。不过，这只是一面，在另外一面，朱子在和他的学生朋友之间讨论皇极的时候，就像他在经典解释中常常遇到的其他问题一样，更多的是从学术和思想上来加以讨论。因为，经典文本中任何一个观念，本身都具有其独立的经典解释意义，对朱子来说，经典的义理解释本身毕竟是第一位的，在此基础上继而才是申发其政治思想的应用。本篇的意旨即在强调这一点。

---

〔1〕 余英时:《朱熹的历史世界》，生活·读书·新知三联书店，2004年，下篇，第823页。

一、《皇极辨》之起因

《尚书·洪范》，箕子论洪范九畴，其中第五项为"建用皇极"。文中对建用皇极的解说是：

> 五、皇极：皇建其有极。敛时五福，用敷锡厥庶民。惟时厥庶民于汝极。锡汝保极：凡厥庶民，无有淫朋，人无有比德，惟皇作极。凡厥庶民，有猷有为有守，汝则念之。不协于极，不罹于咎，皇则受之。而康而色，曰："予攸好德。"汝则锡之福。时人斯其惟皇之极。无虐茕独而畏高明，人之有能有为，使羞其行，而邦其昌。凡厥正人，既富方谷，汝弗能使有好于而家，时人斯其辜。于其无好德，汝虽锡之福，其作汝用咎。无偏无陂，遵王之义；无有作好，遵王之道；无有作恶，遵王之路。无偏无党，王道荡荡；无党无偏，王道平平；无反无侧，王道正直。会其有极，归其有极。曰：皇，极之敷言，是彝是训，于帝其训，凡厥庶民，极之敷言，是训是行，以近天子之光。曰：天子作民父母，以为天下王。

孔安国《洪范》之传曰："皇，大；极，中也。凡立事，当用大中之道。"其所谓大中即无过无不及，是两端的中道。

朱子自早年到中年，没有留意过《尚书·洪范》之皇极说的解释，现在看到最早的讨论应在淳熙后期，即自浙东救荒归来之后。如其答梁文叔：

> "皇极"之说，来说亦得之。大抵此章自"皇建其有极"

以下，是总说人君正心修身、立大中至正之标准以观天下而天下化之之义；"无偏无陂"以下，乃是反覆赞叹，正说皇极体段；"曰皇极之敷言"以下，是推本结杀一章之大意。向见诸葛诚之说略是如此，但渠说有过当处耳。（《朱子文集》卷四十四）

朱子在浙东时认识诸葛诚之，故推其语气，此书当作于浙东归来后数年，在甲辰之后、戊申之前。在这里，朱子回应了梁关于皇极的讨论，他基本同意梁对皇极的解说，也基本肯定诸葛诚之对皇极说的理解。朱子认为，皇指人君，建极是确立根本标准。如何建极呢？就是人君以自己修身来确立这个道德标准，然后用这样的标准观察天下，而天下则自然会依照这个标准归心教化。朱子不仅解说了"皇建其有极"，也把《洪范》中论皇极的整段文字分成三层做了结构和宗旨的说明。照朱子所说，他的理解与梁文叔及浙中学者诸葛诚之差别不大。虽然，朱子在这里对皇极的解释是强调人君以修身立标准、天下化之，与后来《皇极辨》的基本思想一致，但仍使用了"大中"，这是《皇极辨》作成后朱子不再主张的，而且后来朱子是用"至极"而不是用"至正"解说极之义，可见此信当写于《皇极辨》作成之前。

淳熙末年，朱子作《皇极辨》，正式表达出其意见。其答吴伯丰第二书说：

> 横渠先生象，记得旧传蜀中本时，云亦有御史象，今却不记曾见与不见。岁久不复可得其真，但当兼收，以见区区尊仰之意而已。但去岁此时同遭论列，今又适以此时相见，亦可笑也。李卫公书如此，正不足传，顾其全书遂不复可

见，殊可惜耳。庐陵近数得书，一病不轻，且幸已平复也。**金溪一向不得书，亦省应答之烦。《皇极辨》并往，此亦一破千古之惑，可录一本送正淳，皆勿广为佳耳。**（《朱子文集》卷五十二）

"去岁此时同遭论列"指淳熙十五年（1188年）六月朱子入朝时林栗既劾朱熹又攻击横渠之事。"金溪一向不得书"，指朱、陆太极之辩后二人已有一段时间未通音信。（按：朱陆之辩朱子最后一书在淳熙十六年（1189年）正月，二月孝宗内禅，陆象山七月来书报荆门之命，以此推之，此书应在淳熙十六年夏六月为近，[1]时当《皇极辨》作成不久，故寄吴伯丰一观。）考虑到《皇极辨》一文写作的时间约在淳熙十六年夏或稍前，及此书的语气，《皇极辨》写作起因应当与朱陆之辩中涉及了皇极说有直接关系。吴伯丰、万正淳皆江西学者，朱子在提到金溪（陆九渊）后立即提起随信寄去的《皇极辨》，并特叮嘱"勿广为佳"，即是不想让《皇极辨》一文广为流传，以避免刺激陆象山及其江西弟子，引起新的论辩，表明此文应与陆学有关。

同时，此文所论也关乎"时事"，说明此文之作确有时事政治的含义。束景南曾指出："朱熹其时专作《皇极辨》，一则抨击赵脔及反道学派所谓持平无党、调和折衷之'皇极用中'说，盖'皇极用中'已成赵脔及反道学当政打击道学之政治武器，如周南于绍熙元年（1190年）廷对所云：'今蒙蔽之甚，使陛下不能用人者，其说有三而已：一曰道学，二曰朋党，三曰皇极。'（《山房

---

〔1〕 参看拙著《朱子书信编年考证》，与束景南：《朱熹年谱长编》卷下，华东师范大学出版社，2001年，第964页。

集》）二则仍与陆九渊论辩无极太极。"[1]（按：周南原话为"今之蒙蔽之甚者立为议论，以笼罩主意，使陛下不能摆脱以用人者，其说有三而已……"）依周南当时的说法，淳熙中以来，朝中人士有三种突出的议论或说法蒙蔽了皇帝，妨碍了朝廷的用人，一是道学之论，二是朋党之论，三是皇极之论，可见周南所谓三说乃是指淳熙以来朝中的三种政治议论，对皇帝的用人之道产生了影响。这三种都是针对道学，且是对朝廷任用道学人士产生了消极作用的议论主张，皇极说便是其中的一种。职是之故，朱子的《皇极辨》中自然也会涉及对这种皇极说的政治应用的批评。

不过，朱子既然说明**"一破千古之惑"**，表明无论写作的直接起因如何，此文的基本观念和理论指向是针对汉代以来学者对"皇极"的诠释传统进行辨析，其学术辨析的意义是基本和首要的。

二、《皇极辨》初本

传本《朱子文集》的《皇极辨》是后来的改本，而并不是淳熙十六年的初本，初本载于宋本《晦庵先生文集》后集，后集当刻于淳熙十六年。[2]让我们先来看《皇极辨》初本的全文：

─────────

[1] 束景南：《朱熹年谱长编》卷下，华东师范大学出版社，2001年，第964页。但与余英时稍有不同，束景南认为主张皇极说的主要是孝宗，而不是王淮。余英时则明确说明其看法是以李心传"如……王淮之'皇极'"说为依据（见余著第818页）。

[2] 昌彼得认为后集刻于淳熙十六年三月，其说亦言之成理，昌说见其影印宋本《晦庵先生文集》跋。若如此，则《皇极辨》可能作于淳熙十六年二三月间。以答吴伯丰书参之，至迟在该年五六月。又，若《皇极辨》作于淳熙十六年二三月间，时光宗刚刚即位，则朱子便不可能在其中对光宗的政策做出反应。但这并不排除朱子在接下来的几年中对光宗的政治和组织路线提出批评。

　　《洛书》九数而五居中，《洪范》九畴而皇极居五，故自**孔安国训皇极为大中，而后之诸儒莫有以为非者。予尝考之，皇者，君之称也；极者，至极之义，标准之名，尝在物之中央而四外望之以取正焉者也。**故以极为在中之至则可，而直谓极为中则不可。若北辰之为天极，屋栋之为屋极，其义皆然。而《周礼》所谓"民极"者，于皇极之义为尤近。顾今之说者既误于此，而并失之于彼，是以其说展转迷谬而终不能以自明也。即如旧说，姑亦无问其它，但于《洪范》之文易"皇"以"大"、易"极"以"中"而读之，则所谓"惟大作中"、"大则受之"之属，为何等语乎？故予窃独以为**皇者君也，极者至极之标准也。人君以一身立乎天下之中，而能修其身以为天下至极之标准，则天下之事固莫不协于此而得其本然之正，天下之人亦莫不观于此而得其固有之善焉，所谓皇极者也。**是其见于经者，位置法象盖皆本于《洛书》之文。其得名则与夫天极、屋极、民极者皆取居中而取极之意，初非指中为极也，则又安得以是而训之哉？[1]

上为第一段（分段为笔者所为），解说"五、皇极"。朱子首先指出，孔安国用"大中"解释皇极的说法，千年以来，大家都认为是正确的，从没有人指出其错误。事实上，北宋道学对皇极的理解也没有离开孔说，如张横渠。[2]而朱熹认为，首先，"皇极"中

〔1〕本篇所用《皇极辨》初稿文本，见朱熹：《朱子全书（修订本）》第26卷，朱杰人、严佐之、刘永翔主编，上海古籍出版社，安徽教育出版社，2010年，第687—692页。

〔2〕如横渠言："极善者，须以中道方谓极善，故大中谓之皇极，盖过则便非善，不及亦非善。"（《语录下》，见张载：《张载集》，章锡琛点校，中华书局，1978年，第332页。）

的"皇"是指君主而言，"极"是指标准；但皇权本身并不能成为标准，君主只有按儒家思想修身正身，他的行为才能成为天下的根本标准。所以朱熹的皇极思想是对皇权的道德限制，而不是对皇权的无条件伸张，这是朱熹皇极说的政治思想本质，与后世鼓吹皇权的皇极说不同。其次，作为标准的极常常树立在物的中央，四方周围都以它为标准而取正。所以，极的位置常常在中央，但极的意思并不是中，极的意思是根本标准；特别是，如果照孔安国的说法，用大替代皇，用中替代极，下文的"惟皇作极"就变成"惟大作中"，文义就完全不通了，因此以"大中"解释皇极是不正确的。总之，在概念上，朱子认为"中"是"极"所蕰立的位置，不是"极"的本义，极的本义只能是最根本的标准。反对以中为极是朱子的基本立场。当然，朱子也没有摆脱中的缠扰，在经典解释上，他还需要用极在中央之中来取代孔传的无过不及之中的解释。

　　曰"皇建其有极"者，言人君以其一身而立至极之标准于天下也。曰"敛时五福，用敷锡厥庶民"者，言人君能建其极，而于五行焉得其性，于五事焉得其理，则固五福之所聚；而又推以化民，则是布此福而与民也。曰"惟时厥庶民于汝极，锡汝保极"者，言民视君以为至极之标准而从其化，则是以此还锡其君而使之长为天下之标准也。曰"凡厥庶民无有淫朋，人无有比德，惟皇作极"者，言民之所以能若此者，皆君之德有以为至极之标准也。曰"凡厥庶民，有猷有为有守，汝则念之。不协于极，不罹于咎，皇则受之"者，言君既立极于上，而民之从化或有迟速深浅之不同，则其有谋为操守者固当念之而不忘，其不能尽从而未抵于大戾者，亦当受之而不拒也。曰"而康而色，曰予攸好德，汝则锡之福，时人斯其惟皇之极"者，言人有能革面而以好德自名，虽未必出中心之实，亦当教以修身求福之道，则是人者亦得以君为极而勉其实也。

上为第二段，阐述《洪范》中"皇建其有极"及以下几句中论及"极"的语句的意义。朱子认为，"皇建其有极"就是人君以身作则为天下建立一根本标准。而"皇建其有极"下面几句都是说人君立此标准并推广以教化人民，而人民以君身之德为至极标准，追随并归化于此极；强调按照皇极修身是根本的求福之路。在他看来，这样的解释非常通畅。

　　曰"无虐茕独而畏高明，人之有能有为，使羞其行，而邦其昌"者，言君之于民不当问其贵贱强弱而皆欲其有以进德，故其有才能者必皆使之勉进其行，而后国可赖以兴也。曰"凡厥正人，既富方谷。汝不能使有好于而家，时人斯其辜。于其无好德，汝虽锡之福，其作汝用咎"者，言欲正人者，必先有以富之，而后纳之于善。若不能使之有所顾于其家，则此人必将陷于不义而不复更有好德之心矣。至此而后始欲告之以修身求福之说，则已缓不及事，而其起而报汝，惟有恶而无善矣。盖人之气禀不同，有不可以一律齐者。是以圣人所以立极于上者至严至正，而所以接引于下者至宽至广。虽彼之所以趋于此者迟速真伪、才德高下有万不同，而吾之所以应于彼者，矜怜抚奄，恳恻周尽，未尝不一也。

上为第三段，朱子认为这一段先讲人君用人之道不论强弱，都以进德为要求；其次强调教化必须先富后教，使民之家业有基础，而后使其向善好德，以修身求福。朱子指出，圣人建立标准是至为严密的，但接引下民的态度则甚为宽广，对下民因德性的差别造成的进步缓慢持宽容态度，显现出对人民的恳恻之心。朱熹认为，立极和接引是不可偏废的两面，立极必须至严至密，接引则应当至宽至广。这里所谓接引的宽广是对下民而言。

> 曰"无偏无陂，遵王之义。无有作好，遵王之道。无有作恶，遵王之路。无偏无党，王道荡荡。无党无偏，王道平平。无反无侧，王道正直。会其有极，归其有极"者，言民皆不溺于己之私，以从夫上之化而归会于至极之标准也。析而言之，则偏陂好恶，以其生于心者言也。偏党反侧，以其见于事者言也。遵义、遵道、遵路，方会其极也。荡荡、平平、正直，则已归于极矣。曰"皇极之敷言，是彝是训，于帝其训"者，言人君以身为表而布命于下，则其所以为常为教者，一皆循天之理而不异乎上帝之降衷也。曰"凡厥庶民，极之敷言，是训是行，以近天子之光"者，言民于君之所命能视以为教而谨行之，则是能不自绝远而有以亲被其道德之光华也。曰"天子作民父母，以为天下王"者，言能建其有极，所以有作民父母而为天下之王也。不然，则有其位无其德，不足以建立标准，子育元元，而履天下之极尊矣。

上为第四段，解说六"无"和会归有极。（按："无偏无陂""无有作好""无有作恶""无偏无党""无党无偏""无反无侧"，这六项"无"是修身的不同方面；"遵王之义""遵王之道""遵王之路"

是遵从君上的教化；"会其有极，归其有极"是归于根本的标准。）朱子认为六"无"而"遵王"是说人民遵从人君的教化，会归于人君以身立极的标准。王道荡荡、王道平平、王道正直都是归于根本标准的状态。

通过上面四段，已经把《洪范》"皇建其有极"一整段的意思说明完毕。此下，朱子又对以大中解释皇极的现实政治含义和流弊进行了直接的批评：

> 天之所以锡禹，箕子之所以告武王者，其大指盖如此。虽其奥雅深微，或非浅闻所能究测，然尝试以是读之，则亦坦然明白而无一字之可疑者。但**先儒昧于训义之实，且未尝讲于人君修身立道之本，既误以"皇极"为"大中"，又见其辞多为含洪宽大之意，因复误认，以为所谓中者不过如此。殊不知居中之中既与无过不及之中不同，而无过不及之中乃义理精微之极，有不可以毫厘之差者，又非含糊苟且、不分善恶之名也。今以误认之中为误认之极，不谨乎至严至密之体而务为至宽至广之量，则汉元帝之优游、唐代宗之姑息皆是物也。彼其是非杂揉，贤不肖混淆，方且昏乱陵夷之不暇，尚何敛福锡民之可望哉！**

这是初本的第五段。朱子指出，把皇极解释为大中，在政治上就是强调掌握"无过无不及"的调和中间路线。而这种"大中"其实往往是放弃原则，放弃标准，成为含糊苟且、不分善恶的掩饰；由于取消了严格的标准，专以宽容为名，结果是杂糅是非、混淆君子小人。如前面所说，立极严而接引不宽，是不对的；立极不严而只求宽松，也是不对的。虽然这里所说曲解含容宽大的"先儒"包含了本朝不少人物，因为北宋以来朝廷常常出现以"皇极用中"标榜不偏不倚的说法，但朱子在这里实际上是有针对性的，直指孝宗时代后期朝中某些政治集团或势力（如王淮）。他们持大中的皇极说，其政治实践，对于朱熹而言，就是对道学人士和反道学人士不分善恶，对道学人士与反道学人士在政治上的争论模糊化处理，对反道学的小人含糊包容，仍加使用。朱子认为，这就是混淆杂糅的政治议论和含糊苟且的政治路线。

文本的最后一段也就是第六段：

> 吾意如此，而或者疑之，以为经言"无偏无陂"，"无作好恶"，则所谓极者，岂不实有取乎得中之义，而所谓中者，岂不真为无所去就憎爱之意乎？吾应之曰："无偏无陂者，不以私意而有所去就尔。然曰遵王之义，则其去恶而从善未尝不力也。无作好恶者，不以私而自为憎爱尔。**然曰遵王之道、遵王之路，则其好善而恶恶固未尝不明也。是岂但有包容，漫无分别之谓？**又况经文所谓王义、王道、王路者，乃为皇建有极之体，而所谓无所偏陂反侧者，自为民归有极之事，其文义亦自不同也邪。必若子言，吾恐天之所以锡禹，箕子之所以告武王者，上则流于老庄依阿无心之说，下则溺于乡原同流合污之见，虽欲深体而力行之，是乃所以幸小人而病君子，亦将何以立大本而序彝伦哉？"作《皇极辨》。

从此段最后一句"作《皇极辨》"来看，应是全文的最后结语。在这一段里，朱子批评了把"无作好恶"理解为"但有包容，漫无分别"的态度，也批评了把"无作好恶"理解为佛老"无所去就"的思想；否定了把"无作好恶"理解为老庄"依阿无心之说"，也否定了把"无作好恶"混同于"乡原同流合污之见"。这里主要针对的是以老庄思想解释皇极说的论点。

在《皇极辨》初本本体完成之后，朱熹又两次写了补充，记之于文后，发明未尽之意。第一个补记是：

> 或曰："皇极之为至极，何也？"予应之曰："人君中天下而立，四方面内而观仰之者，至此辐凑于此而皆极焉。自东而望者不能过此而西也，自西而望者不能逾此而东也。以孝言之，则天下之孝至此无以加；以弟言之，则天下之弟至此而无小过也。此人君之位之德所以为天下之至极，而皇极所以得名之本意也。故惟曰聪明睿智，首出庶物，如所谓天下一人而已者然后有以履之而不疚，**岂曰含容宽**□□**［大一］德之偏而足以当之哉！**"客曰唯唯，因复记于此，以发前之未尽。

这是解释至极，强调至极的意思就是中天下而立，四方观仰取法以为至极。皇极即人君之德为天下至极。朱子特别提及，皇极绝不是仅指含容宽大而已。

第二个补记是：

> 庄子曰："为善无近名，为恶无近刑，缘督以为经。""督"，旧以为中。盖人身有督脉，循脊之中，贯彻上下（见医书）。故衣背当中之缝亦谓之督（见《深衣》注）。皆中意也。老庄之学，不论义理之当否，而但欲依阿于其间，以为全身避患之计，正程子所谓闪奸打讹者也。故其意以为为善而近名者，为善之过也；为恶而近刑者，亦为恶之

过也。唯能不大为善，不大为恶，而但循中以为常，则可以全身而尽年矣。然其为善无近名者，语或似是而实不然。盖圣贤之道但教人以力于为善之实，初不教人以求名者。自非为己之学，盖不足道。若畏名之累己而〔不〕敢尽其为学之力，则其为心亦已不公而稍入于恶矣。至谓为恶无近刑，则尤悖理。夫君子之恶恶如恶恶臭，非有所畏而不为也。今乃择其不至于犯刑者而窃为之，至于刑祸之所在，巧其途以避之而不敢犯，此其计私而害理，又有甚焉。乃欲以其依违苟且之两间为中之所在而循之，其无忌惮亦益甚矣。

客尝有语予者曰："昔人以诚为入道之要，恐非易行。不若以中易诚，则人皆可行而无难也。"予应之曰："诚而中者，君子之中庸；不诚而中，则小人之无忌惮耳。今世俗苟偷恣睢之论盖多类此，不可不深察也。"或曰："然则庄子之意得无与子莫之执中者类耶？"曰："不然。子莫执中，但无权耳，盖犹择于义意而误执此一定之中也。老庄之意，则不论义理，专计利害，又非子莫之比矣。盖迹其本心，实无以异乎世俗乡原之所见，而其揣摩精巧，校计深切，则又非世俗乡原之所及，乃贼德之尤者。所以清谈盛而晋俗衰，盖其势有所必至。而王通犹以为非老庄之罪，则吾不能识其何说也。"**既作《皇极辨》，因感此意有相似者，漫笔之于其后云。**

按：此文原附于《皇极辨》之后，为补记之二，当时未有"养生主说"之名；后独立为篇，篇名定为《养生主说》，载于今传本《文集》卷七十二，而文字与《皇极辨》初稿所附无异。此文批评庄子"为善无近名，为恶无近刑"之说，认为这种思想与世俗所谓"中"有近似之处，世俗的中"乃欲以其依违苟且之两间为中之所在而循之"，是"苟偷恣睢之论"，这既不是"子莫执中"的中，也不是皇极之义。

由于这两则补记皆附于《皇极辨》初本之末，收入淳熙十六年所刻《晦庵先生文集》后集，可知两则补记写作的时间应在《皇极辨》初本完成后不久。而在这两则补记中，朱子突出地批判了依违苟且之两间的中间路线和折中主义，现实政治含义比较突出。

三、《皇极辨》后本

今传本所载《皇极辨》为后本，载《朱子文集》卷七十二，乃就初本而文饰之，其全文如下：

> 《洛书》九数而五居中，《洪范》九畴而皇极居五，故自《孔氏传》训"皇极"为"大中"，而诸儒皆祖其说。余独尝以经之文义语脉求之，而有以知其必不然也。盖皇者，君之称也；极者，至极之义、标准之名，常在物之中央，而四外望之以取正焉者也。故以极为在中之准的则可，而便训极为中则不可。若北辰之为天极，脊栋之为屋极，其义皆然。而《礼》所谓"民极"，《诗》所谓"四方之极"者，于皇极之义为尤近。顾今之说者既误于此，而并失于彼，是以其说展转迷缪而终不能以自明也。即如旧说，姑亦无问其他，但即经文而读"皇"为"大"，读"极"为"中"，则夫所谓"惟

大作中，大则受之"为何等语乎！

以上为第一段，对比初本可知，其对皇极的解释与初本完全一致。在次序文句上则有别，如初稿"予尝考之"，后本为"余独尝以经之文义语脉求之，而有以知其必不然也"；初本"故以极为在中之至则可"，后本作"故以极为在中之准的则可"。在举例中加了《诗》所谓'四方之极'"，而去掉了初本论法象本于洛书、得名居中而取极一段。

> 今以余说推之，则人君以眇然之身履至尊之位，四方辐凑，面内而环观之，自东而望者不过此而西也，自南而望者不过此而北也，此天下之至中也。既居天下之至中，则必有天下之纯德而后可以立至极之标准，故必顺五行、敬五事以修其身，厚八政、协五纪以齐其政，然后至极之标准卓然有以立乎天下之至中，使夫面内而环观者莫不于是而取则焉：语其仁则极天下之仁，而天下之为仁者莫能加也；语其孝则极天下之孝，而天下之为孝者莫能尚也，是则所谓皇极者也。由是而权之以三德，审之以卜筮，验其休咎于天，考其祸福于人，如挈裘领，岂有一毛之不顺哉！此《洛书》之数所以虽始于一，终于九，而必以五居其中；《洪范》之畴所以虽本于五行，究于福极，而必以皇极为之主也。

与初本不同的是，第二段没有立即讨论皇建其有极和敛时五福等，而是把初本的补记一的思想增写在这里。强调立于天下之至中者必有天下之纯德，如此才可以为至极的标准；其纯德又必须在五行、五事、八政等实事上体现，标准才能真正立于天下，使人民据以取正。君主为德和为政相统一，以皇极为主，社会和人民才能聚福得福，这是儒家德福观的一种表达。

> 若箕子之言有曰"皇建其有极"云者，则以言夫人君以其一身而立至极之标准于天下也。其曰"敛时五福，用敷锡厥庶民"云者，则以言夫人君能建其极，则为五福之所聚，而又有以使民观感而化焉，则是又能布此福而与其民也。其曰"惟时厥庶民于汝极，锡汝保极"云者，则以言夫民视君以为至极之标准而从其化，则是复以此福还锡其君，而使之长为至极之标准也。其曰"凡厥庶民，无有淫朋，人无有比德，惟皇作极"云者，则以言夫民之所以能有是德者，皆君之德有以为至极之标准也。其曰"凡厥庶民，有猷有为有守，汝则念之；不协于极，不罹于咎，皇则受之"云者，则以言夫君既立极于上，而下之从化或有浅深迟速之不同。其有谋者、有才者、有德者，人君固当念之而不忘；其或未能尽合而未抵乎大戾者，亦当受之而不拒也。其曰"而康而色，曰：'予攸好德。'汝则锡之福，时人斯其惟皇之极"云者，则以言夫人之有能革面从君而以好德自名，则虽未必出于中心之实，人君亦当因其自名而与之以善，则是人者亦得以君为极而勉其实也。

这是第三段，与初本第二段论述的内容相当。在文句上，初本作"曰'敛时五福，用敷锡厥庶民'者，言人君能建其极，而于五行焉得其性，于五事焉得其理，则固五福之所聚；而又推以化民，则是布此福而与民也"。后本为"其曰'敛时五福，用敷锡厥庶民'云者，则以言夫人君能建其极，则为五福之所聚，而又有以使民观感而化焉，则是又能布此福而与其民也"。把初本和后本对照可见，"曰"改为"其曰"，"者"改为"云者"，"言"改为"则以言夫"，这是后本的通例；并去掉了"而于五行焉得其性，于五事焉得其理"，把"而又推以化民"改为"而又有以使民观感而化焉"。在这些地方，既可见朱子修辞之功的精细，也可看出后本的简化。本段此类例子，仅举如此，读者可自行细加比照。

> 其曰"无虐茕独，而畏高明。人之有能有为，使羞其行，而邦其昌"云者，则以言夫君之于民一视同仁，凡有才能皆使进善，则人材众多而国赖以兴也。其曰"凡厥正人，既富方谷，汝弗能使有好于而家，时人斯其辜。于其无好德，汝虽锡之福，其作汝用咎"云者，则以言夫凡欲正人者，必先有以富之，然后可以纳之于善。若不能使之有所赖于其家，则此人必将陷于不义。至其无复更有好德之心，而后始欲教之以修身，劝之以求福，则已无及于事，而其起以报汝唯有恶而无善矣。盖人之气禀或清或浊，或纯或驳，有不可以一律齐者。是以圣人所以立极乎上者至严至密，而所以接引乎下者至宽至广。虽彼之所以化于此者，浅深迟速其效或有不同；而吾之所以应于彼者，长养涵育其心未尝不一也。

这是第四段，与初本第三段论述的内容相当。其中文句的调整修饰之功，略如前面一段，如最后一句初本作"虽彼之所以趋于此者迟速真伪、才德高下有万不同，而吾之所以应于彼者，矜怜抚奄，恳恻周尽，未尝不一也"。后本为"虽彼之所以化于此者，浅深迟速其效或有不同；而吾之所以应于彼者，长养涵育其心未尝不一也"。是故不复一一细加比较了。

　　其曰"无偏无陂，遵王之义；无有作好，遵王之道；无有作恶，遵王之路。无偏无党，王道荡荡；无党无偏，王道平平；无反无侧，王道正直。会其有极，归其有极"云者，则以言夫天下之人皆不敢徇其己之私以从乎上之化，而会归乎至极之标准也。盖偏陂好恶者，己私之生于心者也；偏党反侧者，己私之见于事者也；王之义、王之道、王之路，上之化也，所谓皇极者也；遵义、遵道、遵路，方会其极也；荡荡、平平、正直，则已归于极矣。其曰"皇极之敷言，是彝是训，于帝其训"云者，则以言夫人君以身立极而布命于下，则其所以为常、为教者皆天之理，而不异乎上帝之降衷也。其曰"凡厥庶民，极之敷言，是训是行，以近天子之光"云者，则以言夫天下之人，于君所命，皆能受其教而谨行之，则是能不自绝远，而有以亲被其道德之光华也。其曰"曰：'天子作民父母，以为天下王'"云者，则以言夫人君能立至极之标准，所以能作亿兆之父母而为天下之王也。不然，则有其位无其德，不足以首出庶物、统御人群而履天下之极尊矣。

　　这是第五段，与初本第四段论述的内容相当。其中文句多调整之功，如初本作"言人君以身为表而布命于下"，后本为"则以言夫人君以身立极而布命于下"，后本突出"立极"，与全篇思想更为一致。初本作"不足以建立标准，子育元元，而履天下之极尊矣"，后本为"不足以首出庶物、统御人群而履天下之极尊矣"。

　　是书也，原于天之所以锡禹，虽其茫昧幽眇有不可得而知者，然箕子之所以言之而告武王者，则已备矣。顾其词之宏深奥雅，若有未易言者，然尝试虚心平气而再三反复焉，则亦坦然明白而无一字之可疑。但先儒未尝深求其意，而不察乎人君所以修身立道之本，**是以误训"皇极"为"大中"。又见其词多为含洪宽大之言，因复误认"中"为含胡苟且、不分善恶之意**。殊不知"极"虽居中，而非有取乎中之义。且"中"之为义，又以其无过不及、至精至当而无有毫厘之差，亦非如其所指之云也。乃以误认之"中"为误训之"极"，不谨乎至严至密之体，而务为至宽至广之量，其弊将使人君不知修身以立政，而堕于汉元帝之优游、唐代宗之姑息，卒至于是非颠倒，贤否贸乱，而祸败随之，尚何敛福锡民之可望哉！

这是第六段，与初本第五段论述的内容相当。初本作"既误以'皇极'为'大中'，又见其辞多为含洪宽大之意，因复误认，以为所谓中者不过如此。殊不知居中之中既与无过不及之中不同，而无过不及之中乃义理精微之极，有不可以毫厘之差者，又非含糊苟且、不分善恶之名也"。后本为"是以误训'皇极'为'大中'。又见其词多为含洪宽大之言，因复误认'中'为含胡苟且、不分善恶之意。殊不知'极'虽居中，而非有取乎中之义。且'中'之为义，又以其无过不及、至精至当而无有毫厘之差，亦非如其所指之云也"。两相比较，意旨相同，文语次序有所调整，更明确指出了误认中为无原则调和的错训。

呜呼！孔氏则诚误矣，然迹其本心，亦曰姑以随文解义，为口耳占毕之计而已，不知其祸之至此也。而自汉以来迄今千有余年，学士大夫不为不众，更历世变不为不多，幸

而遗经尚存，本文可考，其出于人心者又不可得而昧也；乃
无一人觉其非是而一言以正之者，使其患害流于万世，是则
岂独孔氏之罪哉！予于是窃有感焉，作《皇极辨》。

这是第七段，与初本的第六段论述的内容相当，而涉及的人物不
同。初本针对以老庄思想解"中"、解"无偏无党""无作好恶"
者，明确加以分析和辨别。而后本则削去了这一段，指出孔氏以
来，其错误竟无人为之指正，造成患害千有余年。其中"自汉以
来迄今千有余年……乃无一人觉其非是而一言以正之者，使其患
害流于万世"，乃朱子指出大中说的错误，这就是所谓"一破千古
之惑"。朱子特别强调"幸而遗经尚存，本文可考，其出于人心者
又不可得而昧也"，点明了朱子解经的根据。此外，初本补记第一
已经吸收在后本，初稿补记第二则独立为《养生主说》，故后本
《皇极辨》至此而全文完。

由于后本与初本多是文语有所不同，基本思想没有改变，因
此可推知，后本的完成亦在初本写就之后的一两年内。数年以后，
庆元二年丙辰（1196年），朱子因读《冯当可集》而为后本《皇极
辨》写了一则补记：

冯当可，字时行，蜀人，博学能文。其集中有封事云：
"愿陛下远便佞，疏近习，清心寡欲以临事变，此兴事造业
之根本，《洪范》所谓'皇建其有极'者也。"其论皇极深合
鄙意。然则予前所谓"千有余年无一人觉其缪而正之"者，
亦近诬矣。但专经之士无及之者，而文士反能识之，岂汩没
传注者不免于因陋蹈讹，而平心诵味者有时而得之文字之外
耶！庆元丙辰腊月甲寅，东斋南窗记。

冯当可以人君清心寡欲为皇建其有极，而不追随《孔氏传》的大中说，朱子认为这种以人君修身解释皇极的理解"深合鄙意"。（补记中"予前所谓'千有余年无一人觉其缪而正之'者"，当为概括后本最后两句之言。）朱熹写《皇极辨》的时候本不是主要针对政治的发言，但在庆元二年韩侂胄禁伪学时身陷危机的处境，再读《冯当可集》，使他对冯当可封事所说"愿陛下远便佞，疏近习，清心寡欲以临事变，此兴事造业之根本，《洪范》所谓'皇建其有极'者也"不能不深有同感。

四、与门人论皇极

《语类》卷七十九中有关皇极的论述，并不少见，可与《皇极辨》相对照。其中多是就《洪范》文本之贯通诠释立论，如：

"五皇极"，只是说人君之身，端本示仪于上，使天下之人则而效之。圣人固不可及，然约天下而使之归于正者，如"皇则受之"，"则锡之福"也。所谓"遵王之义"，"遵王之道"者，天下之所取法也。人君端本，岂有他哉？修于己而已。一五行，是发原处；二五事，是总持处；八政，则治民事；五纪，则协天运也；六三德，则施为之撙节处；七稽疑，则人事已至，而神明其德处；庶征，则天时之征验也；五福、六极，则人事之征验也。其本皆在人君之心，其责亦甚重矣。**"皇极"，非说大中之道。**若说大中，则皇极都了，五行、五事等皆无归着处。又云："便是'笃恭而天下平'之道。天下只是一理；圣贤语言虽多，皆是此理。如《尚书》中《洛诰》之类，有不可晓处多。然间有说道理分晓处，不须训释，自然分明。如云'王敬作所不可不敬德'，'肆惟王其疾敬德'，'不敢替厥义德'等语是也。"人杰。僩录详见下。

此条万正淳（人杰）录，明确说明皇极不是指大中之道，皇极是指人君之身端本于上，以修己为本。这段话解释皇极的方向与《皇极辨》同，但尚未以至极标准而言，应在《皇极辨》作成之前。朱子与万曾经讨论及此，故写成《皇极辨》后要吴必大转示万正淳。

"皇极"二字，皇是指人君，极便是指其身为天下做个样子，使天下视之以为标准。 "无偏无党"以下数语，皆是皇之所建，皆无偏党好恶之私。天下之人亦当无作好作恶，便是"遵王之道"，"遵王之路"，皆会归于其极，皆是视人君以为归。下文"是彝是训，于帝其训"，"是训是行，以近天子之光"，说得自分晓。"天子作民父母，以为天下王"，则许多道理尽在此矣。但缘圣人做得样子高大，人所难及，而不可以此尽律天下之人，虽"不协于极"，但"不罹于咎"者，皇亦受之。至于"而康而色"，自言"好德"者，亦锡之福。**极，不可以"大中"训之，只是前面五行、五事、八政、五纪是已，却都载在人君之身，包括尽了。** 五行是发源处；五事是操持处；八政是修人事；五纪是顺天道；就中以五事为主。视明听聪，便是建极，如明如聪，只是合恁地。三德，亦只是就此道理上为之权衡，或放高，或捺低，是人事尽了。稽疑，又以卜筮参之。若能建极，则推之于人，使天下皆享五福；验之于天，则为休征。若是不能建极，则其在人事便为六极，在天亦为咎征。其实都在人君身上，又不过"敬用五事"而已，此即"笃恭而天下平"之意。以是观之，人君之所任者，岂不重哉！如此，则九畴方贯通为一。若以"大中"言之，则九畴散而无统。大抵诸书初看其言，若不胜其异，无理会处；究其指归，皆只是此理。如《召诰》中，其初说许多言语艰深难晓，却紧要处，只是"惟王不可不敬德"而已。僩。

据语录姓氏黄畳戊申所闻，为天下做个样子即端本示仪于上，明言极不可以大中训之。时为朱、陆太极之辨之中，其思想与稍后所作《皇极辨》一致，强调都在人君身上立榜样，人君无偏无党，人们自然遵王之道。人君能为天下做个样子，推之于人，便使天下人享受五福。

问："先生言'皇极'之'极'不训中，只是标准之义。然'无偏无党'，'无反无侧'，亦有中意。"曰："只是个无私意。"**问："'准标之义'如何？"曰："此是圣人正身以作民之准则。"**

此问答言朱子论皇极不训中，只是标准，与《皇极辨》所说合，应在《皇极辨》之后。人君以身作则，以己之正身作民之标准，此便是皇极。

先生问曹："寻常说'皇极'如何？"曹云："只说作'大中'。"曰："某谓不是'大中'。皇者，王也；极，如屋

之极；言王者之身可以为下民之标准也。貌之恭，言之从，
视明听聪，则民观而化之，故能使天下之民'无有作好，而
遵王之道；无有作恶，而遵王之路'；王者又从而敛五者之
福，而锡之于庶民。敛者，非取之于外，亦自吾身先得其
正，然后可以率天下之民以归于正，此锡福之道也。"卓。

卓录，据语录姓氏，其在饶后录之序，当在壬子前后，故与《皇
极辨》所论一致。以"吾身先得其正，然后可以率天下之民以归
于正"为锡福之道。《洪范》九畴第九本是向用五福，而在第五皇
极这一畴中，多次谈到"锡福"，即施布给人民幸福，不仅强调
"敛时五福，用敷锡厥庶民"，而且说到"汝则锡之福""汝虽锡之
福"，是经典中较关注"福"的文献。由于《尚书》所说的福是人
民的幸福，锡福是人君施布幸福给人民，其福论是政治与行政意
义的，故儒家政治思想强调人君必须正身才能给人民带来幸福。

**"皇极"，如"以为民极"。标准立于此，四方皆面内而
取法。皇，谓君也；极，如屋极，阴阳造化之总会枢纽。极
之为义，穷极极至，以上更无去处。闳祖。**

李闳祖，语录姓氏戊申以后所闻，所谓"四方皆面内而取法。皇，
谓君也；极，如屋极"与《皇极辨》初本后本一致。"阴阳造化之
总会枢纽"的提法本是朱子对太极的解释，此处论皇极之极并联
系太极之极，与朱子答陆九渊论太极书一致（详后），当在同时。

**"极，尽也。"先生指前面香桌："四边尽处是极，所以谓
之四极。四边视中央，中央即是极也。尧都平阳，舜都蒲坂，
四边望之，一齐看着平阳蒲坂。如屋之极，极高之处，四边**

到此尽了，去不得，故谓之极。宸极亦然。至善亦如此。应于事到至善，是极尽了，更无去处。'故君子无所不用其极'。《书》之'皇极'，亦是四方所瞻仰者。皇，有训大处，惟'皇极'之'皇'不可训大。皇，只当作君，所以说'遵王之义，遵王之路'，直说到后面'以为天下王'，其意可见。盖'皇'字下从'王'。"泳。

胡泳录在晚年，极，尽也，与以至训极同意。其四边望之、屋极之说，皆发《皇极辨》之义。说明《皇极辨》之后直至晚年，朱子始终坚持他对极的训释。

自然，在坚持正训解的同时，朱子也会对正解的反面进行批评，并点出"今人"政策主张的偏差，如：

> 皇极非大中，皇乃天子，极乃极至，言皇建此极也。东西南北，到此恰好，乃中之极，非中也。但汉儒虽说作"中"字，亦与今不同，如云"五事之中"，是也。**今人说"中"，只是含胡依违，善不必尽赏，恶不必尽罚。如此，岂得谓之中！**可学。

郑可学漳州来学，语录姓氏其所录在绍熙二年（1191年）。此段话在《皇极辨》作成以后，故与《皇极辨》后本说法一致，在其中批评了"今人"即当时主政者对中的理解。

> 苏氏以皇极之建，为雨、旸、寒、燠、风之时，皇极不建则反此。汉儒之说尤疏，如以五般皇极配庶征，却外边添出一个皇极，或此边减却一个庶征。自增自损，皆出己意。然此一篇文字极是不齐整，不可晓解。如"五福"对"六

极";"一曰寿",正对"凶短折";"二曰富",正对"贫",
"三曰康宁"对"疾与弱",皆其类也。"攸好德"却对"恶",
参差不齐,不容布置。如曰"敛时五福,锡厥庶民",不知如
何敛?又复如何锡?**此只是顺五行,不违五事,自己立标准
以示天下,使天下之人得以观感而复其善尔。今人皆以"皇
极"为"大中",最无义理。**如汉儒说"五事之中",固未是,
犹似胜此。盖皇者,君之称也。如"皇则受之","皇建其
极"之类,皆不可以"大"字训"皇"字。"中"亦不可以训
"极"。"极"虽有"中"底意思,但不可便以为"中",只训
得"至"字。如"北极"之"极","以为民极"之"极",正
是"中天下而立"之意。谓四面凑合,至此更无去处。**今即
以"皇极"为"大中"者,更不赏善,亦不罚恶,好善恶恶
之理都无分别,岂理也哉!**谟。

周谟录己亥以后所闻,此录甚详,与《皇极辨》及以上郑可学录
完全一致。尤其是此录最后"今即以'皇极'为'大中'者,更
不赏善,亦不罚恶,好善恶恶之理都无分别,岂理也哉"直指含
糊依违的政治路线,应在《皇极辨》稍后。

五、朱陆之辩皇极

在作《皇极辨》的前一年,淳熙十五年四月,陆九渊与朱熹
书,辩《太极图说》。朱熹十一月八日复书,陆九渊十二月十四日
答书,朱熹于次年己酉正月再复。二人就太极图两来两往,便

告结束，未继续下去。此一过程自无须在这里赘述。

陆九渊在其第一书中提出"极，中也"，以此说明"无极"如同"无中"，是不通之论。朱熹十一月答其书，提出太极即至极之理，极并不是"中"，其书云：

> 至如"北极"之极，"屋极"之极，"皇极"之极，"民极"之极，诸儒虽有解为中者，盖以此物之极常在此物之中，非指极字而训之以中也。极者，至极而已。以有形者言之，则其四方八面，合辏将来，到此筑底，更无去处，从此推出，四方八面，都无向背，一切停匀，故谓之极耳。后人以其居中而能应四外，故指其处而以中言之，非以其义为可训中也。（《朱子文集》卷三十六，《答陆子静》）

可见朱子在答陆九渊此书的次年所作《皇极辨》中的主张，与这里所说是一致的。需要指出的是，朱子在这里是第一次正面阐发皇极的意义，而此时他所阐发的对极与皇极的解释并没有包含任何政治的考虑在内。明显的是，朱子的解释是从他自己对太极的解释出发的，与他对太极的解释"理之至极"相一致，是他的基本出发点。太极论是朱子哲学的核心，是朱子必须强力捍卫的，在这个意义上说，极的诠释和皇极的诠释都负有维护太极论的意义。这应当是《皇极辨》的出发点。很明显，如果在太极的问题上，极被解释为中，太极便是太中，这和《易传》《庄子》等书以及汉唐易学对太极的理解就全然背离，而讲不通。朱子用经典中对北极、皇极、民极的解释支持自己的主张，而陆九渊坚持以极为中，陆第二书曰：

极亦此理也，中亦此理也。五居九畴之中，而曰"皇极"，岂非以其中而命之乎？"民受天地之中以生"，而《诗》言"立我烝民，莫匪尔极"，岂非以其中命之乎？《中庸》曰："中也者，天下之大本也。和也者，天下之达道也。致中和，天地位焉，万物育焉。"此理至矣，外此，岂更复有太极哉？（《陆九渊集》卷二，《与朱元晦·二》）

陆氏不反对极是理，但他强调中也是理，所以中可以是极。在这里涉及皇极的讨论中，陆九渊认为，《洪范》九畴，皇极为第五，居于九畴之正中，中即是两极的中间。所以皇是"以其中而命之"。可见陆九渊正是用通行的《尚书》孔传以"中"对皇极之极的解释来反驳朱熹。陆九渊的主张被朱熹概括为"以中训极"，这个观点实来自孔传。从这一点来看，太极之辩是必然要发展为皇极之辩的。朱熹则坚持极是指理而言，认为中不是皇极之义，朱第二书曰：

"极"是名此理之至极，"中"是状此理之不偏，虽然同是此理，然其名义各有攸当。虽圣贤言之，亦未尝敢有所差互也。若"皇极"之极，"民极"之极，乃为标准之意。犹曰"立于此而示于彼，使其有所向望而取正焉"耳，非以其中而命之也。……《大传》《洪范》《诗》《礼》皆言极而已，未尝谓极为中也，先儒以此极处常在物之中央，而为四方之所面内而取正，故因以中释之，盖亦未为甚失。而后人遂直以极为中，则又不识先儒之本意矣。（《朱子文集》卷三十六，《答陆子静》）

以极为标准，正是此下《皇极辨》所正面主张的，"以此极处常在物之中央，而为四方之所面内而取正"也是《皇极辨》中所用的说明方式。可见朱熹在朱陆之辩中对"极"及皇极的解释正是他其后不久撰写的《皇极辨》的直接基础。在这个意义上说，《皇极辨》对于朱子而言本是朱、陆太极之辩的一个余波，是朱子在理论上反对以中训极的解释学实践的进一步扩大。而朱子对《洪范》皇极的疏解，除了正面训释皇极以发明人君正身立标准之外，在其反面则是批评以大中为极的汉唐训解，并连带涉及孝宗朝用此来推行模糊调和政策的政治层面。这就是《皇极辨》的起因、主导方向和连带的政治效果。

《语录》又有一条也涉及无极、太极与皇极之义：

> 李问："'无极之真'与'未发之中'，同否？"曰："无极之真是包动静而言，未发之中只以静言。无极只是极至，更无去处了。至高至妙，至精至神，更没去处。濂溪恐人道太极有形，故曰'无极而太极'，是无之中有个至极之理。如'皇极'，亦是中天下而立，四方辐凑，更没去处；移过这边也不是，移过那边也不是，只在中央，四畔合凑到这里。"又指屋极曰："那里更没去处了。"（《朱子语类》卷九十四）

问者的问题大概是在朱、陆无极太极之辩中发问的，朱子的回答与他答复陆九渊书的提法是一致的。由于朱子并没有直接说明《皇极辨》与太极无极之辩的关联，也没有把《皇极辨》一文寄给陆九渊，故陆九渊并没有立即对之做出回应。

淳熙十六年二月，孝宗内禅，光宗即位，诏陆九渊知荆门军，陆九渊绍熙二年九月至荆门，绍熙三年（1192年）元月在荆门为民祈福，讲《洪范》九畴及皇极义。荆门风俗，正月须行作醮仪式，以祈福。作为地方行政领导的陆九渊自然要随俗，他借行醮礼的机会，通过发明《洪范》"敛时五福"的意义，把民俗的祈福与儒家教化联结起来，把民俗的功利祈福转化为儒家"正心为福"的精神建设。应该说，陆九渊这一儒家文化实践是值得赞赏的。

《陆九渊集》载其《荆门军上元设厅皇极讲义》：

> 皇，大也；极，中也。《洪范》九畴，五居其中，故谓之极。是极之大，充塞宇宙，天地以此而位，万物以此而育。古先圣王皇建其极，故能参天地、赞化育。（《陆九渊集》卷二十三）

陆九渊完全以孔氏以来的大中说解释皇极，考虑到朱子的《皇极辨》已经作成三四年，陆九渊必然已经通过其他途径看到过朱子的《皇极辨》，所以他在这里坚持孔氏之说，自然也带有与朱子对立的意思。

> 惟皇上帝，降衷于下民，**衷即极也。凡民之生，均有是极**，但其气禀有清浊，智识有开塞。天之生斯民也，使先知觉后知，先觉觉后觉。古先圣贤与民同类，所谓天民之先觉者也，**以斯道觉斯民者，即皇建其有极也**，即敛时五福，用敷锡厥庶民也。（《陆九渊集》卷二十三）

这是说天把中给下民成为民的性，天命为性，民皆有性，这就是极。[1]这是以性为极。但人的气禀有清浊，使人之性往往受到蒙蔽。先觉觉后觉，使后觉的本性得以发明，这就是皇建其有极。

> **此心若正，无不是福；**此心若邪，无不是祸。世俗不晓，只将目前富贵为福，目前患难为祸。不知富贵之人，若其心邪，其事恶，是逆天地，逆鬼神，悖圣贤之训，畔师君之教，天地鬼神所不宥，圣贤君师所不与，忝辱父祖，自害其身。静时回思，亦有不可自欺自瞒者，若于此时，更复自欺自瞒，是直欲自绝灭其本心也。纵是目前富贵，正人观之，无异在囹圄粪秽之中也。患难之人，其心若正，其事若善，是不逆天地，不逆鬼神，不悖圣贤之训，不畔君师之教，天地鬼神所当佑，圣贤君师所当与，不辱父祖，不负其身，仰无所愧，俯无所怍，虽在贫贱患难中，心自亨通。正人达者观之，即是福德。（《陆九渊集》卷二十三）

陆九渊说，人以富贵为福，若富贵之人心邪行恶，终归贻害其身。人以患难为祸，如果患难之人心正行善顺应天地，鬼神当佑，内心亨通，这便是福德，这也就是《洪范》说的"敛时五福"。这就把福祸转为人心，从而得出结论"心正是福，心邪是祸"。这种心学的福祸观，对于庶民还是有其说服力的。

> 愚人不能迁善远罪，但贪求富贵，却祈神佛以求福，不知神佛在何处，何缘得福以与不善之人也？……尔庶民**能保**

---

[1]《汤诰》有云："惟皇上帝，降衷于下民，若有恒性，克绥厥猷惟后。"《尚书正义》解释说："天生民，与之五常之性，使有仁义礼智信，是天降善于下民也。天既与善于民，君当顺之，故《下传》云：顺人有常之性，能安立其道教则为君之道。"

全此心，不陷邪恶，即为保极，可以报圣天子教育之恩，长享五福，更不必别求神佛也。……若其心正，其事善，虽不曾识字，亦自有读书之功；其心不正，其事不善，虽多读书，有何所用？用之不善，反增罪恶耳。(《陆九渊集》卷二十三)

因此，人如果不去保全本心，行善远过，只去求神拜佛，不可能得福。而保全本心就是《洪范》说的保极，就可以长享五福，不必求神求佛。最后陆九渊指出，一个人心正行善，虽不识字不曾读书，却有读书明理的功效。如果一个人心邪行恶，读书再多，又有何用？这个说法在陆学是一贯的，也显示出，陆九渊的明心何必读书的主张适合于乡里民众的教育。[1]应该说，陆九渊的宣讲皇极，主要是为了结合当地祈福风俗进行地方教化，他选《洪范》皇极来发明心学的福论，很能表现其巧思，而他在皇极讲演中也顺便对朱子的皇极说和朱子学读书观做了回应，所以这个讲演一举三得。

这个讲演的消息很快就传到朱熹那里，朱熹很注意这个讲演的影响，所以他立即给与陆九渊有关的人士写信，提请他们注意加以辨别。如《答胡季随》：

> 日月逝矣，岁不我与，愿深省察，且将《大学》《论语》《孟子》《中庸》《近思》等书子细玩味，逐句逐字不可放过，久之须见头绪，不可为人所诳，虚度光阴也。**荆门皇极说曾**

---

[1] 余英时先生推测，陆九渊这一《皇极讲义》可能是因为光宗重提皇极为最高原则，他才会想到亲讲皇极章敛福锡民之旨以代替为民祈福的醮事。可参见余著第839页。的确，比起陆九渊，朱子的皇极说更为强调、寻求以儒家道德制约皇权。

见之否？试更熟读《洪范》此一条，详解释其文义，看是如此否？ 君举奏对，上问以读书之法，不知其对云何也。(《朱子文集》卷五十三）

其实陆九渊的讲演也不是专对皇极概念的解释而发，但其讲义称《皇极讲义》，故朱子由传闻而以为陆氏专门提出一种皇极之说。大概朱子因为二人太极图之辩中曾涉及皇极，自己又写过《皇极辨》作为朱陆之辩的余论，自然认为这是陆氏对他的《皇极辨》的回应，而特别加以注意，以致他对陆九渊何必读书的讲词都未予批评，而何必读书论本来是他批评陆学的重要目标。

又如朱子《答项平父》：

> 来谕"敬义二字，工夫不同"，固是如此。然"敬"即学之本，而穷理乃其事，亦不可全作两截看也。《洪范》"皇极"一章，乃九畴之本，不知曾子细看否？**先儒训"皇极"为"大中"，近闻又有说"保极"为"存心"者，其说如何？** 幸推详之，复以见告，**逐句详说，如注疏然，方见所论之得失。** 大抵为学但能于此等节目处看得十数条通透缜密，即见读书凡例，而圣贤传付不言之妙，皆可以渐得之言语之中矣。(《朱子文集》卷五十四）

胡、项二人都来往于朱、陆两家，故朱子对他们并不回避他与陆的皇极说的分歧。在这两封信中，朱熹有一个观点值得注意，就是不要只孤立地讨论经典文本中某一个别概念的意义，而应该把整个文本逐句详说，仔细逐段玩味文字，使对一个概念的解说能贯通于整个文本。所以他不直接指出陆氏存心保极说的问题，而要胡、项等还原到文本的详细疏解，以辨别陆氏说法的对错。说明朱子的学术论辩和政治批评都要求以经典文本的正解为前提。朱子解释《洪范》皇极正是采用了这种"部分不能脱离整体"的文本解释学的方法，也显示出他对自己的解释方法和解释成果的自信。

《语类》中也有对陆氏皇极说的谈论，如：

> 符叙舜功云："象山在荆门，上元须作醮，象山罢之。劝谕邦人以福不在外，但当求之内心。于是日入道观，设讲座，说'皇极'，令邦人聚听之。次日，又画为一图以示之。"先生曰："人君建极，如个标准。如东方望也如此，西方望也如此，南方望也如此，北方望也如此。莫不取则于此，如《周礼》'以为民极'，《诗》'维民之极'，'四方之极'，都是此意。中固在其间，而极不可以训中。汉儒注说'中'字，只说'五事之中'，犹未为害，最是近世说'中'字不是。近日之说，只要含胡苟且，不分是非，不辨黑白，遇当做底事，只略略做些，不要做尽。此岂圣人之意！"……贺孙。(《朱子语类》卷七十九)

朱熹对皇极的说明一本其《皇极辨》之说，而且直指"近日之说"，即"只要含胡苟且，不分是非"，说明其《皇极辨》的针对性确实包含对现实政治的批评。(因为陆九渊荆门讲皇极在绍熙初，而"近世说"必不是指光宗，而是主要指孝宗朝后期以来流行的议论和政见。)

> 问："先生言'皇极'之'极'不训中，只是标准之义。然'无偏无党'，'无反无侧'，亦有中意。"曰："只是个无

私意。"问："'准标之义'如何？"曰："此是圣人正身以作民之准则。"问："何以能敛五福？"曰："当就五行、五事上推究。人君修身，使貌恭，言从，视明，听聪，思睿，则身自正。五者得其正，则五行得其序；以之稽疑，则'龟从，筮从，卿士从，庶民从'；在庶征，则有休征，无咎征。和气致祥，有仁寿而无鄙夭，便是五福；反是则福转为极。陆子静《荆门军晓谕》乃是敛六极也！"德明。（《朱子语类》卷七十九）

这是在与廖德明论皇极时谈到此事。关于廖德明所问无偏无党是否为"中"的问题，朱熹在《皇极辨》的最后一点已经回答过。在这段对话的最后，他认为陆九渊荆门所论，不是敛五福，而是敛六极，是说陆氏所说不是建用皇极的好处，而是不用皇极的坏处，故不是"敛时五福"的正解。朱子这个批评似不恰当，盖陆氏是对民众施行教化，不是解经论学，应不必在此处进行学术辨析。

余英时先生书中，对叶适、陈亮的皇极说都已论及，这里再补充一条论及陈傅良者：

先生问德粹："去年何处作考官？"对以永嘉。问："曾见君举否？"曰："见之。"曰："说甚话？"曰："说《洪范》及《左传》。"曰："《洪范》如何说？"曰："君举以为读《洪范》，方知孟子之'道性善'。如前言五行、五事，则各言其德性，而未言其失。及过于皇极，则方辨其失。"曰："不然。且各还他题目：一则五行，二则五事，三则八政，四则五纪，五则皇极；至其后庶征、五福、六极，乃权衡圣

道而著其验耳。"(《朱子语类》卷一百二十三)

比起朱熹,陈傅良更重视《尚书》,特别是《洪范》篇,他的皇极说也可注意。可惜他并没有这方面的著作留世,著录的只有论《周官》《左传》等著作。

由以上论述可见,作为儒家经典学解释的大师,朱熹的皇极讨论,不会只是针对政治的发言、只是要消解当时某种政策的理论基础。"论时事"和"求训解"在朱子是不同的,这一点还是要加以分别的。当然,朱子有时在谈到字义训解时,也会连带谈及时事意义,但不会为了政治需要而去决定训解。在经典的诠释上,朱子对"极"的解释最早为中年时对《太极图说》的解释,在朱、陆太极之辩中朱子承继和发展了其早先关于"极"的理解,形成一套有关"极"的理论,在讨论太极之义时亦论及皇极之义。在朱、陆太极之辩后不久所作的《皇极辩》之中,朱熹把这一理解作为一种基础运用于皇极说,又以君主正身修身的儒家表率说把"建用皇极"的意义具体化,形成朱子学的皇极说。皇极说既是朱子政治思想的一个论述,同时也可以看作其太极论的相关部分,在后世发挥了持续的影响。这里我们引元代吴草庐的极论作为此种影响的代表:

> 曰:太极者,何也?曰:道也。道而称之曰太极,何也?曰:假借之辞也。道不可名也,故假借可名之器以名之也。以其天地万物之所共由也,则名之曰道;道者,大路也。以其条派缕脉之微密也,则名之曰理;理者,玉肤也。皆假借而为称者也。……**极,屋栋之名也。屋之脊檩曰栋。**

就一屋而言，惟脊檩至高至上，无以加之，故曰极；而凡物之统会处，因假借其义而名为极焉，辰极、皇极之类是也。道者，天地万物之统会，至尊至贵，无以加者，故亦假借屋栋之名而称之曰极也。然则何以谓之太？曰：太之为言，大之至甚也。**夫屋极者，屋栋为一屋之极而已；辰极者，北辰为天体之极而已；皇极者，人君一身为天下众人之极而已。**以至设官为民之极，京师为四方之极，皆不过指一物一处而言也。道者，天地万物之极也。虽假借极之一字，强为称号，而曾何足以拟议其仿佛哉！（《宋元学案·濂溪学案下》）

吴澄继承了朱熹对极和皇极的解释，也是把皇极之义置于太极论中讨论，因他不是专论皇极，故说得粗些。草庐学综朱、陆，但在重要概念上，还是本于朱子而言之。

谨以此文纪念北京大学哲学系建系100周年

初稿写定于2012年9月26日，修订于2012年10月8日

朱子《克斋记》的文本与思想

非礼而视,人欲之害仁也;非礼而听,人欲之害仁也;非礼而言且动焉,人欲之害仁也。知人欲之所以害仁者在是,于是乎有以拔其本,塞其源,克之克之,而又克之,以至于一旦豁然,欲尽而理纯,则其胸中之所存者,岂不粹然天地生物之心,而蔼然其若春阳之温哉!

——朱熹《克斋记》

朱子的《克斋记》，是与他的《仁说》同时完成的主要作品，初写于43岁，改定于44岁。《克斋记》与《仁说》同为朱子中年仁学思想的代表作。

　　乾道八年壬辰（1172年），朱子43岁，为友人石子重作《克斋记》，而早在四年前，朱子39岁时，其答石子重书就已经提到《克斋记》文：

　　　　克斋恐非熹所敢记者，必欲得之，少假岁年，使得更少加功，或所见稍复有进，始敢承命耳。[1]

当时石子重居家待次，以克名斋，这显然是用了《论语》"克己复礼为仁"的思想，他请朱子为他作克斋之记，申发对孔子"克己复礼"的理解，而朱子回复他说要等几年所见有了进步，才敢承命。

〔1〕《答石子重·五》，见《朱子文集》卷四十二（四部丛刊影印本，本篇下同）。

一、《克斋记》先本

通行本《朱子文集》中的《克斋记》文本之末有朱子自署**"乾道壬辰月日，新安朱熹谨记"**，也就是说，在四年之后即乾道八年，朱子终于为石子重写下了《克斋记》。所以《克斋记》的著作年代，向无争议。[1]但《克斋记》从初稿到定稿，有一个过程，这个过程以往少有研究。让我们先来看《朱子文集》所载的朱子《答石子重》第十一书中石子重的问目和朱子的批语：

【石问】"孝弟也者，其为仁之本欤"，是为仁自孝弟始也。仁道之大而自孝弟始者，以其即爱亲从兄之心习而察，则仁矣。然而不敢说必无犯上作乱，故曰"鲜"。其或有之，以其习而不察。故有子之言，以人人有是心，是以为仁，患在不察故尔。《表记》曰："事君，处其位，不履其事，则乱也。"谓违君命为乱。此所谓"犯上"者，犯颜作乱者，违命也。

孝弟，顺德；犯上作乱，逆德。论孝弟却说犯上作乱底事，只为是它唤做孝弟，恰似"小人之中庸也""小人而无忌惮也"一般。君子则不然，先理会个根本。根本既立，道自此生，曷惟其已！许顺之云："'其为人也孝弟'，犹是泛

---

[1] 历史上的朱子年谱都没有记载《仁说》及《克斋记》的著述年代，亦不及二文之先后，拙著《朱子哲学研究》与《朱子书信编年考证》都指出《仁说》《克斋记》作于乾道壬辰，但月日不能确定。今人束景南《朱熹年谱长编》则主张《仁说》与《克斋记》皆作于乾道八年壬辰十月，而据赖尚清的博士论文《朱子仁论研究》，《克斋记》与《仁说》皆作于壬辰六月以前。

而论之。如君子之道，夫妇之愚不肖可与知、可能行，非不孝弟也，惟知务之不如君子也。然孝弟顺德，终是不善之心鲜矣。"

【朱批】此二说，大抵求之过矣。"鲜"只是少。圣贤之言，大概宽裕，不似今人蹙迫，便说杀了。此章且看伊川说，深有意味。

【石问】"我不欲人之加诸我，吾亦欲无加诸人"，伊川《解》曰："'我不欲人之加诸我也，吾亦欲无加诸人'，仁也；'施诸己而不愿，亦勿施诸人'，恕也。"又《语录》曰："'施诸己而不愿，亦勿施诸人。'正解此两句。"又曰："'我不欲人之加诸我，吾亦欲无加诸人'，恕也，近于仁矣，然未至于仁也，以有'欲'字耳。"前以为仁，后以为恕而未仁，二义不同。若以有"欲"字便以为未仁，则"我欲仁，斯仁至矣"亦有"欲"字，不知如何？

【朱批】二先生说经，如此不同处亦多，或是时有先后，或是差舛，当以义理隐度而取舍之。如此说，则当以《解》为正，盖其义理最长，而亦先生晚年所自著，尤可信也。"欲仁"之"欲"与"欲无加诸我"之"欲"文意不同，不可以相比，更推详之。

【石问】"君子所贵乎道者三：动容貌，斯远暴慢矣；正颜色，斯近信矣；出辞气，斯远鄙倍矣。"明道曰："动容貌，周旋中礼，暴慢斯远；正颜色则不妄，斯近信矣；出辞气，正由中出，斯远鄙倍。"此动容貌、正颜色、出辞气皆不着力，是成德之事。斯远暴慢、斯近信、远鄙倍，犹云便远暴慢、便近信、便远鄙倍，自然如此也。伊川曰："辞气之出，不使至于鄙倍。"却是就"远"字上用工。上蔡云："动也，正也，出也，君子自牧处。"又曰："紧要在上三字。"说不同，如何？

【朱批】熹详此意，当以明道之说为正。上蔡之说尤有病。

【石问】《克斋记》说"天下归仁"处，**先本云："天下之人，亦将无不以仁归之。"后本云："视天下无一物不在吾生物气象之中。"**先后意甚异，毕竟"天下归仁"当如何说？

【朱批】初意伊川说，后觉未稳，改之如此，乃吕博士说。恐当以后说为正。盖所谓伊川说，亦止见于《外书·杂说》中，容或未必然也。

【石问】《克斋记》不取知觉言仁之说，似以爱之说为主。近子细玩味，似若知觉亦不可去。盖不知觉，则亦必不爱。惟知觉，故能爱。知觉与爱，并行而不相悖，恐亦无害于言仁，但不可专以知觉为仁耳。医者以四支顽痹为不仁，顽痹则不知痛痒，又安能爱？更乞开发。

【朱批】此义近与湖南诸公论之，甚详，今略录一二上呈，亦可见大意矣（一答胡广仲书"仁"之说，一答张敬夫书）。[1]

此书前面主要讨论《论语》及二程对《论语》的解释，后面提到《克斋记》，应是《克斋记》作成后非久，当于乾道壬辰八年，朱子43岁。**据上引石子重与朱子书所问，《克斋记》有"先**

---

[1] 朱子答石子重问目云，《答石子重·十一》，见《朱子文集》卷四十二。

本"和"后本"之别，其中提法颇有不同，可以看到朱子写作和修改的过程。据朱子自述，其先本主张"天下之人，亦将无不以仁归之"，是以伊川之说为主，后本则主张"视天下无一物不在吾生物气象之中"和克己说，是以吕大临之说为主。这说明朱子此篇《克斋记》文在初稿后又曾经修改。石子重看到过两个稿本，而今存本《克斋记》中朱子这里所提及的两句都没有踪影，**可知《朱子文集》本的《克斋记》，既不是石子重书中所说的"先本"，也不是"后本"，应是最后改定的定本**。

上引石子重与朱子书指出：

> 《克斋记》不取知觉言仁之说，似以爱之说为主。近子细玩味，似若知觉亦不可去。盖不知觉，则亦必不爱。惟知觉，故能爱。知觉与爱，并行而不相悖，恐亦无害于言仁，但不可专以知觉为仁耳。医者以四支顽痹为不仁，顽痹则不知痛痒，又安能爱？

石子重的说法是欲调和知觉言仁说和以爱推仁说两者，可见石子重认为《克斋记》是朱子与湖南学者关于知觉言仁辩论的后续部分，是承接知觉言仁论辩的。朱子批云："此义近与湖南诸公论之，甚详，今略录一二上呈，亦可见大意矣（一答胡广仲书'仁'之说，一答张敬夫书）。"事实上，《克斋记》没有特别强调爱，只是说到"恻隐之心无所不通"，"感而通焉……而无物之不被其爱"，但熟悉当时仁论的石子重很敏感地发现，朱子没有采用当时流行的"知觉言仁"的话语。朱子则明白点出，这确实是与湖南诸公的知觉论辩有关，故把他和湖南学者张栻、胡广仲论知觉言仁的两封书信转给石子重参阅。朱子说的"此义"应当是指对知

46

觉言仁的辨析。（按：朱子答胡广仲书并未谈及《克斋记》，也未提到《仁说》，故答胡广仲书应略早于《克斋记》。）

石子重得书后放弃了知觉言仁说，回报曰："所疑荷批诲，今皆已释然，盖仁者心有知觉，谓知觉为人则不可，知觉却属智也。……惟仁可以包夫三者，然所以得名，各有界分。"朱子答云："仁字之说甚善，要之，须将仁义礼智皆作一处看。"[1]

朱子与石子重论《克斋记》的几通书信，都是以论仁为主题，且提到仁字之说，但都没有提到朱子写的《仁说》，而《仁说》也是集中论仁，可见作《克斋记》时还未有《仁说》。若当时已有《仁说》，以朱子与石子重的关系而言，朱子必然寄给石子重共同讨论。既然二人都未提及《仁说》，由此可推知写作《克斋记》时尚未有《仁说》之作。尤其是石子重说《克斋记》"似以爱之说为主"，显然是还没有见到过《仁说》，因为《仁说》正是强调以爱论仁、以爱推仁。故《克斋记》与《仁说》虽然都是朱子43岁时的作品，但《克斋记》在前，《仁说》在后。《克斋记》是此前知觉言仁之辩的延续（又见《语类》陈淳录），而《仁说》则是对仁的全面讨论。

《朱子文集》中提到《克斋记》还有数处，如朱子《答游诚之》：

> 《克斋记》近复改定，今别写去。后面不欲深诋近世之失，"波动危迫"等语，皆已削去。但前所论**性情脉络、功夫次第**，自亦可见底里，不待尽言而后喻也。因见南轩，试

---

[1]《答石子重·十二》，见《朱子文集》卷四十二。

更以此意质之，当有以相发明尔。[1]

游诚之也是湖南学者。朱子在此书中提到了几处对《克斋记》的具体删修意见。其关键是，不再批评程门后学的错误理解（即所谓近世之失），而保留性情论和功夫论的论述。今存《克斋记》定本，其修改后的面貌与朱子这里所说完全一致。

别集卷六《与林择之》：

> 《尤溪学记》及《克斋记》近复改定，及改去岁《仁说》《答钦夫》。数书本欲写去，而二公行速不暇，且寄钦夫《语解》去，看毕寄还，并论其说。[2]

此书作于乾道癸巳，朱子44岁时。此书与《答游诚之》书都说到"《克斋记》近复改定"，当在一时先后。有学者认为这里只讲"去岁《仁说》"，没有说《克斋记》是去岁所作，似表明《克斋记》作于《仁说》之后。其实，因此时石子重到任尤溪县令，特请林择之来县学教学，又请朱子为作《尤溪学记》，所以朱子与书先提到与尤溪和石子重有关的二文，而后提到《仁说》等。

朱子答张栻《又论仁说》书：

> 来教云："夫其所以与天地万物一体者，以夫天地之心之所有是乃生生之蕴，人与物所公共，所谓爱之理也。"熹详此数句，似颇未安。盖仁只是爱之理，人皆有之，然人或不公，则于其所当爱者又有所不爱。惟公，则视天地万物

---

〔1〕《答游诚之·一》，见《朱子文集》卷四十五。
〔2〕《与林择之·十一》，见《朱子文集》别集卷六。

皆为一体而无所不爱矣。若爱之理，则是自然本有之理，不必为天地万物同体而后有也。熹向所呈似《仁说》，其间不免尚有此意，方欲改之而未暇，来教以为不如**《克斋》**之云是也，然于此却有所未察。窃谓莫若将"公"字与"仁"字且各作一字看得分明，然后却看中间两字相近处之为亲切也。若遽混而言之，乃是程子所以诃以公便为仁之失。此毫厘间，正当子细也。又看"仁"字，当并"义""礼""智"字看，然后界限分明，见得端的。今舍彼三者而独论"仁"字，所以多说而易差也。又谓"体用一源，内外一致"为仁之妙，此亦未安。盖义之有羞恶，礼之有恭敬，智之有是非，皆内外一致，非独仁为然也。不审高明以为如何？

主张仁是爱之理，是朱子知觉言仁之辩中强调的重点。已有学者见此书引述张栻认为《仁说》不如《克斋记》，从而推论《仁说》在《克斋记》之前，其实这里并不能得出这样的结论。此书是论《仁说》，而不是论《克斋记》；观其言意，作此书时，朱子方欲修改《仁说》而尚未动手。而张栻则在评朱子《仁说》之前，已经看到过《克斋记》，故其评语说《仁说》的文字不如《克斋记》。故从这里并不能得出《克斋记》在《仁说》之后的结论。

《语类》只有一处提及《克斋记》：

　　问："程门以知觉言仁，《克斋记》乃不取，何也？"曰："仁离爱不得。上蔡诸公不把爱做仁，他见伊川言：'博爱非仁也，仁是性，爱是情。'伊川也不是道爱不是仁。若当初有人会问，必说道'爱是仁之情，仁是爱之性'，如此方分晓。惜门人只领那意，便专以知觉言之，于爱之说，若将浇焉，遂蹉过仁地位去说，将仁更无安顿处。'见孺子匍匐将入井，皆有怵惕恻隐之心'，这处见得亲切。圣贤言仁，皆从这处说。"又问："知觉亦有生意。"曰："固是。将知觉说来冷了。觉在知上却多，只些小搭在仁边。仁是和底意。然添一句，又成一重。须自看得，便都理会得。"淳。寓同。[1]

陈淳所录在朱子守漳州时，已在绍熙初。但朱子门人也还注意此文，而且陈淳明确指出《克斋记》是针对"知觉言仁"而发的，这与《克斋记》写成时石子重的感觉是一致的。

二、《克斋记》后本

如上所说，朱子《克斋记》有"先本"、"后本"、改定本。先本今已失传，但后本仍保存未失，此即宋淳熙本《晦庵先生文集》中的《克斋记》。此本《文集》乃淳熙末年朱子在世时刊行，但并不是朱子自己刊行的，故南宋末以来八百余年间，历代学者从未提及此本《文集》；又因此，其中所收的文章颇多是朱子的初稿，而非定稿，弥足珍贵。此淳熙本《晦庵先生文集》今藏于台北故宫博物院，20世纪80年代已影印出版。[2]

淳熙本《晦庵先生文集》中的《克斋记》即是朱子与石子重问答书中所谓**后本**，全文录之如下（加粗字句为与《文集》中的

［1］朱熹：《朱子语类》卷六，黎靖德编，中华书局，1986年，第119页。
［2］参看我在1988年写的《台湾影印宋本〈晦庵先生文集〉略说》，收入朱子学刊编辑部编：《朱子学刊（一九八九年第一辑）》，福建人民出版社，1989年。

定本存异处，在定本中已经删去）：

> 性情之德，无所不备，而一言足以尽其妙，曰仁而已。
> 所以求仁者，盖亦多术，而一言足以举其要，曰克己复礼
> 而已。盖仁也者，天地所以生物之心，而人物所得以为心
> 者也。惟其得夫天地生物之心以为心，是以未发之前四德具
> 焉，曰仁义礼智，而仁无不统；已发之际四端著焉，曰恻隐
> 羞恶辞让是非，而恻隐之心无所不通。此仁之体用所以涵育
> 浑全，周流贯彻，专一心之妙，而为众善之长也。**然则人之
> 求之，亦岂在夫外哉？特去其害此者而已矣。**
>
> **盖所谓仁者，天理之公也；所以害仁者，人欲之私也。
> 二者分而相为消长，彼既盛则此不得不衰矣。故求仁者克去
> 己私，以还天理**，至于一旦廓然，欲尽而理纯，**则其视天下
> 盖无一物不在吾生物气象之中焉。**默而存之，固蔼然其若春
> 阳之温也，泛然其若醴酒之醇也；有感而遂通，则无一事之
> 不顺于理，而无一物不被其爱矣。呜呼，此仁之为德所以尽
> 情性之妙也欤。
>
> **昔者颜子问仁于孔子，而孔子以"一日克己复礼，天下
> 归仁焉"告之。其于用力于仁之要，可谓一言而举矣。至于
> 近世，程氏之学，祖述孔颜，尤以求仁为先务，而其所论求
> 之之术，亦未有以易此者也。**
>
> 吾友会稽石君子重，盖闻程氏之说而悦之者也，间尝以克
> 名斋，而讯其说于予。予惟克复之云，虽若各为一事，其实克
> 己者乃所以复礼，而非克己之外别有所谓复礼之工也。今子重
> 择于斯言而有取于克之云者，则其于所以用力于仁之要，又可

谓知其要矣，尚奚以予言为哉！继今以往，如将因夫所知之要而尽其力，至于造次颠沛之顷而无或息焉，则夫所谓仁者其必蔼然有所不能自已于心者矣。是又奚以予言为哉！

虽然，自程门之士有以知觉言仁而深疾夫爱之说者，于是学者乃始相与求之于危迫之中而行之于波〔流〕动之域，甚者扬眉瞬目，自以为仁，而实盖未尝知夫仁之为味也。予惧子重之未能无疑于其说也，则书予之所闻者如此以复焉。使吾子重无骇于彼而有以安于此，则斯言也于辅仁之义其庶几乎。年月日记

此文的意义是保存了《克斋记》早期的面貌，虽然石子重所说的最初的"先本"已经看不到了，但淳熙本《文集》保存了"后本"即第一次修改本，还是很珍贵的，从中可以参证《克斋记》初稿写成以后的修改变化。后本的思想要点是，人的本心是来自天地之心的仁，仁义礼智是未发，恻隐羞恶是已发，仁之体发为恻隐之用。人欲之私，所以害仁，故求仁必克去己私，这就是"克己复礼"。而持久地克己最后可达到万物皆备于我的气象，这就是"天下归仁"。

后本对先本修改的关键是对《论语》"天下归仁"的理解，如石子重说：《克斋记》说'天下归仁'处，先本云：'天下之人，亦将无不以仁归之。'后本云：'视天下无一物不在吾生物气象之中。'先后意甚异，毕竟'天下归仁'当如何说？"朱子解释说："初意伊川说，后觉未稳，改之如此，乃吕博士说。恐当以后说为正。盖所谓伊川说，亦止见于《外书·杂说》中，容或未必然也。"就是说，先本对"天下归仁"的解说是用程伊川的说法，后本的修改则采用了吕大临的说法。朱子解释说，后本之所以放弃了伊川说，既是因为吕大临说在义理上更为妥当，也是因为伊川的说法只见于《外书》，材料不太可靠。不过，从淳熙本《晦庵先生文集》保留的后本来看，后本中对吕大临说的采用并不是直接接在论及"天下归仁"的语句后，而是置于"至于一旦廓然，欲尽而理纯"的表述之后。这与石子重所说略有不同。

总之，在求仁的功夫论上，《克斋记》后本强调以克己言仁，不赞成以知觉言仁，其最后一段对程门上蔡等的知觉言仁说及其实践弊病，给予了直接的尖锐批评。特别是所谓"甚者扬眉瞬目，自以为仁"，虽然没有指明是何人及为何如此，考虑到朱子后来亦以此严厉批评陆象山门人，足见朱子对程门后学知觉言仁之实践的不满。可惜，这最后一段在定本中复被删去，使《克斋记》本来针对知觉言仁的方向在一定程度上被遮掩了。

三、《克斋记》定本

后世《朱子文集》本《克斋记》即定本，定本强化了天理人欲之辩，在天下归仁的解释上去掉了北宋的解释，也不再直接批评程氏门人，但在性情之德、天地所以生物之心问题上未变。其文如下（加粗者为后本所无，乃癸巳所改定）：

> 性情之德，无所不备，而一言足以尽其妙，曰仁而已。所以求仁者，盖亦多术，而一言足以举其要，曰克己复礼而已。盖仁也者，天地所以生物之心，而人物之所得以为心者

也。惟其得夫天地生物之心以为心，是以未发之前四德具焉，曰仁义礼智，而仁无不统；已发之际四端著焉，曰恻隐羞恶辞让是非，而恻隐之心无所不通。此仁之体用所以涵育浑全，周流贯彻，专一心之妙，而为众善之长也。

然人有是身，则有耳目鼻口四肢之欲，而或不能无害夫仁。人既不仁，则其所以灭天理而穷人欲者，将益无所不至。此君子之学所以汲汲于求仁，而求仁之要亦曰去其所以害仁者而已。盖非礼而视，人欲之害仁也；非礼而听，人欲之害仁也；非礼而言且动焉，人欲之害仁也。知人欲之所以害仁者在是，于是乎有以拔其本，塞其源，克之克之而又克之，以至于一旦豁然，欲尽而理纯，则其胸中之所存者，岂不粹然天地生物之心，而蔼然其若春阳之温哉！默而成之，**固无一理之不具，而无一物之不该也**；感而通焉，则无事之不得于理，而无物之不被其爱矣。呜呼！此仁之为德所以一言而可以尽性情之妙，而其所以求之之要，则夫子之所以告颜渊者，亦可谓一言而举也与。**然自圣贤既远，此学不传，及程氏两先生出，而后学者始得复闻其说，顾有志焉者或寡矣。**

若吾友会稽石君子重，则闻其说而有志焉者也，故尝以克名斋，而属予记之。予惟克复之云，虽若各为一事，其实**天理、人欲相为消长**，故克己者乃所以复礼，而非克己之外别有复礼之功也。今子重择于斯言而独以克名其室，则其于所以**求仁之要**，又可谓知其要矣。是尚奚以予言为哉！自今以往，必将因夫所知之要而尽其力，至于造次颠沛之顷而无或息焉，则夫所谓仁者其必盎然有所不能自已于心者矣，是又奚以予言为哉！

顾其所以见属之勤，有不可以终无言者，因备论其本末而书以遗之，幸其朝夕见诸屋壁之间，而不忘其所有事焉者，则亦庶乎求仁之一助云尔。乾道壬辰月日，新安朱熹谨记。[1]

此文的明显修改之处，一个是文章的后面去除了后本原有的最后一大段，不再批评程门弟子与知觉言仁的弊病；一个是前面改写了人欲害仁而克己的必要，但也去掉了程门弟子吕大临的视天下说。而最核心的阐述义理的第一段没有做任何改变。

据石子重与朱子书，《克斋记》先本主张"天下之人，亦将无不以仁归之"的伊川之说，后本则主张"视天下无一物不在吾生物气象之中"的吕大临一体言仁之说。这说明一体言仁说还不是朱子《克斋记》开始写作时反思程门的重点。但今存本此两句皆无，可知朱子此篇记文应在《仁说》之辩后曾经修改，把涉及程门的地方都删去了。朱子答湖南学派学者游诚之（南轩门人）书云：

谢先生虽喜以觉言仁，然亦曰心有知觉，而不言知觉此心也。请推此以验之，所谓得失，自可见矣。若以名义言之，则仁自是爱之体，觉自是知之用，界分脉络，自不相关。但仁统四德，故人仁则无不觉耳。然谢子之言，侯子非之曰："谓不仁者无所知觉则可，便以心有知觉为仁则不可。"此言亦有味，请试思之。《克斋记》近复改定，今别写去。后面不欲深诋近世之失，"流动""危迫"等语皆已削去。

---

[1]《朱子文集》卷七十七。

淳熙本《克斋记》中有"**视天下盖无一物不在吾生物气象之中焉**",又有"**求之于危迫之中而行之于波〔流〕动之域**",可见淳熙本《晦庵先生文集》中的《克斋记》正是所谓"后本"。朱子所谓"《克斋记》近复改定",正是指将此"后本"再加改正删修,成为后来通行本《朱子文集》所载的《克斋记》定本。而朱子定本对后本所修改者,最引人注目的是删去了对程门后学以知觉言仁的比较严厉的批评词语。

另一较大修改是,后本作"至于一旦廓然,欲尽而理纯,**则其视天下盖无一物不在吾生物气象之中焉**。默而存之,固蔼然其若春阳之温也,泛然其若醴酒之醇也";定本改作"以至于一旦豁然,欲尽而理纯,则其胸中之所存者,**岂不粹然天地生物之心,**而蔼然其若春阳之温哉!默而成之,**固无一理之不具,而无一物之不该也**"。去除了吕大临一体言仁的说法,代之以天地生物之心,从而与文章首段强调仁是天地生物之心的主旨更加吻合。

最后一点,定本比后本增加了一大段,即从"然人有是身"到"克之克之而又克之"。朱子强调人有身则有欲,有欲则害仁,故君子求仁必去欲,做到非礼勿视听言动,这是克己的根本功夫。能克之不已,就可以恢复胸中的天地生物之仁心。这一段突出了天理和人欲的冲突,把求仁克己归结为存天理去人欲,并且在后面一段中又加强调,认为求仁之要就是要明了"天理、人欲相为消长"。这些都是"后本"中所没有的。

《克斋记》的大意是,仁是人心,来自天地的生物之心,人的未发之性与已发之情体现了仁的体用之妙,而克己是求仁之要,这些与《仁说》是一致的。《克斋记》"粹然天地生物之心"的讲法,仍然有着湖南学派的印记,盖五峰《知言》有云:"凡人之生，粹然天地之心，道义完具。"[1]朱子中年以前用语，多受《知言》影响，湖南学派对早年朱子影响之大，由此亦可见矣。但用"生物"讲天地之心，这是朱子与湖南学派的不同，也明显是对湖南仁说的补充和改造。[2]

四、与《仁说》之比较

为了比较、参照《克斋记》有关天地之心等的思想和词句，我们把朱子《仁说》的文字也列于下方：

> 天地以生物为心者也，而人物之生又各得夫天地之心以为心者也，故语心之德，虽其总摄贯通、无所不备，然一言以蔽之，则曰仁而已矣，请试详之。盖天地之心，其德有四，曰元亨利贞，而元无不统；其运行焉，则为春夏秋冬之序，而春生之气无所不通。故人之为心，其德亦有四，曰仁义礼智，而仁无不包；其发用焉，则为爱恭宜别之情，而恻隐之心无所不贯。故论天地之心者，则曰乾元坤元，则四德之体用不待悉数而足；论人心之妙者，则曰仁人心也，则四德之体用亦不待遍举而该。盖仁之为道，乃天地生物之心，即物而在，情之未发而此体已具，情之既发而其用不穷，诚能体而存之，则众善之源、百行之本莫不在是，此孔门之教

---

[1] 《宋朱熹胡子知言疑义》，见胡宏：《胡宏集》，中华书局，1987年，第332页。

[2] 参看拙作《朱子〈仁说〉新论》，收入朱杰人编：《迈入21世纪的朱子学》，华东师范大学出版社，2001年。

所以必使学者汲汲于求仁也。其言有曰："克己复礼为仁"，言能克去己私，复乎天理，则此心之体无不在，而此心之用无不行也。又曰"居处恭，执事敬，与人忠"，则亦所以存此心也。又曰"事亲孝，事兄弟，及物恕"，则亦所以行此心也。又曰"求仁得仁"，则以让国而逊、谏伐而饿为能不失乎此心也。又曰"杀身成仁"，则以欲甚于生、恶甚于死为能不害乎此心也。此心何心也？在天地则块然生物之心，在人则温然爱人利物之心，包四德而贯四端者也。或曰：若子之言，则程子所谓"爱，情，仁，性不可以爱为仁"者，非欤？曰：不然。程子之所诃，以爱之发而名仁者也；吾之所论，以爱之理而名仁者也。盖所谓情性者，虽其分域之不同，然其脉络之通各有攸属者，则曷尝判然离绝而不相管哉！吾方病夫学者诵程子之言而不求其意，遂至于判然离爱而言仁，故特论此以发明其遗意，而子顾以为异乎程子之说，不亦误哉！或曰：程氏之徒，言仁多矣，盖有谓爱非仁，而以万物与我为一为仁之体者矣；亦有谓爱非仁，而以心有知觉释仁之名者矣。今子之言若是，然则彼皆非欤？曰：彼谓物我为一者，可以见仁之无不爱矣，而非仁之所以为体之真也。彼谓心有知觉者，可以见仁之包乎智矣，而非仁之所以得名之实也。观孔子答子贡博施济众之问，与程子所谓觉不可以训仁者，则可见矣，子尚安得复以此而论仁哉！抑泛言同体者，使人含胡昏缓而无警切之功，其弊或至于认物为己者有之矣；专言知觉者，使人张皇迫躁而无沉潜之味，其弊或至于认欲为理者有之矣。一忘一助，二者盖胥失之。而知觉之云者，于圣门所示乐山能守之气象尤不相似，子尚安得复以此而论仁哉！因并记其语，作《仁说》。[1]

因本篇并不是对《仁说》的研究，故这里只着重讨论《克斋记》与《仁说》的比较。（按：朱子《仁说》亦几经修改，于乾道癸巳年定稿，《朱子文集》所收《仁说》即是定稿。）把《克斋记》定本与《仁说》定本二者加以比较可见，其中思想基本一致，但侧重不同，《仁说》更为全面地阐发了朱子的仁学思想：

第一，《仁说》反复以爱言仁、以爱推仁，并以此与北宋以来各种仁论相区别，而《克斋记》后本、定本都只有一处涉及爱，可以说《克斋记》完全没有突出以爱言仁。这一差别非常明显。第二，《克斋记》后本曾用程氏门人吕大临的物我一体为仁的说法，《克斋记》定本则完全删除了这一说法，也不再涉及其他程门弟子后学，而《仁说》则不仅保留了吕大临之说，而且指出了此说的局限。《克斋记》先本、后本都曾明确针对程门后学知觉言仁说的弊病加以批评，而《克斋记》定本中删去了对知觉言仁说的提及和批评，但《仁说》中明确表达了对知觉言仁说及其弊病的批评，并引用了程颐"觉不可以训仁"而彻底否定了知觉言仁说。这就使得，对程门仁论的反思完整体现在《仁说》，而丝毫不见于《克斋记》，《克斋记》定本只是从天道和功夫正面论述了克己复礼的思想。这也是《克斋记》与《仁说》的重大不同。可以推测，《克斋记》初稿本是明确针对程门知觉言仁的，但后来在《仁说》中全面表达了对程门论仁的批评，所以《克斋记》的最后修定本就没有必要再保留对程门知觉言仁的批评了。在这一点上，也可

---

[1]《朱子文集》卷六十七。

以察见《克斋记》与《仁说》的先后。第三，《克斋记》后本、定本在天地之心上的用法是"天地所以生物之心"，而《仁说》用的是"天地以生物为心"。我们知道，朱子与张南轩辩论仁说中，张南轩反复质疑"天地以生物为心"的说法，而朱子始终坚持之，最后张南轩也同意了朱子的提法。考虑到这一点，则《克斋记》没有用后一说法，只能解释为《克斋记》之作本在《仁说》之前，其文重点不在于此处，后来也就没有必要再加修改了。

另外，还可指出，《克斋记》后本、定本中虽然都肯定地宣称"盖仁也者，天地所以生物之心，而人物之所得以为心者也"这样的说法，但文章首出的是"性情之德，无所不备，而一言足以尽其妙，曰仁而已。所以求仁者，盖亦多术，而一言足以举其要，曰克己复礼而已"。"天地所以生物之心"两句则在后面。这与《仁说》一上来就说"天地以生物为心者也，而人物之生又各得夫天地之心以为心者也"，显然有所差别。虽然，二者都认为性情之仁来自天心之仁，但相比之下，《克斋记》更强调仁的性情论，而《仁说》更突出仁的天道论，轻重先后之间有所差别。当然，这不是思想的不同，而应当是《克斋记》与《仁说》的文章功能不同。朱子大概在写作《仁说》之后意识到，《克斋记》既是为石子重所写的斋记，应只突出克己功夫，自然就没有必要像《仁说》那样全面地从天道到性情到功夫到程门弊病进行综合论述了。而所有这一切，必须把《克斋记》前后本、《克斋记》与《仁说》详加比勘，才可能深入其中，如果我们只就通行本《文集》中的《克斋记》文而观之，是无法了解的。

写于2016年春节假日

朱子《太极解义》的哲学建构

无极而太极。太极动而生阳，动极而静，静而生阴。静极复动。一动一静，互为其根；分阴分阳，两仪立焉。阳变阴合，而生水、火、木、金、土。五气顺布，四时行焉。

——周敦颐《太极图说》

朱子乾道己丑（1169年）春中和之悟后，在将此报告张栻等湖南诸公的同时，立即开始了他的哲学建构。当年六月，他刊行了建安本《太极通书》，接着写作《太极图解》和《太极图说解》，二者合称《太极解义》。次年春，《太极解义》完成，他立即寄给当时在严州的张栻和吕祖谦，此后数年在与张、吕的讨论中不断修改，至乾道癸巳（1173年）定稿。

一、太极本体论

让我们先来看《太极图解》。

对于太极图最上面的第一个圆圈，朱子注：

> 此所谓无极而太极也，所以动而阳、静而阴之**本体**也。然非有以离乎阴阳也，即阴阳而指其**本体**，不杂乎阴阳而为言耳。[1]

---

[1] 周敦颐：《周敦颐集》，中华书局，1990年，第1页。

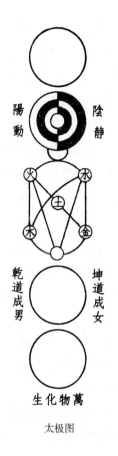

太极图

这是说第一个圆圈指代《太极图说》的首句"无极而太极",而落实在"太极",因为所谓"无极而太极"就是指"无形无象的太极"。朱子解义最突出的一点,就是明确把太极解释为"本体",朱子这里是把"本体"作为道学形上学的最高范畴。这一"本体"概念在《太极图解》中反复出现,成为其哲学建构的突出特点。这也是二程以来道学所不曾有过的。照朱子的解释,太极是动静阴阳的本体，此一本体乃是动静阴阳的所以然根据和动力因。而这一作为本体的太极并不是离开阴阳的独立存在者，它即阴阳而不杂乎阴阳。"即阴阳"就是不离乎阴阳，"不杂乎阴阳"说明太极并不是阴阳，也不与阴阳混合不分。这一"不离不杂"的说法开启了朱子学理解太极与阴阳、理与气的存在关系的模式。

对于太极图的第二个圆圈，就是所谓坎离相抱图，他以为左半边是阳之动，右半边代表阴之静，而包围在中间的小圆圈则是太极。他指出，太极"其本体也"，意味太极是阳动阴静的本体；又说，阳之动，是"太极之用所以行也"，阴之静，是"太极之体所以立也"。这就区分了太极的体和用，认为阳动是太极之用流行的表现，阴静则是太极之体得以贞立的状态。按这里所说，不能说太极是体，阴阳是用，或太极是体，动静是用，也不能说阳动是太极之体，阴静是太极之用。因为，阴和阳同是现象层次，太极是本体层次，故不能说阳动是现象层次的用，阴静是本体层次的体；只是说，阳动可以见太极之用的流行，阴静可以显示太极之体的定立。朱子答杨子直书说明，他一开始曾经以太极为体，动静为用，后来不再用体用的关系去界定太极和动静的关系。这也可以看出，在《太极解义》初稿写成的时期，朱子从《太极图说》文本出发，更为关注的是太极动静的问题，而不是太极阴阳的问题。阴阳是存在的问题，动静是运动的问题，本体与此二者的关系是不同的。

朱子总论自上至下的前三图说：

> 五行一阴阳，五殊二实，无余欠也。阴阳一太极，精粗本末，无彼此也。太极本无极，上天之载，无声臭也。五行

之生，各一其性，气殊质异，各一其〇，无假借也。[1]

这显然是依据《太极图说》的文字来加以解释，《太极图说》说："五行，一阴阳也；阴阳，一太极也；太极，本无极也。五行之生也，各一其性。"《太极图说》本来就是阐发太极图的文字，朱子要为《太极图》做注，就不可避免地要引用《太极图说》本身并加以解释，于是就难免和他的《太极图说解》有所重复。这里"太极本无极，上天之载，无声臭也"，指明了"无极"的意思是"上天之载，无声无臭"，这比《太极图说》第一句的解释之所指，更为清楚。

《图解》接着说："乾男坤女，以气化者言也，各一其性，而男女一太极也。"又说："万物化生，以形化者言也，各一其性，而万物一太极也。"[2]这和《太极图说解》也类似："自男女而观之，则男女各一其性，而男女一太极也；自万物而观之，则万物各一其性，而万物一太极也。"[3]不同的是，在《图解》这里的重点是区分"气化"和"形化"。

以下谈到圣人与主静：

> 惟圣人者，又得夫秀之精一，而有以全乎〇之体用者也。是以一动一静，各臻其极，而天下之故，常感通乎寂然不动之中。盖中也、仁也、感也，所谓☾也，〇之用所以行也。正也、义也、寂也，所谓☽也，〇之体所以立也。中正

---

[1] 周敦颐：《周敦颐集》，中华书局，1990年，第2页。
[2] 周敦颐：《周敦颐集》，中华书局，1990年，第2页。
[3] 周敦颐：《周敦颐集》，中华书局，1990年，第6页。

仁义，浑然全体，而静者常为主焉。则人〇于是乎立。[1]

这里对圣人提出了新的理解，不是按照《太极图说》本文那样，只从"得其秀而最灵"的生理基础去谈圣人之所以为圣人，而是从全乎太极之体用的德行来理解圣人的境界。即是说，圣人之所以为圣人，是因为圣人能够完全实现太极之用，完全贞立太极之体。具体来说，是以中正仁义贯穿动静，而以静为主，于是"人极"便得以确立起来。人极就是人道的根本标准，人极与太极是贯通的，人能全乎太极便是人极之立。

二、太极动静阴阳论

现在我们来看《太极图说解》。

周敦颐《太极图说》本身，最重要的是七段话，朱子的解义也主要是围绕这七段话来诠释的。

1. 无极而太极。

（朱子注）上天之载，无声无臭，而实造化之枢纽，品汇之根柢也。故曰："无极而太极。"非太极之外，复有无极也。[2]

这是以"上天之载，无声无臭"解释无极，用"造化之枢纽，品

---

[1] 周敦颐：《周敦颐集》，中华书局，1990年，第2—3页。
[2] 周敦颐：《周敦颐集》，中华书局，1990年，第4页。

汇之根柢"解释太极。并且强调，无极只是太极无声无臭的特性，并不是太极之外的独立实体。这就从根本上截断了把《太极图说》的思想理解为道家的无能生有的思想的可能性。这也就点出，《太极图说》在根本上是一太极本体论体系，或太极根源论的体系。"枢纽"同中枢，"造化之枢纽"指世界变化运动系统中起主导作用的关键。"根柢"即根源，"品汇之根柢"指万物的根源。枢纽的提法表示，太极的提出及其意义，不仅是面对世界的存在，更是面对世界的运动，这也是《太极图说》本文所引导的。值得注意的是，与《太极图解》第一段对太极所做的"本体"解释相比，《太极图说解》的第一段解释中却没有提及本体这一概念，也许可以说，在《太极图说解》中，"本体"已化为"枢纽"和"根柢"；前者针对动静而言，后者针对阴阳而言。

2. 太极动而生阳，动极而静，静而生阴。静极复动。一动一静，互为其根；分阴分阳，两仪立焉。

（朱子注）太极之有动静，是天命之流行也，所谓"一阴一阳之谓道"。诚者，圣人之本，物之终始，而命之道也。其动也，诚之通也，继之者善，万物之所资以始也；其静也，诚之复也，成之者性，万物各正其性命也。动极而静，静极复动，一动一静，互为其根，命之所以流行而不已也；动而生阳，静而生阴，分阴分阳，两仪立焉，分之所以一定而不移也。盖太极者，本然之妙也；动静者，所乘之机也。太极，形而上之道也；阴阳，形而下之器也。是以自其著者而观之，则动静不同时，阴阳不同位，而太极无不在焉。自其微者而观之，则冲漠无朕，而动静阴阳之理，已悉具于其中矣。虽然，推之于前，而不见其始之合；引之于后，而不见其终之离也。故程子曰："动静无端，阴阳无始。"非知道者，孰能识之。[1]

朱子《太极解义》的主导思想体现在这一段的解释里。他首先用《通书》的思想来解说太极的动静，把太极动而生阳、静而生阴理解为"天命流行"的过程，认为这个过程就是《系辞传》所说的一阴一阳往来变化的过程。他认为，这个过程也就是《通书》所说的诚之通和诚之复交替流行不已的过程，动是诚之通，静是诚之复，二者互为其根。

因此，《太极图说》的根本哲学问题，在朱子《太极解义》看来，就是太极和动静的关系。这是首要的和基本的，而不是像他晚年和陆九渊辩论时主张的只把太极和阴阳的关系看作首要的问题。这是符合《太极图说》本文脉络的。在这个前提下，太极和阴阳的问题也被重视。因此，《太极解义》中最重要的论述是"太极者，本然之妙也；动静者，所乘之机也""太极，形而上之道也；阴阳，形而下之器也"这两句话，先讲了太极和动静的分别及关系，又讲了太极和阴阳的分别及关系。就太极与动静的关系而言，《太极解义》的体系可称为太极本体论；就太极与阴阳的关系而言，此一体系可称为太极本源论。据朱子在写作《太极解义》过程中与杨子直书的讨论，他最初是用太极为体、动静为用来理解太极与动静的关系，但后来放弃了，改为我们现在所看到的本然之妙和所乘之机的

---

[1]　周敦颐：《周敦颐集》，中华书局，1990年，第4页。

关系。那就是说，他以前认为，太极是体，动静是太极所发的用，二者是本体和作用的关系，这显然不适合太极与动静的关系。而本然之妙和所乘之机，是本体和载体的关系，把动静作为载体，这就比较适合太极和动静的关系了。本然之妙表示太极既是本体，又是动静的内在原因（动力因），"妙"字就是特别用来处理太极与动静的关系的、用来说明运动根源的，这也是中国哲学长久以来的特点。与《周易》传统以"神"为妙运万物的动力因不同，朱子以"道"即太极作为妙运万物的动力因。

"太极，形而上之道也；阴阳，形而下之器也"则明确用形而上和形而下来区别太极与阴阳，即太极是形而上的道，阴阳是形而下的器，二者有清楚的分别。把太极明确界定为道，就与把太极解释为理更为接近了。

"是以自其著者而观之，则动静不同时，阴阳不同位，而太极无不在焉。自其微者而观之，则冲漠无朕，而动静阴阳之理，已悉具于其中矣。虽然，推之于前，而不见其始之合；引之于后，而不见其终之离也。"著是显著的用，微是内在深微的体。从微的角度看，太极就是动静阴阳之理，是内在的体；从著的角度看，动静阴阳运行变化不同，是表现着的用。所以，朱子认为太极和动静阴阳还是存在着体用的分别的。特别是，这里直接以太极为理，为动静阴阳之理，提出理和动静阴阳始终是结合在一起的，强化了理的意义。朱子认为，既不能说从某一个时期开始理和动静阴阳二者才相结合，也不能说到了某一个时期二者将会分离。太极始终是内在于动静和阴阳的。本来，在宇宙论上，动静就是阴阳的动静，但由于《太极图说》讲动而生阳、静而生阴，在这个意义上，相对地说，动静就成为先在于阴阳、独立于阴阳的了。

3. 阳变阴合，而生水、火、木、金、土。五气顺布，四时行焉。

（朱子注）有太极，则一动一静而两仪分；有阴阳，则一变一合而五行具。然五行者，质具于地，而气行于天者也。以质而语其生之序，则曰水、火、木、金、土，而水、木，阳也，火、金，阴也。以气而语其行之序，则曰木、火、土、金、水，而木、火，阳也，金、水，阴也。又统而言之，则气阳而质阴也；又错而言之，则动阳而静阴也。盖五行之变，至于不可穷，然无适而非阴阳之道。至其所以为阴阳者，则又无适而非太极之本然也，夫岂有所亏欠间隔哉。[1]

如果说第二段的解释关注动静，这一段的解释关注的中心则在阴阳。太极的动静导致阴阳的分化与变合；由阴阳的一变一合，则产生了五行的分化。"五行之变，至于不可穷，然无适而非阴阳之道。至其所以为阴阳者，则又无适而非太极之本然也。"这是一套由阴阳五行展开的宇宙生化论。与前面第二段不同，这里对太极的定义不是从动静的枢纽来认识太极，而是从阴阳的所以然根据来认识太极。或者说，前面是从"所以动静者"来认识太极，这里是从"所以阴阳者"来界定太极。"所以为阴阳者"的视角就是存在的视角，而不是运动的视角了。至于"太极之本然"，即是《太极图解》的"本体"，"所以动而阳、静而阴之**本体**也""即阴阳而指其**本体**"。"所以阴阳者"的观念本来自二程，区分"阴阳"和"所以阴阳"，认为前者是形而下者，后者是形而上者，这是朱子从程颐吸取的最重要的哲学思维之一。对照张栻的《太极图说

---

[1] 周敦颐：《周敦颐集》，中华书局，1990年，第4—5页。

解义》和吕祖谦的《太极图义质疑》，可以明显看出朱子此时的哲学思维的优势，这也是张、吕对朱子《解义》的意见只集中在"圣人定之以中正仁义而主静"一句上，而对其太极本体论、太极根源论、太极生化论并未提出意见的原因。

三、太极本性论

从第四段开始，由太极动静阴阳论转到太极本性论。

4. 五行，一阴阳也；阴阳，一太极也；太极，本无极也。五行之生也，各一其性。

> （朱子注）五行具，则造化发育之具无不备矣，故又即此而推本之，以明其浑然一体，莫非无极之妙；而无极之妙，亦未尝不各具于一物之中也。盖五行异质，四时异气，而皆不能外乎阴阳；阴阳异位，动静异时，而皆不能离乎太极。至于所以为太极者，又初无声臭之可言，**是性之本体然也**。天下岂有性外之物哉！然五行之生，随其气质而所禀不同，所谓"各一其性"也。各一其性，则浑然太极之全体，无不各具于一物之中，而性之无所不在，又可见矣。[1]

前面已经说过，宇宙中处处是阴阳，而凡有阴阳处必有所以为阴阳者，这就是"无适而非阴阳""无适而非太极"。阴阳分化为五

---

〔1〕 周敦颐：《周敦颐集》，中华书局，1990年，第5页。

行，五行发育为万物，万物中也皆有太极，故说"无极之妙，亦未尝不各具于一物之中也"。各具于事物之中的太极即是事物之性，太极就是"性之本体"，这就转到了万物的本性论。万物"各一其性"，即各异其性、各有各的性，互不相同。"各一其性"是说明万物由气禀不同带来的性的差异性，但朱子同时强调，太极无不具于每一物之中，这才真正体现出"性无所不在"的原理。这样朱子的解释就有两个"性"的概念，一个是"各一其性"的性，一个是"太极之全体"的性，前者是受气禀影响的、现实的、差别的性，后者是不受气禀影响的本然的、本体的、同一的性。故每一个人或物都具备太极作为自己的本性，但这种具备不是部分地具有，而是全体地具有。每一个人或物都具有一太极之全体作为自己的本性。这是朱子对《太极图说》自身思想的一种根本性的发展，即从各一其性说发展为各具太极说。

5. 无极之真，二五之精，妙合而凝。"乾道成男，坤道成女"，二气交感，化生万物。万物生生，而变化无穷焉。

（朱子注）夫天下无性外之物，而性无不在，此无极、二五所以混融而无间者也，所谓"妙合"者也。"真"以理言，无妄之谓也；"精"以气言，不二之名也；"凝"者，聚也，气聚而成形也。盖性为之主，而阴阳五行为之经纬错综，又各以类凝聚而成形焉。阳而健者成男，则父之道也；阴而顺者成女，则母之道也。是人物之始，以气化而生者也。气聚成形，则形交气感，遂以形化，而人物生生，变化无穷矣。自男女而观之，则男女各一其性，而男女一太极也；自万物

而观之，则万物各一其性，而万物一太极也。盖合而言之，
万物统体一太极也；分而言之，一物各具一太极。所谓天
下无性外之物，而性无不在者，于此尤可以见其全矣。[1]

上段最后讲性无不在，这里接着把无极与二五混融无间也作为性
无不在的证明。这就是说，气质所禀与二五之精相联系，太极本
体与无极之真相对应，各一其性与各具太极混融无间，此即性无
不在的体现。重要的是，此段明确声明"'真'以理言，无妄之
谓也；'精'以气言，不二之名也；'凝'者，聚也，气聚而成形
也"，这就把无极之真，同时也就把太极解释为"理"了；把太极
和理贯通，由此打开了南宋理气论哲学的通途。当然，太极也仍
被确定为"性"，"性为之主"本是胡宏的思想，这里显示出湖湘
学派把太极理解为性对朱子仍有影响。这里的性为之主，也从特
定方向呼应了太极为造化之枢纽、品汇之根柢的意义。"以理言"
和"以气言"的分析使得理气论正式登上道学思想的舞台。没有
《太极解义》，朱子学的理气论就不可能发展起来，成为宋明理学
的基本哲学论述。

对照《太极图解》可知，太极本性论是朱子《太极解义》的
重要思想。朱子强调，男与女虽然各有其性，互不相同，但男与
女所具的太极是相同的，这就是"男女一太极也"。万物各异其
性，而万物所具的太极是相同的，这就是"万物一太极也"。尤
其是，这里提出了万物各具的太极与宇宙本体的太极的关系，朱
子认为，"合而言之，万物统体一太极也；分而言之，一物各具

---

[1] 周敦颐：《周敦颐集》，中华书局，1990年，第5—6页。

一太极也"。万物统体是万物的存在总体，其存在的根据是太极，而每一个人或物，也具有此一太极为其本性。每个人或物对宇宙总体而言是分，但每个人或物具有的太极并不是分有了太极的部分，而是全体，因为前面已经说过，"浑然太极之全体，无不各具于一物之中"。后来朱子在《语类》中反复申明了这个道理。如朱子与张栻书所讨论的，朱子认为"各具一太极"的说法意在强调"一事一物上各自具足此理"，用太极的概念来表达性理学的主张。

四、全体太极论

以下开始转到人生论。

6. 惟人也，得其秀而最灵。形既生矣，神发知矣，五性感动，而善恶分，万事出矣。

（朱子注）此言众人具动静之理，而常失之于动也。盖人物之生，莫不有太极之道焉。然阴阳五行，气质交运，而人之所禀独得其秀，故其心为最灵，而有以不失其性之全，所谓天地之心，而人之极也。然形生于阴，神发于阳，五常之性，感物而动，而阳善、阴恶，又以类分，而五性之殊，散为万事。盖二气五行，化生万物，其在人者又如此。自非圣人全体太极有以定之，则欲动情胜，利害相攻，人极不立，而违禽兽不远矣。[1]

"全"或"全体"是《太极解义》后半部的重要概念，是属于人生境界与功夫论的概念。朱子认为，人物之生，皆有太极之道，此太极之道即人与物生活、活动的总原则，也是人与物的太极之性的体现。物所禀的气混浊不清，故不能有心，亦不可能实现太极之道。只有人独得气禀之秀，其心最灵，才有可能不失其太极本性，体现天地之心，确立人极标准。然而在现实生活中并非人人皆能如此，唯有圣人能"全体太极"，即完全体现太极，完全体现太极之道和太极之性，真正确立人极。这也就是下段所说的"定"和"立人极焉"。

7. 圣人定之以中正仁义，而主静，立人极焉。故"圣人与天地合其德，日月合其明，四时合其序，鬼神合其吉凶"。

（朱子注）此言圣人全动静之德，而常本之于静也。盖人禀阴阳五行之秀气以生，而圣人之生，又得其秀之秀者。是以其行之也中，其处之也正，其发之也仁，其裁之也义。盖一动一静，莫不有以全夫太极之道，而无所亏焉，则向之所谓欲动情胜、利害相攻者，于此乎定矣。然静者诚之复，而性之真也。苟非此心寂然无欲而静，则又何以酬酢事物之变，而一天下之动哉！故圣人中正仁义，动静周流，而其动也必主乎静。此其所以成位乎中，而天地日月、四时鬼神，有所不能违也。盖必体立、而后用有以行，若程子论乾坤动静，而曰："不专

---

[1] 周敦颐：《周敦颐集》，中华书局，1990年，第6页。

一则不能直遂，不翕聚则不能发散"，亦此意尔。[1]

《太极图说》以太极为开始，以人极为结束，而人极的内涵是中正仁义而主静，中正仁义是基本道德概念，主静是修养方法，以人极而兼有二者，这在儒学史上是少见的。但《荀子》中也谈到静的意义，《礼记》的《乐记》本来强调"人生而静，天之性也"，故"静"在儒学史上也曾受到注意，尤其是《乐记》的思想在宋代道学中很受重视，在这个意义上，主静的提出不能仅看作受到佛道修养的影响。但对朱子和南宋理学而言，必须对主静做出新的论证。

根据第六、第七两段的朱子注，他提出，众人虽然具动静之理，即具有太极，但常常失之于动，其表现是"欲动情胜，利害相攻"，即欲望、情欲的妄动，对私利的追逐，必须以人极"定"之，"定"是对于"失之于动"的矫正，也是使人不致失之于动的根本方法。所以在朱子的解释中，静与定相通，一定要分别的话，可以说静是方法，定是目的，这就是"于此乎定矣"。

在第六段朱子注强调"不失其性之全""圣人全体太极"，在第七段这里，又提到"圣人全动静之德""一动一静，莫不有以全夫太极之道"。"全体"就是全部体现，是一实践的概念。这里所说的全动静之德，是特就人对动静之理的体现而言，全动静之德的人，就不会失之于动，而是动亦定、静亦定，行事中正仁义；因此全动静之德就是全太极之道，全体太极也就是全体太极之道，这是人生的最高境界。所以在第七段之后，朱子还说："圣人太极

---

[1] 周敦颐：《周敦颐集》，中华书局，1990年，第7页。

之全体，一动一静，无适而非中正仁义之极。"我们记得，他在《太极图解》中也说过"全乎○之体用者也"，这些都是相同的意思。

当然，由于《太极图说》本文强调主静，故朱子也同意"圣人全动静之德，而常本之于静"，"圣人中正仁义，动静周流，而其动也必主乎静"。为什么要本于静、主于静？照朱子说，这是因为"必体立、而后用有以行"，即是说，静是体，动是用，所以以主静为本。《太极图解》比《太极图说解》这里说得更具体："盖中也、仁也、感也，所谓☾也，○之用所以行也。正也、义也、寂也，所谓☽也，○之体所以立也。中正仁义，浑然全体，而静者常为主焉。则人○于是乎立。"正是在这个问题上，朱子与张栻、吕祖谦做了反复的讨论。此外，朱子也指出，主静所指的这种"静"不是专指行为的，而是指心的修养要达到"此心寂然无欲而静"。这当然是合乎周子本人主张的"无欲故静"的。

应当指出，朱子《太极解义》中在论及主静时没有提到程颐的主敬思想，只在一处提及"敬则欲寡而理明"，这对于在己丑之悟已经确认了"主敬以立其本，穷理以进其知"宗旨的朱子，是一次缺。而张栻的《太极图说解义》则重视程门主敬之法，对朱子是一个重要补充。

五、《太极解义》引起的哲学论辩

朱子《太极解义》文后有《附辩》，其中提到四种主要的反对意见（或谓）和三种次要的反对意见（有谓）。朱子简单叙述了这些意见：

> 愚既为此说，读者病其分裂已甚，辨诘纷然，苦于酬应
> 之不给也，故总而论之。大抵难者：或谓不当以继善成性分
> 阴阳，或谓不当以太极阴阳分道器，或谓不当以仁义中正分
> 体用，或谓不当言一物各具一太极。又有谓体用一源，不可
> 言体立而后用行者；又有谓仁为统体，不可偏指为阳动者；
> 又有谓仁义中正之分，不当反其类者。是数者之说，亦皆有
> 理。然惜其于圣贤之意，皆得其一而遗其二也。[1]

所谓"读者病其分裂已甚"，应是张栻的意见（见张栻《寄吕伯
恭》）。四个"或谓"中，第一个或谓不当以继善成性分阴阳，应
是廖德明的意见（见朱子《答廖子晦·一》）；第二个或谓不当以
太极阴阳分道器，应是吕祖谦的意见（见吕氏《太极图义质疑》）；
第三个或谓不当以仁义中正分体用是吕祖谦的意见（见张栻《答
吴晦叔·又》）；第四个或谓不当言一物各具一太极，应是张栻的
意见（见朱子《答张敬夫·十三》）。

至于"有谓体用一源，不可言体立而后用行者；有谓仁为统
体，不可偏指为阳动者；有谓仁义中正之分，不当反其类者"，应
该都与张栻、吕祖谦的意见有关。朱子在《附辩》中对这些意见
做了回应：

> 夫善之与性，不可谓有二物，明矣！然继之者善，自
> 其阴阳变化而言也；成之者性，自夫人物禀受而言也。阴

---

[1] 周敦颐：《周敦颐集》，中华书局，1990年，第8—9页。

阳变化，流行而未始有穷，阳之动也；人物禀受，一定而不可易，阴之静也。以此辨之，则亦安得无二者之分哉！然性善，形而上者也；阴阳，形而下者也。周子之意，亦岂直指善为阳而性为阴哉。但语其分，则以为当属之此耳。[1]

这是关于阴阳观的讨论，在朱子看来，阴阳变化流行，属于阳动；而成型固定，属于阴静。认为这也就是《系辞传》所说的继之者善和成之者性的分别。所以把继之者善作为阳动，把成之者性作为阴静，这是很自然的。

阴阳太极，不可谓有二理必矣。然太极无象，而阴阳有气，则亦安得而无上下之殊哉！此其所以为道器之别也。故程子曰："形而上为道，形而下为器，须着如此说。然器，亦道也，道，亦器也。"得此意而推之，则庶乎其不偏矣。[2]

太极是理，无形无象，阴阳是气，已属形象，二者有形而上和形而下的分别，这是二程哲学分析的主要方法之一，朱子完全继承了这一点。特别把道器的分别运用于理气的分析。

仁义中正，同乎一理者也。而析为体用，诚若有未安者。然仁者，善之长也；中者，嘉之会也；义者，利之宜也；正者，贞之体也。而元亨者，诚之通也；利贞者，诚之复也。是则安得为无体用之分哉！[3]

---

〔1〕 周敦颐：《周敦颐集》，中华书局，1990年，第9页。
〔2〕 周敦颐：《周敦颐集》，中华书局，1990年，第9页。
〔3〕 周敦颐：《周敦颐集》，中华书局，1990年，第10页。

朱子认为，仁义中正如同元亨利贞，既然在《通书》中元亨属于诚之通，利贞属于诚之复，则四德之中，元亨与利贞之间就有体用之分。同理，中正仁义也就可以有体用之分。

> 万物之生，同一太极者也。而谓其各具，则亦有可疑者。然一物之中，天理完具，不相假借，不相陵夺，此统之所以有宗，会之所以有元也。是则安得不曰各具一太极哉！[1]

这是朱子用吕祖谦的意思回应张栻的怀疑。吕祖谦《质疑》云："'五行之生，随其气质而所禀不同，所谓各一其性，则各具一太极'，亦似未安。深详立言之意，似谓物物无不完具浑全。窃意观物者当于完具之中识统宗会元之意。"朱子吸取了吕氏的这一意见。

> 若夫所谓体用一源者，程子之言盖已密矣。其曰"体用一源"者，以至微之理言之，则冲漠无朕，而万象昭然已具也。其曰"显微无间"者，以至著之象言之，则即事即物，而此理无乎不在也。言理则先体而后用，盖举体而用之理已具，是所以为一源也。言事则先显而后微，盖即事而理之体可见，是所以为无间也。然则所谓一源者，是岂漫无精粗先后之可言哉？况既曰体立而后用行，则亦不嫌于先有此而后有彼矣。[2]

张栻最重视体用一源的思想，张栻以"体用一源"反对"体立而

---

〔1〕 周敦颐：《周敦颐集》，中华书局，1990年，第10页。
〔2〕 周敦颐：《周敦颐集》，中华书局，1990年，第10页。

后用行"的主张，认为如果体用有先后，就不是一源了。朱子也重视体用一源这一思想，认为这一思想讲的是理事关系。理是体，事物是用，一源是言体言理，无间是言用言事；言理体先而用后，言事先用而后体，二者角度不同。所以朱子认为，虽然从实存上说理即在事物之中，但二者在形上学上可分先后。

> 所谓仁为统体者，则程子所谓专言之而包四者是也。然其言盖曰四德之元，犹五常之仁，偏言则一事，专言则包四者，则是仁之所以包夫四者，固未尝离夫偏言之一事，亦未有不识夫偏言之一事而可以骤语夫专言之统体者也。况此图以仁配义，而复以中正参焉。又与阴阳刚柔为类，则亦不得为专言之矣，安得遽以夫统体者言之，而昧夫阴阳动静之别哉。至于中之为用，则以无过不及者言之，而非指所谓未发之中也。仁不为体，则亦以偏言一事者言之，而非指所谓专言之仁也。对此而言，则正者所以为中之干，而义者所以为仁之质，又可知矣。其为体用，亦岂为无说哉？[1]

最后这点较为复杂。照"有谓仁为统体，不可偏指为阳动者"的质疑，这是反对把仁归属于阳动，认为仁是包涵四德的统体，怎么能把仁只归结为一个特定方面呢？朱子的辩解是，《太极图说》以"仁"配"义"，然后以"仁义"与"中正"相对，这说明《图说》中的仁不是专言包四德的仁，从而也就不是"统体"的仁，只是偏言的仁、分别而言的仁。这个仁是义之体，义是仁之质，具有体用的差别。朱子此段回应的对象不甚确定，参与《太极解

---

〔1〕 周敦颐:《周敦颐集》，中华书局，1990年，第10—11页。

义》之辩的人中，只有吕祖谦《答朱侍讲·六》提及仁包四德，但所论与这里所说并不相同。无论如何，这几条都和体用问题有关，而张栻颇注重体用之论，吕祖谦也就体用问题提出一些质疑，可见体用问题是《太极解义》之辩的一个重要的讨论。

总之，朱子的《太极解义》是他的太极本体论和太极本源论的建构之始，这一建构不仅把周敦颐的《太极图说》正式作为哲学建构的主要依据和资源，开发了《太极图说》的本体论和宇宙论意义，把太极动静阴阳论引向了理气哲学的开展，而且谋求太极与人极的对应、太极与人性的一致，更以"全体太极"为成圣成贤的新的内涵，从而形成了以太极为中心，集理气、性情、道器、体用为一体的一套哲学体系。这不仅使他自己的后期思想以此为基础实现了更为宏大的发展，也使得北宋以来的道学，在理论上和体系上更加完整和完善。这是朱子对道学的贡献，也是他对儒学的贡献。

谨以此文纪念朱子诞辰888周年

朱子《太极解义》的成书过程与文本修订

天地人之道，各一〇也。阳也，刚也，仁也，所谓☉也，物之始也；阴也，柔也，义也，所谓☽也，物之终也。此所谓易也，而三极之道立焉，实则一〇也。

——朱熹《太极图解》

朱子在己丑之悟后，由于功夫宗旨的问题已经解决，故立即转向哲学理论的建构。他在次年即乾道庚寅（1170年）完成了《太极解义》（即对周敦颐《太极图》和《太极图说》的注释），事实上，在己丑以前朱子已经关注周敦颐和《太极图》《通书》。如在己丑的前一年，他在答汪应辰书中说：

> 濂溪、河南授受之际，非末学所敢议。然以其迹论之，则来教为得其实矣，敢不承命而改焉。但《通书》《太极图》之属，更望暇日试一研味，恐或不能无补万分，然后有以知二先生之于夫子，非若孔子之于老聃、郯子、苌弘也。（《答汪尚书·五》，原注"十一月既望"，戊子）[1]

朱子在早年从学延平时已经关注周敦颐的《太极图说》，这里他劝汪应辰研究《太极图说》，以了解周、程的学术渊源。次年己丑他又与汪应辰书说：

---

[1]《朱子文集》卷三十，此书年代可参看《朱子书信编年考证》。

> 大抵近世诸公知濂溪甚浅，如吕氏《童蒙训》记其尝著《通书》，而曰"用意高远"。夫《通书》《太极》之说，所以明天理之根源、究万物之终始，岂用意而为之？又何高下远近之可道哉？近林黄中自九江寄其所撰《祠堂记》文，极论"濂"字偏旁，以为害道，尤可骇叹。(《与汪尚书·六》，原注"己丑")[1]

在这里，他已经用"明天理之根源、究万物之终始"概括《太极图》及《太极图说》的思想性质，为其《太极解义》准备了基础。

正是己丑年六月朱子完成了对《太极图说》和《通书》的编订，刊行了二书的建安本。[2]二三年后，朱子再答汪应辰之书，言道：

> 《太极图》《西铭》近因朋友商确，尝窃私记其说，见此抄录，欲以请教。未毕而明仲之仆来索书，不欲留之，后便当拜呈也。然顷以示伯恭，渠至今未能无疑。盖学者含糊覆冒之久，一旦遽欲分剖晓析而告语之，宜其不能入也。(《答汪尚书·七》，壬辰)[3]

这是把他作的《太极图说解》及相关的讨论寄给汪应辰，他还特别说明，吕祖谦至今对其中的一些问题"未能无疑"，并对此感到遗憾。

---

[1] 《朱子文集》卷三十。

[2] 朱熹：《太极通书后序（建安本）》，收入周敦颐：《周敦颐集》，中华书局，1990年，第43页。据朱子此序，建安本之前有长沙本，亦是朱子所编定，但该本《太极图》附于最后，《通书》用胡氏传本，缺分章之目，故又刻建安本。

[3] 《朱子文集》卷三十，此书年代可参看《朱子书信编年考证》。

让我们从吕祖谦的回应开始。

一、朱子《太极解义》成书过程中的朱、吕交流

朱子《太极解义》成书与朱、张、吕三贤之交流密不可分。关于《太极解义》，朱子与张栻往来书多次论及。而朱子与吕祖谦书，却未尝一及之。可幸的是，在吕祖谦与朱子书中，却屡屡提及《太极解义》，成为朱子《太极解义》成书年代以及朱、张、吕讨论《太极解义》的最好见证。所以让我们先来看《吕祖谦全集》。

《东莱吕太史集》别集卷七《与朱侍讲·二》：

> 某官次粗安，学官无簿领之烦。又张丈在此，得以朝夕咨请……《太极图解》，近方得本玩味，浅陋不足窥见精蕴，多未晓处，已疏于别纸，人回，切望指教。[1]

此书在乾道六年（1170年）四月。[2]书中所说的《太极图解》即《太极解义》。这是张栻和吕祖谦同在严州时所写的信。这表明朱子在乾道六年庚寅春夏间已经将《太极解义》寄给张、吕二人，这个时间也就是他的《太极解义》初稿完成的时间。吕祖谦书中所说"多未晓处，已疏于别纸"，当即《东莱吕太史集》别集卷十六《与朱侍讲答问》中的《太极图义质疑》，下节将专论之。

---

[1] 吕祖谦：《吕祖谦全集》第一册，黄灵庚、吴战垒主编，浙江古籍出版社，2008年，第397页。

[2] 杜海军：《吕祖谦年谱》，中华书局，2007年，第72页。

《东莱吕太史集》别集卷七《与朱侍讲·三》：

> 某前日复有校官之除，方俟告下乃行，而张丈亦有召命，旦夕遂联舟而西矣。……《中庸》、《太极》所疑，重蒙一一镌诲，不胜感激。[1]

此书当作于乾道六年五月，[2]照此书所说，朱子对其"别纸"应有回复，吕氏才会说"《太极》所疑，重蒙一一镌诲"。但今《朱子文集》中答吕伯恭诸书中却未见此种回复，应是被编《朱子文集》者删削所致。此时张、吕二人仍在严州，准备赴杭州任新职。这期间朱子与张、吕书信，可在一月之间往复，较为快捷，应是由于张栻有守任严州使人的方便。

《东莱吕太史集》别集卷七《与朱侍讲·六》：

> 周子"仁义中正"主静之说，前书所言"仁义中正"，皆主乎此，非谓"中正仁义"皆静之用而别有块然之静也。人生而静，天之性也，乃中正仁义之体，而万物之一源也。中则无不正矣。必并言之，曰"中正"。仁则无不义矣，必并言之，曰"仁义"。亦犹"元"可以包四德，而与"亨"、"利"、"贞"俱列。仁可以包四端，而与义、礼、智同称。此所谓合之不浑，离之不散者也。[3]

---

〔1〕 吕祖谦：《吕祖谦全集》第一册，黄灵庚、吴战垒主编，浙江古籍出版社，2008年，第398页。

〔2〕 杜海军：《吕祖谦年谱》，中华书局，2007年，第73页。

〔3〕 吕祖谦：《吕祖谦全集》第一册，黄灵庚、吴战垒主编，浙江古籍出版社，2008年，第401—402页。

此书亦当在乾道六年。[1]按吕氏《质疑》中主张"静者……中正仁义之主也",这里吕祖谦再加申明,这并不是说中正仁义都是静之用,也不是说中正仁义之外别有独立的静。朱子答林择之书的"伯恭亦得书,讲论颇详,然尤鹘突",可能指的就包括吕祖谦此类质疑和讨论。朱子《太极解义》中有关仁义中正的解释,是吕祖谦主要提出意见的部分。

《东莱吕太史集》别集卷七《与朱侍讲·七》:

> 某以六月八日离辇下。既去五日,而张丈去国……《太极图解》昨与张丈商量未定,而匆匆分散。少暇当理前说也。[2]

此书当在乾道七年(1171年)夏。[3]此书证明,张、吕六月去国,离开杭州,二人行前还曾讨论朱子的《太极解义》,并表示要继续讨论下去。

《东莱吕太史集》别集卷七《与朱侍讲·十一》:

> 示下《太极图》、《西铭解》,当朝夕玩绎。若犹有所未达,当一一请教……[4]

《年谱》以此书在乾道七年十月。[5]此处所说的《太极图》疑指修改后的《太极解义》。这可以从下书得到证明。

---

〔1〕 杜海军:《吕祖谦年谱》,中华书局,2007年,第88页。
〔2〕 吕祖谦:《吕祖谦全集》第一册,黄灵庚、吴战垒主编,浙江古籍出版社,2008年,第403页。
〔3〕 杜海军:《吕祖谦年谱》,中华书局,2007年,第93页。
〔4〕 吕祖谦:《吕祖谦全集》第一册,黄灵庚、吴战垒主编,浙江古籍出版社,2008年,第405页。
〔5〕 杜海军:《吕祖谦年谱》,中华书局,2007年,第99页。

《东莱吕太史集》别集卷七《与朱侍讲·十三》：

> 某官下粗遣，第索居无讲论之益，恐日就湮废，殊自惧耳。向承示以改定《太极图论解》，比前更益觉精密。[1]

此书当在壬辰。盖下书即奔父病丧矣。可见此书所说"向承示以改定《太极图论解》"，应即上书所说的"示下《太极图》"，即朱子的《太极解义》。

《东莱吕太史集》别集卷七《与朱侍讲·十五》：

> 某罪逆不死，复见改岁……《太极说》俟有高安便，当属子澄收其板。[2]

则此书已在癸巳初。[3]此书所说的《太极说》，是指张栻在高安刊行的《太极图说解义》。他准备有便人去江西时请刘子澄协助收板，使其《太极图说解义》不再印行。

此事朱子也已经直接劝过张栻，如朱子答人书：

> 钦夫此数时常得书，论述甚多。《言仁》及江西所刊《太极解》，盖屡劝其收起印板，似未甚以为然，不能深论也。（续集《答李伯谏》，壬辰）[4]

盖张栻在收到朱子的《太极解义》后，自己也作了《太极解》，被人在江西高安刊行，朱子认为这未经仔细修改讨论，失于仓促，

---

[1] 吕祖谦：《吕祖谦全集》第一册，黄灵庚、吴战垒主编，浙江古籍出版社，2008年，第407页。
[2] 吕祖谦：《吕祖谦全集》第一册，黄灵庚、吴战垒主编，浙江古籍出版社，2008年，第409页。
[3] 杜海军：《吕祖谦年谱》，中华书局，2007年，第111页。
[4] 《朱子文集》续集卷八，此信之年参《朱子书信编年考证》。

故劝张栻收起印板，吕祖谦也同意朱子的这一主张。

二、朱子《太极解义》成书过程中的朱、张交流

以上是从吕祖谦的文集看朱子与张、吕论商《太极解义》的情形。下面来看朱子与张栻书信往来对此《解义》的讨论。

> **得钦夫书，论太极之说，竟主前论，殊不可晓。伯恭亦得书，讲论颇详，然尤鹘突。**问答曲折谩录去一观。（别集《与林择之·十五》，庚寅夏）[1]

这是朱子与林择之书，这里所说的张栻"竟主前论"，没有明确说明所指为何。朱子只是对张栻未接受他的意见表示难以理解，对吕祖谦的异议则更觉得"鹘突"。但是实际上朱子接受了他们的一些意见，对初稿做了相应修改。

按：朱子《太极解义》对周敦颐《太极图说》最后一句"大哉《易》也，斯其至矣！"的解说原文是：

> 《易》之为书，广大悉备，然语其至极，则此图尽之。其指岂不深哉！抑尝闻之，程子昆弟之学于周子也，周子手是图以授之。程子之言性与天道，多出于此。然卒未尝明以此图示人，是则必有**微意**焉。学者亦不可以不知也。（《周敦颐集》卷一，《太极图说》）

---

[1]《朱子文集》别集卷六，此信之年参《朱子书信编年考证》。

后来朱子在乾道九年（1173年）作的《太极解义注后记》中说：

> 熹既为此说，尝录以寄广汉张敬夫。敬夫以书来曰："二先生所与门人讲论问答之言，见于书者详矣。其于《西铭》，盖屡言之，至此《图》，则未尝一言及也，谓其必有微意，是则固然。然所谓微意者，果何谓耶？"[1]

这里引用的张栻对"微意"说的怀疑，应即是张栻收到朱子《太极解义》后的最初复信，即《注后记》中所说者。

来看朱子复张栻的回信：

> 《太极图》立象尽意，剖析幽微，周子盖不得已而作也。观其手授之意，盖以为唯程子为能受之。程子之秘而不示，疑亦未有能受之者尔。（《答张敬夫·二十》）[2]

此书应在庚寅，正是朱子对《注后记》所引张栻答书的回复。[3]

朱子《注后记》中引用的张栻答书中语，今张栻的文集中已不可见。而朱子《答张敬夫·二十》书，应即是对张敬夫回信的答复，时在庚寅春，而不能在后（《答张敬夫·二十》书乃数书杂列，无法更析论考）。

今存朱子与张栻书，只有两封是详论《太极解义》义理的，其一如下：

---

[1] 周敦颐：《周敦颐集》，中华书局，1990年，第11页。

[2] 《朱子文集》卷三十一，此书原注"壬辰冬"，但为数书之合，上引之文应是朱子作《太极通书解》之初。

[3] 此文初刊于《文史哲》时，对张栻回信的年代确定有误，现吸收方旭东君的意见改正之。

　　《太极解》后来所改不多，别纸上呈，未当处，更乞指
教。但所喻"无极""二五"不可混说而"无极之真"合属
上句，此则未能无疑。盖若如此，则"无极之真"自为一
物，不与二五相合，而二五之凝、化生万物又无与乎太极
也。如此岂不害理之甚！兼"无极之真"属之上句，自不成
文理。请熟味之，当见得也。"各具一太极"，来喻固善。然
一事一物上各自具足此理，著个"一"字，方见得无欠剩
处，似亦不妨。不审尊意以为如何？（《答张敬夫·十三》，
乾道七年春）[1]

对于朱子的《解义》，张栻的第一个意见是无极之真应属上读，作
"各一其性，无极之真"，而不是"无极之真、二五之精，妙合而
凝"。朱子认为这在文字和义理上都说不通。张栻第二个意见是
"各具一太极"中的"一"字可去掉，朱子则坚持保留"一"字，
认为这样似乎更好。从朱子所说"《太极解》后来所改不多"，可以
推知朱子在与张栻和吕祖谦讨论之后，在《太极解义》的主要义理
方面所做的修改不多。**朱子与张栻、吕祖谦主要的理论分歧，是围
绕朱子对《太极图说》"圣人定之以中正仁义，而主静"的解释。**

　　朱子与张栻另一讨论《太极解义》义理的书信如下：

　　又《太极》"中正仁义"之说，若谓四者皆有动静，则
周子于此更列四者之目为剩语矣。但熟玩四字指意，自有动
静，其于道理极是分明。盖此四字便是"元亨利贞"四字
（仁元中亨义利正贞），元亨利贞、一通一复，岂得为无动静

━━━━━━━
[1]《朱子文集》卷三十一，此书之年我曾以为在庚寅，今看应在辛卯。

乎？近日深玩此理，觉得一语默、一起居，无非太极之妙，正不须以分别为嫌也。"仁所以生"之语固未莹，然语仁之用，如此下语，似亦无害。不审高明以为如何？（《答张敬夫·十七》，辛卯壬辰）[1]

根据此书，张栻的主张是中正仁义"四者皆有动静"，张栻答吕祖谦书说"某意却疑仁义中正分动静之说"可以为证，认为不能以仁义属动，中正属静。这可能也就是朱子所说的"得钦夫书，论太极之说，竟主前论，殊不可晓"。不过朱子在《附辩》中所说的"或谓不当以仁义中正分体用"，主要指吕祖谦，与此处张栻所说不同，《附辩》中并没有包括张栻对这一观点的批评与朱子对张栻的回应。此外，朱子初稿中应有"仁所以生"一句，今本已经不见，则是后来被修改删去了。

由上面的叙述可见，朱子的《太极解义》是在与朋友的反复讨论中，经不断修改考订而后成。而张栻的《太极图说解义》，后于朱子《解义》而作，却在乾道八年（1172年）刻于江西高安。朱子觉得这失于仓促，故与张栻书言：

> 又刘子澄前日过此，说高安所刊《太极说》，见今印造，近亦有在延平见之者。不知尊兄以其书为如何？如有未安，恐须且收藏之，以俟考订而后出之也。（《答钦夫仁疑问·四十七》，癸巳）[2]

这就是前引吕祖谦与朱子书所说的"《太极说》俟有高安便，当属

---

〔1〕《朱子文集》卷三十一，此书之年参《朱子书信编年考证》。
〔2〕《朱子文集》卷三十二，此书之年参《朱子书信编年考证》。

子澄收其板"之事。朱子希望张栻收回此板，等改订后再考虑印行。

《朱子文集》中还有与张栻一书论及太极者：

> 孟子明则动矣，未变也；颜子动则变矣，未化也。有天地后此气常运，有此身后此心常发，**要于常运中见太极，常发中见本性**。离常运者而求太极，离常发者而求本性，恐未免释老之荒唐也。（《答张敬夫问目·四十一》，庚寅辛卯）[1]

此书的意义是，朱子的太极论不仅有宇宙论意义，也有心性功夫论意义。其宇宙论意义是"明天理之根源、究万物之终始"，其心性功夫论意义是**"要于常运中见太极，常发中见本性"**。太极是天地运化的主宰，又是人心发动的本性，太极论就是要人在运动发见中认得太极。但是天地的主宰不能离开运化的过程，人心的本性也不能离开心的发动，这个关系应该即是"体用一源，显微无间"，故应当即动静求太极，即已发求未发，即其运化发动之中求见太极和本性。这个结论应当既是朱、张二人在长沙会讲达成的共识，也是二人在《太极解义》讨论中的基础。

《张栻集》中与朱子等人论朱子《太极解义》书也有数封。

> 某备数于此，自仲冬以后凡三得对……《太极图解》析理精详，开发多矣，垂诲甚荷。向来偶因说话间妄为它人传写，想失本意甚多。要之言学之难，诚不可容易耳。《图解》须子细看，方求教。但觉得后面亦不必如此辩论之多，只于纲领处拈出可也。（《答朱元晦·又》）[2]

---

[1]《朱子文集》卷三十二，此书之年参《朱子书信编年考证》。
[2] 张栻：《张栻集》第四卷，杨世文点校，中华书局，2015年，第1099—1100页。

此书应在庚寅之冬十二月，[1]"《太极图解》析理精详，开发多矣，垂诲甚荷。""《图解》须子细看，方求教。"看起来，虽然朱子早在本年初夏就把《太极解义》寄给张栻，但张栻因政治活动频繁，未曾细观。

另外，也有可能此书所说的《太极图解》是朱子的改本，如吕祖谦书所见，因为按理说张栻对朱子春天寄来的《太极解义》的回应不会拖至冬日。张栻答吕祖谦：

> 元晦数通书讲论，比旧尤好。《语孟精义》有益学者，序引中所疑曾与商确否？但仁义中正之论，终执旧说。濂溪自得处浑全，诚为二先生发源所自。然元晦持其说，句句而论，字字而解，故未免返流于牵强，而亦非濂溪本意也。观二先生《遗书》中，与学者讲论多矣，若《西铭》则再四言之，至《太极图》则未尝拈出此意，恐更当研究也。(《寄吕伯恭》)[2]

此书提及《论孟精义》，其年代当在壬辰。[3]其中提到朱子的数句，是指朱子没有接受张栻关于仁义中正的意见，"终执旧说"。张栻批评朱子的《太极解义》对周敦颐的原书"句句而论，字字而解，故未免返流于牵强"，有失濂溪浑全本意。

其答吴晦叔云：

---

〔1〕《张宣公年谱》，见王开琠、胡宗楙、高畑常信：《张栻年谱》，邓洪波辑校，科学出版社，2017年，第61页。
〔2〕张栻：《张栻集》第四卷，杨世文点校，中华书局，2015年，第1134页。
〔3〕朱子《论孟精义》成书在壬辰，《朱子年谱》："八年壬辰，四十三岁，春正月，《论孟精义》成。"

伯恭昨日得书，犹疑《太极说》中体用先后之论，要之须是辨析分明，方真见所谓一源者。不然，其所谓一源，只是臆度想象耳。**但某意却疑仁义中正分动静之说，**盖是四者皆有动静之可言，而静者常为之主，必欲于其中指二者为静，终有弊病。兼恐非周子之意。周子于"主静"字下注云"无欲故静"，可见矣。如云仁所以生，殊觉未安。生生之体即仁也，而曰仁所以生，如何？周子此图固是毫分缕析，首尾洞贯，但此句似不必如此分。仁义中正，自各有义，初非混然无别也。更幸见教。（《答吴晦叔·又》）[1]

此书疑在辛卯，[2]吕祖谦写信给张栻，表示他对朱子《太极解义》体用先后说的不同意见。张栻则声明，他对朱子《太极解义》的体用先后论没有意见，而对其中的仁义中正分动静之说有所不满。这是张栻对朱子《解义》的主要批评意见。

三、朱子《太极解义》成书过程中与其他学者的交流

在张、吕之外，朱子与其他学者也就《太极解义》做了广泛的交流，其中答杨子直书在思想上特别重要，杨子直是朱子的学生。书中说道：

承喻"太极"之说，足见用力之勤，深所叹仰。然鄙意

---

〔1〕 张栻：《张栻集》第四卷，杨世文点校，中华书局，2015年，第1065页。
〔2〕 既云伯恭得书，则应在二人辛卯六月去国之后，否则以临安邻墙之近，二人必不用书札矣。

多所未安，今且略论其一二大者，而其曲折则托季通言之。

盖天地之间，只有动静两端，循环不已，更无余事，此之谓易。而其动其静，则必有所以动静之理焉，是则所谓太极者也。圣人既指其实而名之，周子又为之图以象之，其所以发明表著，可谓无余蕴矣。原"极"之所以得名，盖取枢极之义。圣人谓之"太极"者，所以指夫天地万物之根也。周子因之而又谓之"无极"者，所以著夫无声无臭之妙也。然曰"无极而太极，太极本无极"，则非无极之后别生太极而太极之上先有无极也。又曰"五行阴阳，阴阳太极"，则非太极之后别生二五而二五之上先有太极也。以至于成男成女、化生万物，而无极之妙盖未始不在是焉。此一图之纲领，大《易》之遗意，与老子所谓"物生于有，有生于无"而以造化为真有始终者正南北矣。来喻乃欲一之，所以于此图之说多所乖碍而不得其理也。**熹向以太极为体，动静为用，其言固有病，后已改之曰："太极者，本然之妙也；动静者，所乘之机也。"**此则庶几近之。来喻疑于"体用"之云，甚当。但所以疑之之说，则与熹之所以改之之意又若不相似。然盖谓太极含动静则可（以本体而言也），谓太极有动静则可（以流行而言也），若谓太极便是动静，则是形而上下者不可分，而"易有太极"之言亦赘矣。其它则季通论之已极精详，且当就此虚心求之，久当自明，不可别生疑虑，徒自缴绕也。[《答杨子直（方）·一》，辛卯][1]

---

〔1〕 杨方庚寅来学，朱子作此书时，《太极解义》已经有所修改，疑在癸巳。但论极字之义，未见于《太极解义》。

这是这一时期朱子论《太极图说》思想最重要的一封信。据其中所说："熹向以太极为体，动静为用，其言固有病，后已改之曰：'太极者，本然之妙也；动静者，所乘之机也。'此则庶几近之。"则朱子初稿中应有"太极为体，动静为用"的类似说法，后来改为"太极者，本然之妙也；动静者，所乘之机也"这一著名的表述。这一重要改动至少在乾道九年定本时已经出现。

朱子的学生廖德明来书请问：

> 德明伏读先生《太极图解义》第二章曰："动而生阳，诚之通也，继之者善，万物之所资始也。静而生阴，诚之复也，成之者性，万物各正其性命也。"德明谓无极之真，诚也，动而生阳，静而生阴，动静不息，而万物继此以出与因此而成者，皆诚之著，固无有不善者，亦无非性也，似不可分阴阳而为辞。如以资始为系于阳，以正性命为系于阴，则若有独阳而生、独阴而成者矣。详究先生之意，必谓阳根于阴、阴根于阳，阴阳元不相离，如此，则非得于言表者，不能喻此也。

朱子回答说：

> 继善、成性分属阴阳，乃《通书》首章之意，但熟读之，自可见矣。盖天地变化，不为无阴，然物之未形，则属乎阳；物正其性，不为无阳，然形器已定，则属乎阴。尝读张忠定公语云："公事未著字以前属阳，著字以后属阴。"似亦窥见此意。（《答廖子晦·一》，甲午）[1]

---

[1] 《朱子文集》卷四十五，此书之年参《朱子书信编年考证》。然若据《附辩》，则此书不当晚于癸巳。

朱子这里所说的阴阳观，在后来也保持不变。朱子《太极解义》的《附辩》中说到几种对其《解义》的意见，其中有所谓"或谓不当以继善成性分阴阳"，这应当就是指廖德明的意见及类似廖德明的意见。

再来看朱子答程允夫有关《太极解义》的问目，只是这一答问应已在乾道癸巳朱子《太极解义》定稿之后了。

《文集》中《答程允夫》载程允夫与朱子的问答：

【程问】《太极解义》以太极之动为诚之通，丽乎阳，而继之者善属焉；静为诚之复，丽乎阴，而成之者性属焉。其说本乎《通书》。而或者犹疑周子之言本无分隶之意，阳善阴恶又以类分。又曰："中也，仁也，感也，所谓阳也，极之用所以行也。正也，义也，寂也，所谓阴也，极之体所以立也。"或者疑如此分配，恐学者因之或渐至于支离穿凿。不审如何？

【朱答】此二义，但虚心味之，久当自见。若以先入为主，则辩说纷拿，无时可通矣。

【程问】"仁义中正"，洵窃谓仁义指实德而言，中正指体段而言。然常疑性之德有四端，而圣贤多独举仁义，不及礼智，何也？

【朱答】中正即是礼智。

【程问】《解义》曰："程氏之言性与天道，多出此图，然卒未尝明以此图示人者，疑当时未有能受之者也。"是则然矣。然今乃遽为之说以传之，是岂先生之意耶？

【朱答】当时此书未行，故可隐，今日流布已广，若不说破，却令学者枉生疑惑，故不得已而为之说尔。

【程问】濂溪作《太极图》，发明道化之原；横渠作《西铭》，揭示进为之方。然二先生之学，不知所造为孰深？

【朱答】此未易窥测，然亦非学者所当轻议也。

【程问】程子曰："无妄之谓诚，不欺其次矣。"无妄是圣人之诚，不欺是学者之诚，如何？

【朱答】程子此段，似是名理之言，不为人之等差而发也。

【程问】《近思录》载横渠论气二章，其说与《太极图》动静阴阳之说相出入。然横渠立论不一而足，似不若周子之言有本末次第也。

【朱答】横渠论气与《西铭》《太极》各是发明一事，不可以此而废彼，其优劣亦不当轻议也。（《答程允夫》，乙未后）[1]

以上，问目第一段引用了《太极图解》的文句，也就太极之动属阳、太极之静属阴的说法有所质疑，并对中仁属阳、正义属阴的解释也有所怀疑。朱子让其虚心体味，不必辩说。

最后来看朱子与林子玉书。《朱子文集》的《答林子玉（振）》载林子玉与朱子的问答：

【林问】窃读《太极图传》云："阳之变也，阴之合也。"不知

---

[1]《朱子文集》卷四十一，此书之年参《朱子书信编年考证》。

阳何以言变，阴何以言合？（按：这是指《太极图解》中语
而问之。）

【朱答】阳动而阴随之，故云变合。

【林问】又"水阴盛，故居右；火阳盛，故居左"，不知阴盛
何以居右，阳盛何以居左？（按：这也是指《太极图解》中
语而问之。）

【朱答】左右但以阴阳之分耳。

【林问】又"木阳稚，故次火；金阴稚，故次水"，岂以水生
木、土生金耶？（按：这仍是指《太极图解》中语而问之。）

【朱答】以四时之序推之，可见。

【林问】又"五殊二实，无余欠也"，不知何以见得无余欠？
又云"阴阳一太极，精粗本末无彼此也"，不知何以见得无
彼此？又云"五行之生也，各一其性，无假借也"，不知何
以谓之无假借？（按：这亦是指《太极图解》中语而问之。）

【朱答】此三段意已分明，更玩味之，当自见得。

【林问】又"乾男坤女，以气化者言；万物化生，以形化者
言"，不知何以见得以气化言，又何以见得以形化言？（按：
这都是指《太极图解》中语而问之。）

【朱答】天地生物，其序固如此。《遗书》中论气化处可见。

【林问】又"分阴分阳，两仪立焉，分之所以一定而不可移
也"，不知谓名分之分、性分之分？（按：这是指《太极图
说解》中语而问之。）

【朱答】分犹定位耳。

【林问】又"动静者，所乘之机也"，此岂言其命之流行而不已者耶？（按：这也是指《太极图说解》中语而问之。）

【朱答】此句更连上句玩味之，可见其意。

【林问】又"以质而语其生之序，则曰水火木金土，而水木阳也，火金阴也"，此岂就《图》而指其序耶？而水木何以谓之阳、火金何以谓之阴？（按：这仍是指《太极图说解》中语而问之。）

【朱答】天一生水，地二生火，天三生木，地四生金，一三阳也，二四阴也。

【林问】又"以气而语其生之序，则木火土金水，而木火阳也，金水阴也"，此岂即其运用处而言之耶？而木火何以谓之阳、金水何以谓之阴？（按：这都是指《太极图说解》中语而问之。）

【朱答】此以四时而言，春夏为阳，秋冬为阴。

按：据陈荣捷先生《朱子门人》书，林子玉当为朱子门人，此说中林子玉所引《太极图解》五条、《太极图说解》四条，皆见于通行本，应在癸巳之后，故不详加讨论了。

四、朱子《太极解义》庚寅初稿与通行本的异同

《东莱吕太史集》别集卷十六载《与朱侍讲答问》，中有《太

极图义质疑》，如前所说，当作于乾道六年四五月间。其中所载录
的《太极解义》的文字，应为朱子的初稿，下附吕祖谦的疑问和
讨论。[1]虽然其中载录的《朱子解义》乃是吕氏摘引朱子原文，并
不是《解义》的全文，但仍有其价值。

朱子答林择之书"伯恭亦得书，讲论颇详，然尤鹘突"，所指
应即吕氏《太极图义质疑》。下引段是朱子《解义》之文与吕氏的
质疑，粗体系笔者所加，为朱子《太极解义》定本中已删去不见
的字句。全文见下，而笔者的评论则以"按"字出之，读者幸留
意焉。

【朱文】无声无臭，而造化之枢纽，品汇之根柢**系焉**。

【吕疑】太极即造化之枢纽、品汇之根柢也，恐多系焉两字。

按：通行本《太极解义》作"上天之载，无声无臭，而实造化之
枢纽，品汇之根柢也"。可见朱子定本吸收了吕氏的意见，去掉了
系焉二字。

【朱文】所谓"一阴一阳之谓道"。诚者，圣人之本，物之终
　始，而命之道也。动而生阳，诚之通也，继之者善，万物之
　所资始也；静而生阴，诚之复也，成之者性，万物各正其性
　命也。

【吕疑】以动而生阳为继之者善，静而生阴为成之者性，恐有
　分截之病。《通书》止云"一阴一阳之谓道，继之者善也，
　成之者性也。元亨诚之通，利贞诚之复"，却自浑全。

---

〔1〕以下《太极图义质疑》引文皆见吕祖谦：《吕祖谦全集》第一册，黄灵庚、吴战垒主编，浙
　　江古籍出版社，2008年，第589—592页。

按：通行本《太极解义》作"所谓'一阴一阳之谓道'。诚者，圣人之本，物之终始，而命之道也。其动也，诚之通也，继之者善，万物之所资以始也；其静也，诚之复也，成之者性，万物各正其性命也"。定本把原作"动而生阳""静而生阴"改为"其动也""其静也"，更为简练。

【朱文】太极，道也。阴阳，器也。

【吕疑】此固非世儒精粗之论，然似有形容太过之病。

按：通行本《太极解义》作"太极，形而上之道也；阴阳，形而下之器也"。定本增加"形而上"和"形而下"的定语，对道器的分别在哲学上界定得更为清晰，符合朱子的哲学思想。朱子《解义》《附辩》中说："阴阳太极，不可谓有二理必矣。然太极无象，而阴阳有气，则亦安得而无上下之殊哉！此其所以为道器之别也。故程子曰：'形而上为道，形而下为器，须着如此说。然器，亦道也，道，亦器也。'得此意而推之，则庶乎其不偏矣。"这可以看作对这里改动理由的说明。

【朱文】**太极立**，则阳动阴静两仪分。

【吕疑】太极无未立之时，立之一字语恐未莹。

按：通行本《太极解义》作"有太极，则一动一静而两仪分"，不再用立字，这是吸收了吕氏的意见。

【朱文】然五行之生，随其气质而所禀不同，所谓"各一其性"也。各一其性，**则各具一太极。而气质自为阴阳刚柔，又自为五行矣。**

【吕疑】"五行之生，随其气质而所禀不同，所谓各一其性，则各具一太极"，亦似未安。深详立言之意，似谓物物无不完具浑全。窃意观物者当于完具之中识统宗会元之意。

按：通行本《太极解义》作"然五行之生，随其气质而所禀不同，所谓'各一其性'也。各一其性，则浑然太极之全体，无不各具于一物之中，而性之无所不在，又可见矣"，可见朱子初稿中"则各具一太极"以下三句在后来的定本中做了修改，虽然并不是依据吕氏的意见。

【朱文】有无极二五，则妙合而凝。

【吕疑】二五之所以为二五者，即无极也。若"有无极二五"，则似各为一物。阴阳，五行之精，固可以云"妙合而凝"，至于"无极之精"，本未尝离，非可以"合"言也。

按：通行本《太极解义》作"此无极、二五所以混融而无间者也，所谓'妙合'者也"。妙合而凝是周子原话，而在吕氏提出意见后，朱子《解义》不再用"妙合"，而用"混融无间"，亦不再用"有无极二五"的说法。

【朱文】妙合云者，性为之主，而阴阳五行经纬乎其中。

【吕疑】阴阳五行非离性而有也。有"为之主"者，又有经纬错综乎其中者，语意恐未安。

按：通行本《太极解义》作"盖性为之主，而阴阳五行为之经纬错综，又各以类凝聚而成形焉"。朱子定本去掉妙合云者，经纬后加错综二字，应是接受了吕氏的意见。

【朱文】**男女虽分，然实一太极而已**。分而言之，一物各具一太极也。**道一而已，随事著见，故有三才之别，其实一太极也。**

【吕疑】此一段前后皆粹，中间一段似未安。

按：通行本《太极解义》作"自男女而观之，则男女各一其性，而男女一太极也；自万物而观之，则万物各一其性，而万物一太极也。盖合而言之，万物统体一太极也；分而言之，一物各具一太极也"。此段前后改动较大，而究其所以修改之意，并非因吕氏意见，而应是考虑到他人的意见，以及朱子自己的调整。初稿中"道一而已，随事著见，故有三才之别"数语见于《太极图说》的解义定本最后一段，应该是后来从此段中移去的。

【朱文】**生生之体则仁也。**

【吕疑】体字似未尽。

按："生生之体则仁也"，此句在定本中已删去，应是吸收了吕氏的意见。

【朱文】**静者，性之贞也。万物之所以各正性命，而天下之大本所以立也，中与仁之谓也。盖中则无不正，而仁则无不义也。**

【吕疑】"中则无不正，而仁则无不义"，此语甚善。但专指中与仁为静，却似未安。窃详本文云圣人定之以中正仁义而主静，是静者用之源，而中正仁义之主也。

按：通行本《太极解义》作"然静者诚之复，而性之真也。苟非此心寂然无欲而静，则又何以酬酢事物之变，而一天下之动哉！故圣人中正仁义，动静周流，而其动也必主乎静。此其所以成位乎中，而天地日月、四时鬼神，有所不能违也"。定本中"静者，性之贞也"已改为"静者诚之复，而性之真也"。而原本"静者，性之贞也"以下几句改动甚大，盖吕氏于中正仁义之理，提出异议较多且执，此即张栻所说伯恭"犹疑《太极说》中体用先后之论"，这应当是朱子后来对这一部分改动较大较多的原因之一。

【朱文】五行顺施，地道之所以立也。中正仁义，人道之所以立也。

【吕疑】五行顺施，恐不可专以地道言之。立人之道曰仁与义，亦似不必加中正字。立人之道，统而言之，仁义而已，自圣人所以立人极者言之，则曰中正仁义焉，文意自不相袭。

按：通行本《太极解义》作"阴阳成象，天道之所以立也；刚柔成质，地道之所以立也；仁义成德，人道之所以立也"。原稿以中正仁义为人道，吕氏提出不必加中正，只提仁义即可，朱子吸收了这个意见，定本中只说"仁义成德，人道之所以立也"。

【朱文】☾者，阳之动也，○之用所以行也。☽者，阴之静也，○之体所以立也。☾者，☽之根也；☽者，☾之根也。**无极二五，理一分殊。**

【吕疑】理一分殊之语，恐不当用于此。

按：朱子《太极图解》初稿中有"无极二五，理一分殊"之说，吕氏不赞成用于对"一动一静，互为其根"的解释，朱子后来的定本删去了这八个字。

【朱文】非中，则正无所取；非仁，则义无以行。

【吕疑】未详。

按：此数语在定本中已删去。

【朱文】阳也，刚也，仁也，☾也，物之始也。阴也，柔也，义也，☽也，物之终也。

【吕疑】后章云"**太极之妙，阴中有阳，阳中有阴，动静相涵，仁义不偏，未有截然不相入而各为一物者也**"。此语甚善，似不必以阴阳、刚柔、仁义相配。[1]

按：吕氏这里所说的后章云云，不见于定本，吕氏认为这几句把阴阳、刚柔、仁义相配，是不必要的。朱子删去这几句，可能吸收了这个意见。

最后两段是论《太极图解》，不是《太极图说解》。

由以上对比可见，朱子虚心吸收了吕祖谦不少意见，对原稿进行了修改，这些意见有些属于修辞性的，有些属于义理性的。吕祖谦的意见和朱子对相关意见的采纳，促进了朱子《解义》从义理到表述的完善。

五、朱子《太极解义》癸巳定稿与通行本的异同

最后来看，保存在台北故宫博物院的淳熙本《晦庵先生文集》

---

[1] 吕氏《质疑》，上引文亦用《朱子全书》本，盖《吕祖谦全集》本格式有误，朱注吕疑有混而不清处。唯最后一句，《朱子全书》本有衍文。

中的《太极解义》与后来流传的《太极解义》通行本的差异。淳熙本《太极解义》应是朱子淳熙末正式刊布的《太极解义》本，亦即乾道九年定本。[1] 如果说通行本与淳熙本有所差异的话，那只能得出结论：淳熙本刊布后，自绍熙以后直至去世，朱子还曾对《太极解义》有所修改，尽管修改的幅度并不大。

根据淳熙本的《太极解义》，其《太极图说解》与通行本的不同处如下。

1. 通行本《太极解义》云：

> 盖五行之变，至于不可穷，然无适而非阴阳之道。至其所以为阴阳者，则又无适而非太极之本然也，夫岂有所亏欠间隔哉。

淳熙本《太极解义》没有"至其所以为阴阳者，则又无适而非太极之本然也，夫岂有所亏欠间隔哉"三句。而"盖五行之变"作"盖其变"。通行本增加的这几句，是重要的补充。

2. 通行本《太极解义》云：

> 五行具，则造化发育之具无不备矣，故又即此而推本之，以明其浑然一体，莫非无极之妙；而无极之妙，亦未尝不各具于一物之中也。盖五行异质，四时异气，而皆不能外乎阴阳；阴阳异位，动静异时，而皆不能离乎太极。至于所

―――――――
[1] 见朱子《题太极西铭解后》，《文集》卷八十二，作于淳熙戊申二月。

以为太极者，又初无声臭之可言，是性之本体然也。

淳熙本《太极解义》此段之首没有"五行具，则造化发育之具无不备矣，故又即此而推本之，以明其浑然一体，莫非无极之妙；而无极之妙，亦未尝不各具于一物之中也"数句。而此段之首作**"此据五行而推之，明无极二五混融无间之妙，所以生成万物之功也"**，此为通行本所无。通行本段首增加的数句使义理的表达更加完整。

3. 通行本《太极解义》云：

盖性为之主，而阴阳五行为之经纬错综，又各以类凝聚而成形焉。

淳熙本《太极解义》在"经纬错综"下有"乎其中"三字。这也是《太极解义》初稿中所原有的，见吕祖谦《质疑》所引。

4. 通行本《太极解义》云：

然静者诚之复，而性之真也。

淳熙本《太极解义》"真"字作"贞"。

5. 通行本《太极解义》云：

此天地之间，纲纪造化，流行古今，不言之妙。圣人作《易》，其大意盖不出此，故引之以证其说。

淳熙本《太极解义》没有此数句。通行本增加的这一段使得语意更足。

此外，淳熙本的《太极图解》亦与通行本小有差异，如淳熙本无"于是乎在矣"。而通行本"五气布"下淳熙本多"而"字等。

这证明，朱子在淳熙末年正式公布其《太极解义》，此后十年，至其病故，仍对之做了一些修改，虽无关大义。今传通行本是其最后的修订本。修改的主要内容，是增加了三段文字，删去了一段文字。增加的部分使得义理的表述更加完善。

由此可知，朱子《太极解义》有三个本子，第一个本子是乾道庚寅朱子完成的初本，见于吕祖谦《太极图义质疑》，虽非全本，亦可窥见大概。第二个本子是乾道九年定本，淳熙末刊布，即淳熙本《晦庵先生文集》所载《太极解义》。第三个本子是今传通行本，如《朱子全书》所载的《太极解义》，是朱子晚年最后改定本。其中最重要的是第二个本子的定稿，此稿曾广泛吸收了张栻、吕祖谦的意见；其中根本性的理论贡献来自朱子，但它既是朱子本人在这一时期的理论成果，一定程度上也代表了乾道后期道学的理论共识。

初稿写定于 2017 年 11 月 14 日

朱子《太极解义》与张栻《太极解义》之比较

天之阴阳，地之柔刚，人之仁义，皆太极之道然也，故《易》曰：「六爻之动，三极之道也。」

——张栻《太极图说解义》

朱子在乾道己丑春中和新说之悟后，立即着手准备本体论建构，在当年刊行了《太极通书》的建安本后，开始写作对周敦颐《太极图》和《太极图说》的诠解，于次年春天完成初稿。初稿完成后即寄给时在严州的张栻和吕祖谦，相与讨论，并在乾道九年定稿。湖湘学派本来重视周敦颐，胡宏曾作《通书序略》，张栻在严州时也刊印了朱子编订的建安本《太极通书》。[1] 在收到朱子《太极解义》初稿后不久，张栻亦自作《太极图说解义》，其后序云："近岁新安朱熹尝为图传，其义固多得之。栻复因之，约以己见，与同志者讲焉。"[2] 这里所说的"图传"即朱子的《太极解义》，因朱子此书当时并未正式定稿刊行，故时人有不同的称谓。[3] 由"栻复因之"可见，张栻是在朱子的《太极解义》之后自作了《太极图说解义》，时间应在乾道辛卯离开杭州以后。应

〔1〕　胡宏《通书序略》和张栻《通书后跋》，皆见周敦颐：《周敦颐集》，中华书局，1990年，第117、119页。
〔2〕　张栻：《张栻集》第五卷，杨世文点校，中华书局，2015年，第1610页。
〔3〕　如朱子门人林振亦云"窃读太极图传云……"（《朱子文集》卷四十九，《答林子玉》），可见朱子《太极解义》亦被其门人简称为"图传"，不独张栻为然。

该说，从南宋道学总体发展来看，朱子的《太极解义》在相当程度上代表了朱子、张栻、吕祖谦经讨论后形成的共识，而张栻的《太极图说解义》则可视为朱子的《太极解义》的补充。两者学术宗旨相同，但诠释表述有异，毕竟朱、张、吕在共识之外还有其个人的认识特点。张栻的《太极图说解义》，三十年前我曾依据北京图书馆存宋本《元公周先生濂溪集》做过说明，[1] 近中华书局新印《张栻集》，收入《太极图说解义钩沉》，即张栻的《太极图说解义》与《太极图解后序》，现对之做一简要研究，以与朱子《太极解义》相对看。

一、朱、张《解义》之略同者

其一，张栻所用《太极图说》，首句作"无极而太极"，与朱子所用本相同，吕祖谦亦未提出异议，可见首句作"无极而太极"的本子是当时的通行本。即使是后来陆氏兄弟与朱子辩论《太极图说》，也从来没有提出首句的异文。所以，淳熙末年洪迈所用首句为"自无极而为太极"的本子绝非通行本，不足以为据，这也是朱子坚决要求洪迈加以改正的原因。

其二，张栻对"无极而太极"的解释，根据"太极本无极"，认为"非太极之上复有所谓无极也。太极本无极，言其无声臭之可名也"[2]，这就是说无极只是说无声臭可以名状，并非太极之上的

---

〔1〕 参见陈来：《朱子哲学研究》，生活·读书·新知三联书店，2010年，第90页，注释〔6〕。
〔2〕 《太极图说解义》，见张栻：《张栻集》第五卷，杨世文点校，中华书局，2015年，第1606页。

另一个实体。这与朱子的解释完全一致。

其三，张栻亦以太极为理，如云"太极涵动静之理""太极之理未尝不存"，都是把太极解释为理，这也是与朱子相同的。张栻还强调"太极之妙不可以方所求也"[1]，太极是理，理本身不是一个独立的实体。

其四，以无极而太极为宇宙的根源。张栻把"无极而太极"解释为"此极夫万化之源而言之也……而必曰'无极而太极'者，所以明动静之本，著天地之根，兼有无、贯显微、该体用者也"[2]。这些说法也跟朱子的解释差别不大，如张栻所谓"万化之源""天地之根"，朱子则谓之"上天之载，无声无臭，而实造化之枢纽，品汇之根柢也"，基本相同。当然，朱子并不采用张栻的"兼有无、贯显微、该体用"的说法，可能朱子认为"兼有无"意味着太极既是有又是无，容易模糊了太极"无形而有理"的特性。

其五，张栻亦采用理气论的分析，他在解释"无极之真，二五之精"时说："非无极之真为一物，与二五之精相合也；言无极之真未尝不存于其中也。无极而曰真，以理言也。二五而曰精，以气言也。"[3]这也是与朱子一致的。朱子言："真以理言，精以气言。"另外，朱子接受了吕祖谦的意见，修改稿中不用"相合"，而说："此无极、二五所以混融而无间者也，所谓'妙合'者也"。而张栻更为明确强调不是二者相合，而是理永远存在于气之中。

---

〔1〕《太极图说解义》，见张栻：《张栻集》第五卷，杨世文点校，中华书局，2015年，第1605页。
〔2〕《太极图说解义》，见张栻：《张栻集》第五卷，杨世文点校，中华书局，2015年，第1605页。
〔3〕《太极图说解义》，见张栻：《张栻集》第五卷，杨世文点校，中华书局，2015年，第1607页。

二、张栻《解义》之特有者

现在来看张栻《解义》中属于其特有而为朱子《解义》中所无者。

1. 莫之为而为之

张栻的《太极图说解义》说：

> 曰"无极而太极"，其立言犹云"莫之为而为之"之辞也。[1]

其意思是说，在本源的问题上，强调无极而太极，如同说"莫之为而为之"。（按：孟子云"莫之为而为者，天也；莫之致而至者，命也"。意谓看不到做，却做出来的，这是天；没有去求，但自己来了的，这是命。）真正分析起来，张栻以"莫之为而为之"解释"无极而太极"并不贴切，因为无极而太极讲的是太极、理，而"莫之为而为之"讲的是天。太极是根源，天是主宰，《太极图说》强调根源是无声无臭的，而不强调看不见的主宰之手。

2. 两端相感

张栻在注中提出"两端相感，太极之道然也"[2]，两端指动静，以此解释"一动一静，互为其根"，阐明动能生静，静能生动，并

---

〔1〕《太极图说解义》，见张栻：《张栻集》第五卷，杨世文点校，中华书局，2015年，第1605页。
〔2〕《太极图说解义》，见张栻：《张栻集》第五卷，杨世文点校，中华书局，2015年，第1605页。

认为是太极之道使之如此。因此这个说法进一步表达了辩证的动静观及其法则，并归结为"此《易》之所以为《易》也"，易是变动总体，其根据是太极之道。此种对"易"的强调和把握，为朱子《解义》所未见。

3. 天地之心

由于张栻的《太极图说解义》在朱子《解义》之后，与其《洙泗言仁录》的写作约同时，故后书中的"天地之心"概念也出现在其《太极图说解义》中：

> 然人也，禀五行之秀，其天地之心之所存，不为气所昏隔，故为最灵。[1]

这是主张人心的来源是天地之心，天地之心存于人即为人心，故"最灵"。这种人心即天地之心的思想是《太极图说》本来所没有的。朱子《解义》则云：

> 人之所禀独得其秀，故其心为最灵，而有以不失其性之全，所谓天地之心，而人之极也。[2]

朱子把天地之心和人极作为辅助性观念，而以心、性为主体概念，朱子使用天地之心的观念当是受了张栻的影响，但朱子不直接说人心即天地之心，而把天地之心作为人性的辅助表达，重在性，不重心。

---

[1]《太极图说解义》，见张栻：《张栻集》第五卷，杨世文点校，中华书局，2015年，第1607页。
[2] 周敦颐：《周敦颐集》，中华书局，1990年，第6页。

4. 未发已发

由于朱子写作《太极解义》时刚刚结束己丑中和之悟，而《太极图说》是以大易为系统的另一种思想体系，所以并没有将中和之悟的内容写入《太极解义》。两年后张栻作《太极图说解义》时，朱、张二人已经在已发未发的理解上达成共识，张栻把此共识写入其《太极图说解义》之"五行感动"部分：

> 五行之性为喜怒忧惧爱恶欲者感动于内，因其所偏，交互而形，于是有善恶之分，而万事从此出焉。盖原其本始，则天地之心，人与物所公共也。[1]

然后在"君子修之吉"下注：

> 修之之要，其惟敬乎！程子教人以敬为本，即周子主静之意也。要当于未发之时，即其体而不失其存之之妙，已发之际，循其用而不昧乎察之之功。[2]

这就把朱、张二人关于中和未发的思想写入了其《太极图说解义》，并且强调了程门"以敬为本"的功夫宗旨。朱子的《太极解义》则没有强调相关的内容。

5. 诚通诚复

周子《通书·诚上》第一段说："元、亨，诚之通；利、贞，诚之复。"张栻认为这是把元亨利贞四者分成"通"和"复"两个

---

〔1〕《太极图说解义》，见张栻：《张栻集》第五卷，杨世文点校，中华书局，2015年，第1607页。
〔2〕《太极图说解义》，见张栻：《张栻集》第五卷，杨世文点校，中华书局，2015年，第1609页。

阶段，把宇宙变化看成这两个阶段的反复循环，即由通到复，由复到通，不断循环。

他又在《太极图解后序》中说：

> 先生诚通诚复之说，其至矣乎！圣人与天地同用，通而复，复而通。一往一来，至诚之无内外，而天命之无终穷也。君子修之，所以戒慎恐惧之严者，正以须臾不在乎是，则窒其通，迷其复，而遏天命之流行故耳。此非用力之深者，孰能体之？[1]

张栻的《太极图说解义》就是以此为理论框架解释太极的动静，认为这个循环也可看作动和静的反复循环，从而认为，动属于诚之通，静属于诚之复。朱子的《解义》也很重视周敦颐的诚通诚复之说，但没有像张栻这样以之为贯通整体的框架。另外，朱子解释太极动静云："其动也，诚之通也，继之者善，万物所资以始也；其静也，诚之复也，成之者性，万物各正其性命也。"朱子在讲诚通诚复的同时很重视用继善成性来加以分析，这是张栻所忽视的。

6. 中仁为体，正义为用

张栻又说：

> 动为诚之通，静为诚之复。中也，仁也，动而通也，始而亨者也。正也，义也，静而复也，利以贞者也。中见于用，所谓时中者也。仁主乎生，所谓能爱者也，故曰动而通

———————

[1]《太极图说后序》，见张栻：《张栻集》第五卷，杨世文点校，中华书局，2015年，第1610页。

也。正虽因事而可见，然其则先定。义虽以宜而得名，然其方有常。故曰：静而复也。中也、仁也本为体，而周子则明其用。正也、义也本为用，而周子则明其体。盖道无不有体有用，而用之中有体存焉。此正乾始元而终贞之意。动则用行，静则体立，故圣人主静，而动者行焉。动者行而不失其静之妙，此太极之道，圣人所以为全尽之也。[1]

这是认为中、仁为动之通，属《通书》所说为元（始）而亨者。而正、义属静而复，属《通书》所说为利以贞者。这样，仁义中正四者，仁中为动，义正为静，也就是仁义中正分动静。何以如此呢？按他的解释，仁主于生，生为能爱，所以属于动；中作为时中，在动中见中，故也属于动。正虽然因事之动而见，但正之规则已经先定，定是固定，则属于静；义虽然与"宜"相通，但义的意义乃是有方而常，方是原则，常是恒定，恒定之常属于静。

然而，张栻又认为，就人道的价值关系来说，作为诚通的仁中和作为诚复的正义，不是不断循环交替的关系，而是体用的关系。诚通的中仁是体，诚复的正义是用，而体用不是割裂的。中仁是体而要明其用，义正是用而要明其体，用中有体，体必有用。

不过，张栻这里有一个矛盾：若按上述所说，诚通为体，诚复为用，则元亨为体，利贞为用；但他却说乾始而终贞，动则用行，静则体立。本来中、仁作为动而通者是体，现在作为始，只能属于动则用行，是用了。本来静而复者为用，作为静而复者的

---

[1]《太极图说解义》，见张栻：《张栻集》第五卷，杨世文点校，中华书局，2015年，第1608页。

义、正是用，现在作为终贞则成为体，这就不一致了。由于动是用，静是体，故圣人要立体主静。他认为，圣人主静，但圣人之动而行，能不失其静之妙，这就是圣人能尽太极之道的地方，也是他说"太极之未尝不在者，有以通之故尔"的原因。

7. 太极体用

与朱子重视形而上下的区别不同，张栻不强调这种区别，而注重以体用的分别来理解世界，他说：

> 语其体，则无极而太极，冥漠无朕，而动静阴阳之理，无不具于其中。循其用，则动静之为阴阳者，阖辟往来，变化无穷，而太极之体各全于其形器之内。此《易》之所以为《易》也。[1]

朱子论太极阴阳，其《太极解义》初稿也曾以体用的方法加以展开，后来不再采用了。张栻此处所说，是以太极为体，以阴阳动静为用。朱子则以另一种方式来阐述："是以自其著者而观之，则动静不同时，阴阳不同位，而太极无不在焉。自其微者而观之，则冲漠无朕，而动静阴阳之理，已悉具于其中矣。""自其微者而观之"即是张栻所说的"语其体"；"自其著者而观之"，就相当于张栻所说的"循其用"。但张栻更强调用"体用一源"的方法分析太极动静的关系，而朱子在修改中则建立起新的诠释方式"太极者，本然之妙；动静者，所乘之机"。这种本然和所乘的关系开辟了理气关系的一种新的模式。

---

[1] 《太极图说解义》，见张栻：《张栻集》第五卷，杨世文点校，中华书局，2015年，第1606页。

三、《南轩集》中论《太极解义》者

《张栻集》中保存了张栻与湖南学者吴晦叔等有关太极论的讨论，这些讨论与朱子的《太极解义》和他自己的《太极图说解义》有关。如：

> 垂谕"太极"之说。某妄意以为"太极"所以形性之妙也，性不能不动，太极所以明动静之蕴也。"极"乃"枢极"之义，圣人于《易》特名"太极"二字，盖示人以根柢，其义微矣。若只曰性而不曰太极，则只去未发上认之，不见功用，曰太极则性之妙都见矣。体用一源，显微无间，其太极之蕴欤！……[1]

此书所说的"'极'乃'枢极'之义"，"'太极'二字，盖示人以根柢"，这些说法皆同于朱子《解义》，应来自后者。但张栻特别强调太极作为性的意义，这是湖南学派一直以来的传统。

> 元晦"太极"之论，太极固是性，然情亦由此出，曰"性情之妙"，似亦不妨……"太极"之说，某欲下语云：《易》也者，生生之妙也；太极者，所以生生者也。曰《易》有太极，而体用一源可见矣，不识如何？[2]

这里所说的"元晦'太极'之论"表面上似是指朱子的《太极解

---

[1]《答吴晦叔》，见张栻：《张栻集》第四卷，杨世文点校，中华书局，2015年，第1054页。
[2]《答吴晦叔·又》，见张栻：《张栻集》第四卷，杨世文点校，中华书局，2015年，第1057—1058页。

义》，观其所说，朱子太极论以太极为"性情之妙"，但今本《太极图说解》中并没有这样的表述或说法。查《朱子文集》有《答吴晦叔》：

> 夫易，变易也，兼指一动一静、已发未发而言之也。太极者，性情之妙也，乃一动一静、未发已发之理也。故曰"《易》有太极"，言即其动静阖辟而皆有是理也。若以"易"字专指已发为言，是又以心为已发之说也。此固未当，程先生言之明矣。不审尊意以为如何？[1]

可知张栻与吴晦叔书所论，是指朱子《答吴晦叔》，而此书所论并非直接讨论朱子《太极解义》，而是论易之已发未发等。他又与吴晦叔书云：

> 近连得元晦书，亦寄所解《中庸》草藁来看，犹未及详阅也。伯逢前在城中，颇款某所解。《太极图》渠亦录去，但其意终疑"物虽昏隔不能以自通，而太极之所以为极者，亦何有亏欠乎哉"之语，此正是渠紧要障碍处。盖未知物则有昏隔，而太极则无亏欠故也。[2]

以上数书，当皆在乾道辛卯壬辰之间。观此书之意，所说胡伯逢之疑者，应是对张栻的《太极图说解义》而发，"物虽昏隔不能以自通，而太极之所以为极者，亦何有亏欠乎哉"不是朱子《解义》的思想，而是张栻的思想，此思想见于张栻《解义》对

---

[1]《朱子文集》卷四十二。
[2]《答吴晦叔·又》，见张栻：《张栻集》第四卷，杨世文点校，中华书局，2015年，第1199页。

"唯人也，得其秀而最灵"的解释。[1]

> 天可言配，指形体也。太极不可言合，太极性也。惟圣
> 人能尽其性，太极之所以立也。人虽具太极，然沦胥陷溺
> 之，则谓之太极不立，可也……既曰物莫不皆有太极，则所
> 谓太极者，固万物之所备也。惟其赋是气质而拘隔之，故物
> 止为一物之用，而太极之体则未尝不完也。[2]

此书之意与上书相同。最后来看：

> （无极而太极）此语只作一句玩味。无极而太极存焉，
> 太极本无极也。若曰自无生有，则是析为二体矣。[3]

张栻坚持首句既然为无极而太极，则不是自无生有，而是说太极
本来是无声无臭的。这与朱子是完全一致的。

四、结　语

张栻是朱子学形成期的重要创始人之一。他曾从胡宏问学，
聪明早慧，在青年时代已在理学上达到了较高的造诣。乾道初年
朱子曾数次就理学的中和已发未发问题向张栻请教，以了解湖湘

---

〔1〕 张栻：《张栻集》第五卷，杨世文点校，中华书局，2015年，第1607—1608页。唯无"不能
　　 以自通"数字。

〔2〕《答周允升》，见张栻：《张栻集》第四卷，杨世文点校，中华书局，2015年，第1234—1235
　　 页。

〔3〕《答彭子寿》，见张栻：《张栻集》第四卷，杨世文点校，中华书局，2015年，第1242页。

学派在这些问题上的看法和结论。乾道三年（1167年）朱子到长沙与南轩会面，共论太极中和之义，此后二人成为思想学术交往极深的友人。乾道五年之后，吕祖谦亦参加其中，形成了以朱、张、吕为核心的南宋道学的交往网络，而朱、张、吕的思想主张共同形成了乾淳道学的主流。朱、张、吕三人虽各有思想体系，但相通、相同处是主要的。张、吕二人在淳熙中早亡，朱子独立支撑南宋道学的后续发展，而终于建构、完成了代表乾淳理学的大体系。

这一体系习惯上以"朱子学"的名义表达，并在后世历史上传承发展，取得了重大的影响。但我们必须看到，朱子学这一体系，在其形成过程中，张南轩是核心的参与者，而且做出了重要的贡献。在这个意义上，以一个不太恰当的例子来比拟，正如"毛泽东思想"与"毛泽东的思想"不同，前者包含了刘少奇、周恩来等共同参与者的理论与实践，"朱子学"和朱子的思想也可有类似的差别。在这个意义上说，"朱子学"的成立包含了东南三贤的共同参与，"朱子学"的概念可以有丰富的含义，这是我们今天论及张南轩和朱子学时不可不注意的。目前学界多把张南轩作为湖湘学派的代表，这是无可非议的，但也要指出，若只把张南轩定位于此，无形之中可能会只突出张南轩对地域文化的贡献，使之成为地域文化的代表，而容易掩盖、忽略他对主流文化——道学的贡献。当然，对湖湘学派也可以有两种理解，一种是只作为学术流派的简称，一种则是突出地域文化的特色。我们把张南轩作为朱子学前期创始人之一与朱子学联结起来，而不把他限定在湖湘文化上，正是为了凸显他对乾淳主流理学的贡献。

就比较朱子与张栻对《太极图说》的诠释而言，朱子《太极解义》注重义理的哲学分析与综合，在本体论上具有优势；张栻《太极图说解义》注重功夫界定，这是朱子《解义》有所忽略之处。朱子所争者多在义理之铺陈，故张栻《解义》为朱子《解义》之补充，二者相结合乃构成道学在南宋中期的主流认识。

一般所说的朱张会讲，专指乾道丁亥朱子长沙之行。而广义来看，乾道五年至九年朱子与张栻多次由书信往还而进行的学术讨论，亦可谓朱张会讲的一种形式，如《太极解义》、《知言疑义》、《仁说》之辩等，都是朱、张思想交流的重要事件，应一并放在乾道理学建构中予以考察。

谨以此文纪念朱张会讲850周年

朱子的四德论

（仁义礼智）只如四时：春为仁，有个生意；在夏，则见其有个亨通意；在秋，则见其有个诚实意；在冬，则见其有个贞固意。在夏秋冬，生意何尝息！本虽凋零，生意则常存。

——朱熹《语类》

朱子思想中，有关四德以及五常的讨论，以往受到关注不多。事实上，朱子有关四德五常的思想对后来的哲学，特别是明代哲学的讨论影响甚大。本篇就朱子在四德五常方面的论述，以《朱子语类》的资料为主，做一梳理，并加以分析，借以了解朱子学德目论或德性理论的结构和意义。

一、北宋道学论四德

"四德"本指乾之四德"元亨利贞"，"四德"统称源出《周易》之《文言》，所谓"君子行此四德者，故曰乾元亨利贞"。"五常"即"仁义礼智信"，本于《孟子》，汉儒始用"五常"的概念。北宋以来，道学的讨论中开始把二者加以联结，而在后来的宋明理学发展中仁义礼智也往往被称为四德。汉以来的思想中，元亨利贞属天道，仁义礼智属人道。天道的四德和人道的四德的关系在道学中渐渐成为重要的论题。

周敦颐在《通书》中说："'乾道变化，各正性命'，诚斯立焉。纯粹至善者也。故曰：'一阴一阳之谓道，继之者善也，成之者性也。'元、亨，诚之通；利、贞，诚之复。大哉《易》也，性命之源乎！"[1]元亨利贞在《周易》本指天道而言，周敦颐虽然还没有把元亨利贞与仁义礼智联系起来，但开始把元亨利贞与本属人道的"诚"联系起来，这也是有意义的。而且，他还表现出把元亨利贞看作一个流行的过程，并用"通""复"来把这一过程截分为两个阶段，元亨属于"通"的阶段，利贞属于"复"的阶段。按朱子的解释，元亨是万物资始，利贞是各正性命，前者为造化流行，后者是归藏为物。这种用类似"流行"的观念来解释《易》之四德的性质与联系，是有示范意义的。

程明道则最重视四德中的"元"与五常中的"仁"的对应，言"万物之生意最可观，此元者善之长也，斯所谓仁也。人与天地一物也，而人特自小之，何耶？"[2]，明确肯定"元"就是"仁"。这就把宇宙论的范畴和道德论的范畴联结起来，互为对应，从一个具体的方面把天和人贯通起来，使道德论获得了宇宙论的支持，也使宇宙论具有了向道德贯通的含义。"'生生之谓易'，是天之所以为道也。天只是以生为道，继此生理者，即是善也。善便有一个元底意思。'元者善之长'，万物皆有春意，便是'继之者善也'。"[3]善是继承了天道的生生之理而来的，所以善体现了元的意思，元即是善的根源。"'乾元者，始而亨者也。利贞者，性情也。'性情犹言资质体段。亨毒化育皆利也。不有其功，常久而不已者，贞也。《诗》

---

〔1〕《通书·诚上第一》。
〔2〕《遗书》卷十一。
〔3〕《遗书》卷二上。

曰：'维天之命，于穆不已'者，贞也。"[1]于是，在道学中，德性概念不再是纯粹道德哲学的概念，同时具有宇宙论的意味或根源。

二程已经把四德和五常联系起来讨论，如伊川《程氏易传》乾卦卦辞注："元亨利贞谓之四德。元者万物之始，亨者万物之长，利者万物之遂，贞者万物之成。"[2]又解释乾卦彖辞"大哉乾元"句说："四德之元，犹五常之仁，偏言则一事，专言则包四者。"[3]又如伊川言："读《易》须先识卦体。如乾有元亨利贞四德，缺却一个，便不是乾，须要认得。"[4]"自古元不曾有人解仁字之义，须于道中与他分别出五常，若只是兼体，却只有四也。且譬一身：仁，头也；其他四端，手足也。至如《易》，虽言'元者善之长'，然亦须通四德以言之，至如八卦，《易》之大义在乎此，亦无人曾解来。"[5]他认为元必须通四德而言，仁必须通五常而言，兼体是指元可以兼亨利贞，仁可以兼义礼智信。这些地方都是四德和五常并提，把它们看成结构相同的事物。"元亨者，只是始而亨者也，此通人物而言（通，元本作咏字），谓始初发生，大概一例亨通也。及到利贞，便是'各正性命'后，属人而言也。"[6]始而亨通，是继承了《彖传》本来所说的"大哉乾元，万物资始"；以利贞为各正性命，则更直接用《彖传》意"乾道变化，各正性命，保合太和，乃利贞"。

二程又说："孟子将四端便为四体，仁便是一个木气象，恻隐之心便是一个生物春底气象，羞恶之心便是一个秋底气象，只有

〔1〕《遗书》卷十一。
〔2〕 程颢、程颐：《二程集》，中华书局，2004年，第695页。
〔3〕 程颢、程颐：《二程集》，中华书局，2004年，第697页。
〔4〕《遗书》卷十九。
〔5〕《遗书》卷十五。
〔6〕《遗书》卷二上。

一个去就断割底气象，便是义也。推之四端皆然。此个事，又着个甚安排得也？此个道理，虽牛马血气之类亦然，都恁备具，只是流形不同，各随形气，后便昏了佗气。"[1] 这里所说的"气象"，就是后来朱子所说的"意思"，即一个道德概念的精神、取向及一个价值概念在形象上的表达。这种讲法认为每一个道德概念都有其"气象""意思"，即都有其蕴含并洋溢的特定气息、态度，如说仁有春风和气的气象（意思），义有萧肃割杀的气象（意思），等等。这个讲法很特别，讲一个道德德目的实践所发散的"气"，这种德气论的讲法得到了朱子四德论的继承和发展。

二、论道与德

《朱子语类》卷六收录了朱子论"仁义礼智等名义"的讲学语录，名义即名之义，在这里即指道德概念的意义。为集中和简便起见，以下主要使用此卷的资料进行分析。

朱子把传统德目置于"理"的概念下进行讨论，首先是关于一理与五常的关系：

> 问："既是一理，又谓五常，何也？"曰："谓之一理亦可，五理亦可。以一包之则一，分之则五。"问分为五之序。曰："浑然不可分。"（节）[2]

〔1〕《遗书》卷二下。
〔2〕黎靖德编：《朱子语类》卷六，中华书局，1986年，第100页。本篇引用《语类》所载时，记录者名皆以括号标明。

这是用理一分殊的模式处理五常与理一的关系，一方面五常的仁义礼智信五者都是理，仁是理，义是理，礼智信皆是理；但另一方面五常的理是分疏的理，不是理一的理，是具体的理，不是普遍的理。就理一和五常的发生关系来说，五常是由理一所分出来的，这就是"分之则五"。就理一和五常的逻辑关系来说，理一可以包含五常，这就是"以一包之则一"。总之，仁义礼智信五常是五种分殊之理，是作为理一的天理在具体事物不同方面的表现。当然，朱子在另外的讨论中也提出，偏言之仁，其中也含具其他各常之理，这种提法体现了太极论的思维，就不在此详论了。

在理学中，"理"在哲学概念体系里占有最重要的地位，也是涵盖最广的概念，但理学的体系仍然需要"道"和"德"这些传统道德概念：

> 问："仁与道如何分别？"曰："道是统言，仁是一事。如'道路'之'道'，千枝百派，皆有一路去。故《中庸》分道德曰，父子、君臣以下为天下之达道，智仁勇为天下之达德。君有君之道，臣有臣之道。德便是个行道底。故为君主于仁，为臣主于敬。仁敬可唤做德，不可唤做道。"（榦，以下兼论德。）[1]

道和仁的关系也如理一分殊的关系，道是统言当然之则，仁只是一事之德。所以仁是德，但不是道。在这里朱子下了一个定义，"德便是个行道底"，这就是说德是用来践行道德原则的内在德性。

---

[1] 黎靖德编：《朱子语类》卷六，中华书局，1986年，第100—101页。

　　"至德、至道"：道者，人之所共由；德者，己之所独
得。"盛德、至善"：盛德以身之所得而言，至善以理之极致
而言。诚、忠、孚、信：一心之谓诚，尽己之谓忠，存于中
之谓孚，见于事之谓信。（端蒙）[1]

如果分析起来，孚存于中，是德性；信见于事，是德行。道是人
所共由，即道是指客观普遍的法则，德是指一个人特有的品质，
至善是理的极致。用"得"或"得之于身"来申释德，这是源自
先秦的传统，即德者得也。

　　就心性论而言，朱子认为：

　　存之于中谓理，得之于心为德，发见于行事为百行。
（节）[2]

此言分析最明，理是存之于中的，即心之所具的；德是得之于心
的，是心的一种品质、属性，行是见之于行事的行为。不过，仁
义礼智之为理，是人之性，存于心中；仁义礼智又是德，是得之
于心的。这两者如何安顿衔接？朱子的名言"仁者心之德、爱之
理也"，就仁是爱之理说，爱是情，仁作为性理是情的内在根据，
这是清楚的。但就仁者心之德说，仁既然已经是理，理和心之德
是什么关系？情之理，心之德，是同是异？从朱子的这些表述来
看，情之理不等于心之德，是说仁既是存于中的情之理，也是得
之于心的心之德，既是性，也是心，而这二者并不是一回事。这
样看来，四德有性理和心德的不同用法。

──────────
〔1〕　黎靖德编：《朱子语类》卷六，中华书局，1986年，第101页。
〔2〕　黎靖德编：《朱子语类》卷六，中华书局，1986年，第101页。

朱子又说：

> 德是得于天者，讲学而得之，得自家本分底物事。
> （节）[1]

存于中是性理，这应当是清楚的。在理学思想中，德性作为品质，是属心还是属性？抑或应用心、性以外的概念来表达？理学有没有品质概念？从这段话来看，如果说德是得自于天的，那就是性。如果说德是"讲学而得之"，则不是性，只能是作为心之品质的德，这里的"德"就是品质、德性的概念。

三、意思与气象

朱子讲五常，因为要与乾之四德对应，往往仅举仁义礼智，而不及信。这不仅是要把人之四德与天之四德相对，也与朱子对信的定位及五常与五行对应的思想有关。朱子认为信如五行之土，只是证实仁义礼智的实有，这个说法与先秦两汉的思想是不同的。

下面来看朱子论仁义礼智的意思与气象，"意思"在这里具有"字义解释"的意义，但不是定义式的解释，而是一种价值含义的解释。

> 吉甫问："仁义礼智，立名还有意义否？"曰："说仁，便有慈爱底意思；说义，便有刚果底意思。声音气象，自然

---

[1] 黎靖德编：《朱子语类》卷六，中华书局，1986年，第101页。

如此。"直卿云:"《六经》中专言仁者,包四端也;言仁义而不言礼智者,仁包礼,义包智。"(方子。节同。佐同。)[1]

仁义作为价值概念,其本身带有价值的意味,意思、气象都是指价值概念涵蕴和发显的价值气息,可见,人道四德的"意思",是指德目的价值蕴意,是属于道德哲学的讨论。仁的"意思"是慈爱温和,义的"意思"是刚毅果断,如此等等。

朱子又说:

> 生底意思是仁,杀底意思是义,发见会通是礼,收(一作"深")藏不测是智。(节)[2]

这里所谓生的意思是指宇宙间的生命、生生的意思,本属宇宙论,但在朱子这里,宇宙论的意思和道德论的意思可以互通互换:如说仁的意思是生,也可以说生的意思是仁,仁和生成为相互说明的概念;又如义是杀的意思,也可以说杀的意思是义;等等。生与仁的联结是道学的一大发明,到朱子则将此种联结扩大,把仁义礼智通通和自然世界的属性联结起来,使仁义礼智更加普遍化,即具有宇宙论的普遍意义。这可以说是一种天人合一思维的体现。

《朱子语类》又载:

> 蜚卿问:"仁恐是生生不已之意。人唯为私意所汩,故生意不得流行。克去己私,则全体大用,无时不流行矣。"曰:"此是众人公共说底,毕竟紧要处不知如何。今要见'仁'字

---

[1] 黎靖德编:《朱子语类》卷六,中华书局,1986年,第105—106页。
[2] 黎靖德编:《朱子语类》卷六,中华书局,1986年,第107页。

意思，须将仁义礼智四者共看，便见'仁'字分明。如何是义，如何是礼，如何是智，如何是仁，便'仁'字自分明。若只看'仁'字，越看越不出。"曰："'仁'字恐只是生意，故其发而为恻隐，为羞恶，为辞逊，为是非。"曰："且只得就'恻隐'字上看。"道夫问："先生尝说'仁'字就初处看，只是乍见孺子入井，而怵惕恻隐之心盖有不期然而然，便是初处否？"曰："恁地靠着他不得。大抵人之德性上，自有此四者意思：仁，便是个温和底意思；义，便是惨烈刚断底意思；礼，便是宣著发挥底意思；智，便是个收敛无痕迹底意思。性中有此四者，圣门却只以求仁为急者，缘仁却是四者之先。若常存得温厚底意思在这里，到宣著发挥时，便自然会宣著发挥；到刚断时，便自然会刚断；到收敛时，便自然会收敛。若将别个做主，便都对副不着了。此仁之所以包四者也。"问："仁即性，则'性'字可以言仁否？"曰："性是统言。性如人身，仁是左手，礼是右手，义是左脚，智是右脚。"（道夫）[1]

仁是生生不已的思想，从北宋道学如明道强调以来，把仁和宇宙流行的趋向打通，扩大了仁学的范围，加深了对仁的理解。朱子在此基础上强调，仁的理解也要结合义礼智。但朱子也指出，以仁为生意，是通向宇宙论的说法，不是价值论的说法，也不是德性论的说法。朱子指出，仁义礼智是人之德性，这里所用的"德性"应当与朱子一般所用的"性"有所不同，而接近心，即心之德，所以朱子主张"常存得温厚底意思在这里"，这里的"存得在这里"，应当不

---

〔1〕 黎靖德编：《朱子语类》卷六，中华书局，1986年，第110—111页。

仅指性，而且还指心之德性，即心中常存温厚的意思。

至于四德的意思，照这里所说，仁是温和的意思，义是惨烈刚断的意思，礼是宣著发挥的意思，智是收敛的意思。以礼的意思为"宣著发挥"，与前面一条所说"发见会通"是一致的，以智的意思为收敛，与前面所说的"收藏不测"也是一致的。这种"意思"的说法，与单纯的"理"或"性理"的说法，还是有差别的。

总之，意思说是朱子四德论的一个特色，值得进一步讨论。当然，朱子不仅讨论仁义礼智四德，也讨论元亨利贞四德。元亨利贞本出于《周易》乾卦卦辞，就其本义而言，朱子曾说：

> 元亨利贞本非四德，但为大亨而利于正之占耳，乾卦之《象传》《文言》乃借为四德，在他卦，尤不当以德论也。[1]

朱子认为《易经》本文的元亨利贞只是占辞，没有道德意义，但《象传》和《文言》把元亨利贞发挥为四德，即四项道德德目，这已不是《周易》乾卦经文的本义了。但《象传》和《文言》发挥的四德，在后来的哲学讨论中越来越有意义，成为易学哲学史在宇宙论方面的重要讨论，为后世的宇宙论提供了基本的模式。

四、生气流行

朱子四德论另一个重要特点是贯彻了"生气流行"的观念来理解四德：

---

[1]《答潘子善·三》，见《朱子文集》卷六十。

> 郑问："仁是生底意，义礼智则如何？"曰："天只是一元之气。春生时，全见是生；到夏长时，也只是这底；到秋来成遂，也只是这底；到冬天藏敛，也只是这底。仁义礼智割做四段，一个便是一个；浑沦看，只是一个。"（淳）[1]

这是说，天地之间只是一气流行，这个一气流行又称一元之气。一元之气就是从整体上看，不分别阴阳二气。一气是流行反复的，"流行"即不断运行，"反复"是说流行是有阶段的、反复的，如一年四季不断流行反复。一元之气的流行，其初始阶段为春，春是万物初生；次一阶段为夏，夏是万物不断成长；再次阶段是秋，秋是万物成熟；最后阶段是冬，冬是万物收藏。四季分开来看，每个不同，联结起来看，则只是一元之气流行的不同阶段。朱子认为，仁义礼智的关系也是如此，分别来看，仁义礼智各是一个道德概念，联结起来看，仁义礼智都是仁，都是作为生意的仁在不同阶段的表现。

所以，朱子又说：

> 仁，浑沦言，则浑沦都是一个生意，义礼智都是仁；对言，则仁与义礼智一般。（淳）[2]

就分别来说，与义礼智相区别的"仁"是生意，"生意"即生生不息之倾向、趋向；而就整体来说，仁义礼智都是仁的表现，都是生生之意的不同阶段、不同方面的表现。

---

[1] 黎靖德编：《朱子语类》卷六，中华书局，1986年，第107页。
[2] 黎靖德编：《朱子语类》卷六，中华书局，1986年，第107页。

"仁有两般：有作为底，有自然底。看来人之生便自然如此，不待作为……大凡人心中皆有仁义礼智，然元只是一物，发用出来，自然成四派。如破梨相似，破开成四片。如东对着西，便有南北相对；仁对着义，便有礼智相对。以一岁言之，便有寒暑；以气言之，便有春夏秋冬；以五行言之，便有金木水火土。且如阴阳之间，尽有次第。大寒后，不成便热，须是且做个春温，渐次到热田地。大热后，不成便寒，须是且做个秋凉，渐次到寒田地。所以仁义礼智自成四派，各有界限。仁流行到那田地时，义处便成义，礼、智处便成礼、智。且如万物收藏，何尝休了，都有生意在里面。如谷种、桃仁、杏仁之类，种着便生，不是死物，所以名之曰'仁'，见得都是生意。如春之生物，夏是生物之盛，秋是生意渐渐收敛，冬是生意收藏。"又曰："春夏是行进去，秋冬是退后去。正如人呵气，呵出时便热，吸入时便冷。"（明作）[1]

仁是生意，有流行。"元只是一物"，这里指仁；"发用出来，自然成四派"，指仁义礼智。朱子认为天地间事物都是如此，一元流行，而自然形成几个次第界限，如气之流行便成春夏秋冬，木之流行便成金木水火土，循环往复。冬至一阳来复，生意又复发起，生长收藏，不断循环。仁之流行，循着四个阶段往复不断，不管仁的流行所形成的仁义礼智四阶段与生物流行自然形成的春夏秋冬四季如何对应一致，仁作为生意流行的实体，在这里已经不是

〔1〕 黎靖德编：《朱子语类》卷六，中华书局，1986年，第112—113页。

静而不动的理、性了。

仁是生意，那么，仁是不是生气呢？上面引用的陈淳录的材料只是把仁义礼智与一元之气的流行加以类比，认为仁相当于一元生气，两者的结构是完全一样的，但还没有明确说明仁是生气，下面的材料则更进了一步：

> 问："仁是天地之生气，义礼智又于其中分别。然其初只是生气，故为全体。"曰："然。"问："肃杀之气，亦只是生气？"曰："不是二物，只是敛些。春夏秋冬，亦只是一气。"（可学）[1]

分别来看，春是生气，冬是肃杀之气，但春夏秋冬，只是一气流行的不同阶段；冬季的肃杀之气并不是与春季开始的生气不同的另一种气，只是生气运行到此阶段，有所收敛。照这里的答问来看，朱子不仅认为仁是生意，也肯定仁是生气；不仅仁是生气，仁义礼智全体都是生气。在这个意义上朱子也采用二程"专言之而包四者"的说法，说仁包义礼智（信），是他已赋予仁包四者以生气流行的意义。从理论上来分析，**如果仁是生气流行，那么它就不能是理，不能是性，而近于生气流行的总体了。（当然，生气流行的总体之中有理存焉，不过这是另一个问题，后面再加讨论。）在心性论上，这样的仁就接近于心体流行的总体了。只是，朱子并没有把这一思想彻底贯彻到心性论。**

《朱子语类》又载：

---

[1] 黎靖德编：《朱子语类》卷六，中华书局，1986年，第107页。

蜚卿问："仁包得四者，谓手能包四支可乎？"曰："且是譬喻如此。手固不能包四支，然人言手足，亦须先手而后足；言左右，亦须先左而后右。"直卿问："此恐如五行之木，若不是先有个木，便亦自生下面四个得。"曰："若无木便无火，无火便无土，无土便无金，无金便无水。"道夫问："向闻先生语学者：'五行不是相生，合下有时都有。'如何？"曰："此难说，若会得底，便自然不相悖，唤做一齐有也得，唤做相生也得。便虽不是相生，他气亦自相灌注。如人五脏，固不曾有先后，但其灌注时，自有次序。"久之，又曰："'仁'字如人酿酒：酒方微发时，带些温气，便是仁；到发得极热时，便是礼；到得熟时，便是义；到得成酒后，却只与水一般，便是智。又如一日之间，早间天气清明，便是仁；午间极热时，便是礼；晚下渐凉，便是义；到夜半全然收敛，无些形迹时，便是智。只如此看，甚分明。"（道夫）[1]

这也是用酿酒的过程和一日早晚的过程来类比说明四德是流行的不同阶段。这样一来，仁义礼智四德不再只是道德的德目，而变为与元亨利贞四德一样，也是自然之德，也可以用来描述自然流行的阶段变化。在这个意义上，仁义礼智四德也自然化了，仁义礼智与元亨利贞的同一，导致自然与社会节度的混一。值得注意的是，这里所说的"灌注"即流注、流行，指五行之气自相灌注，灌注的次序便是五行展开的次序。朱子这里所说，意味着仁义礼智四德与五行

---

[1] 黎靖德编：《朱子语类》卷六，中华书局，1986年，第110—111页。

之气一样，也是按一定的灌注次序展开的。只是，这里四德展开的次序是仁礼义智，而不是仁义礼智，这是需要加以说明的。把仁义礼智四德类比于五行之气的流行灌注，这本身就具有一种特殊的意义，显示出气的思维对朱子四德论的影响。**换言之，这些关于仁与四德的论述，都是"就气上说"的。**

当然，在朱子的论述中，酿酒和一日早晚的例子，不如一年四时变化的例子常用：

> 只如四时：春为仁，有个生意；在夏，则见其有个亨通意；在秋，则见其有个诚实意；在冬，则见其有个贞固意。在夏秋冬，生意何尝息！本虽凋零，生意则常存。大抵天地间只一理，随其到处，分许多名字出来。四者于五行各有配，惟信配土，以见仁义礼智实有此理，不是虚说。又如乾四德，元最重，其次贞亦重，以明终始之义。非元则无以生，非贞则无以终，非终则无以为始，不始则不能成终矣。如此循环无穷，此所谓"大明终始"也。（大雅）[1]

这样看来，自然流行的节度，总是生、长、遂、成，不断循环往复，与生长遂成四个阶段相对应，便是元亨利贞四德，四德分别是生长遂成各阶段的性质、属性、性向，也可以说是每个阶段的德性。照朱子看来，与生、长、遂、成相对应的属性、德性，既可以说是元、亨、利、贞，也可以说是仁、义、礼、智，这两个说法是一致的。这无异于说，仁义礼智在这里是自然属性的范畴。这就把仁义礼智自然化、宇宙论化了，这样的仁义礼智就不仅有

---

[1] 黎靖德编：《朱子语类》卷六，中华书局，1986年，第105页。

道德的意义，也具有宇宙论的意义。要强调的是，当朱子把仁义礼智作为自然化的范畴时，绝不表示它们与人道的仁义礼智概念已经根本不同，已经是两回事。不，在朱子哲学，自然化了的仁义礼智与人道的仁义礼智仍然具有内在的一致性，只是用法与意义有广有狭而已。

所以，朱子更断言仁义礼智便是元亨利贞：

> 仁义礼智，便是元亨利贞。若春间不曾发生，得到夏无缘得长，秋冬亦无可收藏。（泳）[1]

这就把仁义礼智之间的关系看成与元亨利贞同样的流行，元亨利贞次第流行，仁义礼智也具有同样的流行关系和结构。**这在无形之中使仁义礼智在一定程度上也变成具有宇宙论流行意义的实体——气。而这里的元亨利贞也不能说只是性了。**

《朱子语类》又有：

> 问："元亨利贞有次第，仁义礼智因发而感，则无次第。"曰："发时无次第，生时有次第。"（佐）[2]

"发时无次第"是指恻隐、羞恶、辞让、是非情感的发生是没有一定次序的，"生时有次第"是指仁义礼智作为生气流行具有一定的先后次序。按学生的提问，元亨利贞的次序即春夏秋冬的流行次序，是实际流行的次第，而仁义礼智都是由感而发，不一定有固定的次序。这样，二者不就是不一致的了吗？学生所说的仁义礼

[1] 黎靖德编：《朱子语类》卷六，中华书局，1986年，第107页。
[2] 黎靖德编：《朱子语类》卷六，中华书局，1986年，第107页。

智还是局限于性情的仁义礼智，而朱子所说的流行的仁义礼智已不限于性情之发，生时有次第就是指作为生气流行的仁义礼智有其次序。这些都再次体现了四德具有生气流行的意义。当然，在最低的程度上，也可以说"生时有次第"包含着仁义礼智四者在逻辑上的次序。

> 仁所以包三者，盖义礼智皆是流动底物，所以皆从仁上渐渐推出。仁智、元贞，是终始之事，这两头却重。如坎与震，是始万物、终万物处，艮则是中间接续处。[1]

说义礼智是流动底物，即是把仁义礼智看作流行的事物，而流行是一个过程，一个渐渐起伏变化的过程，这一无尽的过程是由一系列不断延伸的单元所组成，每个单元都由开始、中间、结束构成内部三个阶段，或由生、长、遂、成构成内部四个阶段。一方面，每个单元的后续阶段都是由开始阶段渐渐衍生出来的；另一方面，每个单元中开始的阶段和终结的阶段更为重要。

> 味道问："仁包义礼智，恻隐包羞恶、辞逊、是非，元包亨利贞，春包夏秋冬。以五行言之，不知木如何包得火金水？"曰："木是生气。有生气，然后物可得而生；若无生气，则火金水皆无自而能生矣，故木能包此三者。"（时举）[2]

元是生气，元包亨利贞；仁是生意，仁包义礼智；木是生气，木

---

〔1〕 黎靖德编：《朱子语类》卷六，中华书局，1986年，第107页。
〔2〕 黎靖德编：《朱子语类》卷六，中华书局，1986年，第108页。

包火金水。于是四德、五常、五行三者被看成是同一生气流行的不同截面而已。至于五常中的信，五行中的土，在这种看法中都被消解了实体意义，而起保障其他四者为实存的作用。这是另外的问题，就不在这里讨论了。

朱子说：

> "仁"字须兼义礼智看，方看得出。仁者，仁之本体；礼者，仁之节文；义者，仁之断制；知者，仁之分别。犹春夏秋冬虽不同，而同出于春：春则生意之生也，夏则生意之长也，秋则生意之成，冬则生意之藏也。自四而两，两而一，则统之有宗，会之有元，故曰："五行一阴阳，阴阳一太极。"又曰："仁为四端之首，而智则能成始而成终；犹元为四德之长，然元不生于元而生于贞。盖天地之化，不翕聚则不能发散也。仁智交际之间，乃万化之机轴。此理循环不穷，吻合无间，故不贞则无以为元也。"又曰："贞而不固，则非贞。贞，如板筑之有干，不贞则无以为元。"又曰：《文言》上四句说天德之自然，下四句说人事之当然。元者，乃众善之长也；亨者，乃嘉之会也。（嘉会，犹言一齐好也。）会，犹齐也，言万物至此通畅茂盛，一齐皆好也。利者，义之和处也；贞者，乃事之桢干也。'体仁足以长人'，以仁为体，而温厚慈爱之理由此发出也。体，犹所谓'公而以人体之'之'体'。嘉会者，嘉其所会也。——以礼文节之，使之无不中节，乃嘉其所会也。'利物足以和义'，义者，事之宜也；利物，则合乎事之宜矣。此句乃翻转，'义'字愈明白，不利物则非义矣。贞固以贞为骨子，

则坚定不可移易。"（铢）[1]

与中年的仁说不同，后期朱子更强调对仁的理解要合义礼智三者，而这种四德兼看的方法要求与对四季的看法相参照。如春夏秋冬四季不同，但夏秋冬都出于春起的生意，四季都是生意流行的不同阶段，即生、长、成、藏。本来，元亨利贞是生长收藏的性，而不是生长收藏的过程，但在这里，仁义礼智不像是性，而成了流行总体和过程本身。与四季类似，仁是仁的本体，礼是仁的节文，义是仁的断制，知是仁的分别，四德都出于仁，是仁由始至终的不同阶段。于是，仁义礼智作为人事之当然，与元亨利贞作为天德之自然，成为完全同构的东西。虽然朱子并没有说人事四德即来源于自然天德，但他把这些都看成天地之化的法则或机轴；虽然生意流行与生气流行不一定就是一回事，但整体上看，两种说法应是一致的。

朱子下面的话讲得很有意味：

"今日要识得仁之意思是如何。圣贤说仁处最多，那边如彼说，这边如此说，文义各不同。看得个意思定了，将圣贤星散说体看，处处皆是这意思，初不相背，始得……人之所以为人，其理则天地之理，其气则天地之气。理无迹，不可见，故于气观之。要识仁之意思，是一个浑然温和之气，其气则天地阳春之气，其理则天地生物之心。今只就人身己上看有这意思是如何。才有这意思，便自恁地好，便不恁地干燥……这不是待人旋安排，自是合下都有这个浑全流行物

---

[1] 黎靖德编：《朱子语类》卷六，中华书局，1986年，第109—110页。

事。此意思才无私意间隔，便自见得人与己一，物与己一，公道自流行。须是如此看。孔门弟子所问，都只是问做工夫。若是仁之体段意思，也各各自理会得了。今却是这个未曾理会得，如何说要做工夫！且如程先生云：'偏言则一事，专言则包四者。'上云：'四德之元，犹五常之仁。'恰似有一个小小底仁，有一个大大底仁。'偏言则一事'，是小小底仁，只做得仁之一事；'专言则包四者'，是大大底仁，又是包得礼义智底。若如此说，是有两样仁。不知仁只是一个，虽是偏言，那许多道理也都在里面；虽是专言，那许多道理也都在里面。"致道云："如春是生物之时，已包得夏长、秋成、冬藏意思在。"曰："春是生物之时，到夏秋冬，也只是这气流注去。但春则是方始生荣意思，到夏便是结里定了，是这生意到后只渐老了。"贺孙曰："如温和之气，固是见得仁。若就包四者意思看，便自然有节文，自然得宜，自然明辨。"曰："然。"（贺孙）[1]

朱子在这里特别强调要从气观仁、从气识仁，这种观、识是要把握仁的"意思"，而仁的意思就是"一个浑然温和之气"，朱子强调，这一浑然温和之气并非仅仅是仁的道德气息，而是天地阳春之气。值得注意的是，朱子并非纯粹只是从气观仁，同时也从理观仁，故说了"其气则天地阳春之气"后，即说"其理则天地生物之心"。浑然温和之气之中有理，此理即天地生物之心。人的存在本来是理气合一、浑然流行的，因而现实的人必须自觉地在自

---

[1] 黎靖德编：《朱子语类》卷六，中华书局，1986年，第111—112页。

己身上体现这种浑全流行、培养此种德性。如果在自家身上能体现这种仁的意思，使这个意思遍润己身，它便能无间隔地流行于人己人物之间。如叶贺孙和赵致道所言，温和之气可以见仁，而温和之气的流行（流注）自然有节文（礼），自然得宜（义），自然明辨（智）。

> 或问《论语》言仁处。曰："理难见，气易见。但就气上看便见，如看元亨利贞是也。元亨利贞也难看，且看春夏秋冬。春时尽是温厚之气，仁便是这般气象。夏秋冬虽不同，皆是阳春生育之气行乎其中。故'偏言则一事，专言则包四者'。如知福州是这个人，此偏言也；及专言之，为九州安抚，亦是这一个人，不是两人也。故明道谓：'义礼智，皆仁也。若见得此理，则圣人言仁处，或就人上说，或就事上说，皆是这一个道理。'正叔云：'满腔子是恻隐之心。'"曰："仁便是恻隐之母。"又曰："若晓得此理，便见得'克己复礼'，私欲尽去，便纯是温和冲粹之气，乃天地生物之心。其余人所以未仁者，只是心中未有此气象。《论语》但云求仁之方者，是其门人必尝理会得此一个道理。今但问其求仁之方，故夫子随其人而告之。"（南升。疑与上条同闻。）[1]

照这里所说，天地生发之理是看不见的，但可以就天地之生气来看：元亨利贞是气，是可见的；更容易看见的是四季，春夏秋冬便是气的流行。在这里，四季四个阶段的更换不是最重要的，四

---

[1] 黎靖德编：《朱子语类》卷六，中华书局，1986年，第112页。

季中贯通的生育之气才是最重要的。这个生气便是仁。这里所说的"私欲尽去，便纯是温和冲粹之气"，显然是指人的身心而言，朱子认为，人在私欲尽去后达到的这种温和之气，也就是天地生物之心、天地生物之气，这是以人合天的状态。这些都体现了朱子以温和之气为仁的思想。

可见，仁义礼智四德不仅仅是性理，在朱子哲学中，在不同的讨论中，也具有其他的意义，涉及如与存于中不同的心德说，如意思说所表达的道德信息说，如宇宙论意义的生气流行说，等等。就天地造化而言，仁既是理，也是气；就人心性命而言，仁既是性，也是心。虽然仁的这几层意义不同，但它们之间不一定是互相否定的，而可以是共存的。

总之，上述仁论与四德论的讨论，使得朱子思想中心、性、气的关系不再像以前人们所理解的那么简单，其中包含的哲学意义值得做更深入的探讨。朱子的这些思想，使我们得以了解朱子不仅继承发挥了伊川的理学思想，也与明道的仁学思想具有内在的联系。朱子仁学的思想，以往整体研究不够，需要更深入的分疏和诠释。从一定的意义上看，朱子的哲学思想体系可以从两个基本方面来体现、呈现：一个是理学，一个是仁学。从理学的体系去呈现朱子哲学，是我们以往关注的主体；从仁学的体系去体现朱子思想，以往所做甚少。如果说理气是二元分殊的，则仁在广义上是包乎理气的一元总体。在这一点上，说朱子学总体上是仁学，比说朱子学是理学的习惯说法，也许更能凸显其儒学体系的整体面貌。

朱子四德论续论

仁则是个温和慈爱底道理，义则是个断制裁割底道理，礼则是个恭敬撙节底道理，智则是个分别是非底道理。凡此四者，具于人心，乃是性之本体。

——朱熹《玉山讲义》

在《朱子的四德论》一文中，我们主要是利用《语类》卷六论"仁义礼智等名义"的资料来说明朱子关于仁义礼智四德（以及与之关联的元亨利贞四德）的思想。[1]这里，我们依据《文集》《语类》的其他材料来进一步讨论其四德说，主要使用《文集》中的《元亨利贞说》《周礼三德说》《仁说》《玉山讲义》及相关讨论，以及《语类》与《周易本义》论《易》乾卦的资料。

一

《文集》卷六十七有《元亨利贞说》，文云：

> 元亨利贞，性也；生长收藏，情也；以元生，以亨长，以利收，以贞藏者，心也。仁义礼智，性也；恻隐、羞恶、辞让、是非，情也；以仁爱，以义恶，以礼让，以智知者，

〔1〕 见陈来：《朱子思想中的四德论》，载《哲学研究》2011年第1期。

心也。性者，心之理也；情者，心之用也；心者，性情之主也。程子曰："其体则谓之易，其理则谓之道，其用则谓之神。"正谓此也。又曰："言天之自然者谓之天道，言天之付与万物者谓之天命。"又曰："天地以生物为心。"亦谓此也。[1]

《元亨利贞说》出于朱子己丑之悟后不久，属于其前期思想。朱子当时以元亨利贞四者为性，与生长收藏相对待，这和以仁义礼智为性，以恻隐、羞恶、辞让、是非为情，是相对应的，也是一致的。元亨利贞是天地之性，天地之化以天地之性为根据，而实现生长收藏的过程。同理，仁义礼智是人之性，人心之动以人之性为根据，而发出恻隐、羞恶、辞让、是非的情感。这种分析体现了朱子当时对性情之辨的重视。在这种话语中，元亨利贞只是性，与生长收藏的现实过程严格分别开来，生长收藏相当于情，也就是用。

不久，朱子又有《仁说》之作，其中说：

> 天地以生物为心者也，而人物之生，又各得夫天地之心以为心者也。故语心之德，虽其总摄贯通无所不备，然一言以蔽之，则曰仁而已矣。请试详之。

> 盖天地之心，其德有四，曰元亨利贞，而元无不统。其运行焉，则为春夏秋冬之序，而春生之气无所不通。故人之为心，其德亦有四，曰仁义礼智，而仁无不包。其发用焉，则为爱恭宜别之情，而恻隐之心无所不贯。故论天地之心

---

[1] 《晦庵先生朱文公文集》卷六十七；另见朱熹：《朱子全书》第二十三册，朱杰人、严佐之、刘永翔主编，上海古籍出版社、安徽教育出版社，2002年，第3254页。以下分别简称《文集》《全书》。

者，则曰乾元、坤元，则四德之体用不待悉数而足。论人心之妙者，则曰"仁，人心也"，则四德之体用亦不待遍举而该。盖仁之为道，乃天地生物之心，即物而在，情之未发而此体已具，情之既发而其用不穷，诚能体而存之，则众善之源、百行之本，莫不在是，此孔门之教所以必使学者汲汲于求仁也……此心何心也？在天地则块然生物之心，在人则温然爱人利物之心，包四德而贯四端者也。[1]

依朱子这里的看法，仁是"人心"之德，元亨利贞是"天地之心"之德，这是明确把仁和元、亨、利、贞都作为"德"。就心之德作为性而言，"元"包"亨利贞"，这是从体上来看的。朱子还认为，四季运行是天地之化的过程，是用，而天地之德则是运行过程的内在根据。从天地运行的大用着眼，春生之气贯通于春夏秋冬的有序联结，无所不通。如果从人的方面看，就心之德言，"仁"包"义礼智"；就四德的发用言，恻隐贯通于爱恭宜别四种情感。在这种论述中，春生之气相当于恻隐，属用的层面，在这个意义上，运行、流行是就"用"言，而仁义礼智或元亨利贞是"体"，是"性"，是无所谓流行的。既然性无所谓流行，这说明朱子前期思想在性情体用之辨的意识主导下，不采用"流行"一类的观念解释四德。我们在前文已说明，以"流行"的观念解释四德关系，见于朱子后期思想，而运用"流行"的哲学观念，本质上是和气的哲学思维分不开的。从哲学上看，还应当注意的是，在性和情两者的分析之外，还有一种总体的了解，这就是所谓"以元生，

---

[1]《文集》卷六十七；《全书》第二十三册，第3279—3280页。

以亨长，以利收，以贞藏者，心也"，心不是本性、体，也不是过程、用，而是包含体用的存在与活动的总体。

二

《文集》卷七十四有《玉山讲义》，是朱子晚年65岁时经过江西玉山时所作，其中论述了四德说。此讲义可分为三部分，其第一部分云：

> ……时有程珙起而请曰："《论语》多是说仁，《孟子》却兼说仁义。意者夫子说元气，孟子说阴阳，仁恐是体，义恐是用。"先生曰："孔孟之言，有同有异，固所当讲。然今且当理会何者为仁，何者为义。晓此两字义理分明，方于自己分上有用力处，然后孔孟之言有同异处，可得而论。如其不晓，自己分上元无工夫，说得虽工，何益于事？且道如何说个'仁义'二字底道理？大凡天之生物，各付一性，性非有物，只是一个道理之在我者耳。故性之所以为体，只是仁义礼智信五字，天下道理，不出于此。韩文公云人之所以为性者五，其说最为得之，却为后世之言性者多杂佛老而言，所以将性字作知觉心意看了，非圣贤所说性字本指也。"[1]

程珙的问题很有意思，他说孔子只说仁，不说仁义，因为孔子说仁是讲元气；而孟子说仁义，是讲阴阳二气。这个讲法其实合于

---

[1]《文集》卷七十四；《全书》第二十四册，第3588页。

朱子晚年以仁为生气流行贯通四者的思想。程珙还把仁义的关系理解为体用的关系。朱子认为他讲得不分明，强调仁义二字首先要从人性论上去理解。天赋予每个所生之物一个道理，人身得到的这个道理便是性，性的内容就是仁义礼智信五者。所以这五者都是人性的道理。就五者都是人性的内容而言，彼此并无体用的关系，在这个意义上，不能说仁是体、义是用。

其第二部分云：

> 五者之中，所谓信者是个真实无妄底道理，如仁义礼智，皆真实而无妄者也，故信字更不须说。只仁义礼智四字，于中各有分别，不可不辨。盖仁则是个温和慈爱底道理，义则是个断制裁割底道理，礼则是个恭敬撙节底道理，智则是个分别是非底道理。凡此四者，具于人心，乃是性之本体。方其未发，漠然无形象之可见；及其发而为用，则仁者为恻隐，义为羞恶，礼者为恭敬，智者为是非。随事发见，各有苗脉，不相淆乱，所谓情也。故孟子曰："恻隐之心，仁之端也；羞恶之心，义之端也；恭敬之心，礼之端也；是非之心，智之端也。"谓之端者，犹有物在中而不可见，必因其端绪，发见于外，然后可得而寻也。盖一心之中，仁义礼智各有界限，而其性情体用又自各有分别，须是见得分明。[1]

仁是温和慈爱的道理，道理即理，道理之在我者即性，说明这里是把"仁"作为理看待的。所谓温和慈爱的道理，与《集注》所

———

[1]《文集》卷七十四；《全书》第二十四册，第3588—3589页。

说"仁者，爱之理"的意思相通，也就是说，"仁"是发为慈爱的内在根据。慈爱是已发而为用的，属于发见的层次；仁则是体，是未发的层次。义、礼、智皆然。仁义礼智之间的分别，亦表现在它们各自的发见不同，仁发为慈爱，义发为断制，礼发为恭敬，智发为是非。仁是发为慈爱的根据道理，义是发为断制的根据道理，礼是发为恭敬的根据道理，智是发为是非的根据道理。但朱子晚年不简单而直截地说"仁是恻隐之理，义是羞恶之理，礼是恭敬之理，智是是非之理"，而常常说"仁是温和慈爱的道理""义是断制裁割的道理"等，表示朱子的这种对"道理"的表述还是有其特殊意义的，这就是：朱子这时已经常常用"意思说"来表达其四德说了（详见前文）。此外，**在这种说法中，朱子所体现的态度是即用明体、即用论体、不可离用说体，这与体用分析的说法有别。**

第三部分云：

> 然后就此四者之中，又自见得仁义两字是个大界限。如天地造化、四序流行，而其实不过于一阴一阳而已。
>
> 于此见得分明，然后就此又自见得仁字是个生底意思，通贯周流于四者之中。仁，固仁之本体也；义，则仁之断制也；礼，则仁之节文也；智，则仁之分别也。正如春之生气，贯彻四时，春则生之生也，夏则生之长也，秋则生之收也，冬则生之藏也。故程子谓四德之元犹五常之仁，偏言则一事，专言则包四者，正谓此也。孔子只言仁，以其专言者言之也，故但言仁，而仁义礼智皆在其中；孟子兼言义，以其偏言者言之也，然亦不是于孔子所言之外，添入一个义

字，但于一理之中，分别出来耳。其又兼言礼智，亦是如此。盖礼又是仁之著，智又是义之藏，而仁之一字，未尝不流行乎四者之中也。

若论体用，亦有两说。盖以仁存于心而义形于外言之，则曰仁，人心也；义，人路也，而以仁义相为体用。若以仁对恻隐，义对羞恶而言，则就其一理之中，又以未发已发相为体用，若认得熟，看得透，则玲珑穿穴，纵横颠倒，无处不通，而日用之间，行著习察，无不是著功夫处矣。[1]

这里就用了"意思说"，强调仁是生的意思，即仁作为"生意"的思想。朱子认为仁之生意通贯周流于仁义礼智四者之中，初看起来，这一讲法似是指仁的普遍性，而以四者为特殊性；其实这种"通贯周流"的讲法与普遍性体现为特殊性的思维还是有所不同的，要言之，"通贯周流"是气论的表达方式。分别而言，仁是仁之生意的本体的表现，义是仁之生意表现为断制的阶段，礼是仁之生意表现为节文的阶段，智是仁之生意表现为分别的阶段。朱子认为，这正如春之生气贯彻四时之中一样。**朱子用这种周流贯通之气的流行论，发挥了程颢的生意说与程颐仁包四德的观念，使得"仁"也成为具有流行贯通能力的实体。这样的仁，既不是内在的性体，又不是外发的用，而是兼体用而言的了。**气论的思维在这里也明显发生作用。这些就与前期的思想有所不同了。朱子的这一思想与程珌所提的"仁是元气说"在本质上是一致的，但"元气"不如"生气"说得清楚，"元气"必须落在"生"字上

---

[1] 《文集》卷七十四；《全书》第二十四册，第3589—3590页。

讲，这是二程到朱子的仁说所一直强调的。关于礼是仁之著、智是义之藏的说法，以及仁义的体用问题，我们将在后面结合《语类》再予讨论。

由此可见，《玉山讲义》主要包含两个思想，一个是四德与四端的未发已发说，一个是仁之生意流行于四德说。在稍后答陈器之书中，朱子复述了这两点，并对"对立成两""仁智终始"等问题做了进一步阐述。

三

《文集》卷五十八载《答陈器之》（问《玉山讲义》），该信可分为四节，其开首言：

> 性是太极浑然之体，本不可以名字言，但其中含具万理，而纲理之大者有四，故命之曰仁、义、礼、智。孔门未尝备言，至孟子而始备言之者，盖孔子时性善之理素明，虽不详著其条而说自具；至孟子时，异端蜂起，往往以性为不善，孟子惧是理之不明而思有以明之，苟但曰浑然全体，则恐其如无星之秤、无寸之尺，终不足以晓天下，于是别而言之，界为四破，而四端之说于是而立。[1]

这是解释为什么孔子不必讲四端，而孟子必须讲四端。朱子指出，从整体上看，性即太极；如果从具体内容上看，性具众理；性中

---

[1]《文集》卷五十八；《全书》第二十三册，第2778页。

的众理以仁义礼智四者为主，孟子发明四端之说即是发明仁义礼智之性，是为了更好地证明性善说。此为第一节。

> 盖四端之未发也，虽寂然不动，而其中自有条理、自有间架，不是侗侗都无一物，所以外边才感，中间便应。如赤子入井之事感，则仁之理便应，而恻隐之心于是乎形；如过庙过朝之事感，则礼之理便应，而恭敬之心于是乎形。盖由其中间众理浑具，各各分明，故外边所遇随感而应，所以四端之发各有面貌之不同，是以孟子析而为四，以示学者，使知浑然全体之中而粲然有条若此，则性之善可知矣。

> 然四端之未发也，所谓浑然全体，无声臭之可言、无形象之可见，何以知其粲然有条如此？盖是理之可验，乃依然就他发处验得。凡物必有本根，性之理虽无形，而端的之发最可验。故由其恻隐所以必知其有仁，由其羞恶所以必知其有义，由其恭敬所以必知其有礼，由其是非所以必知其有智。使其本无是理于内，则何以有是端于外？由其有是端于外，所以必知有是理于内而不可诬也。故孟子言"乃若其情，则可以为善矣，乃所谓善也"，是则孟子之言性善，盖亦溯其情而逆知之耳。[1]

此为第二节。性虽然是太极，但其中自有条理，即包含仁义礼智各不同的理。这些理本来是内在心中的，当一定的外事来感时，一定的理便有所应，于是便有四端之发。与性情对言的已发未发说有所不同，这里强调从已发到未发需要"外感"作为媒介、中

---

[1]《文集》卷五十八；《全书》第二十三册，第2779页。

介。如赤子入井之事"感",则仁之理便"应",而恻隐之心于是乎"形"。"感-应-形"的分别和联系是与朱子"心具众理而应万事"的思想一致的。朱子在这里强调性中自有条理,不同的外感引起不同的性理的回应,从而表达出不同的情。朱子论心的思想在前期注重已发未发,后期更重视具理而应万事。由外证内,以情证性,溯用知体,这是朱子立足于四端而证明四德的方法。

> 仁、义、礼、智,既知得界限分晓,又须知四者之中,仁义是个对立底关键。盖仁,仁也,而礼则仁之著;义,义也,而智则义之藏。犹春、夏、秋、冬虽为四时,然春、夏皆阳之属也,秋、冬皆阴之属也。故曰"立天之道,曰阴与阳;立地之道,曰柔与刚;立人之道,曰仁与义"。是知天地之道不两则不能以立,故端虽有四,而立之者则两耳。仁义虽对立而成两,然仁实贯通乎四者之中。盖偏言则一事,专言则包四者。故仁者,仁之本体;礼者,仁之节文;义者,仁之断制;智者,仁之分别。犹春、夏、秋、冬虽不同,而同出乎春。春则春之生也,夏则春之长也,秋则春之成也,冬则春之藏也。自四而两,自两而一,则统之有宗,会之有元矣。故曰五行一阴阳、阴阳一太极,是天地之理固然也。[1]

朱子指出,天地之道不两则不能立,"两"就是对立的两个要素,就是说任何事物,其内部都必有两个对立的要素,才能存在。从这个意义上说,四端中应有两个使整体得以存在的要素,这两个要素就是仁和义。在这种理解下,仁和礼归于仁,礼是仁的显发;义和智

---

[1]《文集》卷五十八;《全书》第二十三册,第2779—2780页。

归于义，智是义的退藏。这个思想我们在后面还会提到。朱子又指出，仁和义对立而成两，符合事物存在发展的辩证法，但四者又贯通着"一"，"一"使事物获得整体性和连续性，这个一就是仁。四归于二，二归于一，于是仁成为四者最终统一的根源。这是第三节。

> 仁包四端，而智居四端之末者，盖冬者藏也，所以始万物而终万物者也。智有藏之义焉，有终始之义焉，则恻隐、羞恶、恭敬是三者皆有可为之事，而智则无事可为，但分别其为是为非尔，是以谓之藏也。又恻隐、羞恶、恭敬皆是一面底道理，而是非则有两面。既别其所是，又别其所非，是终始万物之象，故仁为四端之首，而智则能成始、能成终。犹**元气**虽四德之长，然元不生于元而生于贞，盖由天地之化，不翕聚则不能发散，理固然也。仁智交际之间，乃万化之机轴，此理循环不穷，吻合无间。程子所谓动静无端、阴阳无始者，此也。[1]

这最后一节是讲智的意义，由于朱子把四德的关系看成是流行终始的关系，于是不仅突出了仁，也突出了智。朱子认为元亨利贞流行不已，贞既是前一个过程的结束，又孕育了新的过程，故言元生于贞。朱子认为仁义礼智和元亨利贞相同，贞元之际与智仁之际相同，智和贞一样，具有成终成始的地位。智仁之交，就是旧的流行结束而新的流行开始。《语类》中也说：

> 又如乾四德，元最重，其次贞亦重，以明终始之义。非

---

[1]《文集》卷五十八；《全书》第二十三册，第2780页。

元则无以生，非贞则无以终，非终则无以为始，不始则不能
成终矣。如此循环无穷，此所谓"大明终始"也。(大雅)[1]

这种四德论的讲法是由于把仁义礼智与元亨利贞完全对应所引起
**的，宇宙论的元亨利贞模式深刻影响了他对仁义礼智四德的理解。
在这一节中，还有一点值得注意，此即把"元"说为"元气"。可
见，朱子对于元或仁的说法，越来越不就性、理而言，而更多就
具有生成形态的气而言。**

第二节所说的已发未发，涉及仁义体用的问题。前面说到，
《玉山讲义》的第三部分言："若论体用，亦有两说。盖以仁存于
心而义形于外言之，则曰仁，人心也；义，人路也，而以仁义相
为体用。若以仁对恻隐，义对羞恶而言，则就其一理之中，又以
未发已发相为体用，若认得熟，看得透，则玲珑穿穴，纵横颠倒，
无处不通，而日用之间，行著习察，无不是著功夫处矣。"仁义礼
智四德作为性理，为未发，为体；恻隐羞恶四端为情，为已发，
为用。分言之，仁为体而恻隐为用，义为体而羞恶为用，这就是
已发未发相为体用。朱子认为，孟子所说仁人心、义人路，则是
以仁存于心、义形于外而言，是另一种体用的对待。

四

《文集》卷六十七有《周礼三德说》，该文虽然不是讨论四德

---

[1] 黎靖德编：《朱子语类》卷六，中华书局，1986年，第105页。

之说，但其中讨论周礼三德说涉及的对德、行的理解也值得注意。文之开首云：

> 或问：师氏之官，以三德教国子，"一曰至德以为道本，二曰敏德以为行本，三曰孝德以知逆恶"，何也？曰：至德云者，诚意正心，端本清源之事。道则天人性命之理、事物当然之则，修身、齐家、治国、平天下之术也。敏德云者，强志力行，畜德广业之事。行则理之所当为，日可见之迹也。孝德云者，尊祖爱亲，不忘其所由生之事。知逆恶，则以得于己者笃实深固，有以真知彼之逆恶，而自不忍为者也。（至德以为道本，明道先生以之；敏德以为行本，司马温公以之；孝德以知逆恶，则赵无愧、徐仲车之徒是已。）凡此三者，虽曰各以其材品之高下、资质之所宜而教之，然亦未有专务其一而可以为成人者也，是以列而言之，以见其相须为用，而不可偏废之意。盖不知至德，则敏德者散漫无统，固不免乎笃学力行而不知道之讥；然不务敏德，而一于至，则又无以广业，而有空虚之弊。不知敏德，则孝德者仅为匹夫之行，而不足以通于神明；然不务孝德，而一于敏，则又无以立本，而有悖德之累。是以兼陈备举而无所遗。此先王之教所以本末相资，精粗两尽，而不倚于一偏也。[1]

"三德""三行"之说出于《周礼》的《地官·师氏》："以三德教国子，一曰至德，以为道本；二曰敏德，以为行本；三曰孝德，以知逆恶。教三行：一曰孝行，以亲父母；二曰友行，以尊贤良；

---

[1]《文集》卷六十七；《全书》第二十三册，第3261—3262页。

三曰顺行，以事师长。"这是古代德行论的早期表达。

朱子对三德、三行做了明确的哲学的、伦理学的解说。在朱子看来，以三种德行教国子，至德是指心而言，是关于正心诚意的内心修养。所谓至德以为道本，是说至德是掌握性命之理、践行当然之则、实行治国平天下之术的根本与基础，突出了德行对哲学理解、道德实践、政治施行的根本意义，强调心德是道术的根本基础。强志力行，即《礼记·儒行》篇第一条所说的强学力行；一切行为都是由心志而发，人能强化心志，力行理所当为，使心志在行为事迹上表现出来，这是敏德。所谓敏德以为行本，是指由心志落实到行为是德行的一般特性。照朱子的这个说法，从德行论来看，可以说正心诚意是根本的德行，称为至德；强志力行是一般意义的德行，称为敏德；尊祖爱亲是专指孝的特殊德行，称为孝德。三德可以说区别了根本德行、一般德行、特殊德行。

以三德教国子，说明这是一种道德教育，其目的是培养成人。但把国子培养成人，必须同时培养他们的三德，不可偏专其中之一。朱子认为三德互相补充、互相需要，"未有专务其一而可以为成人者也"，也就是说三德具有统一性。没有至德，敏德只能笃行，而没有方向，不能知"道"；没有敏德，至德就会流于空洞，无法具体落实，也无法拓宽事业；不落实到孝德，敏德就会失去基础。至德是方向，敏德是分殊，孝德是基础。

其又曰："教三行：一曰孝行，以亲父母；二曰友行，以尊贤良；三曰顺行，以事师长。"何也？曰：德也者，得于心而无所勉者也；行，则其所行之法而已。盖不本之以其德，则无所自得，而行不能以自修；不实之以其行，则无所持循，而德不能以自进。是以既教之以三德，而必以三行继之，则虽其至末至粗亦无不尽，而德之修也不自觉矣。然是三者，似皆孝德之行而已，至于至德、敏德，则无与焉。盖二者之行，本无常师，必协于一，然后有以独见而自得之，固非教者所得而预言也。唯孝德则其事为可指，故又推其类而兼为友、顺之目以详教之，以为学者虽或未得于心，而事亦可得而勉，使其行之不已而得于心焉，则进乎德而无待于勉矣。况其又能即是而充之，以周于事而溯其原，则孰谓至德、敏德之不可至哉！或曰：三德之教，大学之学也；三行之教，小学之学也。乡三物之为教也亦然，而已详。[1]

三德之教和三行之教，涉及对德与行的分别。在对教三行的解释中，朱子解释了什么是德、行，他说："德也者，得于心而无所勉者也；行，则其所行之法而已。"这是说，"德"是得于心的状态或性质，"行"是对规范的实行。朱子认为，德和行互相支持、互相联结，不以内心之德为本，就达不到自得，行为也不能自修；心之德不落实在行为表现出来，心难以持循，心德也不能进步。朱子也指出，人有时未得于心，但能勉而行之，在这种状态下不能说德在心中。但如此勉而行之，久而久之，合乎道德的行为的不断实行便可使人达到"得于心"，即促使德在心中形成，这时的行为便是从心中之德出发，不待勉强了。这是朱子对德性形成的一种看法。

---

[1]《文集》卷六十七；《全书》第二十三册，第3262—3263页。

朱子还说过：

> 耳之德聪，目之德明，心之德仁，且将这意去思量体
> 认。（泳）[1]

聪是耳的根本属性，明是目的根本属性，仁是心的根本属性，德
即指根本属性而言。

> 百行皆仁义礼智中出。（节）[2]

百行是行为，仁义礼智是本性，这是强调一切行为都发自内在的
本性，也体现了朱子德性论强调性理的特色。

五

《易传》云："立天之道，曰阴与阳；立地之道，曰柔与刚；
立人之道，曰仁与义。"此后，儒学思想家常常依此思路，努力把
仁义与阴阳、刚柔对应起来，以建立宇宙论的统一性说明。

> 问仁义礼智体用之别。曰："自阴阳上看下来，仁礼属
> 阳，义智属阴；仁礼是用，义智是体。春夏是阳，秋冬是
> 阴。只将仁义说，则'春作夏长'，仁也；'秋敛冬藏'，义
> 也。若将仁义礼智说，则春，仁也；夏，礼也；秋，义也；
> 冬，智也。仁礼是敷施出来底，义是肃杀果断底，智便是

---

〔1〕 黎靖德编：《朱子语类》卷六，中华书局，1986年，第114页。
〔2〕 黎靖德编：《朱子语类》卷六，中华书局，1986年，第107页。

收藏底。如人肚脏有许多事，如何见得！其智愈大，其藏愈深。正如《易》中道：'立天之道，曰阴与阳；立地之道，曰柔与刚；立人之道，曰仁与义。'解者多以仁为柔，以义为刚，非也。却是以仁为刚，义为柔。盖仁是个发出来了，便硬而强；义便是收敛向里底，外面见之便是柔。"（僩）[1]

理学倾向于把"阴阳"作为普遍的哲学分析方法。按照这种分析，如果把仁义礼智四者归为阴阳两类，那么四者何者为阳，何者为阴？朱子的主张是，仁和礼属于阳，义和智属于阴。在他看来，以流行的次序而言，是仁、礼、义、智，也就是仁相当于春，礼相当于夏，义相当于秋，智相当于冬。因此若要把四德分为阴阳的话，仁、礼为阳，义、智为阴；正如若要把一年四季分为阴阳的话，以春夏为阳，以秋冬为阴。反过来说，如果把四季分为仁义二者，则以春夏为仁，以秋冬为义。这种思维是在汉代以来的阴阳气论影响下形成的。

不过，这样一来，仁、礼、义、智的次序便和习惯所用的顺序仁、义、礼、智有所不同了，朱子回答学生的疑问曰：

问："孟子说仁义礼智，义在第二；《太极图》以义配利，则在第三。"曰："礼是阳，故曰亨。仁义礼智，犹言东西南北；元亨利贞，犹言东南西北。一个是对说，一个是从一边说起。"（夔孙）[2]

---

〔1〕 黎靖德编：《朱子语类》卷六，中华书局，1986年，第106页。
〔2〕 黎靖德编：《朱子语类》卷六，中华书局，1986年，第108页。

按朱子的理解，这如同一个圆圈，顺着圆圈的次序是流行的次序，即仁、礼、义、智的排序，以流行言，仁对应元，礼对应亨，义对应利，智对应贞。如果不顺着圆圈，而以南北相对、东西相对，这样的次序就不是流行的次序，而是对待的次序，这就是仁、义、礼、智的排序。

> 问："'元亨利贞'，乾之四德；仁义礼智，人之四德。然亨却是礼，次序却不同，何也？"曰："此仁礼义智，犹言春夏秋冬也；仁义礼智，犹言春秋夏冬也。"（铢）[1]

这也是说明四德有两种排序。**仁、礼、义、智的顺序是合乎元气流行的自然次序，这样的元亨利贞、仁义礼智都是被用气的流行来刻画的东西，也就成为他所说的"流行之统体"了。**

中国哲学中与"阴阳"分析相配合的是"刚柔"的分析。按上面的说法，仁属于阳，义属于阴，那么仁义与刚柔又如何对应呢？在一般人看来，仁有柔软的意思，应当属柔，不应当属刚，而朱子却认为仁应当属刚，不属于柔。如其晚年答董叔重书论此最明：

> 【董问】阴阳以气言，刚柔则有形质可见矣。至仁与义，则又合气与形而理具焉。然仁为阳刚，义为阴柔，仁主发生，义主收敛，故其分属如此。或谓杨子云"君子于仁也柔，于义也刚"，盖取其相济而相为用之意。
>
> 【朱答】仁体刚而用柔，义体柔而用刚。[2]

---

[1] 黎靖德编：《朱子语类》卷六十八，中华书局，1986年，第1691页。

[2] 《答董叔重》，见《文集》卷五十一；《全书》第二十二册，第2374页。

汉代的扬雄以仁为柔、以义为刚，这是讲得通的。而朱子与之不同，这种不同主要是来自朱子从宇宙生化论讲四德，主张以发生论仁、以收敛论义，由于是以收敛为阴柔，所以便以发生为阳刚了。仁是发生原则，故仁属阳刚。**值得注意的是，董铢在这里提出"仁义"是"合气与形而理具焉"，按这个说法，仁、义似乎不仅仅是性理，而是实存的气形统一整体或总体，其中具有理。当然，也可以说理气合而后生人，而有仁义礼智之性。这个说法应该是顺就朱子的说法而来，故朱子没有加以评论。**

朱子曾与袁枢反复辨析阴阳刚柔之义，其与袁机仲书曰：

> 凡此崎岖反复，终不可通，不若直以阳刚为仁、阴柔为义之明白而简易也。盖如此则发生为仁、肃杀为义，三家之说皆无所悟。肃杀虽似乎刚，然实天地收敛退藏之气，自不妨其为阴柔也……

> 又读来书，以为不可以仁、义、礼、智分四时，此亦似太草草矣。夫五行、五常、五方、四时之相配，其为理甚明而为说甚久。非熹独于今日创为此论也。[1]

这里朱子自己界定得很清楚，发生为刚，肃杀为柔，肃杀、收敛、退藏应属于阴柔，义为肃杀、退藏，故当属于阴柔。故阳刚为仁，阴柔为义。

而朱子的这一说法，遭到了不少质疑，这引发了朱子与之的辩难。如其《答袁机仲别幅》：

---

〔1〕《答袁机仲·四》，见《文集》卷三十八；《全书》第二十一册，第1670—1671页。

来喻以东南之温厚为仁，西北之严凝为义，此《乡饮酒义》之言也。然本其言，虽分仁义而无阴阳柔刚之别，但于其后复有阳气发于东方之说，则固以仁为属乎阳，而义之当属乎阴从可推矣。来喻乃不察此，而必欲以仁为柔、以义为刚。此既失之，而又病夫柔之不可属乎阳、刚之不可属乎阴也，于是强以温厚为柔、严凝为刚，又移北之阴以就南，而使主乎仁之柔；移南之阳以就北，而使主乎义之刚。其于方位气候悉反易之，而其所以为说者率皆参差乖迕而不可合。又使东北之为阳、西南之为阴亦皆得其半而失其半。愚于图子已具见其失矣。

盖尝论之，阳主进而阴主退，阳主息而阴主消。进而息者其气强，退而消者其气弱，此阴阳之所以为柔刚也。阳刚温厚，居东南主春夏，而以作长为事；阴柔严凝，居西北主秋冬，而以敛藏为事。作长为生，敛藏为杀，此刚柔之所以为仁义也。以此观之，则阴阳、刚柔、仁义之位岂不晓然？而彼杨子云之所谓于仁也柔、于义也刚者，乃自其用处之末流言之。盖亦所谓阳中之阴、阴中之阳，固不妨自为一义，但不可以杂乎此而论之尔。[1]

袁枢并不反对仁为阳、义为阴，但反对以仁为刚、以义为柔，而主张温厚为柔，严凝为刚，故仁为柔为阳，义为刚为阴。朱子坚持仁属于阳刚，义属于阴柔，阳刚主生长，阴柔主敛藏。他认为扬雄所说的"于仁也柔，于义也刚"，不是从本体上说的，而是从

---

[1]《答袁机仲别幅》，见《文集》卷三十八；《全书》第二十一册，第1673页。

发用上说的，所以朱子主张"仁体刚而用柔，义体柔而用刚"，认为这样就可以全面地解决这个问题了。朱子又说：

> 前书所论仁、义、礼、智分属五行四时，此是先儒旧说，未可轻诋。今者来书虽不及之，然此大义也，或恐前书有所未尽，不可不究其说。盖天地之间，一气而已，分阴分阳，便是两物，故阳为仁而阴为义。然阴阳又各分而为二，故阳之初为木，为春，为仁，阳之盛为火，为夏，为礼；阴之初为金，为秋，为义，阴之极为水，为冬，为智。盖仁之恻隐方自中出，而礼之恭敬则已尽发于外；义之羞恶方自外入，而智之是非则已全伏于中。故其象类如此，非是假合附会。若能默会于心，便自可见。元、亨、利、贞之理亦然，《文言》取类，尤为明白，非区区今日之臆说也。五行之中，四者既各有所属，而土居中宫，为四行之地、四时之主。在人则为信，为真实之义，而为四德之地、众善之主也。（五声、五色、五臭、五味、五藏、五虫，其分放此。）盖天人一物，内外一理，流通贯彻，初无间隔。若不见得，则虽生于天地间，而不知所以为天地之理；虽有人之形貌，而亦不知所以为人之理矣。故此一义切于吾身，比前数段尤为要紧，非但小小节目而已也。[1]

照此说法，天地一气，分阴分阳，阳为仁、阴为义。阳中又分为二，即春仁和夏礼；阴中亦分为二，即秋义和冬智。一气分为阴阳，并无先后，而阳再分为二，春仁在先，夏礼在后；阴之分二

---

[1]《答袁机仲别幅》，见《文集》卷三十八；《全书》第二十一册，第1674页。

亦然，秋义在先，冬智在后，这是一气流行的次序。而人性的仁义礼智之间及其发作为情，并无先后。**总之，论元亨利贞、仁义礼智，都不能离开一气、阴阳、四时、五行这些宇宙论要素，这使得元亨利贞、仁义礼智也成为与一气、阴阳纠缠在一起的流行的实体了。**

六

《周易本义》论元亨利贞四德：

> 盖尝统而论之，元者物之始生，亨者物之畅茂，利则向于实也，贞则实之成也。实之既成，则其根蒂脱落，可复种而生矣。此四德之所以循环而无端也。然而四者之间，生气流行，初无间断，此元之所以包四德而统天也。[1]

这是把元亨利贞四德作为"物"的发生成长的不同阶段来理解的，同时，又说明这四个连续无间断的流行是生气流行。元就是生气，所以四者的连续流行就体现了"元"贯通四者而作为天道的统一性。

> 以"生"字说仁，生自是上一节事。当来天地生我底意，我而今须要自体认得。[2]

---

〔1〕《周易本义·彖上传》，见《全书》第一册，第90—91页。
〔2〕黎靖德编：《朱子语类》卷六，中华书局，1986年，第115页。

"当来"即"当初"。以生说仁，把生作为天地间的普遍原理，这是"人生而静以上事"，即生化论属于宇宙论之事，不是人生论之事。因此宇宙论对于人生论来说是"上一节事"。人之生亦接受天地之生理，人生而静以下此生理即体于人而为仁之理，而人生的目标就是要体认从天地接受的生意生理，因为这是人的生命的根源。

《语类》卷六十八论乾卦四德：

> 文王本说"元亨利贞"为大亨利正，夫子以为四德。梅蕊初生为元，开花为亨，结子为利，成熟为贞。物生为元，长为亨，成而未全为利，成熟为贞。（节）[1]

这是以元亨利贞为生长成熟，而不是以元亨利贞为性。

> 致道问"元亨利贞"。曰："元是未通底，亨、利是收未成底，贞是已成底。譬如春夏秋冬，冬夏便是阴阳极处，其间春秋便是过接处。"（恪）[2]

这是以元亨利贞为生长成熟之外，又使其对应春夏秋冬。

> 乾之四德，元，譬之则人之首也；手足之运动，则有亨底意思；利则配之胸脏；贞则元气之所藏也。又曰："以五脏配之尤明白，且如肝属木，木便是元；心属火，火便是亨；肺属金，金便是利；肾属水，水便是贞。"（道夫）[3]

---

〔1〕 黎靖德编：《朱子语类》卷六十八，中华书局，1986年，第1688页。
〔2〕 黎靖德编：《朱子语类》卷六十八，中华书局，1986年，第1689页。
〔3〕 黎靖德编：《朱子语类》卷六十八，中华书局，1986年，第1689页。

这是以元亨利贞对木火金水，使之成为更普遍的模式。

> "元亨利贞"，譬诸谷可见，谷之生，萌芽是元，苗
> 是亨，穟是利，成实是贞。谷之实又复能生，循环无穷。
> (德明)[1]

这也是以物之生长遂成体现元亨利贞。以上都是以元亨利贞为物
之形态或阶段。

以物之生长收藏说元亨利贞四德之义，始于程伊川，朱子亦
明言之：

> "元亨利贞"，理也；有这四段，气也。有这四段，理便
> 在气中，两个不曾相离。**若是说时，则有那未涉于气底四
> 德，要就气上看也得。**所以伊川说："元者，物之始；亨者，
> 物之遂；利者，物之实；贞者，物之成。"**这虽是就气上说，
> 然理便在其中。伊川这说话改不得，谓是有气则理便具。所
> 以伊川只恁地说，便可见得物里面便有这理。**若要亲切，莫
> 若只就自家身上看，恻隐须有恻隐底根子，羞恶须有羞恶底
> 根子，这便是仁义。仁义礼智，便是元亨利贞。孟子所以只
> 得恁地说，更无说处。仁义礼智，似一个包子，里面合下都
> 具了。一理浑然，非有先后，元亨利贞便是如此，不是说道
> 有元之时，有亨之时。(渊)[2]

"有这四段"即指生长遂成四个阶段。朱子在这里以生长遂成四阶

---

[1] 黎靖德编：《朱子语类》卷六十八，中华书局，1986年，第1689页。
[2] 黎靖德编：《朱子语类》卷六十八，中华书局，1986年，第1689页。引文中的强调为笔者
所加。

段为气，而以元亨利贞为生长遂成的现实过程所体现和依据的理。前面所述，多见以元亨利贞为气这类说法，而以元亨利贞四德为理、以生长收藏四段为气之说似不多见。照这个说法，以生长遂成说元亨利贞并没有错，他甚至声称程颐此说不可更改，认为讲气讲物，理便在其中了。此中理气的分析是很清楚的。**这里所说的从气上看或从物上看的思想，不是从性、从理、从体上看，而都是近于从总体上看的方法。**

> "元亨利贞"无断处，贞了又元。今日子时前，便是昨日亥时。物有夏秋冬生底，是到这里方感得生气，他自有个小小元亨利贞。(渊)[1]

这里又把元亨利贞说成四个阶段连接循环，元是生气发生的阶段。元之前是贞，贞之后是元，循环无间断处。

> 气无始无终，且从元处说起，元之前又是贞了。如子时是今日，子之前又是昨日之亥，无空阙时。然天地间有个局定底，如四方是也；有个推行底，如四时是也。理都如此。**元亨利贞，只就物上看亦分明。所以有此物，便是有此气；所以有此气，便是有此理。故《易传》只说"元者，万物之始；亨者，万物之长；利者，万物之遂；贞者，万物之成"。不说气，只说物者，言物则气与理皆在其中。**伊川所说四句自动不得，只为"遂"字、"成"字说不尽，故某略添字说尽。(高)[2]

---

[1] 黎靖德编：《朱子语类》卷六十八，中华书局，1986年，第1689页。

[2] 黎靖德编：《朱子语类》卷六十八，中华书局，1986年，第1689—1690页。

"局定底"与"推行底"，与朱子说易的方法"定位底"和"流行底"的分别相近，显然，元亨利贞是属于"流行底"道理。由于伊川论元亨利贞是指"物"之生长遂成而言，故朱子说元亨利贞"就物上看亦分明"；他甚至认为《易传》也是就"万物"而言四德，就万物之生长遂成的阶段而言元亨利贞。这种"就物上说"的方法并没有忽视理和气，因为言物则气和理皆在其中。**这似乎是说，元亨利贞四德的论法可以有三种：物上说的方法如生长遂成说，气上说的方法如春夏秋冬说，理上说的方法即元亨利贞说。这三者不是互相排斥的，而是互相补充说明的。**

朱子又说：

> 以天道言之，为"元亨利贞"；以四时言之，为春夏秋冬；以人道言之，为仁义礼智；以气候言之，为温凉燥湿；以四方言之，为东西南北。（节）[1]

这就把元亨利贞之理更普遍化了：就天道言，即就宇宙普遍法则而言，是元亨利贞；这样普遍法则理一而分殊，有不同的体现，如在四时体现为春夏秋冬，在人道体现为仁义礼智，在气候体现为温凉燥湿，在四方体现为东西南北。温凉燥湿又说为温热凉寒："温底是元，热底是亨，凉底是利，寒底是贞。"（节）[2]这实际上是用四季的气候变化循环说元亨利贞。在这个意义上，元亨利贞如同理一分殊，已经成为一种论述模式。

"四德之元，犹五常之仁，偏言则一事，专言则包四者。"

---

〔1〕 黎靖德编：《朱子语类》卷六十八，中华书局，1986年，第1690页。

〔2〕 黎靖德编：《朱子语类》卷六十八，中华书局，1986年，第1690页。

> 此段只于《易》"元者善之长"与《论语》言仁处看……"元者，善之长也"，善之首也。"亨者，嘉之会也"，好底会聚也。义者，宜也，宜即义也；万物各得其所，义之合也。"干事"，事之骨也，犹言体物也。看此一段，须与《太极图》通看。（贺孙）[1]

《文言》对元亨利贞的解释是就人事道德上说，朱子具体解释了什么是善之长，什么是嘉之会，什么是义之合，什么是事之干，但朱子对元亨利贞的解释并不是按这种方式进行的。朱子强调，根据二程的说法，对"元"的理解要与"仁"联系、贯通在一起。

> 光祖问"四德之元，犹五常之仁，偏言则一事，专言则包四者"。曰："元是初发生出来，生后方会通，通后方始向成。利者物之遂，方是六七分，到贞处方是十分成，此偏言也。然发生中已具后许多道理，此专言也。恻隐是仁之端，羞恶是义之端，辞逊是礼之端，是非是智之端。若无恻隐，便都没下许多。到羞恶，也是仁发在羞恶上；到辞逊，也是仁发在辞逊上；到是非，也是仁发在是非上。"问："这犹金木水火否？"曰："然。仁是木，礼是火，义是金，智是水。"（贺孙）[2]

按朱子的解释，元是初发生，则这就不是从理上看，而是从气上看或从物上看。其次，发生后必然向会通发展，会通后必然向成熟发展。就四个阶段的不同展开说，这是"偏言"的角度。就四

---

[1] 黎靖德编：《朱子语类》卷六十八，中华书局，1986年，第1690页。
[2] 黎靖德编：《朱子语类》卷六十八，中华书局，1986年，第1690—1691页。

个阶段贯穿着作为统一性的"元"而言，这是"专言"的角度。专言包四者，朱子的解释是，一方面，元中具亨利贞许多道理，亨利贞都是元的发现的不同形态；同理，仁不仅发在恻隐，羞恶、辞让、是非都是仁之发。

《语类》又载：

> 曾兄亦问此。答曰："元者，乃天地生物之端。乾言：'大哉乾元！万物资始。至哉坤元！万物资生。'乃知元者，天地生物之端倪也。元者生意，在亨则生意之长，在利则生意之遂，在贞则生意之成。若言仁，便是这意思。仁本生意，乃恻隐之心也。苟伤着这生意，则恻隐之心便发。若羞恶，也是仁去那义上发；若辞逊，也是仁去那礼上发；若是非，也是仁去那智上发。若不仁之人，安得更有义礼智！"（卓）[1]

元是生物的发端、生意的开始，亨是生意的长，利是生意的遂，贞是生意的成。于是生长遂成就是"生意"的生长遂成。这都不是从理上看的方法，也说明，四德的意义在朱子思想中并不仅仅是理。

《周易本义》云：

> 元者，善之长也。亨者，嘉之会也。利者，义之和也。贞者，事之干也。（元者，生物之始，天地之德莫先于此，故于时为春，于人则为仁，而众善之长也。亨者，生物之

---

[1] 黎靖德编：《朱子语类》卷六十八，中华书局，1986年，第1691页。

通，物至于此莫不嘉美，故于时为夏，于人则为礼，而众美之会也。利者，生物之遂，物各得宜，不相妨害，故于时为秋，于人则为义，而得其分之和。贞者，生物之成，实理具备，随在各足，故于时为冬，于人则为知，而为众事之干。干，木之身，枝叶所依以立者也。）君子体仁足以长人，嘉会足以合礼，利物足以和义，贞固足以干事。（以仁为体，则无一物不在所爱之中，故足以长人。嘉其所会，则无不合礼。使物各得其所利，则义无不和。贞固者，知正之所在而固守之，所谓知而弗去者也，故足以为事之干。）[1]

大哉乾乎！刚健中正，纯粹精也。（刚以体言，健兼用言。中者，其行无过、不及。正者，其立不偏。四者乾之德也。纯者不杂于阴柔，粹者不杂于邪恶，盖刚健中正之至极，而精者又纯粹之至极也。或疑乾刚无柔，不得言中正者，不然也。天地之间，本一气之流行而有动静耳。**以其流行之统体而言**，则但谓之乾而无所不包矣。以其动静分之，然后有阴阳刚柔之别也。）[2]

元既是生物之始，又是天地之德，作为生物之始，亦体现为四时之春；作为天地之德，亦体现为人道之仁。可见，元亨利贞四德既是论生物过程与阶段，又是论天地之德，于是既体现为四时春夏秋冬，又体现为人道仁义礼智。"流行之统体"就是兼体用的变易总体，元亨利贞是此一统体流行的不同阶段及其特征。

---

[1]《周易本义·文言传》，见《全书》第一册，第146页。
[2]《周易本义·文言传》，见《全书》第一册，第149页。

七

《语类》卷九十五讨论《近思录》所收程子语，其中论四德处，与我们此前所述多有重复，但亦有几条可注意者，如：

> 问："仁何以能包四者？"曰："人只是这一个心，就里面分为四者。且以恻隐论之：本只是这恻隐，遇当辞逊则为辞逊，不安处便为羞恶，分别处便为是非。**若无一个动底醒底在里面，便也不知羞恶，不知辞逊，不知是非。**譬如天地只是一个春气（振录作'春生之气'）。发生之初为春气，发生得过（李录云：'长得过。'）便为夏，收敛便为秋，消缩便为冬。明年又从春起，浑然只是一个发生之气。"（节。方子、振同。）[1]

这里以"动底醒底"说仁心之生意。这种说法，显然不是谢上蔡式的以知觉说心的作用，而是以道德的活动和省觉为心的本质、本体。这个动底醒底不是四端之情，情是恻隐、羞恶；也不是四德之性，性不可言醒。它只能就心而言，但不是一般所说的心，而是心之生意。这一类似意向性的说法，值得注意。

> 问："仁包四者，只就生意上看否？"曰："**统是一个生意。**如四时，只初生底便是春，夏天长，亦只是长这生底；秋天成，亦只是遂这生底，若割断便死了，不能成遂

---

[1] 黎靖德编：《朱子语类》卷九十五，中华书局，1986年，第2416页。

矣；冬天坚实，亦只是实这生底。如谷九分熟，一分未熟，若割断，亦死了。到十分熟，方割来，这生意又藏在里面。明年熟，亦只是这个生。**如恻隐、羞恶、辞逊、是非，都是一个生意。**当恻隐，若无生意，这里便死了，亦不解恻隐；当羞恶，若无生意，这里便死了，亦不解羞恶。这里无生意，亦不解辞逊，亦不解是非，心都无活底意思。仁，浑沦言，则浑沦都是一个，义礼知都是仁；对言，则仁义与礼智一般。"（淳）[1]

这段话是起于讨论仁何以能包四者。朱子认为仁义礼智统是一个生意，即整体上是一个生意之流行，正如四季；如果没有生意的无间流行，就没有生长遂成的连续发展，而夏长、秋遂、冬成都是春之初生的生意的不同发展阶段。在这个意义上仁的生意包括乎四者。他认为，仁义礼智、恻隐羞恶辞让是非，都是一个生意，都不能离开生意，没有生意，就没有了道德感情的活动。此条为陈淳所录，其下附有另一条同时而录者：

> 寓录云："安卿问：'仁包四者，就初意上看？就生意上看？'曰：'统是个生意。四时虽异，生意则同。劈头是春生，到夏长养，是长养那生底；秋来成遂，是成遂那生底；冬来坚实，亦只坚实那生底。草木未华实，去摧折他，便割断了生意，便死了，如何会到成实！如谷有两分未熟，只成七八分谷。**仁义礼智都只是个生意。**当恻隐而不恻隐，便无

---

[1] 黎靖德编：《朱子语类》卷九十五，中华书局，1986年，第2416—2417页。

生意，便死了；羞恶固是义，当羞恶而无羞恶，这生意亦死
了。以至当辞逊而失其辞逊，是非而失其是非，心便死，全
无那活底意思。'"[1]

"安卿"即陈淳字，徐寓是与陈淳在朱子守漳州时同来学于朱子
者，故陈淳与朱子的问答，他也做了自己的记录。陈、徐二者所
录文字颇不同，但意思相差不多，这是《语录》中"同闻异录"
的一个好例子。

徐寓所录，也是说明仁义礼智四德都是一个生意所贯穿、所
支持，是同一生意的不同阶段的发展、存在、表现。四德是由生
意所支持的，没有生意，就是死，死也就代表道德活动的停止。
特别是，这两段都记录了这样的思想：若无生意或生意已死，心
便"无活底意思"，道德主体便停止活动了。换言之，生意是道德
主体的基础或本体，作为道德主体的心要有"活底意思"；"活底
意思"是心的本质性功能、作用，完全来自生意。

虽然可以说，对于四德而言，朱子的讨论包含了三种分析
的论述，即"从理看""从气看""从物看"。但总体来看，应当
承认，朱子的思想中不断发展出一种论述的倾向，就是不再把
元亨利贞仅仅理解为理，而注重将其看作兼赅体用的流行之统
体的不同阶段，如将其看作元气流行的不同阶段。由于天人对
应，于是对仁义礼智的理解也当依照元亨利贞的模式发生变化，
即仁义礼智不仅仅是性理，也被看作生气流行的不同发作形态。

---

[1] 黎靖德编：《朱子语类》卷九十五，中华书局，1986年，第2417页。

这导致朱子的四德论在其后期更多地趋向"从气看"、"从物看"、从"流行之统体"看,使得朱子的哲学世界观不仅有理气分析的一面,也有流行统体的一面,而后者更可显现出朱子思想的总体方向。

朱子《仁说》与道学话语

仁之为道，乃天地生物之心，即物而在，情之未发而此体已具，情之既发而其用不穷，诚能体而存之，则众善之源、百行之本莫不在是。

——朱熹《仁说》

朱子的《仁说》，近人陈荣捷、牟宗三以及日本、美国学者都曾做过不同方面的研究。[1]其实，在哲学史的意义上说，《仁说》并不是朱子最重要的论著，《仁说》所包含的哲学思想，与《太极解义》《西铭解义》及《四书章句集注》，尚不可相比。而就朱子思想的发展而言，《仁说》也不如《已发未发说》《中和旧说序》来得重要。《仁说》的意义乃在于，它是己丑以后朱子在理论上清算、纠正、转化湖南学派，重建道学正统的系列论辩活动的重要一环。更广泛地，从道学发展史来看，从己丑之悟到《仁说》之辩，朱子完成了从二程的立场统合、整理龟山、上蔡、五峰这三大南宋道学支派的工作，使得程门伊洛之学，在经历了南宋初期的分歧、发展之后，走向了以朱子为代表、为核心的新的整合。

这种整合，本质上是把二程的思想"系统化"，然后以此对南宋以来的各种道学议论进行"格式化"。这里所说的系统化，是指

---

〔1〕 陈荣捷：《论朱子之〈仁说〉》，收入《朱学论集》，学生书局，1982年，第37—68页。牟宗三：《心体与性体》第三册，正中书局，1995年，第229—351页。田浩：《朱熹的思维世界》，允晨文化，1996年，第99—116页。

把二程的各种分散的论述加以分辨、组合，重新安排、建构，以明确其基本构架，建立起主次分明、包含内部合理关系的话语体系。"格式化"是指以这一经过重构的体系，去覆盖那些南宋以来所发展的与此体系不能相合的、互相矛盾的各种歧出。这显然是针对绍兴以来道学内部议论纷纭、令人难以适从的状况。中和问题带给朱子的困惑最能说明解决此种困境的需要，而问题的解决正是此系统化过程的一个范例。

因此，这样一种整合，一方面，要以对二程思想遗产的全面把握为基础，在其内部进行重新安排；刘玑、南轩编《二程文集》与《粹言》，朱子编订《二程遗书》及其中和之悟，都应从这一方面来了解。另一方面，这种整合，在融会北宋以来的道学思想的同时，也必然需要通过一位或几位有力的人物对当时各派的评衡、批判才能实现，从《知言疑义》开始的朱子与湖南各家的论辩，在思想史上的意义应当从这个角度加以了解。这种新的整合的实现与完成，是在乾道末淳熙初；这种完成，一方面表现在道学思想内涵的确定（《近思录》），一方面表现为道学谱系的建立（《伊洛渊源录》）。就思想而言，这种新的整合固然在思想的多元发展方面可能有所牺牲，但由于强化了二程的思想理路，去除了许多不稳定的枝节发展，道学的主干得以更加壮大。在这一过程之中，道学的经典体系得以确立，统一的道学话语得以形成，明确的道学认同得以建立，朱子自己的思想体系亦由以形成。

《仁说》也提供了一个朱子在发展道学话语过程中如何综合二程并加以发展的例证。与中和之辩朱子特取伊川之说不同，《仁说》既是对明道以"一体"和"知觉"为中心的仁说的扬弃，也并未采取伊川以公论仁的思想，反而多处与伊川不同。[1]
它表明，朱子在消化二程思想的同时，并不是仅取伊川之说，
也对伊川思想做了加工、整理和重构，并在整个儒学和道学的
立场上展开思考。正唯如此，朱子以后的道学话语开始打上朱
子个人的印记。

朱子《仁说》已有不少研究，本篇基于以上的思想，从若干
尚未受到注意的细节出发，提出讨论，以为前贤研究的补充。

一、论类聚言仁

朱子己丑中和之悟后，即致书湖南学派的友人，而"惟钦夫
复书深以为然"[2]，其余则或疑或信，故朱子与湖南学者论辩累年。
然而，张栻（钦夫）虽然赞同朱子的中和新说，却也没有放弃湖
南学派的先察识、后涵养之说。[3]故在乾道五年至九年，朱子与湖
南学派就知行先后、观过知仁、知觉言仁等问题展开了一系列的
论辩，《仁说》之辩虽是这一系列论辩中较晚的一个，但与知觉言
仁、观过知仁的讨论也都不无关系。

乾道七年，张南轩去朝，退居长沙，编成《洙泗言仁录》。这
个做法是在实践伊川曾经的"将圣贤所言仁处，类聚观之"及

---

[1] 在仁说问题上，伊川主张类聚言仁法，主张以公论仁，反对以爱言仁，朱子皆不赞同。而
　　且朱子《克斋记》放弃伊川说，而取大临说；不取伊川《易传》"天地生物之心"说，而取
　　明道"天地以生物为心"说；主张不脱离字义而强调功夫，凡此皆与伊川不同。
[2]《中和旧说序》，见《朱子文集》卷七十五（四部丛刊本，本篇下不再注）。
[3]《答林择之·三》，见《朱子文集》卷四十三。

"当合孔孟言仁处，大概研穷之"的讲法。[1]事实上，上蔡也说过："学者必求仁，须将孔门问答仁处，编类考察，自体认一个紧要处，方可。"[2]张南轩为此书所作序云：

> 昔者夫子讲道洙泗，示人以求仁之方。盖仁者天地之心，天地之心而存乎人，所谓仁也。人惟蔽于有己，而不能以推，失其所以为人之道，故学必贵于求仁也……某读程子之书，其间教门人取圣贤言仁处类聚以观，而体认之，因衰《鲁论》所载，疏程子之说于下，而推以己见，题曰《洙泗言仁》，与同志者共讲焉。嗟乎，仁虽难言，然圣人教人求仁，具有本末，譬如饮食乃能知味，故先其难而后其获，所为为仁。而难莫难于克己也。

可知《洙泗言仁录》不仅收集和分类整理了《论语》中的言仁之说，而且附以二程对孔门仁说的解释和张南轩自己的进一步发挥。特别值得注意的是，序文中所说的"仁者天地之心，天地之心而存乎人，所谓仁也"引发了朱子的响应——对仁说的讨论，后来朱子和南轩的仁说都是以这个说法为讨论的共同背景。而这个说法本来出自胡宏，《知言》曰："仁者，天地之心也。"[3]胡宏还说过："仁者，人之所以肖天地之机要也。"[4]这既把仁看成具有普遍性的天地之心，又把人道之仁看成对天地造化的模仿。

　　《洙泗言仁录》作成之后，南轩与朱子书云：

---

〔1〕参见《遗书》卷十八、卷二十四。

〔2〕《谢学士遗事》，见《胡氏传家录》，《伊洛渊源录》卷九。

〔3〕《知言·天命》，见胡宏：《胡宏集》，中华书局，1987年，第4页。

〔4〕《知言·纷华》，见胡宏：《胡宏集》，中华书局，1987年，第25页。

　　《论语》仁说，区区之意，见学者多将仁字作活络揣度，了无干涉，如未尝下"博学笃志切问近思"工夫，便作"仁在其中矣"想象，此等极害事，故编程子之说，与同志者讲之，庶几不错路头。然下语极难，随改未定，方今录呈。[1]

这里所谓"《论语》仁说"是指《论语》中论仁之说。张南轩的立意，是从切近功夫出发，反对把仁字揣度想象，这与朱子是一致的。他说当时学者多把仁字"作活络"想象，可能是指上蔡"活者为仁"的说法。

　　朱子收到南轩的《洙泗言仁录》之后，即回书云：

　　类聚孔孟言仁处，以求夫仁之说，程子为人之意，可谓深切。然专一如此用功，却恐不免长欲速好径之心，滋入耳出口之弊，亦不可不察也。大抵二先生之前，学者全不知有仁字，凡圣贤说仁处，不过只作爱字看了。自二先生以来，学者始知理会仁字，不敢只作爱字说。然其流复不免有弊者，盖专务说仁，而于操存涵泳之功，不免有所忽略，故无复优柔厌饫之味、克己复礼之实，不但"其蔽也愚"而已。而又一向离了爱字悬空揣摸，既无真实见处，故其为说，恍惚惊怪，弊病百端，殆反不若全不知有仁字，而只作爱字看却之为愈也……若且欲晓得仁之名义，则又不若且将爱字推求；若见得仁之所以爱，而爱之不能尽仁，则仁之名义意思

---

〔1〕《南轩集》卷二十一；张栻：《张栻全集》，杨世文、王蓉贵点校，长春出版社，1999年，第852页。

了然在目矣。[1]

孔门言仁录的类编，本源于伊川的主张，朱子却明白表示不赞成伊川的这种主张。他指出，程门自二程以下，都不敢以爱说仁，但渐渐流于"悬空揣摸"。他不赞成编辑《洙泗言仁》的原因是认为这种做法可能导致"欲速好径"的流弊。朱子为何把《洙泗言仁录》和欲速好径联系起来？《语类》曾录：

> 因说："南轩《洙泗言仁》，编得亦未是。圣人说仁处固是仁，然不说处不成非仁！天下只有个道理，圣人说许多说话，都要理会，岂可只去理会说仁处，不说仁处便掉了不管！"[2]

> 今之学者，亦不消专以求仁为念；相将只去看说仁处，他处尽遗了。须要将一部《论语》，粗粗细细，一齐理会去，自然有贯通处，却会得仁，方好。[3]

> 王壬问："南轩类聚言仁处，先生何故不欲其如此？"曰："便是工夫不可恁地。如此，则气象促迫，不好。圣人说仁处固是紧要，不成不说仁处皆无用！亦须是从近看将去，优柔玩味，久之自有一个会处，方是工夫。"[4]

由此可知，朱子对《洙泗言仁录》的不满意，是怕学者从此只看《论语》的论仁之处，不再理会《论语》全书。所以朱子提醒南

---

[1]《答张敬夫·十六》，见《朱子文集》卷三十一。
[2] 黎靖德编：《朱子语类》卷一百一十八，中华书局，1986年，第2851页。
[3] 黎靖德编：《朱子语类》卷一百一十，中华书局，1986年，第2568页。
[4] 黎靖德编：《朱子语类》卷一百三十，中华书局，1986年，第2605—2606页。

轩，不可"专一如此用功"。

此外，南轩主张从孔子众多论仁的话中体认"仁"，而没有给出一个明确的仁的解说，朱子对此显然是不能满意的。朱子在此信的最后还特别指出："首章虽列二先生之说，而所解实用上蔡之意。"我们知道，后来朱子的仁说和《仁说》之辩所着力反对的正是上蔡以及受上蔡影响的知觉言仁说。他在这里提出，为了纠正上蔡和湖南学者的仁说，首先要晓得仁之名义，即在概念的定义上辨析清楚；其次应当以爱推仁，明确仁是所以爱者，从这里来理解仁；最后也要认清爱不能尽仁的局限。

在以下答张南轩的第十七、第十八书中，朱子一方面论及胡广仲的观过知仁说，另一方面又指出仁字的意义与智字的意义不同，如果把仁说成"明乎善"，就会使得仁字与智字的意义无法分别。这是明确针对知觉言仁说，因为在朱子看来，知和明都是"智"之事，不可以言仁。他在答南轩的第十九书中则明确提出"以爱论仁"的必要性："以爱论仁，犹升高自下，尚可因此附近推求，庶其得之；若如近日之说则道近求远。"可见，主张"以爱推仁"，反对"知觉言仁"，是朱子反思湖南学派仁说的基本态度。所以他在《答吴晦叔·七》中说明："大抵向来之说，皆是苦心极力要识仁字，故其说愈巧而气象愈薄……近因南轩寄示《言仁录》，亦尝再以书论，所疑大概如此，而后书所论仁智两字尤为明白，想皆已见矣。"[1]这也说明，吴晦叔等湖南学者一直以"识仁字"为学术之要，故朱子从论《洙泗言仁》到作《克斋记》《仁说》，都是针对湖南学派的论仁之说。

---

[1]《朱子文集》卷四十二。

二、《克斋记》与《仁说》

乾道八年壬辰，朱子为友人石子重作《克斋记》，[1]时石子重知尤溪县，《克斋记》云：

> 性情之德，无所不备，而一言足以尽其妙，曰仁而已。所以求仁者，盖亦多术，而一言足以举其要，曰克己复礼而已。盖仁也者，天地所以生物之心，而人物之所得以为心者也。惟其得夫天地生物之心以为心，是以未发之前四德具焉，曰仁义礼智，而仁无不统；已发之际四端著焉，曰恻隐羞恶辞让是非，而恻隐之心无所不通。此仁之体用所以涵育浑全，周流贯彻，专一心之妙，而为众善之长也。
>
> 然人有是身，则有耳目鼻口四肢之欲，而或不能无害夫仁……求仁之要亦曰去其所以害仁者而已……于是乎有以拔其本，塞其源，克之克之而又克之，以至于一旦豁然，欲尽而理纯，则其胸中之所存者，岂不粹然天地生物之心，而蔼然其若春阳之温哉！[2]

朱子认为仁是天地的生物之心，又是人的性情之妙，而克己是求仁之要。据石子重与朱子书，《克斋记》有"先本"和"后本"之别，据朱子自述，其先本主张"天下之人，亦将无不以仁归之"，是以伊川之说为主，后本则主张"视天下无一物不在吾生

---

〔1〕按：戊子年石子重即求《克斋记》于朱子，当时朱子谢云："克斋恐非熹所敢记者，必欲得之，少假年岁……"（《答石子重·五》，见《朱子文集》卷四十二）
〔2〕《朱子文集》卷七十七。

物气象之中"和克己说，是以吕大临之说为说。[1]这说明一体言仁说还不是朱子真正反思的重点。今存本此两句皆无，可知朱子此篇记文在《仁说》之辩后又曾经修改。[2]《克斋记》"粹然天地生物之心"的讲法，仍然有着湖南学派的印记，盖五峰《知言》有云："凡人之生，粹然天地之心，道义全具。"[3]朱子中年以前用语，多受《知言》影响，湖南学派对朱子早年影响之大，由此亦可见矣。但朱子用"生物"讲天地之心，这是他与湖南学派的不同，也明显是对湖南仁说的补充和改造。

石子重与朱子书指出：

> 《克斋记》不取知觉言仁之说，似以爱之说为主。近子细玩味，似若知觉亦不可去。盖不知觉，则亦必不爱。惟知觉，故能爱。知觉与爱，并行而不相悖，恐亦无害于言仁，但不可专以知觉为仁耳。医者以四支顽痹为不仁，顽痹则不知痛痒，又安能爱？[4]

石子重的说法是欲调和知觉言仁说和以爱推仁说两者。朱子批云："此义近与湖南诸公论之，甚详，今略录一二上呈，亦可见大意矣（一答胡广仲书'仁'之说，一答张敬夫书）。"[5]事实上，《克斋记》没有特别强调爱，只是说"恻隐之心无不通""感而通焉……而无

---

〔1〕 朱子答石子重问目云："初意伊川说，后觉未稳，改之如此，乃吕博士说。恐当以后说为正。盖所谓伊川说，亦止见于《外书·杂说》中，容或未必然也。"（《答石子重·十一》，见《朱子文集》卷四十二）

〔2〕 《朱子文集》别集卷六，《与林择之·十一》云："《尤溪学记》及《克斋记》近复改定。"其书在癸巳，朱子44岁。

〔3〕 《宋朱熹胡子知言疑义》，见胡宏：《胡宏集》，中华书局，1987年，第332页。

〔4〕 《答石子重·十一》，见《朱子文集》卷四十二。

〔5〕 《答石子重·十一》，见《朱子文集》卷四十二。

物之不被其爱"，但熟悉当时仁论的石子重很敏感地发现，朱子没有采用当时流行的"知觉言仁"的话语。朱子则明白点出，这是与湖南诸公的一场论辩。

石子重得书后放弃了知觉言仁说，回报曰："所疑荷批诲，今皆已释然，盖仁者心有知觉，谓知觉为人则不可，知觉却属智也。……惟仁可以包夫三者，然所以得名，各有界分。"朱子答云："仁字之说甚善，要之，须将仁义礼智皆作一处看。"[1]

约在作《克斋记》后不久，朱子又作《仁说》，开首即云：

> 天地以生物为心者也，而人物之生，又各得夫天地之心以为心者也……盖天地之心，其德有四，曰元亨利贞，而元无不统。其运行焉，则为春夏秋冬之序，而春生之气无所不通。故人之为心，其德亦有四，曰仁义礼智，而仁无不包。其发用焉，则为爱恭宜别之情，而恻隐之心无所不贯。

这是从天道方面来说的。仁是性情之德，而其来源则为天地之心；仁之用，在天则为"生"，在人则为"爱"。这里的爱是指恻隐一类的感情，而不是指自爱或男女之爱。与《克斋记》相比，《仁说》在"天地生物之心"的基础上，进一步提出"天地以生物为心"的命题，并说明了仁与爱的关系，即仁是爱的人性根据，爱是仁的情感表现。朱子仁说的主要倾向显然是主张从爱来推溯、理解仁。这种说法与伊川"爱是仁之用""仁性爱情"的说法可以是一致的。[2]但朱子强调以爱推仁，却与伊川强调以公近仁的思

---

[1]《答石子重·十二》，见《朱子文集》卷四十二。
[2] 同样说"仁性爱情"，侧重却可以不同，在伊川为贬抑爱，在朱子则为肯定爱。

想不同。

以下说：

> 盖仁之为道，乃天地生物之心，即物而在，情之未发而此体已具，情之既发而其用不穷，诚能体而存之，则众善之源、百行之本，莫不在是，此孔门之教所以必使学者汲汲于求仁也。其言有曰："克己复礼为仁"，言能克去己私，复乎天理，则此心之体无不在，而此心之用无不行也。

这里是从心性方面来说的，强调仁之在人心，有已发和未发两个层面，未发的仁德是仁之体，已发的恻隐是仁之用。而未发的仁和已发的仁都来源于天地之心的仁。如从功夫方面来说，则强调克己功夫，以复其本心天理。

然后说：

> 此心何心也？在天地则块然生物之心，在人则温然爱人利物之心，包四德而贯四端者也。

这是从爱，即从仁之用的方面来说的，点明"温然爱人利物"为仁的表现。

《南轩集》卷二十一《答朱元晦秘书·又》（某幸粗安）：

> 《仁说》如"天地以生物为心"之语，平看虽不妨，然恐不若只云"天地生物之心，人得之为人之心"似完全，如何？"仁道难名，惟公近之，然不可便以公为仁"，又曰"公而以人体之故为仁"，此意指仁之体极为深切，爱终恐只是情。盖公天下而无物我之私焉，则其爱无不溥矣。如

此看乃可。[1]

南轩不以"天地以生物为心"之说为然，而主张"天地生物之心"之说，其实，这两种说法都出自二程。南轩又反对朱子仁说中以爱推仁之说，主张伊川以公论仁的思想，这是南轩的重点，也是与朱子分歧的重点。在仁说的问题上，南轩接近于伊川，而朱子却表现出独立于二程的倾向。此外，南轩在不忍之心能否包四端、天地之心是否可说粹然至善的问题上也都提出了与朱子仁说不同的意见。

在南轩的《洙泗言仁录》中，主张"仁者天地之心"，朱子的《仁说》则提出"天地以生物为心"。朱子与南轩的区别有二：第一，朱子要强调以爱推仁，所以突出"生物"，生物即所以爱，生物是爱的根源；而南轩不讲爱，所以只讲仁者天地之心。第二，朱子不直接说天地之心是仁，不说天地之心是至善，而说天地之心是生物，从"生物"再推到"仁"，这就把"天"和"人"加以区别了。

南轩收到朱子的论仁说书之后，觉得"生物"的讲法便于从天推到人，故同意使用"生物"的说法，但仍不赞成说"天地以生物为心"，而主张改为"天地生物之心"。我们记得，"天地生物之心"是朱子在《克斋记》中用过的讲法。

三、"天地生物之心"与"天地以生物为心"

"天地之心"一语出于《周易》复卦彖辞：

---

[1] 张栻：《张栻全集》，杨世文、王蓉贵点校，长春出版社，1999年，第847页。

> 复，其见天地之心乎。

《礼记·礼运》则说过：

> 人者，天地之心也。

"生"的观念也是《周易》的重要观念，从魏晋以来一直受到人们的重视。《系辞下》说：

> 天地之大德曰生。

"天地生物之心"的提法见于程颐的《易传》，伊川《易传》注复卦象辞曰：

> 一阳复于下，乃天地生物之心也。[1]

复卦初爻为阳，上面五爻皆为阴。一阳就是指复卦最下面的阳爻，在卦气说中代表冬至后阳气刚刚发动。

"天地以生物为心"的提法也见于二程对复卦的解释：

> "复其见天地之心。"一言以蔽之，天地以生物为心。[2]

不过，此条并未注明出于程颢还是程颐。程颢多言"生"，如：

> 天只是以生为道。[3]

> 万物之生意最可观，此元者善之长也，斯所谓仁也。[4]

---

〔1〕程颢、程颐：《二程集》，中华书局，2004年，第819页。
〔2〕《外书》卷三，见程颢、程颐：《二程集》，中华书局，2004年，第366页。
〔3〕《遗书》卷二上，见程颢、程颐：《二程集》，中华书局，2004年，第30页。
〔4〕《遗书》卷十一，见程颢、程颐：《二程集》，中华书局，2004年，第120页。

这里已经明确把"生意"和"仁""元"联结一体了。

其实，此种说法在北宋儒学中并非罕见。欧阳修早在其《易童子问》中就已经提出了"天地以生物为心"的命题：

> 天地之心，见乎动，复也，一阳初动于下矣。天地所以生育万物者，本于此，故曰天地之心也。天地以生物为心者也。[1]

可见，二程所说的"天地以生物为心"的思想是来自欧阳修对《周易》的解说。

此外，邵雍、张载的易说也都提出过类似思想，如邵雍主张一阳发生，体现了天地生物之本。他说：

> 天地之心者，生万物之本也。[2]

又如张载说：

> 复言"天地之心"，咸、恒、大壮言"天地之情"，心，内也，其原在内时，则有形见，情则见于事也，故可得而名状……大抵言"天地之心"者，天地之大德曰生，则以生物为本者，乃天地之心也。地雷见天地之心者，天地之心惟是生物，天地之大德曰生也。[3]

事实上，胡宏也说过："天地之心，生生不穷者也。"[4]如前所

---

〔1〕 欧阳永叔：《欧阳修全集》，中国书店，1986年，第563页。

〔2〕《观物外篇》，见黄宗羲：《宋元学案》，全祖望补修，陈金生、梁运华点校，中华书局，1986年，第381页。

〔3〕《横渠易说·复》，见张载：《张载集》，章锡琛点校，中华书局，1978年，第113页。

〔4〕《知言·修身》，见胡宏：《胡宏集》，中华书局，1987年，第6页。

说，胡宏还曾以天地之心论仁。

余敦康指出，天地大化流行的过程，是一个客观的自然过程，无所主宰，不以人的意志为转移，在这个意义上，可说天地无心；但是，就天地以生物为本而言，阴阳交感，运行不息，也确实有个生物之心，这是客观的规律、自然的功能，也就是宇宙的心。[1]

由此可见，朱子仁说的立论基础"天地以生物为心"之说，来源于欧阳修、张载、二程等北宋儒者的易说，他以此设定仁说的宇宙论基础。而南轩所主张的"天地生物之心"的说法，亦本于伊川《易传》。二者都是二程所肯定的。所不同的是，在朱子的讲法中，天地唯以生物为心，更加突出"生"的地位；而在南轩的讲法中，语意淡化，并不突出天地唯以生物为心（如谓元之为义不专主于生物）。这两种不同倾向的宇宙论表达是和他们各自对爱与仁的关系看法不同联系在一起的。

南轩不赞成"天地以生物为心"，可能与他对二程伊洛之学的相对不熟悉有关，如其答吴晦叔书云：

> 《易传》所谓"一阳复于下，乃天地生物之心也"，此语言近而指远，甚为完全，盖非指一阳而言也。言"一阳复于下，乃天地生物之心也"，细味之可见。"一言以蔽之，天地以生物为心者也"，不知在《遗书》中甚处，检未见。但见《微言》中载此句，而文亦不备，便中幸详示谕，当更思之耳。（毕竟觉得此语未安。）[2]

〔1〕 余敦康：《内圣外王的贯通：北宋易学的现代阐释》，学林出版社，1997年，第283页。
〔2〕 《答吴晦叔》，《南轩集》卷二十九，见张栻：《张栻全集》，杨世文、王蓉贵点校，长春出版社，1999年，第954页。

这里"《易传》"指伊川《易传》，看来南轩对伊川《易传》的"天地生物之心"很熟悉，但对"天地以生物为心"的说法较为生疏，且有怀疑。是在吴晦叔将二程有"天地以生物为心"的说法一事告知南轩之后，南轩才问询于吴，欲了解此语的出处，而始终未曾向朱子提出。

四、复卦的讨论

由上可见，"天地生物之心"与"天地以生物为心"的提法，都来源于对复卦的解释。事实上，有关"一阳复于下"与"见天地之心"的讨论，在朱子由来甚久，并非始于乾道八年。朱子早年关注喜怒哀乐未发问题，曾经与李延平反复讨论，讨论中不仅涉及孟子的夜气说，也涉及复卦和《太极图说》，如：

> 问："'太极动而生阳'，先生尝曰'此只是理，作已发看不得'。熹疑既言'动而生阳'，即与复卦一阳生而见天地之心何异？窃恐'动而生阳'即天地之喜怒哀乐发处，于此即见天地之心。'二气交感、化生万物'即人物之喜怒哀乐发处，于此即见人物之心。"[1]

这里就谈到天地之心的问题，朱子想把复卦一阳动于下和太极动而生阳对应起来，把二者的"动"都看作天地之心的表现。

对复卦象辞的讨论也是如此。朱子早在《仁说》写作之前数

---

[1]《延平答问》，见陈来：《朱子哲学研究》，华东师范大学出版社，2000年，第57页。

年，就已因复卦之论阐发过"天地以生物为心"之说，此可见于
其答张南轩书：

> 复见天地心之说，熹则以为天地以生物为心者也，虽气
> 有阖辟，物有盈虚，而天地之心，则亘古亘今未始有毫厘之
> 间断也。故阳极于外而复生于内，圣人以为于此可见天地之
> 心焉。盖其复者，气也；其所以复者，则有自来矣。向非天
> 地之心生生不息，则阳之极也，一绝而不复续矣，尚何以复
> 生于内而为阖辟之无穷乎？[1]

此书出在朱子约37岁至38岁，在《仁说》之作之前五年。

朱子答何叔京第八书，当与上书同时：

> 钦夫极论复见天地心，不可以夜气为比。熹则以为夜
> 气正是复处，固不可便谓天地心，然于此可以见天地心矣。
> 《易》中之意，亦初不谓复为天地心也。

朱子又有答何叔京第十七书：

> 来教云："天地之心不可测识，惟于一阳来复，乃见其
> 生生不穷之意，所以为仁也。"熹谓，若果如此说，则是一
> 阳未复已前，别有一截天地之心，漠然无生物之意；直到
> 一阳之复，见其生生不穷，然后谓之仁也。如此，则体用乖
> 离，首尾衡决，成何道理？须知元亨利贞便是天地之心，而
> 元为之长，故曰大哉乾元，万物资始……[2]

---

[1]《答张钦夫·三十四》，见《朱子文集》卷三十二。
[2]《答何叔京·十七》，见《朱子文集》卷四十。

按：此书所作之年，我向以为在丁亥，今看此书论仁，又似稍后；但此书下一书即答何叔京第十八书，乃论朱子《仁说》，故此书总在壬辰之前。

朱子作《仁说》后，亦曾答吴晦叔书，论及复卦之义：

> "复非天地心，复则见天地心"，此语与"所以阴阳者道"之意不同，但以《易传》观之，则可见矣。盖天地以生物为心，而此卦之下一阳爻，即天地所以生物之心也……"天地以生物为心"，此句自无病，昨与南轩论之，近得报云亦已无疑矣。大抵近年学者不肯以爱言仁，故见先生君子以一阳生物说天地之心，则必欿然不满于其意，复于言外生说，推之使高。[1]

看来吴晦叔在初览朱子《仁说》时，还不知二程本有此说，故亦不满于"天地以生物为心"之说，朱子指出，湖南学派不赞成以一阳生物说天地之心，其根本原因是不赞成以爱推仁。

朱子曾明确指出讲"天地生物之心"的哲学意义，他在给南轩的信中指出："又谓仁之为道无所不体，而不本诸天地生物之心，则是但知仁之无所不体，而不知仁之所以无所不体也。"[2]强调仁作为人道，其究极根源在于天地生物之心。

按：朱子《答吕伯恭·十八》（癸巳夏书）云"仁字之说，钦夫得书云已无疑矣"；《答吕伯恭·二十三》（癸巳秋书）云"言仁诸说录呈，渠别寄《仁说》来，比亦答之，并录去"；《答吕伯

---

〔1〕《朱子文集》卷四十二。
〔2〕《答张钦夫·四十三》（论仁说），见《朱子文集》卷三十二。

恭·二十七》（癸巳末书）云"钦夫近得书，别寄《言仁录》来，修改得稍胜前本；《仁说》亦用中间反覆之意改定矣"。这说明，张南轩最终还是接受了朱子的基本观点。

五、对程门的批评

《仁说》的最后对前期道学的仁说做了批判性的总结：

> 或曰：若子之言，则程子所谓"爱，情，仁，性不可以爱为仁"者，非欤？曰：不然。程子之所诃，以爱之发而名仁者也；吾之所论，以爱之理而名仁者也。盖所谓情性者，虽其分域之不同，然其脉络之通各有攸属者，则曷尝判然离绝而不相管哉！吾方病夫学者诵程子之言而不求其意，遂至于判然离爱而言仁，故特论此以发明其遗意，而子顾以为异乎程子之说，不亦误哉！

朱子说明，他并不是把爱与仁相等同，他的立场与其说是以爱言仁，不如说是主张"以爱推仁"；二程的主张，是反对把爱的情感叫作仁，而他的主张是以爱之情感的人性根源为仁，故与二程并无矛盾。从反面来说，他所主张的是反对离爱言仁，而非爱即是仁。

《仁说》接着论述：

> 或曰：程氏之徒，言仁多矣，盖有谓爱非仁，而以万物与我为一为仁之体者矣；亦有谓爱非仁，而以心有知觉释仁

之名者矣。今子之言若是，然则彼皆非欤？曰：彼谓物我为
一者，可以见仁之无不爱矣，而非仁之所以为体之真也。彼
谓心有知觉者，可以见仁之包乎智矣，而非仁之所以得名之
实也。观孔子答子贡博施济众之问，与程子所谓觉不可以训
仁者，则可见矣，子尚安得复以此而论仁哉！抑泛言同体
者，使人含胡昏缓而无警切之功，其弊或至于认物为己者有
之矣；专言知觉者，使人张皇迫躁而无沉潜之味，其弊或至
于认欲为理者有之矣。一忘一助，二者盖胥失之。[1]

以万物与我为一为仁之体，见于龟山《语录》；以心有知觉释仁，
见于上蔡《论语解》。朱子指出，一体言仁说虽然体现了爱的普遍
性，但这种仁说既不能把握到仁之体，更难以对人的道德修养发
生警醒真切的作用。知觉言仁说虽然体现出智的方面，但知觉与
仁本身在概念上并没有联系，而且把仁说成知觉，就可能导致把
欲望的知觉也当作仁理。他认为知觉言仁说属于"忘"，一体言仁
说属于"助"，二者都是不全面、不正确的。在功夫论意义上，朱
子认为只有克己说才能有益于道德实践，从而求仁得仁。如前所
述，朱子所反对的这两种仁说，都是从明道仁说发展出来的，而
龟山、上蔡的仁说正是南宋前期道学最富影响的话语。从这里可
以看出朱子对二程的思想除了继承和宣传外，也做了创造性的、
独立的发展。

朱子所运思的方向，显然更注重仁说的道德实践意义，即功
夫意义，而不是仁说的境界意义。他始终认为，仅仅把仁设定为

---

[1]《仁说》，见《朱子文集》卷六十七。

一种高远的人生境界或胸怀，而不指示出人通过什么具体的修养方法以实现或接近人生的最高境界，就会把仁说变成空谈，甚至误导学者；在这一点上，朱子是坚持严肃主义而警惕浪漫主义的。在他看来，即使是伊川的以公论仁，也很难明确表达功夫的意义，未能指出实践的具体用功之方。

所以，朱子的仁说，虽然指出仁作为人心的来源是天地之心，但其重点是强调仁的心性论意义，即仁作为"心之德、爱之理"的意义，强调仁是人之本心，但受到气禀物欲的影响，本心受到蒙蔽；只有坚持克己复礼的功夫，才能回复到仁心的本体。

六、论知觉言仁

朱子以爱推仁，是针对知觉言仁说而发。湖南学派反对以爱推仁，也是因维护知觉言仁说而发。虽然有关知觉言仁的论辩在朱子作《仁说》前两年即已开始，但在《仁说》之辩中，知觉言仁的问题仍是非常重要的。

朱子答张南轩论《洙泗言仁录》书：

> 然其流复不免有弊者，盖专务说仁，而于操存涵泳之功，不免有所忽略，故无复优柔厌饫之味、克己复礼之实，不但"其蔽也愚"而已。而又一向离了爱字悬空揣摸，既无真实见处，故其为说，恍惚惊怪，弊病百端……今日高妙之说……不类近世学者惊怪恍惚穷高极远之言……而所解实用上蔡之意。

朱子显然认为，二程门下渐渐发展出一种倾向，即专注于仁说，往往由此而忽略实践功夫，乃至表现出一种非功夫论的倾向，使道德实践虚空化，既不能涵养性情，又不能破私去己。借用明代理学的说法，朱子的仁说，其出发点在强调"功夫"，而非"本体"。

朱子答张南轩书云：

> 广仲引《孟子》"先知先觉"以明上蔡"心有知觉"之说，已自不伦。其谓知此觉此，亦未知指何为说。要之大本既差，勿论可也。今观所示，乃直以此为仁，则是以知此觉此为知仁觉仁也。仁本吾心之德，又将谁使知之而觉之耶？若据《孟子》本文，则程子释之已详矣，曰"知是知此事，觉是觉此理"，意已分明，不必更求玄妙。且其意与上蔡之意亦初无干涉也。上蔡所谓知觉，正谓知寒暖饱饥之类……此亦只是智之发用处，但惟仁者为能兼之。故谓仁者心有知觉则可，谓心有知觉谓之仁则不可……若曰心有知觉谓之仁，则仁之所以得名，初不为此也。[1]

朱子认为上蔡所说的知觉没有明确地指知觉此理，这种泛言知痛痒的知觉就与知寒知饥的知觉无法分别。朱子的这个分别是有道理的，他还指出，这种知觉在广义上属于认知（智）之事，与仁的道德感情和道德意识不同，故不能用知觉论仁。

上答南轩书提到广仲（按：湖南学派中有胡实，字广仲，为胡宏从弟），他坚持上蔡仁说：

---

[1]《答张钦夫·四十五》（又论仁说），见《朱子文集》卷三十二。

"心有所觉谓之仁"，此谢先生救拔千余年陷溺固滞之病，岂可轻议哉？夫知者，知此者也；觉者，觉此者也。果能明理居敬，无时不觉，则视听言动莫非此理之流行，而大公之理在我矣。尚何愤骄险薄之有！[1]

上蔡门人甚少，广仲此书说明湖湘之学多继承上蔡思想。朱子答胡广仲书云：

至于仁之为说，昨两得钦夫书，诘难甚密，皆已报之。近得报云，却已皆无疑矣。今观所谕，大概不出其中者，更不复论。但所引孟子知觉二字，却恐与上蔡意旨不同。盖孟子之言知觉，谓知此事、觉此理，乃学之至而知之尽也；上蔡言知觉，谓识痛痒能酬酢者，乃心之用而知之端也。二者亦不同矣。然其大体皆"智"之事也，今以言"仁"，所以多矛盾而少契合也。"愤骄险薄"岂敢辄指上蔡而言，但谓学者不识仁之名义，又不知所以存养，而张眉努眼说知觉者必至此耳。夫以爱名仁固不可，然爱之理则所谓仁之体也。天地万物与吾一体，固所以无不爱，然爱之理则不为是而有也。须知仁义礼智四字一般，皆性之德，乃天然本有之理，无所为而然者。但仁乃爱之理、生之道，故即此而又可以包夫四者，所以为学之要耳。[2]

朱子反对以知觉言仁，其主要的学理论据即以知觉属智，主张仁

〔1〕《五峰学案·广仲问答》，见黄宗羲：《宋元学案》，全祖望补修，陈金生、梁运华点校，中华书局，1986年，第1385页。
〔2〕《答胡广仲·五》，见《朱子文集》卷四十二。

与智必须分别。故说："近年说得仁字与智字都无分别。"[1]

五峰又有从子胡大原字伯逢者，亦主张上蔡之说：

> "心有知觉之谓仁"，此上蔡传道端的之语，恐不可谓有病。夫知觉亦有深浅。常人莫不知寒识暖，知饥识饱，若认此知觉为极至，则岂特有病而已！伊川亦曰"觉不可以训仁"，意亦犹是，恐人专守着一个觉字耳。若夫谢子之意，自有精神。若得其精神，则天地之用即我之用也，何病之有！以爱言仁，不若觉之为近也。

> "观过知仁"云者，能自省其偏，则善端已萌。此圣人指示其方，使人自得。必有所觉知，然后有地可以施功而为仁也。[2]

朱子答胡伯逢书云：

> 有所知觉，然后有地以施其功者，此则是矣。然觉知二字，所指自有浅深。若浅言之，则所谓觉知者，亦曰觉夫天理人欲之分而已。夫有觉于天理人欲之分，然后可以克己复礼而施为仁之功。[3]

朱子又答伯逢，书中有小注云：

> 以名义言之，仁特爱之未发者而已。程子所谓"仁性也，爱情也"，又谓"仁性也，孝弟用也"，此可见矣。其所

---

[1]《答张敬夫·十八》，见《朱子文集》卷三十一。
[2]《五峰学案·伯逢问答》，见黄宗羲：《宋元学案》，全祖望补修，陈金生、梁运华点校，中华书局，1986年，第1386—1387页。
[3]《答胡伯逢·三》，见《朱子文集》卷四十六。

谓"岂可专以爱为仁"者，特谓不可指情为性耳，非谓仁之与爱了无交涉……如或以觉言仁，是以知之端为仁也。或以是言仁，是以义之用为仁也。夫与其外引智之端、义之用，而指以为仁之体，则孰若以爱言仁，犹不失为表里之相须，而可以类求也哉？故愚谓欲求仁者，先当大概且识此名义气象之彷彿，与其为之之方，然后就此悫实下功。[1]

以知之端为仁，也就是以智之用为仁。

五峰又有门人吴翌字晦叔，亦用功于仁说，朱子答吴晦叔书云：

大抵向来之说，皆是苦心极力要识仁字，故其说愈巧而气象愈薄。近日究观圣门垂教之意，却是要人躬行实践，直内胜私，使轻浮刻薄、贵我贱物之态，潜消于冥冥之中，而吾之本心浑厚慈良、公平正大之体，常存而不失，便是仁处……近因南轩寄示《言仁录》来，亦尝再以书论，所疑大概如此，而后书所论仁智两字尤为明白，想皆已见矣。[2]

这说明，朱子其实对这种专意于"仁字"之识、着力在仁之论说的倾向，是很不以为然的，他其实是反对把求仁之学当作一种概念的游戏或思辨的构造，他始终重视涵养气象、律己修身、直内胜私。又书论知觉言仁云：

盖仁者性之德而爱之理也，爱者情之发而仁之用也，公

---

[1] 《答胡伯逢·四》，见《朱子文集》卷四十六。此书虽在壬辰，但未及仁说，似在《仁说》之前。

[2] 《答吴晦叔·七》，见《朱子文集》卷四十二。

者仁之所以为仁之道也，元者天之所以为仁之德也。仁者人之所固有，而私或蔽之，以陷于不仁，故为仁者必先克己，克己则公，公则仁，仁则爱矣。不先克己，则公岂可得而徒存？未至于仁，则爱胡可以先体哉？至于元，则仁之在天者而已，非一人之心既有是元，而后有以成夫仁也。若夫知觉，则智之用，而仁者之所兼也。元者四德之长，故兼亨利贞；仁者五常之长，故兼义礼智信。此仁者所以必有知觉，而不可便以知觉名仁也。[1]

答吴的这一段，几乎可以看作是另一篇《仁说》，对仁说所涉及的诸概念做了全面的讨论。他强调，就功夫而言，克己比公更为基本，克己才能达到公；离开克己，公不可能独立实现。这可以看作是对伊川的补充和改造。

朱子答湖南学派学者游诚之（南轩门人）书云：

谢先生虽喜以觉言仁，然亦曰心有知觉，而不言知觉此心也。请推此以验之，所谓得失，自可见矣。若以名义言之，则仁自是爱之体，觉自是知之用，界分脉络，自不相关。但仁统四德，故人仁则无不觉耳。然谢子之言，侯子非之曰："谓不仁者无所知觉则可，便以心有知觉为仁则不可。"此言亦有味，请试思之。《克斋记》近复改定，今别写去。后面不欲深诋近世之失，"流动""危迫"等语皆已削去。[2]

觉不可以言仁，不仅因为觉属于"知"，而且因为觉属于"用"，

---

〔1〕《答吴晦叔·十》，见《朱子文集》卷四十二。
〔2〕《答游诚之·一》，见《朱子文集》卷四十五。

仁是爱之体，觉是知之用，仁与觉在概念和意义的层次上都不相同。但仁不排斥知与觉，而且可以包括它们。朱子还反对"知觉此心"的说法，他认为这等于把"此心"当作知觉的对象，在他看来，知觉此心的说法无异于以心知心，这是自相矛盾的。

朱子与吕祖谦书曾云：

> 今日之言，比之古人诚为浅露，然有所不得已者。其实亦只是祖述伊川仁性爱情之说，但剔得名义稍分，界分脉络有条理，免得学者枉费心神、胡乱揣摸、唤东作西耳。若不实下恭敬存养、克己复礼之功，则此说虽精，亦与彼有何干涉耶？[1]

总之，朱子以伊川仁性爱情说为理据，发明其以爱推仁说；虽然在论知觉言仁时他也要胡伯逢以伊川和靖之、说明之，但终归不以公而近仁说为然。他承认，他自己的仁说在理论上并无深奥之处，他所强调的根本立场是功夫论的，即任何好的仁说都必须能够导向恭敬存养、克己复礼的切实功夫。

七、字义与名义

不仅如此，朱子早年也与延平讨论过"仁字"之说，《延平答问》（壬午六月十一日）书即出自朱子论仁字之说而延平答之。延平说：

---

〔1〕《答吕伯恭·二十四》，见《朱子文集》卷三十三。

承谕仁一字，条陈所推测处，足见日来进学之力，甚慰。某尝以谓仁字极难讲说，只看天理统体便是……仁字难说，《论语》一部只是说与门弟子求仁之方，知所以用心，庶几私欲沉、天理见，则知仁矣……来谕以谓"仁是心之正理，能发能用底二个端绪，如胎育包涵其中，生气无不纯备，而流动发生，自然之机，又无顷刻之停息，愤盈发泄，触处贯通，体用相循，初无间断"。此说推扩得甚好……谢上蔡语录云"不仁便是死汉，不识痛痒了"。仁字只是有知觉了了之体段，若于此不下工夫令透彻，即何缘见得本源毫发之分殊哉？

延平的主张，多从龟山、上蔡而来。据延平所引述，朱子当时认为"仁是心之正理，能发能用底二个端绪，如胎育包涵其中，生气无不纯备，而流动发生，自然之机，又无顷刻之停息，愤盈发泄，触处贯通，体用相循，初无间断"。强调仁是"流动""贯通"，这显然与后来《仁说》强调"生物""爱人"不同。延平称赞曰"此说推扩得甚好"。值得注意的是，延平此书在与朱子论仁的同时，也涉及"浑然与物同体气象"和上蔡知觉言仁之说，并加以推崇。而这两条，正是后来朱子《仁说》中最末一段所特别加以辩证的。

朱子早年为学，即以"求仁"为要，盖程门重视求仁之学，龟山尤其突出。龟山有言"学者须当以求仁为要"，故作为龟山三传的朱子亦与延平论及仁说，壬午八月七日又有书论此：

问：熹昨妄谓仁之一字，乃人之所以为人而异乎禽兽者，先生不以为然。熹因以先生之言思之而得其说，敢复求正于左右：熹窃谓天地生物本乎一源，人与禽兽草木之生，

> 莫不具有此理，其一体之中即无丝毫欠剩；其一气之运亦无
> 顷刻停息，所谓仁也……大抵仁字正是天地流动之机，以其
> 包容和粹，涵育融漾，不可名貌，故特谓之仁。

可见，仁说一直是朱子与其师友间关注的一个论题，并不是《洙
泗言仁录》以后才始思考的问题。仁说的问题可以说是南宋道学
各派一直关注的重要课题。

在方法论上，朱子的仁说很重视"字义"或"名义"的方法。
朱子之所以不赞成知觉言仁说、一体为仁说、以公为仁说，不仅
出于对涵养功夫的重视，也是因为在字义上，上蔡强调的"知觉"
与仁字没有关联，龟山强调的"一体"与仁字也没有关联，伊川
和南轩强调的"公"在字义上也无法作为仁的基础。

而"爱"字与"仁"字则有极为久远的关联。春秋时代多以
爱解仁，《国语》有"爱亲之谓仁"，出于晋文公时；又有"仁，
文之爱也"，出于单襄公；"明慈爱以道之仁"，出于申叔时；周大
夫富辰所说"仁所以保民也"亦是。所以，《论语》有"樊迟问
仁，子曰：爱人"；《孟子》有"仁者爱人""仁者无不爱也"；荀
子、董仲舒、韩愈也都有过类似的提法。

朱子是一个对经典文献的章句训诂有很深修养的学者，因此，
对他来说，一种好的仁说，不仅在思想上要站得住，在字义训解方
面也要站得住，所以朱子很重视"名义"的问题，在评论《洙泗言
仁录》时他就指出："仁固是须当明善，然仁字主意不如此。"[1]这里
说的"主意"就是指一个字的本来字义。朱子在这一时期与湖南学

---

〔1〕《答张敬夫·十八》，见《朱子文集》卷三十一。

派有关"中"字的辩论，也是如此。他说："程子言仁本末甚备，今撮其大要不过数言……学者于前三言者可以识仁之**名义**，于后一言者可以知其用力之方矣。"[1]朱子《答吕伯恭·二十四》：

> 《仁说》近再改定……窃意此等**名义**，古人之教，自其小学之时，已有白直分明训说，而未有后世许多浅陋玄空上下走作之弊，故其学者亦晓然知得如此名字但是如此道理，不可不着实践履。所以圣门学者皆以求仁为务，盖皆已略晓其**名义**，而求实造其地位也……今日之言，比之古人诚为浅露，然有所不得已者，其实亦只是祖述伊川仁性爱情之说，但剔得**名义**稍分。

正是因为如此，朱子每以**"仁字之说"**来指仁说的讨论。如《答吕伯恭·十八》："仁字之说，钦夫得书云已无疑矣。"《答胡广仲·五》："至于仁之为说，昨两得钦夫书，诘难甚密，皆已报之。近得报云，却已皆无疑矣……学者不识仁之**名义**，又不知所以存养……"朱子后来也说："要识仁之意思是一个浑然温和之气，其气则天地阳春之气，其理则天地生物之心。"这里所说的"意思"也就是前面所说的"主意"，都是指字义而言。唯其如此，南轩亦多论及字训，如说"知觉终不可以训仁"[2]，"伊川先生所谓觉不可训仁者，正谓仁者必觉，而觉不可以训仁"[3]。"训"即字义的训释。

---

〔1〕《又论仁说》，见《朱子文集》卷三十二。

〔2〕《答胡广仲》，《南轩集》卷三十，见张栻：《张栻全集》，杨世文、王蓉贵点校，长春出版社，1999年，第968页。

〔3〕《答胡伯逢》，《南轩集》卷二十九，见张栻：《张栻全集》，杨世文、王蓉贵点校，长春出版社，1999年，第958页。

朱子答张南轩论仁说第三书云:"若曰'心有知觉谓之仁',则仁之所以得名,初不为此也。今不究其所以得名之故……"[1] 所以,朱子主张"以爱推仁"的原因之一,就是"爱"可见仁所以得名之故:"若见得仁之所以爱而爱之所以不能尽仁,则仁之名义意思,了然在目矣。"

上引朱子答胡伯逢论观过知仁说书中之小注云:

> **以名义言之**,仁特爱之未发者而已。程子所谓"仁性也,爱情也",又谓"仁性也,孝弟用也",此可见矣。其所谓"岂可专以爱为仁"者,特谓不可指情为性耳,非谓仁之与爱了无交涉……而或者因此求之太过,便作无限玄妙奇特商量……如或以觉言仁,是以知之端为仁也。或以是言仁,是以义之用为仁也。夫与其外引智之端、义之用,而指以为仁之体,则孰若以爱言仁,犹不失为表里之相须,而可以类求也哉?故愚谓欲求仁者,**先当大概且识此名义气象之彷彿**,与其为之之方,然后就此悫实下功。

这也是强调"仁"的界说和理解必须以概念定义和基本字义为基础。的确,如果以"公"论仁,只能作为克己之私的功夫,只是严肃无私的气象,只是公正公平的态度,而无法凸显"仁"所代表的主导取向:恻隐之情、温然爱人利物之心。

最后简单讨论一下南轩《仁说》,以为结束。南宋时浙本《文集》即误以南轩《仁说》为朱子《仁说》,其实,《南轩集》的

---

[1]《又论仁说》,见《朱子文集》卷三十二。

《仁说》非朱子所作，甚为明显：朱子仁说强调"天地以生物为心"，而《南轩集》的《仁说》只说"天地生物之心"，此与《朱子文集》所载南轩批评朱子仁说的意见相同。《南轩集》的《仁说》云"故指爱以名仁则迷其体，而爱之理则仁也"；"指公以为仁则失其真，而公者人之所以能仁也"；"惟仁者为能知觉不昧，是智之所存者也"。如果我们了解南轩的本意是继承伊川的思想，不赞成以爱论仁，主张以公论仁，而湖南学派的多数学者主张知觉言仁，那么，我们在南轩上面几句话的抑扬之间，就可发现《南轩集》的《仁说》侧重点与朱子不同，以及在屈服于朱子仁说之下对朱子思想的某种保留：南轩在接受朱子的基本理论的同时，还要指明以"爱"论仁的弊病；要讲出"公"的积极意义，要肯定知觉的地位，而不肯批评知觉言仁说的不当。甚至此篇《仁说》所用语言，亦为南轩习用，如其中言："统言之曰'仁，人心也'，亦犹在《易》乾坤四德而统言乾元、坤元也。"

按：南轩在初读朱子《仁说》后，曾提出了一些意见。《南轩集》卷二十《答朱元晦秘书·九》云：

> 仁之说……然据文势对乾元、坤元而言，恐只须曰"统言之，则曰仁而已"可也。（或云天地之心，其德有四云云，而统言之，则元为善之长；人之心，其德亦有四云云，而统言之，则仁为人之心，如何？）[1]

二者语言相同。由以上所论可知，《南轩集》之《仁说》即张南轩所著，并无可疑。但南轩《仁说》在修改后竟被误认为朱子所作，

———————
〔1〕 见张栻：《张栻全集》，杨世文、王蓉贵点校，长春出版社，1999年，第836页。

它与朱子仁说的这种相似已足以说明在这场话语的较量之中朱子取得了最终的胜利。仁说辩论结束的这一年，朱子44岁，同年他完成了《太极图说解》的定稿。

八、宋代道学话语的形成与演变

理学的思想体系，始创于11世纪的北宋，其发展历元代和明代，至18世纪清代中期考据学的兴起，持续七百余年。如果从话语的角度看，理学之所以为理学，端在于它形成了一套自己的话语体系。虽然在理学的发展中，理学话语的元素不断地有所增减和变化，重心也不断地有所调整，甚至理学中不同派别的话语也有差异，但宋明理学之所以能与其他思想体系区别开来，能在浩繁的文献中被辨认出来，乃是由于它毕竟有一套相对稳定和集中的话语体系。而这一套体系的形成，则经历了一个曲折的历史过程，这里专就宋代道学话语的形成做一鸟瞰、纵览。研究这一问题的重要性，在于确认宋代道学话语的体系最终确定地形成于朱子，而朱子的理学话语则作为元明清理学的正统，在理学的传衍中处于中心的地位。

被称为洛学的二程学派是北宋理学最重要的一个学派，程颢、程颐及二程的主要门人谢良佐和杨时构成了朱子之前道学发展的主要推动力。洛学的出现和流传，真正代表了理学的建立和前期发展。在洛学中，后来理学所注重讨论的问题大都提出来了，或者说，洛学所讨论的问题，后来成了理学讨论的核心问题。但洛学弟子很多，所来自的地方不同，对二程的理解和继承的方式、各自发展的方向也不一样，二程死后，洛学的话语很快就分散了。

理学在南宋前期的发展，在政治领域表现为程颐之学与王安石之学的竞争，而在学术上，除了伊川学本身的历史沉浮和巨大影响外，在很大程度上是由谢良佐、杨时的影响所主导的，特别是由后者在南宋初期的影响及其对理学的传承所推动的。与谢上蔡主要发展程颢的一些论说不同，杨时对二程学说的承继主要是对程颐一些思想的发展，其中程颐关于"涵养未发"的问题意识对杨时影响很大。胡宏在五峰讲学二十年，建立了湖湘学派，与杨时的嫡传道南学派并为当时最大的学派。洛学在南宋的学术流传，正是依赖于这两派的学者。

宋代道学从北宋到南宋经历了一个发展的过程，如果从话语的角度来看，宋代道学话语的定型是在朱熹手上完成的。

北宋的道学运动以二程代表的洛学为中心，到南宋初年，以程颐和张载影响最大，而和张载相比，程颐的影响又更突出。反道学者何若绍兴十四年（1144年）上奏称："盖始缘赵鼎倡为伊川之学，高闶之徒从而和之，乃有横渠《正蒙书》《圣传十论》，大率务为好奇立异，流而入于乖僻之域、虚幻空寂之地。"[1]"横渠《正蒙书》"即张载的《正蒙》，"《圣传十论》"即朱熹早年的老师刘子翚所作的《圣传论》，他把这两部书及其流行视作伊川学运动的一部分。后来淳熙中陈贾攻击道学："伏见近世士夫有所谓道学者，大率类此。其说以谨独为能，以践履为高，以正心诚意、克己复礼为事。若此之类，皆学者所当然，而其徒乃谓己独能之……"[2]

---

〔1〕《建炎以来系年要录》卷一百五十二。
〔2〕《道命录》卷五。

他所说的"道学"主要是以《论语》《孟子》《大学》《中庸》的话头为实践的功夫。而林栗攻击朱熹:"熹本无学术,徒窃张载、程颐之绪余,以为浮诞宗主,谓之道学,妄自推尊。"[1]这更指出当时的道学是以程颐和张载的思想为领率,这自然主要是指朱熹而言。

由于伊川学成为南宋初期道学的代表,于是曾做过二程老师的周敦颐及其著作在绍兴后期便被包容到道学系统中来。绍兴以后,在广义的道学运动上,洛学讲友邵雍、司马光之学也被列入其中,故胡安国上奏说:"自嘉祐以来,西都有邵雍、程颢及其弟颐,关中有张载,皆以道德名世。"[2]乾道中出版的道学丛书《诸儒鸣道集》,在濂溪、横渠、二程、上蔡、龟山外,亦收涑水、元城著作,[3]故朱熹早年曾有"六先生"的说法。[4]但就绍兴以后道学思想的实际影响而言,仍以二程后学中的谢上蔡和杨龟山为中坚。上蔡的亲传学生除朱震外,传承多不详,但他影响了胡安国,后者创立的湖湘学派后来的发展受上蔡影响甚大。与朱熹同时的湖南学者都坚持并捍卫上蔡思想,故湖湘学派几乎可以说是南宋前期传承上蔡思想的主力。龟山三传而至朱熹,道南学派发展于此,在当时的思想家群体中,经过竞争而独出为众人之表,最后成为大宗。因此,虽然在思想上可以说上蔡、龟山、五峰是南宋前期道学中影响最大的三派,但道学在南宋前期的实际发展,以湖湘学派和道南学派为两支主干。在话语上,上蔡重视《论语》

---

〔1〕《道命录》卷六。

〔2〕《武夷学案》,见黄宗羲:《宋元学案》卷三十四,全祖望补修,陈金生、梁运华点校,中华书局,1986年,第1177页。

〔3〕参看拙文《略论〈诸儒鸣道集〉》,收入陈来:《中国近世思想史研究》,商务印书馆,2003年。

〔4〕《六先生画像赞》,作于淳熙甲午(1174年),见《朱子文集》卷八十五。

的仁说，龟山重视《中庸》的已发未发说；前者重视穷理，后者重视格物；前者重视知仁觉仁，后者重视反身诚意；五峰重视已发，龟山重视未发。当然湖湘与道南两派也有交叉，如湖湘学派最重要的哲学家胡宏曾学于杨时，故其思想中既有论仁之说，也很注意未发已发等说。南宋前期理学特别关注的是道与日常事物的关系问题、心性关系的问题、言仁求仁的问题、性善气质的问题。朱熹的思想是在从北宋到南宋儒学或道学发展的具体语境和脉络中生长起来的，是面对这一时期儒学和道学所面临的具体挑战而发展起来的，而不是对先秦儒学资源的一种抽象的选择。我们今天回头来看，只有朱熹在总结、综合了北宋以来道学发展的基础上提出的全面的体系，才能成功回应佛、道二氏的挑战，才能适合时代的发展和社会制度的变迁，这是其他任何一派包括陆学、浙学都不能承担的。

比较北宋道学家群体内部的论述，周敦颐、张载、邵雍更多从《周易》和《易传》出发，故其话语带有明显的易学色彩，讨论的思想中宇宙论的色彩比较强。而二程的论述明显突出"四书"的重要性，对心性和功夫的讨论比较多。由于二程兄弟的影响最大，从北宋到南宋前期，道学的话语是以"四书"为其中心的，又是以二程及其后学对"四书"的阐发为主流的。而道学发展到朱熹的青年时代，话语的重心已集中于"中和说"和"仁说"，朱熹青年时集中思考的即是这两者。朱熹从40岁到44岁先后进行的两大论辩，即与湖南学者论中和说、论仁说，都是围绕这两者进行的。[1]朱熹通过全面消化二程的思想，从理论和实践不同方面深

---

[1] 请参看拙著《朱子哲学研究》第七章，华东师范大学出版社，2000年。

化了道学创立以来在这两大问题上的思考，在综合道学各派讨论的基础之上，提出了他自己的既本于二程又针对当时偏病的中和说与仁说，得到了当时一流思想家的认同。[1]此后尽管还有一些不同的看法，但在相当程度上，通过朱熹的综合与总结，对中和说和仁说这两大问题的讨论趋向结束，新的理论课题开始了。这些新的理论课题就是朱熹中年以后所发展出来的理本气具论、心统性情论、即物穷理论等，对这些课题的讨论所构成的话语，比起洛学来说，更大量吸取了周敦颐、张载、邵雍的易学宇宙论，使得道学的话语更加哲学化。而朱熹对"四书"的编辑和注释，使古典儒学的经典获得了新的诠释形态，而且在这一新的诠释中，心性论的体系更加深入，格物论的体系更加完整。这一套打上朱熹印记的综合性道学话语，由于朱熹巨大的思想力量和影响，以及各代王朝的推崇，逐渐成为此后理学的主导话语，塑造了近世知识人的问题意识，历经元明清而成为宋明理学的主流。

本篇这里所要研究的课题，是道学史取径下的道学话语之形成的问题。宋代道学话语的形成，基于若干的社会-思想条件。就思想方面来说，如二程、张载道学思想的创立，周敦颐、二程人格与境界的感召力，道学精神对宋代知识人的吸引，都对作为一种思潮和话语的道学的形成起了重要的作用。同时，道学内部的讨论和其讨论的问题的变化及由分散到集中的趋势，都具体规定了道学话语的内涵。早期道学的发展中已经形成了若干确定的主

---

[1] 关于朱子仁说的问题，请参看拙著《中国近世思想史研究》，商务印书馆，2003年，第77—109页。

题，它们在传承中构建和形成了前期道学的核心话语，如仁说、中和说等，提供了道学从北宋后期到南宋前期发展的重要动力。这一话语的具体形成、发展和蜕变，是研究早期道学史的一个重要问题。

所谓宋代道学话语的研究，是希望借鉴话语研究的方法，使宋代道学的研究进一步深化、细化、具体化，并使得对宋代道学前期发展的零散研究从一个新的角度获得方向和整合，从而使目前宋代理学的研究从单一的研究范式下摆脱出来，走向新的、更为活跃的状态。这里所说的话语研究方法与西方话语理论关注文本与权力结构、符号与社会制度的联结不同，而主要从学术陈述本身来看话语构型。从这方面来看，意义表达为陈述，陈述是话语的基本单位，命题是陈述的形式化凝结；话语的统一性和连贯性来自命题、陈述的共同风格和共同主题，来自问题意识上的共识，也来自使用关键概念的共同偏好，继而形成了话语体系。各个领域的话语系统都是经过散杂、剔除、积累、集中的过程，才逐渐形成。而话语体系的形成和传延，在中国又和学派传承的意识结合在一起。在这个意义上，道学无疑是一种话语体系，而这一话语体系的形成过程很值得加以细致研究，并总结、提炼出中国学术思想话语体系的构型特性。从理论意义上说，此种研究可以使我们更接近道学这一思想体系产生和发展的原貌与全貌，也可使我们的研究与其他学科的道学研究拥有更多的对话和交流机会。在研究道学话语的形成过程方面，我们很强调通过经典解释案例的解剖，进行儒学观念史的研究，因为道学话语的单位往往都来自经典本身，因此经典和诠释的视角必然在道学话语形成的研究中占一重要地位；但这并不是从传统经学的角度加以研究，而是注重比较和了解各家主要儒学观念的异同，以明确经典解说这一形式在道学话语形成中的作用和意义。

从道学发展史来看，朱子从早年到中年完成了从二程的立场统合、整理龟山、上蔡、五峰这三大南宋道学支派的工作，使得程门伊洛之学在经历了南宋初期的分歧发展之后，走向了以朱子为代表、为核心的新的整合。这种整合，本质上是把二程的思想"系统化"，然后以此将南宋以来的各种道学议论"格式化"。这里所说的"系统化"，是指把二程的各种分散的论述加以分辨、组合，重新安排、建构，以明确其基本构架，建立起主次分明、包含合理内部关系的体系。"格式化"是指以这一经过重构的体系，去覆盖那些南宋以来所发展的各种与此体系不能相合、互相矛盾的歧出。这显然是针对绍兴以来道学内部议论纷纭、令人难以适从的状况。中和问题带给朱子的困惑最能说明解决此种困境的需要，而该问题的解决正是这种系统化过程的一个范例。朱熹在乾道末年推动的三次辩论，显示出这种格式化的过程是朱熹通过与不同对象展开一系列强有力的论辩而实现的。

朱子的学说和思想是对南宋前期道学的清理和总结，特别是对龟山、上蔡、湖南学派的克服、批评和纠正，而朱子思想既依据于对二程仁说的整理和发挥，也体现了朱子个人思想和方法的特色。朱子的理论权威的确立，带来了道学话语的更替，即导致了道学前期的某些核心话语的终结和转变，从此，道学的关注课题从中和说、求仁说转变到理气说、心性说、格物说，朱子哲学的话语开始主导道学思想的展开，而道学的话语也更加哲学化了。

朱子论「义」

仁，只是流出来底便是仁；各自成一个物事底便是义。仁只是那流行处，义是合当做处。仁只是发出来底；及至发出来有截然不可乱处，便是义。

——朱熹《语类》

在钱穆的《朱子新学案》一书中，有专章"朱子论仁"，但无专章"朱子论义"；近年学者很关注朱子论礼，但仍少有关注论义者。本篇即欲对此问题加以简述，以进一步加深对朱子学基本道德概念与朱子经典诠释的理解。

"义"字《说文》的解说是"己之威仪也。从我羊"。这一说法中，"我羊"是讲字形结构，"威仪"是强调原始字义。以义（義）字字形采用我羊，这是依据小篆。而威仪之说，有学者认为义（義）是仪（儀）的本字，其字形像人首插羽为饰，充作仪仗。在这个意义上，《说文》说"威仪"是指出义的字源意义，而非通用意义。[1]然而无论如何，《说文》用"威仪"解释"义"字意义的说法显然不能解释《左传》《论语》等先秦古籍中"义"字作为价值概念的用法。[2]

---

〔1〕 刘翔：《中国传统价值观诠释学》，上海三联书店，1996年，第112页。
〔2〕《左传》《论语》等文献中"义"的意义，以往有学者做过讨论，本篇为节省篇幅，不予论列。

一、古代"以宜训义"与"以正释义"

先秦文献中对"义"之使用的解说不少，其中属于文字学的解释是"义者宜也"。以宜解义，虽然亦不能涵盖先秦文献对"义"的诸种意义的使用，[1]但此说出现甚早，亦颇流行。其较早者，见于《中庸》：

> 仁者人也，亲亲为大；义者宜也，尊贤为大；亲亲之杀，尊贤之等，礼所生也。

朱子注云："杀，去声。人，指人身而言。具此生理，自然便有恻怛慈爱之意，深体味之可见。宜者，分别事理，各有所宜也。礼，则节文斯二者而已。"（《四书章句集注·中庸章句》）他强调，"宜"是事理之宜乎如此者。

以宜解义，也见于其他先秦子书，如：

> 仁者，仁此者也；礼者，履此者也；义者，宜此者也；信者，信此者也。（《礼记·祭义》）

> 义者，谓各处其宜也。礼者，因人之情，缘义之理，而为之节文者也。故礼者谓有理也，理也者，明分以谕义之意也。故礼出乎义，义出乎理，理因乎宜者也。（《管子·心术上》）

> 义者，君臣上下之事，父子贵贱之差也，知交朋友之接

---

〔1〕 陈弱水指出过以宜训义的局限，参看其文《说"义"三则》，收入陈弱水：《公共意识与中国文化》，新星出版社，2006年，第159页。

也，亲疏内外之分也。臣事君宜，下怀上宜，子事父宜，贱敬贵宜，知交友朋之相助也宜，亲者内而疏者外宜。义者，谓其宜也，宜而为之，故曰："上义为之而有以为也。"（《韩非子·解老》）

义，宜也。爱，仁也。（郭店楚墓竹简《语丛·三》）

《说文解字》曰："宜，所安也。"从"所安"来看，可知宜的本义为合适、适宜，引申为适当、应当。所以宜字本偏重于实然，而非直指当然，其当然义较轻。故以宜释义，使得义的价值意涵变得不太确定，这是此种训释在伦理学上的弱点。这一弱点对"义"后来的发展，产生了不小的影响。而由于以宜训义出现较早，几乎成为既成的标准解释，故后来者几乎都要照搬此说，或在引述此说的基础上再加以申发。

从《中庸》的"仁者人也，亲亲为大；义者宜也，尊贤为大"可知，此"义者宜也"，应属声训。（按：古时的声训是用音近或音同的词去说明被解释词的字义或来源。）声训起源很早，如《易经》的"乾，健也""坤，顺也""夬，决也""晋，进也"；如《论语》的"政者，正也"；如《中庸》的"仁者，人也"；如《孟子·滕文公上》的"庠者养也，校者教也，序者射也"。这些都是声训，"义者宜也"也是如此。但声训有时是出于猜度，主要是利用音义关系阐明某种主张，未必反映了语言的历史事实。声训之法在汉代应用较广，汉末刘熙作《释名》一书，专门用声训解说词义。

西汉大儒董仲舒仍不离宜之义解说义字：

故曰义在正我，不在正人，此其法也。夫我无之求诸人，我有之而诽诸人，人之所不能受也。其理逆矣，何可谓义？义者，谓宜在我者。宜在我者，而后可以称义。故言义者，合我与宜以为一，言以此操之，义之为言我也。(《春秋繁露·仁义法》)

这是以宜和我二义合一，来解释义字的意义。只是他强调义者在我，故他解释的宜，也是宜在我。这与朱子所讲的宜是事之宜、理之宜不同。

汉代以后，以宜解义还是较为多见的，《论语义疏·学而》皇疏曰：

信，不欺也；义，合宜也。

《论语注疏·学而》邢疏曰：

人言不欺为信，于事合宜为义。

《论语注疏·先进》有：

注："方，义方。"正义曰："义，宜也。方，道也。言能教之使知合宜之道也。"《左传》曰："爱子教之以义方。"

二疏都是以合宜训义。邢疏讲宜是于事合宜，强调事之宜，这一点为朱子所继承。韩愈说"博爱之谓仁，行而宜之之谓义"，也是以宜论义。可见这个传统的影响之大。

特别值得注意的是，上述董仲舒的说法表示，义的对象是"我"，而义的本质是"正"。这在先秦儒家已多有其例，如我以前指出过的，《礼记·乐记》已经说过"仁以爱之，义以正之"，《礼

231

记·丧服四制》也说"礼以治之，义以正之"，《荀子·赋》则说过"行义以正"。儒家以外，《墨子·天志》更明确提出"义者正也"，这表示义具有"正其不正，以归于正"的"规范"意义；《庄子·天地》有"端正而不知以为义，相爱而不知以为仁"，也透露出以爱为仁，以正为义的用法。[1]可见，除了以宜训义之外，以正释义在战国时期已经相当流行，并延续到汉代。**相比起来，以宜训义是一种训诂学的方式，而以正释义是一种语用学的方式。**

另外，除了义的定义，义的特性在古代亦有论列，如郭店楚墓竹简《五行》有"强，义之方；柔，仁之方"之语，用刚强来刻画义的特性，与仁柔相对。《荀子·法行》："温润而泽，仁也；栗而理，知也；坚刚而不屈，义也。"明确以义为刚，以仁为柔。这一思想对汉以后的思想也有重要影响。《系辞》："理财正辞，禁民为非，曰义。"也体现了此种刚的特性所体现的伦理性质，及其与"以正释义"的关联。汉代扬雄更说道："于仁也柔，于义也刚。"我曾指出，郭店《五行》篇以亲爱论仁，以果敢论义，以恭敬论礼，其中对仁和礼的理解与春秋以来的德行论基本相同，而以果敢论义，已表现出与春秋时代有所不同。[2]这些与春秋时代不同的对"义"的理解，对后世有着重要的影响。

二、汉唐注疏以"裁制"和"断决"解"义"

汉以后，在以"宜"解"义"外，出现了两种新的解释，即

---

[1] 陈来：《仁学本体论》，生活·读书·新知三联书店，2014年，第133页及以下。
[2] 陈来：《竹帛〈五行〉与简帛研究》，生活·读书·新知三联书店，2009年，第159页。

以"裁制"和"断决"解释"义"之意义。这两种解释自东汉始，对朱子影响甚大。

先来看"裁制"之说。以"裁制"解说义字之义，始自东汉末年的《释名》："义，宜也。**裁制事物，使各宜也。**"这种定义影响甚为深远。《礼记·表记》中有"义者，天下之制也"，但意义不明确。《释名》此处以合宜解释义，来自先秦"义者宜也"的声训，而其裁制思想则可能受到《墨子》"义者正也"、《系辞》"理财正辞，禁民为非，曰义"的影响。**所谓裁制，是指裁非正偏，管制规范。**从对事的态度来看，前引邢疏"于事合宜为义"，强调了事的需要，但与《释名》的说法仍有不同。《释名》的讲法是从主体上说，人裁制事物，使事物各个得宜。而邢疏是说人做事要合乎宜然，重在客体方面。

与"裁制"义相通，汉代同时出现用"断决"释义字的做法。

义者，断决。（《白虎通德论·情性》，"决"多指断狱。）

《白虎通德论》用"断决"，《释名》用"裁制"，二者对后世解释"义"字影响尤大，汉以后经学注疏中多用之。应该指出，这两种解释也都还是结合了"宜"来做说明。如北宋邢昺《论语注疏·为政》篇正义云：

《白虎通》云："五常者，何谓？仁、义、礼、智、信也。仁者不忍，好生爱人。**义者宜也，断决得中也。**礼者履也，履道成文。智者知也，或于事，见征知著。信者诚也，专一不移。故人生而应八卦之体，得五气以为常，仁、义、礼、智、信是也。"

又如北宋孙奭《孟子注疏·万章》篇正义云：

> 《释名》曰："仁，忍也，好生恶杀，善恶含忍也。**义，宜也，裁制事物使合宜也。**"［各宜与合宜字有异同。］

除了以上在注疏中直接引用《白虎通》和《释名》对"义"的界定外，还有不少文献包括注疏用"裁制"或类似的词语解释"义"。《论语义疏》卷七皇疏：

> 君若**裁断得宜**，则民下皆服。义者，宜也。

这是以裁断得宜为"义"，继承了《释名》的定义。

《论语义疏》卷一皇疏：

> 五常谓仁义礼智信也。就五行而论，则木为仁、火为礼、金为义、水为信、土为智。人禀此五常而生，则备有仁义礼智信之性也。**人有博爱之德谓之仁，有严断之德为义，**有明辨尊卑敬让之德为礼，有言不虚妄之德为信，有照了之德为智。此五者是人性之恒，不可暂舍，故谓五常也。

这是皇疏对马融"三纲五常"的解释，其以严断之德为义，承继了《白虎通》。

《孟子注疏》卷三正义云：

> 能合道义以养其气，即至大至刚之气也。盖**裁制度宜之谓义，故义之用则刚**；万物莫不由之谓道，故道之用则大。气至充塞盈满乎天地之间，是其刚足以配义，大足以配道矣。此浩然大气之意也。

234

裁制度宜与裁断得宜相同。以义之用为刚，也应是汉儒的说法。

此种"裁制"的解释，在《论语》《孟子》注疏之外的其他文献中亦然。如郑玄《礼记》注言"礼以裁制为义"，"义主断割，礼为节限"。萧吉《五行大义》曰"金以义断裁制"，"义者以合义为体，裁断以为用"。杜光庭《道德真经广圣义》卷三十言"裁制断割者义也"，"仁有偏爱之私，义有裁制之断"。《太平广记》卷六十一有"此则裁制之义无所施，兼爱之慈无所措，昭灼之圣无所用，机谲之智无所行，天下混然，归乎大顺，此玄圣之大旨也"。宋陈舜俞《都官集》卷六曰"义者得宜之名也，裁制画一，义之实也"。胡瑗《周易口义》卷一言"必得其义以裁制之，则各得其宜也"，"以禁民之有非僻者，使皆合于义，而得其宜矣。然则所谓义者，盖裁制合宜之谓义也"。司马光等《古文孝经指解》亦有"政者正也，**以正义裁制其情**"。这里提出的以正义裁制，还是有意义的。

同样，汉唐其他注疏中也多见以"断决""断割""断制"解释"义"的说法。郑玄《礼记》注云："金神则义者，秋为金，金主严杀义，亦果敢断决也。"事实上，《老子河上公章句》中对"上义为之"的解释就是"为义以断割也"。《道德真经集注》："（唐）明皇曰：义者，裁非之谓，谓裁非之义，故云为之。有以裁非断割，令得其宜，故云而有以为。"注疏之外，北宋《资治通鉴》卷二百三十八《唐纪·五十四》也说"配义，义者以断决为本"。

再来看"断制"之义。南北朝周武帝《无上秘要》卷六有言：

> 仁以好施，义以制断。

北宋王昭禹说：

> 次席则以次列成文，黼纯则以断制为义，事之制也。道
> 出而后有德，德出而后有事，故莞筵纷纯而加以缫席画纯，
> 又加以次席黼纯，此出道之序也。（《周礼详解》卷十九）

南宋初的张行成也有类似说法：

> 所以圣人有言曰：眇能视，跛能履，履虎尾，咥人凶，
> 武人为于大君。其斯之谓与。（意则蕴妙理而默喻，言则宣
> 至理而导达，象则举大要以示典型，数则括庶物以穷名实，
> 仁则覆冒而无边际，礼则会通而有仪物，义主断制，利在吊
> 伐，智存术略，涉于机巧。）（《皇极经世索隐》卷上）

事实上，朱子在《孟子集注》中也引用了宋人徐氏对《孟子》
的训解：

> 徐氏曰："礼主于辞逊，故进以礼；义主于制断，故退
> 以义。难进而易退者也，在我者有礼义而已，得之不得则有
> 命存焉。"（《万章》）

"制断"即断制，可见汉唐注疏中对义的解释影响了不少宋人的
理解。

此外，《容斋随笔》云：

> 人物以义为名者，其别最多。仗正道曰义，义师、义战
> 是也。众所尊戴者曰义，义帝是也。与众共之曰义，义仓、
> 义社、义田、义学、义役、义井之类是也。至行过人曰义，

> 义士、义侠、义姑、义夫、义妇之类是也……禽畜之贤，则
> 有义犬、义乌、义鹰、义鹘。

可惜的是，其中多是对作为形容词的义的使用做了区分，而未对
义字本身做解说。这里所说的"仗正道曰义"中的"正道"即是
正义，具有伦理学的意义，与司马光"以正义裁制"接近，而
《容斋随笔》列举的其他名词则不具有伦理学意义。可惜，宋明理
学对"正道曰义"的思想没有阐述发挥，仅仅突出了"仁"的价
值意义。"义"的价值对仁的重要补充被忽视了。

三、朱子以"宜"训义

北宋道学论义不多，周子《通书》曰"爱曰仁，宜曰义"，还
是以宜解义。二程对义字的讨论也只是围绕《孟子》中"配义与
道"之说论之，如程颢：

> 仲尼言仁，未尝兼义，独于《易》曰："立人之道，曰
> 仁与义。"而孟子言仁，必以义配。盖仁者体也，义者用也。
> 知义之为用而不外焉者，可以语道矣。世之所论于义者，多
> 外之，不然则混而无别，非知仁义之说者。[1]

这里只讲了仁义的体用关系，并没有论述仁义的性质。

又如程颐：

---

〔1〕《明道学案上》，见黄宗羲：《宋元学案》，全祖望补修，陈金生、梁运华点校，中华书局，
1986年，第556页。

> 不动心有二：有造道而不动者，有以义制心而不动者。
> 此义也，此不义也，义吾所当取，不义吾所当舍，此以义制
> 心者也。义在我，由而行之，从容自中，非有所制也，此不
> 动之异。[1]

这里提出的以义制心，显示伊川对义的理解是从作用上来讲的，意谓义是制导心的力量；义的作用，一方面是选择，另一方面是制心不动，后一方面的意义就有裁制的意思。

钱穆曾指出："朱子治学不废汉唐，治经不废注疏。"[2]朱子在《四书章句集注》中正式的训解皆采用"义者宜也"的古训，如《孟子》开篇"王何必曰利，亦有仁义而已矣"，朱子注：

> 仁者，心之德、爱之理。**义者，心之制、事之宜也。**[3]

可见这代表了朱子对义的基本训释。

其余如《孟子》"义，人之正路也"，朱子注：

> 义者，宜也，乃天理之当行，无人欲之邪曲，故曰正
> 路。[4]

朱子注"义，人路也"：

> 义者行事之宜，谓之人路，则可以见其为出入往来必由

---

〔1〕《伊川学案上》，见黄宗羲：《宋元学案》，全祖望补修，陈金生、梁运华点校，中华书局，1986年，第598页。

〔2〕钱穆：《朱子新学案》第二册，九州出版社，2011年，第42页。

〔3〕《孟子集注·梁惠王上》，见朱熹：《四书章句集注》，中华书局，1983年，第201页。

〔4〕《孟子集注·离娄上》，见朱熹：《四书章句集注》，中华书局，1983年，第281页。

之道，而不可须臾舍矣。〔1〕

朱子注《论语》中义字：

> 义者，事之宜也。复，践言也。恭，致敬也。礼，节文也。（《学而》）

> 义者，天理之所宜。利者，人情之所欲。（《里仁》）

> 好义，则事合宜。（《子路》）

> 知而不为，是无勇也。（朱注《为政》"见义不为，无勇也"。）〔2〕

从经学注疏的方法上说，朱子是沿袭《论语注疏》《孟子注疏》的注释方法的。如"仁义"，朱子似以为不释自明，故他不解释仁、义二字是道德之名、道义之名还是道德之总体，而是分别就字义而训解。这就可以看出其注释并非纯义理式的说解，而是**重视"训诂明"，以及在训诂明的基础上明义理**。以《孟子》为例，除作字义、章义、文义的用法外，朱子注中涉及与"义"有关联的词有理义、道义、礼义、公义、恩义等，但朱子只是使用这类词语，不做解释。而且这些连用"义"字之词的使用也不是解释原文中出现的义字，而是解释文义。其中有些词如礼义见于《孟子》原文。此外，也有用裁制度宜解释其他文义的，如"道，义理也。揆，度也。法，制度也。道揆，谓以义理度量事物而制

〔1〕《孟子集注·告子上》，见朱熹：《四书章句集注》，中华书局，1983年，第333页。
〔2〕《论语集注》，见朱熹：《四书章句集注》，中华书局，1983年，第52、73、142、60页。

其宜"(朱注《离娄上》)。

从朱子的这些解释中还可见，古文宜字并非直就当然而言，但朱子所理解的宜，不是实然，而是应然，如说宜是天理之当行、天理之所宜。同时，此种解释应该说多是就"事之宜"而言的，而事之宜在朱子即事之理，这是就宜的客观性意义而言的。

《语类》中亦多此种解释：

> 又曰："《文言》上四句说天德之自然，下四句说人事之当然。元者，乃众善之长也；亨者，乃嘉之会也。会，犹齐也，言万物至此通畅茂盛，一齐皆好也。利者，义之和处也；贞者，乃事之桢干也。'体仁足以长人'，以仁为体，而温厚慈爱之理由此发出也。体，犹所谓'公而以人体之'之'体'。嘉会者，嘉其所会也。——以礼文节之，使之无不中节，乃嘉其所会也。'利物足以和义'，义者，事之宜也；利物，则合乎事之宜矣。此句乃翻转，'义'字愈明白，不利物则非义矣。贞固以贞为骨子，则坚定不可移易。"（铢）[1]

朱子已将义的理解区分为天德和人事两个方面。如果说《文言》上四句的"利者，义之和处也"属于天德之自然，则这个意义上的义有其客观性，与在心上说的义有所不同。由于朱子对仁义礼智四德的理解是与《文言》的元亨利贞联结一体的，故他的思想重心往往是在天德之自然的方面，即宇宙论的方面，而不是集中在人事之当然，即价值论上。所以朱子论义的思想是和他对四德

---

[1] 黎靖德编：《朱子语类》卷六，中华书局，1986年，第109—110页。

的整个看法联系在一起的。[1]

《文言·乾》原文：

> 元者，善之长也；亨者，嘉之会也；利者，义之和也；贞者，事之干也。君子体仁足以长人，嘉会足以合礼，利物足以和义，贞固足以干事。君子行此四德者，故曰："乾，元、亨、利、贞。"

这是把"义者，宜也"和《文言》"利物足以和义"联系起来解释，认为利物本身包含着合乎事之宜，不能利物也就不能合宜。这应该是在经典解释中对义字义理的延伸诠释。

至于"利者，义之和也"，朱子认为：

> "四德之元，犹五常之仁，偏言则一事，专言则包四者。"此段只于《易》"元者善之长"与《论语》言仁处看。若"天下之动，贞夫一者也"，则贞又包四者。《周易》一书，只说一个利"，则利又大也。"元者，善之长也"，善之首也。"亨者，嘉之会也"，好底会聚也。义者，宜也，宜即义也；万物各得其所，义之合也。"干事"，事之骨也，犹言体物也。看此一段，须与《太极图》通看。四德之元安在甚处？剥之为卦在甚处？"乾天也"一段在甚处？方能通成一片。不然，则不贯通。少间看得如此了，犹未是受用处在。（贺孙）[2]

照这个解释，义就是宜，宜就是义，其意义要看诠释者的重点何

---

〔1〕 参看前篇《朱子的四德论》和《朱子四德论续论》。

〔2〕 黎靖德编：《朱子语类》卷六十八，中华书局，1986年，第1690页。

在。如在这里，朱子的重点在宜，一切得宜即是义。用《太极图说》的话来说，各得其所便是宜，宜便是义。故各得其所即各得其宜，此即是义之和了。这个说法便超出义的伦理学意义，而进入宇宙论的范围了。

> 问"利物足以和义"。曰："义便有分别。当其分别之时，觉得来不和。及其分别得各得其所，使物物皆利，却是和其义。"[1]

义而能和，此义后面讨论，这里要指出的是，义的含义有分别之意，相比起来，仁的含义不是分别，而是一体。

朱子的以宜训义，与先秦及汉唐注疏中的以宜训义有何不同呢？我以为这个不同就在于，**《论语注疏》对义的训释皆是以事言，朱子则是将以心言与以事言加以结合，以"宜"为以事言，而明确以"裁制"等为以心言。这是朱子与汉唐注疏家的根本不同。**我们会在下节详细论述。

当然，朱子也会从其他角度论义的性质，如解"义之实从兄是也"：

> 仁主于爱，而爱莫切于事亲；义主于敬，而敬莫先于从兄。故仁义之道，其用至广，而其实不越于事亲从兄之间。（《孟子集注·离娄上》）

义主于敬，近于孟子"敬长，义也"的意思，这是顺就文本原文而做的说解。

---

[1] 黎靖德编：《朱子语类》卷六十八，中华书局，1986年，第1707页。

四、朱子以“裁制”解义

虽然朱子在《四书章句集注》中主要以“义者，宜也”的故训作为义字的训诂义，但在《朱子语类》中，**朱子对义字做哲学思想的界定、把握时，则主要不是用宜来说明义字之义，而是用汉儒裁制、断决之说来阐发义之思想义。这显示出朱子在经典诠释中对先秦和汉唐的训诂义做了基本区分。**同时可见，汉唐注疏中的训释为朱子的思想提供了重要的学术依据，换言之，对朱子义理之学产生了影响。此外，汉儒以刚柔论仁义的思想也对宋儒颇有影响。这些都显示了汉儒之学对宋儒的影响。自然，朱子以裁制断决说义，并非仅仅是对汉唐儒者的说法的沿袭，也是他经过哲学反思反复体会而得以形成的。

上面提到朱子《孟子集注》中说“义者，心之制、事之宜也”，其中“事之宜”是以宜训义。那么何谓“心之制”呢？此“制”即是“裁制”之意。事实上，《四书章句集注》在主要以宜训义之外，也用裁制释义，如解《孟子》“配义与道”：

> **义者，人心之裁制。道者，天理之自然。**（朱注《公孙丑上》）

这两句话，在后世对《孟子》的诠释中影响甚大，也是《孟子集注》中朱子训释义字的代表性说法之一。由此也可见，“义者，心之制、事之宜也”中的“心之制”便是心之裁制。在这里，宜字完全未出现。这就指出，义的解释不能只顺着先秦汉唐以宜解义的主流，只从事上去讲，而还必须从心上去讲。“事之宜”是从事上讲的，而"心之制"是从心上讲的。当然，这两句注是顺和原文配义之说而来，但也要看到，这两句也是比照仁字的解释"心之德、爱之理"而来，所以朱子解释义字的真正特色不在事之宜，而在与仁字一样，都要从心上界定。仁义也好，其他德行也好，都要从心上去定义。与汉儒不同处在于，朱子强调义之裁制是"人心之裁制"。

朱子《周易本义》解释《文言·坤》"直其正也，方其义也"，也明确训义为裁制：

> 此以学而言之也，正谓本体，义谓裁制，敬则本体之守也。

又如：

> 耳之德聪，目之德明，心之德仁，且将这意去思量体认。（将爱之理在自家心上自体认思量，便见得仁。仁是个温和柔软底物事。老子说："柔弱者，生之徒；坚强者，死之徒。"见得自是。看石头上如何种物事出！"蔼乎若春阳之温，泛乎若醴酒之醇。"此是形容仁底意思。当来得于天者只是个仁，所以为心之全体。却自仁中分四界子：一界子上是仁之仁，一界子是仁之义，一界子是仁之礼，一界子是仁之智。一个物事，四脚撑在里面，唯仁兼统之。心里只有此四物，万物万事皆自此出。天之春夏秋冬最分晓：春生，夏长，秋收，冬藏。虽分四时，然生意未尝不贯；从雪霜之惨，亦是生意。以"生"字说仁，生自是上一节事。当来天地生我底意，我而今须要自体认得。试自看一个物坚硬如顽

石，成甚物事！此便是不仁。试自看温和柔软时如何，此所以"孝悌为仁之本"。若如顽石，更下种不得。俗说"硬心肠"，可以见。硬心肠，如何可以与他说话！恻隐、羞恶、辞逊、是非，都是两意：恻是初头子，隐是痛；羞是羞己之恶，恶是恶人之恶；辞在我，逊在彼；是、非自分明。才仁，便生出礼，所以仁配春，礼配夏；义是裁制，到得智便了，所以配秋，配冬。）[1]

这是说，义的本性是裁制，以四季而言，仁为春，礼为夏，义为秋，智为冬。根据朱子的解释，羞恶之心根于义，其中羞是羞自己的恶，恶是恶他人之恶。《孟子集注》中已经明确提出："**羞，耻己之不善也。恶，憎人之不善也。**"朱子还说过："**其恻隐，便是仁之善；羞恶，便是义之善。**"（《语类》卷五）据此，**义是一个面对恶的德性。义的属性就是面对恶时，要清楚判别善恶，憎恶不善，然后果断去恶。这就是裁制之意。**朱子说过："**克己复礼为仁，善善恶恶为义。**"（《语类》卷六）**仁是善善，义是恶恶，**此意最为重要，可惜朱子对此发挥强调不多。应该说，对义的这种认识在根本上是源于孟子把羞恶与义联结之思想的影响。**应当指出，在思想界讨论孟子的"羞恶"之说时，往往把重点置于"羞"而不是"恶"的上面。从修养论的角度，羞是羞耻自己的不善之处，对自己的不善产生羞耻之感，可以促进修身的实践，所以把重点置于羞之上，在修身论的立场上是很有意义的。但是如果不从修身论的角度，而从社会政治的角度看待恶，憎人之不善就来得更

---

[1] 黎靖德编：《朱子语类》卷六，中华书局，1986年，第114—115页。

重要了。在这个意义上说，把义解释为裁制，是对人之不善的应对之策，这是有其不可替代的意义的。一个社会，必须对"恶"有明确的价值态度，确立其在价值观上的意义，这是非常重要的。汉代开始的义为裁制说，改变了孟子羞恶说的内向修身取向，而明确将之解释为社会价值，直接指向对一切恶的斩钉截铁的态度，这是很重要的。

> 问："'君子喻于义'。义者，天理之所宜，凡事只看道理之所宜为，不顾己私。利者，人情之所欲得，凡事只任私意，但取其便于己则为之，不复顾道理如何。"曰："义利也未消说得如此重。义利犹头尾然。义者，宜也。君子见得这事合当如此，却那事合当如彼，但**裁处其宜而为之**，则何不利之有。君子只理会义，下一截利处更不理会。小人只理会下一截利，更不理会上一截义。盖是君子之心虚明洞彻，见得义分明。小人只管计较利，虽丝毫底利，也自理会得。"（南升）[1]

学生的理解，从义利之别而言，义是天理之所宜，即遇事只看道理之所宜为，这里的宜为便是当为、应为。利是遇事只取便利自己。朱子认为，义者宜也，是说见得这事合当如此。朱子这里也是把宜解释为合当、应然。下一截就是结果，上一截是动机，小人只管结果是否有利。君子则在心上看道理如何，要见得义分明。以上是就义利之别的讨论来看朱子对宜的理解。但朱子论义的思想未止于此。君子要见得义，还要"裁处其宜而为之"。这就把以

---

[1] 黎靖德编：《朱子语类》卷二十七，中华书局，1986年，第702页。

宜解义和裁制的解释结合在一起了。也就是说，义不仅是见事之当然之则，还是以此当然之则去裁处得当合宜，要如此去做。

朱子解释义字时，也常常把裁制和断决二义一并说出，可见汉唐注疏对他的影响：

> 问"圣人定之以中正仁义而主静"。曰："中正仁义皆谓发用处。正者，中之质；义者，仁之断。中则无过不及，随时以取中；正则当然之定理。**仁则是恻隐慈爱之处，义是裁制断决之事。**主静者，主正与义也。正义便是利贞，中是亨，仁是元。"[1]

> 或问："'配义与道'，盖人之能养是气，本无形声可验。惟于事物当然之理上有所裁制，方始得见其行之勇，断之决。缘这道义与那气厮合出来，所以'无是，馁也'。"曰："更须仔细。是如此，其间但有一两字转换费力，便说意不出。"[2]

可见在朱子，裁制与断决的意义是相通的，都是与"行之勇，断之决"相关的。

朱子也会把断和割联系在一起使用以论义：

> 问："义者仁之质？"曰："义有裁制割断意，是把定处，便发出许多仁来。如非礼勿视听言动，便是把定处；'一日克己复礼，天下归仁'，便是流行处。"（淳）[3]

---

〔1〕 黎靖德编：《朱子语类》卷九十四，中华书局，1986年，第2384—2385页。
〔2〕 黎靖德编：《朱子语类》卷五十二，中华书局，1986年，第1258页。
〔3〕 黎靖德编：《朱子语类》卷六，中华书局，1986年，第122页。

"把定"与"流行"成为一对宇宙论概念，以前很少受到注意。这里则主要关注其中把裁制与割断联结使用，来解说义的意义。义的宇宙论意义我们在最后一节再做讨论。

> 义本是个割截裁制之物，惟施得宜，则和，此所以为利。从前人说这一句都错。如东坡说道："利所以为义之和。"他把义做个惨杀之物看了，却道得利方和。利是《乾卦》一德，如何这一句却去说义！兼他全不识义，如他处说亦然。[1]

割截和割断意近，至于和与利的关系，下节还会讨论。值得指出，若把义仅仅理解为裁制的形式功能，用《老子河上公章句》的说法，这更多的是讲"为义"，那么便会**在一定程度上减弱了"义"的价值引导的作用**。

五、朱子以"断制"论义

朱子更多用"断制"来解释义的**价值特性**。北宋儒学已有此种解释的例子，如李觏：

> 温厚而广爱者命之曰仁，断决而从宜者命之曰义。（《直讲李先生文集》卷二）

现在来看《朱子语类》：

---

[1] 黎靖德编：《朱子语类》卷二十二，中华书局，1986年，第518页。

如慈爱底人少断制，断制之人多残忍。盖仁多，便遮了义；义多，便遮了那仁。[1]

李问："世间有一种人，慈惠温厚，而于义不足，作事无断制，是如何？"曰："人生得多般样，这个便全是气禀……"[2]

断制二字应该是断决裁制的简化表达，强调面对恶要态度决然，除恶要断然施行。朱子每以断制与慈惠对言，可见其意。这种对义的指示，我们也可以称之为价值特性或价值意向。

朱子认为，能不能有断制，与人的性格性情有关，而性格来自气禀，如能断制是金气禀受较多而致：

性有偏者。如得木气多者，仁较多；金气多者，义较多。（扬）[3]

却是汉儒解"天命之谓性"，云"木神仁，金神义"等语，却有意思，非苟言者。学者要体会亲切。[4]

朱子论义之断制：

程子曰："在物为理，处物为义。"道则是物我公共自然之理；**义则吾心之能断制者**，所用以处此理者也。（广）[5]

---

〔1〕 黎靖德编：《朱子语类》卷四，中华书局，1986年，第57页。
〔2〕 黎靖德编：《朱子语类》卷十三，中华书局，1986年，第238页。
〔3〕 黎靖德编：《朱子语类》卷四，中华书局，1986年，第75页。
〔4〕 黎靖德编：《朱子语类》卷五，中华书局，1986年，第90页。
〔5〕 黎靖德编：《朱子语类》卷五十二，中华书局，1986年，第1256页。

　　　　义未有羞恶之心，**只是个断制底心**。惟是先有这物事在
　　里面，但随所感触，便自是发出来。[1]

从这里可以看出我们在前面所说的，朱子的断制之义是从心上来讲
的，所以强调义是"吾心之能断制者""只是个断制底心"。又如：

　　　　问："孟子以恻隐为仁之端，羞恶为义之端。周子曰：
　　'爱曰仁，宜曰义。'然以其存于心者而言，则恻隐与爱固为
　　仁心之发。然羞恶乃就耻不义上反说，而非直指义之端也。
　　'宜'字乃是就事物上说。不知义在心上，其体段如何。"
　　曰："义之在心，乃是决裂果断者也。"[2]

这里也可以看出，"义在心上""义之在心"都重在从心上说义，
这与宜在事上说不同。

　　正如论仁一样，朱子论义另一个特点，是将之置于宇宙论框
架之中，使义具有大化流行论的意义，如：

　　　　"仁"字须兼义礼智看，方看得出。仁者，仁之本体；
　　礼者，仁之节文；义者，仁之断制；知者，仁之分别。犹
　　春夏秋冬虽不同，而同出于春；春则生意之生也，夏则生意
　　之长也，秋则生意之成，冬则生意之藏也。自四而两，两而
　　一，则统之有宗，会之有元，故曰："五行一阴阳，阴阳一
　　太极。"又曰："仁为四端之首，而智则能成始而成终；犹元
　　为四德之长，然元不生于元而生于贞。盖天地之化，不翕聚

---

[1] 黎靖德编：《朱子语类》卷五十三，中华书局，1986年，第1288页。
[2] 黎靖德编：《朱子语类》卷六，中华书局，1986年，第122页。

则不能发散也。仁智交际之间，乃万化之机轴。此理循环不穷，吻合无间，故不贞则无以为元也。"又曰："贞而不固，则非贞。贞，如板筑之有干，不贞则无以为元。"[1]

于是，朱子论义，常常不能脱开对《文言》"利者，义之和也"的讨论：

"利者义之和。"义是个有界分断制底物事，疑于不和。然使物各得其分，不相侵越，乃所以为和也。[2]

问"利物足以和义"。曰："义**断是非**，别曲直，近于不和。然是非曲直辨，则便是利，此乃是和处也。"[3]

义自是个断制底气象，有凛然不可犯处，似不和矣，其实却和。若臣而僭君，子而犯父，不安其分，便是不义；不义则不和矣。[4]

义是其间物来能应，事至能断者是。[5]

因为义有判分、断割之意，故一般认为义与和无关，甚或与和相反。但朱子坚持，义表面上似乎不和，其实是和。因为义使事物各得其所、各得其宜、各得其分，正是为和创造了条件、奠定了基础。

问《文言》四德一段。曰："'元者善之长'以下四句，

---

[1] 黎靖德编：《朱子语类》卷六，中华书局，1986年，第109页。
[2] 黎靖德编：《朱子语类》卷六十八，中华书局，1986年，第1704页。
[3] 黎靖德编：《朱子语类》卷六十八，中华书局，1986年，第1707页。
[4] 黎靖德编：《朱子语类》卷二十二，中华书局，1986年，第520页。
[5] 黎靖德编：《朱子语类》卷十二，中华书局，1986年，第216页。

说天德之自然。'君子体仁足以长人'以下四句，说人事之当然。元只是善之长。万物生理皆始于此，众善百行皆统于此，故于时为春，于人为仁。亨是嘉之会。此句自来说者多不明。嘉，美也；会，犹齐也。嘉会，众美之会，犹言齐好也。春天发生万物，未大故齐。到夏时，洪纤高下，各各畅茂。盖春方生育，至此乃无一物不畅茂。其在人，则'礼仪三百，威仪三千'，事事物物，大大小小，一齐到恰好处，所谓动容周旋皆中礼，故于时为夏，于人为礼。（周子遂唤作'中'。）利者，为义之和。万物至此，各遂其性，事理至此，无不得宜，故于时为秋，于人为义。贞者乃事之干。万物至此，收敛成实，事理至此，无不的正，故于时为冬，于人为智。此天德之自然。"[1]

这里对"利者，义之和也"的解释主要也是从得宜立论，认为各遂其性即是各个得宜，故可谓义之和。

朱子接着说：

其在君子所当从事于此者，则必"体仁乃足以长人，嘉会足以合礼，利物足以和义，贞固足以干事"。此四句倒用上面四个字，极有力。体者，以仁为体，仁为我之骨，我以之为体。仁皆从我发出，故无物不在所爱，所以能长人。"嘉会足以合礼"者，言须是美其所会也。欲其所会之美，当美其所会。盖其厚薄亲疏、尊卑小大相接之体，各有节文，无不中节，即所会皆美，所以能合于礼也。"利物足以和义"者，

〔1〕 黎靖德编：《朱子语类》卷六十八，中华书局，1986年，第1708页。

使物物各得其利，则义无不和。盖义是断制裁割底物，若似不和。然惟义能使事物各得其宜，不相妨害，自无乖戾，而各得其分之和，所以为义之和也。苏氏说"利者义之和"，却说义惨杀而不和，不可徒义，须着些利则和。如此，则义是一物，利又是一物；义是苦物，恐人嫌，须着些利令甜，此不知义之言也。义中自有利，使人而皆义，则不遗其亲，不后其君，自无不利，非和而何？"贞固足以干事。"贞，正也，知其正之所在，固守而不去，故足以为事之干。干事，言事之所依以立，盖正而能固，万事依此而立。在人则是智，至灵至明，是是非非，确然不可移易，不可欺瞒，所以能立事也。干，如板筑之有桢干。今人筑墙，必立一木于土中为骨，俗谓之"夜叉木"，无此则不可筑。横曰桢，直曰干。无是非之心，非知也。知得是是非非之正，紧固确守不可移易，故曰"知"，周子则谓之"正"也。[1]

这是说，物物各得其利便是义，便是义之和。义的价值特性是断制裁割，但其作用能使事物各得其所宜。这就把义的特性和其作用做了区分。

朱子晚年的《玉山讲义》云：

且道如何说个"仁义"二字底道理？大凡天之生物，各付一性，性非有物，只是一个道理之在我者耳。故性之所以为体，只是仁义礼智信五字，天下道理，不出于此。韩文公云人之所以为性者五，其说最为得之……五者之中，所谓信

---

〔1〕 黎靖德编：《朱子语类》卷六十八，中华书局，1986年，第1708—1709页。

者是个真实无妄底道理，如仁义礼智，皆真实而无妄者也，故信字更不须说。只仁义礼智四字，于中各有分别，不可不辨。盖仁则是个温和慈爱底道理，义则是个断制裁割底道理，礼则是个恭敬撙节底道理，智则是个分别是非底道理。凡此四者，具于人心，乃是性之本体。方其未发，漠然无形象之可见；及其发而为用，则仁者为恻隐，义者为羞恶，礼者为恭敬，智者为是非。随事发见，各有苗脉，不相淆乱，所谓情也。故孟子曰："恻隐之心，仁之端也；羞恶之心，义之端也；恭敬之心，礼之端也；是非之心，智之端也。"……然后就此四者之中，又自见得仁义两字是个大界限。如天地造化、四序流行，而其实不过于一阴一阳而已。

于此见得分明，然后就此又自见得仁字是个生底意思，通贯周流于四者之中。仁，固仁之本体也，义，则仁之断制也；礼，则仁之节文也；智，则仁之分别也。正如春之生气，贯彻四时，春则生之生也，夏则生之长也，秋则生之收也，冬则生之藏也。故程子谓四德之元犹五常之仁，偏言则一事，专言则包四者，正谓此也……其又兼言礼智，亦是如此。盖礼又是仁之著，智又是义之藏，而仁之一字，未尝不流行乎四者之中也。

若论体用，亦有两说。盖以仁存于心而义形于外言之，则曰仁，人心也；义，人路也，而以仁义相为体用。若以仁对恻隐，义对羞恶而言，则就其一理之中，又以未发已发相为体用，若认得熟，看得透，则玲珑穿穴、纵横颠倒，无处不通，而日用之间，行著习察，无不是著功夫处矣。（《朱子文集》卷七十四）

本篇第二节已经显示出，自战国秦汉以来，人们便常常把仁和义对举，标示出它们各自的价值特性与价值意向，朱子亦然，"仁则是个温和慈爱底道理，义则是个断制裁割底道理"便是他代表性的说法。[1] 他还把四德的价值特性与价值意向归为性之本体，即性理；把义的分析用本体与其发用来展开，用已发未发的分析来说义是断制裁割的未发，断制裁割是义的已发。所谓"某物底道理"，就是某物的理，在心性论上，就是指作为未发的本性的理。义是断制裁割的理，仁是温和慈爱的理；仁之发是温和慈爱，义之发是断制裁割。这是朱子哲学性情已发未发论的基本分析方法。以仁义礼智为性理包含了以四德为德性的思想。不过就论义而言，朱子更关注的似乎是义在由德性展开为德行的过程中，义心的特点，即"义在心上"的特点。关于《玉山讲义》这里所涉及的四德说的宇宙论面向，我们会在最后一节一并论及。

朱子关于仁义价值特性的此类说法，也曾受到张九成（子韶）仁义说的影响：

> "某旧见张子韶有个文字论仁义之实云：'当其事亲之时，有以见其温然如春之意，便是仁；当其从兄之际，有以见其肃然如秋之意，便是义。'某尝对其说，古人固有习而不察，如今却是略略地习，却加意去察；古人固有由之而不知，如今却是略略地由，却加意去知。"因笑云："李先生见

---

[1] 在前篇《朱子的四德论》中我提出："仁义作为价值概念，其本身带有价值的意味，意思、气象都是指价值概念涵蕴和发显的价值气息，可见，人道四德的'意思'，是指德目的价值蕴意，是属于道德哲学的讨论。仁的'意思'是慈爱温和，义的'意思'是刚毅果断，如此等等。"

某说，忽然曰：'公适间说得好，可更说一遍看。'"[1]

义是个毅然说话，如利刀着物。[2]

义如利刀相似，都割断了许多牵绊。[3]

义如利刀相似，胸中许多劳劳攘攘，到此一齐割断了。圣贤虽千言万语，千头万项，然一透都透。如孟子言义，伊川言敬，都彻上彻下。[4]

"义"字如一横剑相似，凡事物到前，便两分去。"君子义以为质"，"义以为上"，"义不食也"，"义弗乘也"，"精义入神，以致用也"：是此义十分精熟，用便见也。[5]

这些说法，无论利刀、横剑，都是形容义字的割断义，都是从义的发用来讲的。

朱子甚至说：

生底意思是仁，杀底意思是义，发见会通是礼，收藏不测是智。[6]

按：庞朴曾以杀论义，合乎朱子之说，而其论证方法是论述"宜"字本指一种祭祀之礼，此种祭祀礼用杀戮、宰杀，以此证明义的

---

〔1〕 黎靖德编：《朱子语类》卷一百二十四，中华书局，1986年，第2984—2985页。

〔2〕 黎靖德编：《朱子语类》卷六，中华书局，1986年，第120页。

〔3〕 黎靖德编：《朱子语类》卷六，中华书局，1986年，第120页。

〔4〕 黎靖德编：《朱子语类》卷六，中华书局，1986年，第120页。

〔5〕 黎靖德编：《朱子语类》卷六，中华书局，1986年，第120页。

〔6〕 黎靖德编：《朱子语类》卷六，中华书局，1986年，第107页。

原初意义与杀有关。[1]其实，先秦文献以宜解义，其宜字都不是作为祭祀的宜祭。而且，从朱子的例子可以看出，"杀底意思"不是义字的字源意义，而是从东汉后起的解说中引申出来的思想义。正如生并不是仁字的原初义。所以我们并不能用后起的意义去推原字的意义。

讲到这里，我们应该再回到第一节最后提及的《五行》篇中论义的思想。竹简《五行》有：

> 不直不肆，不肆不果，不果不简，**不简不行，不行不义**。（第十三章）

> 中心辩然而正行之，直也。直而遂之，肆也。肆而不畏强御，果也。不以小道害大道，简也。有大罪而大诛之，行也。贵贵其等尊贤，义也。（第二十章）[2]

不仅如此，《五行》又另用整整三章的篇幅申明"简"作为义的意义：

> 不简不行。不匿不辩于道。有大罪而大诛之，简也；有小罪而赦之，匿也……（第二十二章）

> 简之为言，犹练也，大而晏者也。匿之为言犹匿匿也，小而轸者也。简，义之方也；匿，仁之方也；强，义之方也；柔，仁之方也……（第二十三章）

---

〔1〕 庞朴：《中国文化十一讲》，中华书局，2008年，第108页。
〔2〕 参见陈来：《竹帛〈五行〉与简帛研究》，生活·读书·新知三联书店，2009年，第110页。

大而晏者，能有取焉。小而轸者，能有取焉……（第
二十四章）〔1〕

《五行》篇论义的讲法，比起先秦诸家用宜论义，在思想上更
接近汉以后对义的理解。其思想是，义是对善恶的清楚明辨（这
就是辨然而直），对恶要果敢断然去除（这就是果而不畏），对罪
的处置要坚持原则（这就是简行）。可见，从先秦以宜训义到汉代
以裁断训义，中间有一个过渡的阶段，这就是竹简、帛书《五行》
篇所代表的对义的理解。可惜我们对这一点的研究还很不够。事
实上，汉代的公孙弘在对策中曾说：

臣闻之，仁者爱也，义者宜也，礼者所履也，智者术之
原也。致利除害，兼爱无私，谓之仁；**明是非，立可否，谓
之义**；进退有度，尊卑有分，谓之礼……谓之术。〔2〕

这正是对《五行》篇中义的概念义的继承。

六、朱子论"义"之刚柔阴阳体用

朱子论哲学概念的意义，常用"意思"的说法或方法，仁字
的意思是如此，义字的意思也是如此。按汉儒的说法，义属金，
金气属刚，故朱子论义多强调其刚的意思，如说：

〔1〕 参见陈来：《竹帛〈五行〉与简帛研究》，生活·读书·新知三联书店，2009年，第115页。
〔2〕 班固：《汉书》，颜师古注，中华书局，1962年，第2616页。

义属金，是天地自然有个清峻刚烈之气。所以人禀得，自然有裁制，便自然有羞恶之心。[1]

"义"字有刚断之意。其养民则惠，使民则义。"惠"字与"义"字相反，便见得子产之政不专在于宽。就"都鄙有章"处，看得见"义"字在子产上，不在民上。[2]

"……大抵人之德性上，自有此四者意思：仁，便是个温和底意思；义，便是惨烈刚断底意思；礼，便是宣著发挥底意思；智，便是个收敛无痕迹底意思。性中有此四者，圣门却只以求仁为急者，缘仁却是四者之先。若常存得温厚底意思在这里，到宣著发挥时，便自然会宣著发挥；到刚断时，便自然会刚断；到收敛时，便自然会收敛。若将别个做主，便都对副不着了。此仁之所以包四者也。"问："仁即性，则'性'字可以言仁否？"曰："性是统言。性如人身，仁是左手，礼是右手，义是左脚，智是右脚。"蜚卿问："仁包得四者，谓手能包四支可乎？"曰："且是譬喻如此。手固不能包四支，然人言手足，亦须先手而后足；言左右，亦须先左而后右。"直卿问："此恐如五行之木，若不是先有个木，便亦自生下面四个不得。"曰："若无木便无火，无火便无土，无土便无金，无金便无水。"道夫问："向闻先生语学者：'五行不是相生，合下有时都有。'如何？"曰："此难说。若会得底，便自然不相悖，唤做一齐有也得，唤做相生

---

〔1〕黎靖德编：《朱子语类》卷十七，中华书局，1986年，第383页。
〔2〕黎靖德编：《朱子语类》卷二十九，中华书局，1986年，第731页。

也得。便虽不是相生，他气亦自相灌注。如人五脏，固不曾有先后，但其灌注时，自有次序。"久之，又曰："'仁'字如人酿酒：酒方微发时，带些温气，便是仁；到发得极热时，便是礼；到得熟时，便是义；到得成酒后，却只与水一般，便是智。又如一日之间，早间天气清明，便是仁；午间极热时，便是礼；晚下渐凉，便是义；到夜半全然收敛，无些形迹时，便是智。只如此看，甚分明。"〔1〕

"仁，便是个温和底意思；义，便是惨烈刚断底意思"，这个表述主要是指，义作为文字，有刚断的意思、含义；义作为性理，具有如此刚断的性向。下面一段中讲的"说仁，便有慈爱底意思；说义，便有刚果底意思"也是一样。

天下未尝有性外之物。仁则为慈爱之类；义则为刚断之类；礼则为谦逊；智则为明辨；信便是真个有仁义礼智，不是假，谓之信。〔2〕

除了"刚断"，朱子也用"刚果"：

吉甫问："仁义礼智，立名还有意义否。"曰："说仁，便有慈爱底意思；说义，便有刚果底意思。声音气象，自然如此。"直卿云："《六经》中专言仁者，包四端也；言仁义而不言礼智者，仁包礼，义包智。"〔3〕

〔1〕 黎靖德编：《朱子语类》卷六，中华书局，1986年，第110—111页。

〔2〕 黎靖德编：《朱子语类》卷二十，中华书局，1986年，第476页。

〔3〕 黎靖德编：《朱子语类》卷六，中华书局，1986年，第105—106页。

照以上所说，义应属刚。而朱子又不认定全然如此。钱穆也认为，朱子论仁义刚柔可有两说，一曰仁刚义柔，又一则曰仁柔义刚。[1]朱子说：

> 以仁属阳，以义属阴。仁主发动而言，义主收敛而言。若扬子云："于仁也柔，于义也刚。"又自是一义。便是这物事不可一定名之，看他用处如何。[2]

照这个讲法，仁义属刚属柔，并非一定之说，要看论说的角度。

朱子多处明确反对以义为刚、以仁为柔。

> 仁与义是柔软底，礼智是坚实底。仁义是头，礼智是尾。一似说春秋冬夏相似，仁义是阳底一截，礼智是阴底一截。（渊。方子录云："仁义是发出来嫩底，礼智是坚硬底。"）[3]

照这个说法，仁义都是柔软的、属阳的一截，因而就不能说义是属刚的。（按：朱子以春夏秋冬四季比四德，其序应当是仁礼义智，这样的话，仁礼应该是阳的一截，义智应当是阴的一截。可是这里朱子却以仁义为阳的一截，颇不可晓。）

> 问仁义礼智体用之别。曰："自阴阳上看下来，仁礼属阳，义智属阴；仁礼是用，义智是体。春夏是阳，秋冬是阴。只将仁义说，则'春作夏长'，仁也；'秋敛冬藏'，义也……"[4]

---

〔1〕 钱穆：《朱子新学案》第二册，九州出版社，2011年，第142页。
〔2〕 黎靖德编：《朱子语类》卷六，中华书局，1986年，第121页。
〔3〕 黎靖德编：《朱子语类》卷六，中华书局，1986年，第106页。
〔4〕 黎靖德编：《朱子语类》卷六，中华书局，1986年，第106页。

照这里所说，则义不属阳，而是属阴，是体；相对而言仁属于阳，是用。这与上一段所说义是阳的一截就不同了。而且这里区分了两种分析，一种是"自阴阳上看"，一种是"只将仁义说"。"自阴阳上看"是把四德分为阴阳，"只将仁义说"是把四季分为仁义。但朱子没有说明，何以仁礼是用、义智是体。这样看来，自阴阳上看，是把事物分为阴阳；只将仁义说，是把事物分为仁义。还有第三种，就是"将仁义礼智说"，即把事物分为仁义礼智。朱子接着说：

> 若将仁义礼智说，则春，仁也；夏，礼也；秋，义也；冬，智也。仁礼是敷施出来底，义是肃杀果断底，智便是收藏底。如人肚脏有许多事，如何见得！其智愈大，其藏愈深。正如《易》中道："立天之道，曰阴与阳；立地之道，曰柔与刚；立人之道，曰仁与义。"**解者**多以仁为柔，以义为刚，非也。却是以仁为刚，义为柔。盖仁是个发出来了，便硬而强；义便是收敛向里底，外面见之便是柔。[1]

从哲学上说，性情已发未发的分析属于体用的内外分析，而这里讲的是总体**流行**的阶段分析，不论已发未发。比照春夏秋冬四季流行，四德中"义"对应于秋之肃杀，同时和冬之收藏一样，属于收敛，外在表现为柔（而不是刚）。这样，朱子所说的三种分析模式就涉及仁义的阴阳、刚柔的划分。照后面一句的说法，发出来的是刚，收敛向里的是柔。但此种论断的理据何在？

汉代扬雄早就说过"于仁也柔，于义也刚"，这个说法一般容易被接受。但朱子认为这只是从用上讲的，如果从体上说，则仁

---

[1] 黎靖德编：《朱子语类》卷六，中华书局，1986年，第106页。

刚而义柔。上面一段中的"解者"就是指袁机仲，为此朱子和袁机仲还做了反复的辩论。

朱子答袁机仲书：

> 盖天地之间，一气而已。分阴分阳，便是两物。故阳为仁而阴为义。然阴阳又各分而为二。故阳之初为木、为春、为仁，阳之盛为火、为夏、为礼。阴之初为金、为秋、为义，阴之极为水、为冬、为智。[1]

又曰：

> 盖尝论之，阳主进而阴主退，阳主息而阴主消。进而息者其气强，退而消者其气弱，此阴阳之所以为柔刚也。阳刚温厚，居东南，主春夏，而以作长为事。阴柔严凝，居西北，主秋冬，而以敛藏为事。作长为生，敛藏为杀，此刚柔之所以为仁义也。

> 发生为仁，肃杀为义，三家之说皆无所悟，肃杀虽似乎刚，然实天地收敛退藏之气，自不妨其为阴柔也。

朱子思想的理据来自汉代礼家之说。从阴阳两分来说，阴阳对应仁义，故仁阳义阴。这就说明了何以义属阴。从进退来讲，进而息者其气强，故阳为刚；退而消者其气弱，故阴为柔。于是，义为退而消者，所以属柔。这就是仁刚义柔说，此说主要不是就仁义的道德义而言的，而是就仁义的气化义而言的。后者应是从

---

[1]《答袁机仲·五》，见《朱子文集》卷三十八。

汉儒的卦气方位说而来。

> 仁礼属阳，义智属阴。袁机仲却说："义是刚底物，合属阳；仁是柔底物，合属阴。"殊不知舒畅发达，便是那刚底意思；收敛藏缩，便是那阴底意思。他只念得"于仁也柔，于义也刚"两句，便如此说。殊不知正不如此。又云："以气之呼吸言之，则呼为阳，吸为阴，吸便是收敛底意。《乡饮酒义》云：'温厚之气盛于东南，此天地之仁气也；严凝之气盛于西北，此天地之义气也。'"[1]

袁机仲认为义不仅是刚，而且属阳，因为刚者必定属阳。朱子明确反对，他的理由还是说发畅为刚，收敛为阴。他引用《礼记·乡饮酒义》中义气的说法，即将凝敛的气说成义气，以此来证明义是收敛，所以属阴。这一争论的哲学意义并不是伦理学的，而是宇宙论的。

以仁为发用，以义为定体，还可见于以下的语录：

> "仁礼属阳，属健；义知属阴，属顺。"问："义则截然有定分，有收敛底意思，自是属阴顺。不知智如何解？"曰："智更是截然，更是收敛。如知得是，知得非，知得便了，更无作用，不似仁义礼三者有作用。智只是知得了，便交付恻隐、羞恶、辞逊三者。他那个更收敛得快。"[2]

> 义之严肃，即是仁底收敛。[3]

---

[1] 黎靖德编：《朱子语类》卷六，中华书局，1986年，第106页。
[2] 黎靖德编：《朱子语类》卷六，中华书局，1986年，第106—107页。
[3] 黎靖德编：《朱子语类》卷六，中华书局，1986年，第121页。

　　林子武问："龟山《语录》曰：'《西铭》"理一而分殊"。知其理一，所以为仁；知其分殊，所以为义。'"先生曰："仁，只是流出来底便是仁；各自成一个物事底便是义。仁只是那流行处，义是合当做处。仁只是发出来底；及至发出来有截然不可乱处，便是义。且如爱其亲，爱兄弟，爱亲戚，爱乡里，爱宗族，推而大之，以至于天下国家，只是这一个爱流出来；而爱之中便有许多等差。且如敬，只是这一个敬；便有许多合当敬底，如敬长、敬贤，便有许多分别。"又问礼。先生曰："以其事物之宜之谓义，义之有节文之谓礼。且如诸侯七庙，大夫五庙，士二，这个便是礼；礼里面便有义。所以说：'天命之谓性，率性之谓道，修道之谓教。'如《中庸集略》吕与叔所云：'自是合当恁地。'知得亲之当爱，子之当慈，这便是仁；至于各爱其亲，各慈其子，这便是义。这一个物事分不得。流出来底便是仁，仁打一动，便是义礼智信当来。不是要仁使时，仁来用；要义使时，义来用，只是这一个道理，流出去自然有许多分别。且如心、性、情，而今只略略动着，便有三个物事在那里，其实只是一个物。虚明而能应物者，便是心；应物有这个道理，便是性；会做出来底，便是情，这只一个物事。"[1]

仁是发出来、流出来的，义是发出来后截然分别了、确定的，这些理解与区分，都是把仁义范畴普遍化为宇宙论的范畴，其讨论也就超出了伦理学的范围，而变为宇宙论的讨论了。由此可见，

---

[1] 黎靖德编：《朱子语类》卷九十八，中华书局，1986年，第2527页。

朱子对义的讨论，如其对仁的讨论一样，更多地关注把义作为宇宙论范畴的理解和应用，把义作为生气流行有机过程的一个阶段，这跟朱子作为构建宇宙论体系的哲学家的关怀密切相关。

另两段也类似：

> 先生举《遗书》云："根本须先培壅然后可立趋向。"又云："学者须敬守此心，不可急迫，当栽培深厚，涵泳于其间，然后可以自得。今且要收敛此心，常提撕省察。且如坐间说时事，逐人说几件，若只管说，有甚是处！便截断了，提撕此心，令在此。凡遇事应物皆然。"问："当官事多，胶胶扰扰，奈何？"曰："他自胶扰，我何与焉？濂溪云：'定之以中正仁义而主静。'中与仁是发动处，正是当然定理处，义是截断处，常要主静。岂可只管放出不收敛！'截断'二字最紧要。"[1]

> 陈仲蔚因问："龟山说：'知其理一，所以为仁；知其分殊，所以为义。'仁便是体？义便是用否？"曰："仁只是流出来底，义是合当做底。如水，流动处是仁；流为江河，汇为池沼，便是义。如恻隐之心便是仁；爱父母，爱兄弟，爱乡党，爱朋友故旧，有许多等差，便是义。且如敬，只是一个敬；到敬君，敬长，敬贤，便有许多般样。礼也是如此。如天子七庙，诸侯五庙，这个便是礼；其或七或五之不同，便是义。礼是理之节文，义便是事之所宜处。吕与叔说'天命之谓性'云：'自斩而缌，丧服异等，而九族之情无所憾；

---

[1] 黎靖德编：《朱子语类》卷一百一十三，中华书局，1986年，第2739—2740页。

自王公至皂隶，仪章异制，而上下之分莫敢争；自是天性合如此。'且如一堂有十房父子，到得父各慈其子，子各孝其父，而人不嫌者，自是合如此也。其慈，其孝，这便是仁；各亲其亲，各子其子，这便是义。这个物事分不得，流出来便是仁；仁打一动，义礼智便随在这里了。不是要仁使时，义却留在后面，少间放出来。其实只是一个道理，论著界分，便有许多分别。且如心性情虚明应物，知得这事合怎地，那事合怎地，这便是心；当这事感则这理应，当那事感则那理应，这便是性；出头露面来底便是情，其实只是一个物事。而今这里略略动，这三个便都在，子细看来，亦好则剧。"[1]

流动出来的是仁，流动的截断、定型和等差、分殊的是义。可见朱子论义处多是就宇宙论来讲，而不是专就伦理学来讲的。这和其整个四德论是一致的。

不仅如此，其中还涉及仁义的体用问题。他进一步申发此理：

先生答叔重疑问曰："仁体刚而用柔，义体柔而用刚。"广请曰："自太极之动言之，则仁为刚，而义为柔；自一物中阴阳言之，则仁之用柔，义之用刚。"曰："也是如此。仁便有个流动发越之意，然其用则慈柔；义便有个商量从宜之义，然其用则决裂。"[2]

这就指出，仁、义的刚柔，要看从体上说还是从用上说。朱子主张仁是体刚而用柔，义是体柔而用刚。也就是说，在体上说，仁

---

〔1〕 黎靖德编：《朱子语类》卷一百一十六，中华书局，1986年，第2797页。
〔2〕 黎靖德编：《朱子语类》卷六，中华书局，1986年，第121页。

刚而义柔；在用上说，则仁柔而义刚。这个观点是明确的。综合来看，朱子以仁、义在天德之自然的意义为体，以仁、义在人事之当然的意义为用，即说仁是柔和义是刚是在用上说的，而用应该是就人事的当然而言的。至于说仁是刚和义是柔，则是就天德流行中的不同特征而言的，是在体上说的，如论太极动静，就是属于就天德流行之统体而言的。这种体用论是指一个事物自身的体和用，仁有体有用，义也有体有用。

另一种说法是，体用是指两个事物之间的体和用的关系。如在大化流行中，流动发越属用，收敛截断属体，故仁是用，义是体。这两种体用是不同的。

例如，朱子在此意义上说仁是用，义是体：

> "'圣人定之以中正仁义'，'正'字、'义'字却是体，'中'、'仁'却是发用处。"问："义是如何？"曰："义有个断制一定之体。"[1]

这也是说发动是仁，截断是义，仁是发用，义是定体。前面说的流行与把定之分，也是如此。

因此，朱子晚年之所以强调仁刚义柔，很大程度上是因为他以仁为体的本体宇宙论已经形成，义的刚柔阴阳，要在这一本体宇宙的架构内来定位，而不是仅仅从义的伦理价值功能来确认。[2]从这一点来看，义的肃杀截断义就远不是宜的意义所能替代的，其哲学意义和地位当然就超过了宜字及其意义。

---

〔1〕 黎靖德编：《朱子语类》卷九十四，中华书局，1986年，第2383页。
〔2〕 参看我的《仁学本体论》。

以上是就朱子义字之说加以梳理。所论朱子之说，还不是朱子义概念之使用的全部内容，也不是朱子对经典中义字使用的全部理解。这如同我们研究朱子对仁字之说的处理一样。总结起来，义的哲学意义，先秦时代有以下几点：道德、道义、正义、善德、端正。而汉代以来，对"义"的道德要义的把握，其要点在坚守对道德原则的承诺，明辨是非善恶，果断裁非去恶，其根源是对先秦"义"的"正义"义做转进。受此影响，朱子很强调义是面对恶的德性，突出义是对不善的憎恶。朱子思想对义的哲学理解，一是继承了汉以来的论义的裁断要义，二是把义纳入以仁德为首的四德论体系，三是扩展了义在仁体宇宙论中的意义。**同时，也应该承认，从历史的发展来看，裁断义的出现和影响，往往没有突出义概念的价值意义和内涵，而是突出了义作为主体实践的裁度功能，即裁其偏歧，制之归正。**朱子对义的理解、使用受到汉以后经学词义训释的影响较大，这一方面使得义的价值意义没有得到明确化的发展，这是哲学家朱子受到训诂学影响的受限制方面；当然，在仁体论的体系内，义不被作为首要价值来重视是必然的，这正如罗尔斯对基督教仁爱思想的批评一样。另一方面，义的裁断义又使朱子将之引向宇宙论成为可能，这发展了义在朱子宇宙论中的意义，充实了朱子宇宙论的结构图景。无论如何，这些问题都是值得再加以深入研究的。

谨以此文纪念朱子诞辰890周年

朱子论『羞恶』

人知饥渴寒暖，此人心也；恻隐羞恶，道心也。只是一个心，却有两样。须将道心去用那人心，方得。

——朱熹《语类》

在儒学体系中，"羞恶"的问题来自《孟子·公孙丑上》："恻隐之心，仁之端也；羞恶之心，义之端也；辞让之心，礼之端也；是非之心，智之端也。人之有是四端也，犹其有四体也。"根据孟子的讲法，羞恶作为道德感情和恻隐、辞让、是非一起被称为"四端"，四端分别是作为本性的仁义礼智的发端或端绪。在这一体系中，"羞恶"是"义"之发端，羞恶问题的研究从而既与"义"的研究相联系，又是四端研究的一部分。在理学中，朱子对四端的论述最多，也最成体系，而本篇以羞恶为焦点来检述其思想，既是因为义的概念含义历来被认为不很清楚，关注朱子对羞恶的讨论可以促进对理学关于"义"的概念的理解，也是因为我们可以通过这一特定的角度加深对朱子学心性论的理解。

一、羞恶为义之已发

在朱子哲学体系中，义与仁、礼、智一样，属于性之理。未发之性发见则为情，仁之发为恻隐，义之发为羞恶，恻隐、羞恶

属于已发之情。孟子所说的"羞恶之心",在这个意义上属于已发之情。

《语类》记载朱子与门人的讨论:

> 问喜怒哀乐未发、已发之别。曰:"未发时无形影可见,但于已发时照见。谓如见孺子入井,而有怵惕恻隐之心,便照见得有仁在里面;见穿窬之类,而有羞恶之心,便照见得有义在里面。盖这恻隐之心属仁,必有这仁在里面,故发出来做恻隐之心;羞恶之心属义,必有这义在里面,故发出来做羞恶之心。譬如目属肝,耳属肾。若视不明,听不聪,必是肝肾有病;若视之明,听之聪,必是肝肾之气无亏,方能如此。然而仁未有恻隐之心,只是个爱底心;义未有羞恶之心,只是个断制底心。惟是先有这物事在里面,但随所感触,便自是发出来。故见孺子入井,便有恻隐之心;见穿窬之类,便有羞恶之心;见尊长之属,便有恭敬之心;见得是,便有是之心;见得非,便有非之心,从那缝罅里迸将出来,恰似宝塔里面四面毫光放出来。"(焘)[1]

门人问的是喜怒哀乐,即七情的已发未发,而朱子回答的是恻隐羞恶恭敬是非之心,即四端,可见在朱子的意识中,把七情和四端之心都看作情,常常不加分别。照朱子,情之未发即是性,性无形影;此性于情之已发可见。人见穿窬之事,而发羞恶之心,由此羞恶之心可见本性中义之理在焉。由四端之心发作,人可知

---

〔1〕 黎靖德编:《朱子语类》卷五十三,中华书局,1986年。本篇以下凡引《朱子语类》,仅注明《语类》和卷数。

四德之性内在于心中。反过来说，正是由于人内在地具有四德之本性，故能遇事而发为四端之心。不过，这一段记录中，"然而仁未有恻隐之心，只是个爱底心；义未有羞恶之心，只是个断制底心。惟是先有这物事在里面，但随所感触，便自是发出来"，应是记录有误，应说"未有恻隐之心，只是个爱底理；未有羞恶之心，只是个断制底理"，而不能说未感时先有个"爱底心""断制底心"。这是明显违反朱子学思想的。在朱子思想中，"先有这物事在里面，但随所感触，便自是发出来"，这个"在里面"的物事只能是理，而不能是别的东西。

"恻隐、羞恶，是仁义之端。恻隐自是情，仁自是性，性即是这道理。仁本难说，中间却是爱之理，发出来方有恻隐；义却是羞恶之理，发出来方有羞恶；礼却是辞逊之理，发出来方有辞逊；智却是是非之理，发出来方有是非。仁义礼智，是未发底道理，恻隐、羞恶、辞逊、是非，是已发底端倪。如桃仁、杏仁是仁，到得萌芽，却是恻隐。"又曰："分别得界限了，更须日用常自体认，看仁义礼智意思是如何。"又曰："如今只因孟子所说恻隐之端，可以识得仁意思；因说羞恶之端，可以识得义意思；因说恭敬之端，可以识得礼意思；因说是非之端，可以识得智意思。缘是仁义礼智本体自无形影，要捉模不着（一作'得'），只得将他发动处看，却自见得。恰如有这般儿子，便知得是这样母。程子云'以其恻隐，知其有仁'，此八字说得最亲切分明。也不道恻隐便是仁，又不道掉了恻隐，别取一个物事说仁。譬如草木之萌芽，可以因萌芽知得他下面有根。也不道萌芽便

是根，又不道掉了萌芽别取一个根。"又曰："孟子说性，不
曾说着性，只说'乃若其情，则可以为善'。看得情善，则
性之善可知。"又曰："恻隐羞恶，多是因逆其理而见。惟有
所可伤，这里恻隐之端便动；惟有所可恶，这里羞恶之端便
动。若是事亲从兄，又是自然顺处见之。"又曰："人须扩而
充之。人谁无恻隐，只是不能常如此。能常如此，便似孟子
说'火之始然，泉之始达，苟能充之，足以保四海'。若不
能常如此，恰似火相似，自去打灭了；水相似，自去淤塞
了；如草木之萌芽相似，自去踏折了，便死了，更无生意。"
又曰："孟子云：'仁义礼智根于心。''心统性情'，故说心
亦得。"（贺孙）（《语类》卷五十三）

"中间却是爱之理"，这里的"中间"就是前面说的"里面"。里面
有羞恶之理，发出来才有羞恶。羞恶之理便是义。故仁义礼智四
德是未发的理，而恻隐、羞恶、辞逊、是非是已发的端，即四端。
四德是性，是未发，四端是情，是已发。认清四德和四端的分别，
就叫作"分别得界限"。照朱子看来，孟子所说的仁义礼智根于
心，是说仁义礼智是心之根，是四端之心的根；四德是根源，四
端是发端。

"元亨利贞"，理也；有这四段，气也。有这四段，理便
在气中，两个不曾相离。若是说时，则有那未涉于气底四
德，要就气上看也得。所以伊川说："元者，物之始；亨者，
物之遂；利者，物之实；贞者，物之成。"这虽是就气上说，
然理便在其中。伊川这说话改不得，谓是有气则理便具。所
以伊川只恁地说，便可见得物里面便有这理。若要亲切，莫

> 若只就自家身上看，恻隐须有恻隐底根子，羞恶须有羞恶底根子，这便是仁义。仁义礼智，便是元亨利贞。孟子所以只得恁地说，更无说处。仁义礼智，似一个包子，里面合下都具了。一理浑然，非有先后，元亨利贞便是如此，不是说道有元之时，有亨之时。（渊）（《语类》卷六十八）

性就是物里面有的理，性理是四端的根子，有仁义礼智的根子，才能发出恻隐羞恶等四端。这也是讲四德之性是四端之情的内在根据，四端之情是四德之性的外发表现。"里面"就是内在于心里面。

> 又曰："心之所以会做许多，盖具得许多道理。"又曰："何以见得有此四者？因其恻隐，知其有仁；因其羞恶，知其有义。"（《语类》卷六）

从已发之情推知未发之性，这是一种内推或逆推的方法，依据已发的恻隐和羞恶，而知性有仁有义。逆推的方法属于认知本性和论证本性存在的方法。

> 明德未尝息，时时发见于日用之间。如**见非义而羞恶**，见孺子入井而恻隐，见尊贤而恭敬，见善事而叹慕，皆明德之发见也。如此推之，极多。但当因其所发而推广之。（《语类》卷十四）

这里的明德即是性，即指四德，朱子指出，**四德之性虽属未发，但通过四端而时时发见，如性中有义之理，见非义之事而发为羞恶**。而人不是仅仅依靠四端发见，还需要因其所发而推广之，这才是真正掌握了孟子的思想。

> 孝弟便是仁。仁是理之在心，孝弟是心之见于事。"性中只有个仁义礼智，曷尝有孝弟！"见于爱亲，便唤做孝；见于事兄，便唤做弟。如"亲亲而仁民，仁民而爱物"，都是仁。性中何尝有许多般，只有个仁。自亲亲至于爱物，乃是行仁之事，非是行仁之本也。故仁是孝弟之本。推之，则义为羞恶之本，礼为恭敬之本，智为是非之本。(《语类》卷二十)

朱子这里讲的是性情之辨，认为仁是性，发见在爱亲之事，就是孝，所以仁是根本，孝是发见。同理，义是根本，羞恶是发见。这种分析也是基于性情体用、未发已发的理论而有的。

二、羞恶之心因见其不美而发

上面已说明，孟子讲的恻隐羞恶，在朱子哲学体系的性体情用论中，属于情。故《孟子》文本中的"恻隐之心""羞恶之心"在朱子哲学体系中属于情，而不是心。但因《孟子》文本中使用了这些概念，故朱子在讨论中也常常使用它们，但这不等于朱子认为"恻隐之心""羞恶之心"不是情。朱子说过：

> 如曰"恻隐之心"，便是**心上说情**。(《语类》卷四)

所以，若严格按朱子性情体用的思想，恻隐羞恶只能叫作情，不叫作心。但孟子的思想与其概念的使用与朱子不同，孟子已经使用"恻隐之心""羞恶之心"的说法，这就使得朱子往往要面对这种差别而给予说明。如在这里，他的解释是孟子虽然用了恻隐之心的说法，实际上说的是恻隐之情，是用心的概念说情的现象：

> 林恭甫说"生理本直"未透。曰："如水有源便流，这只是流出来，无阻滞处。如见孺子将入井，便有个恻隐之心。见一件可羞恶底事，便有个羞恶之心。这都是本心自然恁地发出来，都遏不住。而今若顺这个行，便是。**若是见人井后不恻隐，见可羞恶而不羞恶，便是拗了这个道理**，这便是罔。"（《语类》卷三十二）

这是说，因见事物之来，由仁之性发见为恻隐之心，由义之性发见为羞恶之心，这是自然发出、不可遏止的，也是顺行。如果见孺子入井而不恻隐，见可恶之事而不羞恶，那就没有顺行此理，而是逆拗此理了。为什么会有不顺此性理而发，而逆拗此理之发呢？朱子在这里没有说明。

> 问："《诗》如何可以兴？"曰："读《诗》，**见其不美者，令人羞恶**；见其美者，令人兴起。"（《语类》卷四十七）

"其不美者"与上面说的"见非义而羞恶""可羞恶底事"相同，**都是指羞恶是人面对不善可恶之事所发的情感。朱子《孟子集注》中已经明确提出："羞，耻己之不善也。恶，憎人之不善也。"**

> 孟子论"乍见孺子将入于井，怵惕恻隐"一段，如何说得如此好？只是平平地说去，自是好。而今人做作说一片，只是不如他。又曰："怵惕、恻隐、羞恶，都是道理自然如

此，不是安排。合下制这'仁'字，才是那伤害底事，便
自然恻隐。合下制这'义'字，才见那不好底事，便自然羞
恶。这仁与义，都在那恻隐、羞恶之先。未有那恻隐底事
时，已先有那爱底心了；未有那羞恶底事时，已先有那断制
裁割底心了。"（《语类》卷五十三）

这里的一句说得很清楚，仁与义在恻隐羞恶之先，而不是仁义之
心在恻隐羞恶之先。但下一句是误录，因为按朱子哲学的逻辑，
不能说"未有那恻隐底事时，已先有那爱底心"，只能说先有仁，
先有爱底理；不能说"未有那羞恶底事时，已先有那断制裁割底
心"，只能说先有义，先有断制之理，即义之理。这一误录，与
前节所引相同，颇为可怪，似乎断制之心是一般的义心，羞恶之
心是具体的义心，而朱子从来没有这样讲过。这一段中除了讲恻
隐羞恶之发是自然如此，不待安排，还表示**羞恶之心是性中"义"
之理在面对恶（可羞、可恶、不美、不好底事）时的发见。由此
可知，仁是好善，义是恶恶。**

应该说，对义的这种认识在根本上是源于孟子把羞恶与义联
结之思想的影响。应当指出，思想界在讨论孟子的"羞恶"之说
时，往往把重点置于"羞"而不是"恶"的上面。从修身论的角
度，"羞"是羞耻自己的不善之处；对自己的不善产生羞耻之感，
可以促进修身的实践，所以把重点置于"羞"之上，在修身论的
立场上是很有意义的。但是如果不从修身论的角度，而从社会政
治的角度看待恶，憎人之不善就来得更重要了。在这个意义上说，
把义解释为裁制，是对人之不善的应对之策，这是有其不可替代
的意义的。一个社会，必须对"恶"有明确的价值态度，确立其

在价值观上的意义，这是非常重要的。始于汉代的"义为裁制"说，改变了孟子羞恶说的内向修身取向，而明确将义解释为社会价值，直接指向对一切恶的斩钉截铁的裁制态度。[1]

上面说，"义"是见那不好的事而发出羞恶之心，与见孺子将入于井相同；仁发为恻隐，义发为羞恶，都要以"见"为前提。见也就是感：

> 陈厚之问"寂然不动，感而遂通"。曰："寂然是体，感是用。当其寂然时，理固在此，必感而后发。如仁感为恻隐，未感时只是仁；义感为羞恶，未感时只是义。"某问："胡氏说此，多指心作已发。"曰："便是错了。纵使已发，感之体固在，所谓'动中未尝不静'。如此则流行发见，而常卓然不可移。今只指作已发，一齐无本了，终日只得奔波急迫，大错了！"（《语类》卷七十五）

这是说，从未发到已发，从性到情，是以"感"作为中介，是感引动了未发到已发的变化。

> 问："'满腔子是恻隐之心'，如何是满腔子？"曰："满腔子，是只在这躯壳里，'腔子'乃洛中俗语。"又问："恻隐之心，固是人心之懿，因物感而发见处。前辈令以此操而存之，充而达之。不知如何要常存得此心？"曰："此心因物方感得出来，如何强要寻讨出？此心常存在这里，只是因感时识得此体。平时敬以存之，久久会熟。善端发处，益

---

[1] 参见前篇《朱子论"义"》。

见得分晓，则存养之功益有所施矣。"又问："要恻隐之心常存，莫只是要得此心常有发生意否？"曰："四端中，羞恶、辞让、是非亦因事而发尔。此心未当起羞恶之时，而强要憎恶那人，便不可。如恻隐，亦因有感而始见，欲强安排教如此，也不得。如天之四时，亦因发见处见得。欲于冬时要寻讨个春出来，不知如何寻。到那阳气发生万物处，方见得是春耳。学者但要识得此心，存主在敬，四端渐会扩充矣。"（《语类》五十三）

见是感的途径，感在这里称为物感，更为周全。恻隐之心、羞恶之心都是由物感而发见，物是外物，感是感动，被感的对象是性理。性理受感后而有回应，这是应，应即发见为情。这里涉及存心的问题。因物感而发见的恻隐羞恶之心，是否要操而存之？照朱子的思想理路，四端都是因事而发，因有感而始见，而不能说四端之心平时即存于心中。因此存养功夫应当是以主敬存之，就发见处体认心体。[1]

光祖问"四德之元，犹五常之仁，偏言则一事，专言则包四者"。曰："元是初发生出来，生后方会通，通后方始向成。利者物之遂，方是六七分，到贞处方是十分成，此偏言也。然发生中已具后许多道理，此专言也。恻隐是仁之端，羞恶是义之端，辞逊是礼之端，是非是智之端。若无恻隐，便都没下许多。到羞恶，也是仁发在羞恶上；到辞逊，也是

---

[1] 但此段中又出现了一句"此心常存在这里"，与此段整体的说法不一致，恐是记差。此句或当为"如何强要寻讨出教此心常存在这里"。

仁发在辞逊上；到是非，也是仁发在是非上。"问："这犹金木水火否？"曰："然。仁是木，礼是火，义是金，智是水。"（《语类》卷六十八）

问："仁何以能包四者？"曰："人只是这一个心，就里面分为四者。且以恻隐论之：本只是这恻隐，遇当辞逊则为辞逊，不安处便为羞恶，分别处便为是非。若无一个动底醒底在里面，便也不知羞恶，不知辞逊，不知是非。譬如天地只是一个春气，发生之初为春气，发生得过便为夏，收敛便为秋，消缩便为冬。明年又从春起，浑然只是一个发生之气。"（《语类》卷九十五）

仁义礼智都只是个生意。当恻隐而不恻隐，便无生意，便死了；羞恶固是义，当羞恶而无羞恶，这生意亦死了。以至当辞逊而失其辞逊，是非而失其是非，心便死，全无那活底意思。（《语类》卷九十五）

问："何谓恻隐？"曰："恻，恻然也；隐，痛也。"又问："明道先生以上蔡面赤为恻隐之心，何也？"曰："指其动处而言之，只是羞恶之心。然恻隐之心必须动，则方有羞恶之心。如肃然恭敬，其中必动。羞恶、恭敬、是非之心，皆自仁中出。故仁，专言则包四者，是个蒂子。无仁则麻痹死了，安有羞恶恭敬是非之心！仁则有知觉，痒则觉得痒，痛则觉得痛，痒痛虽不同，其觉则一也。"（《语类》卷五十三）

这几段，都是从四德论的整体关联的角度立论，就仁之生意贯穿四德及其流行而言。在这个意义上，羞恶是仁发在羞恶上，是恻隐感到不安处，也是生意的一种表现。同时，朱子强调四端的"里面"有一个动的、醒的、活的生意，流行于四端之中，隐贯在四端之后。前面提到的所谓先于恻隐羞恶的"爱底心"，也只有在这个意义上才能成立。

羞恶问题在伦理学理论上的探讨较少，近代以来在西方哲学中只有舍勒通过价值情感的现象学做了研究。虽然舍勒也谈过"作为身体感觉与厌恶和反感的羞感"，但他主要关注的是性羞感，故其理论与孟子以来儒家讨论的羞恶问题相去较远。[1]

三、有羞恶其不当羞恶者

与孟子相比，朱子所理解的恻隐、羞恶（四端）有两种意义，一为狭义的，一为广义的：狭义的四端是指性理直接发出、全然而善的情，如孟子所说者；广义的四端则是指虽由性理发出但并非全然而善的情，有中节，有不中节。在朱子学中，情之所以由性理发出但并非全善，主要是引入了气的作用，四端的这两种分别是理学心性思想发展的需要。

首先，朱子认为义德和人所禀受的金气有关：

> 义属金，是天地自然有个清峻刚烈之气。所以人禀得，自然有裁制，便自然有羞恶之心。礼智皆然。（《语类》卷十七）

----

[1] 见舍勒：《舍勒选集》，刘小枫选编，上海三联书店，1999年，第550页。近年国内也有从类似角度关注儒学中对羞耻的研究的学者，如陈少明：《关于羞耻的现象学分析》，载《哲学研究》2006年第12期。

朱子从气禀人性论的角度对人之四端的先天差别做了分析：

> "天命之谓性。"命，便是告札之类；性，便是合当做底
> 职事，如主簿销注，县尉巡捕；心，便是官人；气质，便是
> 官人所习尚，或宽或猛；情，便是当厅处断事，如县尉捉得
> 贼。情便是发用处。性只是仁义礼智。所谓天命之与气质，
> 亦相衮同。才有天命，便有气质，不能相离。若阙一，便生
> 物不得。既有天命，须是有此气，方能承当得此理。若无此
> 气，则此理如何顿放！（……）天命之性，本未尝偏。但气
> 质所禀，却有偏处，气有昏明厚薄之不同。然仁义礼智，亦
> 无阙一之理。但若恻隐多，便流为姑息柔懦；若羞恶多，便
> 有羞恶其所不当羞恶者。(《语类》卷四)

朱子人性论有两个要素，一个是性理，一个是气质。仁义礼智人
人全具，无所缺欠；气质之禀，则昏明薄厚不同。由于气禀昏明
不同，故性理的发见有所不同，有偏有全。气禀的这种影响不是
对一个人感应某事的影响，而是对于此人个性整体的影响。

气禀不仅有昏明的不同，也有偏重的不同：

> 人性虽同，禀气不能无偏重。有得木气重者，则恻隐之
> 心常多，而羞恶、辞逊、是非之心为其所塞而不发；有得金
> 气重者，则羞恶之心常多，而恻隐、辞逊、是非之心为其所
> 塞而不发。水火亦然。唯阴阳合德，五性全备，然后中正而
> 为圣人也。(《语类》卷四)

禀得木气重者则恻隐之心多，禀得金气重者则羞恶之心多。禀得一
种气重的结果有二：一是堵塞了其他气禀，或导致其他气禀不够，

从而造成四端中只有一端凸显,其他诸端塞而不发。二是若有人偏禀一种气,则其情之发见便多会偏而不中,过或不及,如"若恻隐多,便流为姑息柔懦;若羞恶多,便有羞恶其所不当羞恶者"。

> 好仁、恶不仁,只是利仁事,却有此二等,然亦无大优劣。只是好仁者是资性浑厚底,恶不仁者是资性刚毅底;好仁者恻隐之心较多,恶不仁者羞恶之心较多。圣人之意,谓我未见好仁、恶不仁者。(《语类》卷二十六)

> 曰:"它原头处都是善,因气偏,这性便偏了。然此处亦是性。如人浑身都是恻隐而无羞恶,都羞恶而无恻隐,这个便是恶德。这个唤做性邪不是?如墨子之心本是恻隐,孟子推其弊,到得无父处,这个便是'恶亦不可不谓之性也'。"(《语类》卷四)

如果一个人禀得金气少,则羞恶之心较少,甚至无羞恶之心,这是一个极端。而如果一个人禀得金气偏重,则羞恶之心偏多,甚至导致无恻隐恭敬是非之心,这是另一个极端。朱子认为这都是气禀对人的四端之发的影响,甚至把这种偏重称为恶德。

如果不论气禀的作用,只就四端之发而言,则朱子认为在人的实际生活中,**四端之发有偏差。以义之发来说,当羞恶而不羞恶,不当羞恶而羞恶,**这类现象相当普遍:

> 又问:"若指动言仁,则近禅。"曰:"这个如何占得断!是天下公共底。释氏也窥见些子,只是他只知得这个,合恻隐底不恻隐,合羞恶底不羞恶,合恭敬底不恭敬。"又问:"他却无恻隐、羞恶、恭敬、是非?"曰:"然。"(《语

类》卷五十三）

人于仁义礼智，恻隐、羞恶、辞逊、是非此四者，须当日夕体究，令分晓精确。此四者皆我所固有，其初发时毫毛如也。及推广将去，充满其量，则广大无穷，故孟子曰："知皆扩而充之。"且如人有当恻隐而不恻隐，当羞而不羞，当恶而不恶，当辞而不辞，当逊而不逊，是其所非，非其所是者，皆是失其本心。此处皆当体察，必有所以然也。只此便是日用间做工夫处。(《语类》卷五十三）

这类有关四端之发的现象，用《中庸》的语言来说，就是四端之发有中节者，也有发而不中节者，因此朱子说：

恻隐羞恶，也有中节、不中节。若不当恻隐而恻隐，不当羞恶而羞恶，便是不中节。(《语类》卷五十三）

且如恻隐、羞恶、辞逊、是非，固是良心。苟不存养，则发不中节，颠倒错乱，便是私心。(《语类》卷八十七）

以其本体言之，仁义礼智之未发者是也……以其用处言之，**四端之情发而中节者是也。**(《朱子文集》卷四十六，《答胡伯逢》)

这就涉及四端有狭义和广义之分的问题了。**认为恻隐等四端有不中节者，是把四端观念抽离于《孟子》文本，将之理解为广义的情感念虑，包含善和不善者。**这是符合道德生活经验的。如母亲对子女之爱，出于性理之自然，但往往有姑息溺爱之过。从我们的角度看，这当然不是因为母亲禀受木气偏重，而是出于母性的先验本能，这种母性的本能只是对子女而发慈爱恻隐之心，并不是对所有人。这说明朱子气论的解释并不全然合理。但母亲对子女的溺爱证明四端之发确实有发而不中节者。

> "凡有四端于我者，知皆扩而充之"，只是要扩而充之。而今四端之发，甚有不整齐处。有恻隐处，有合恻隐而不恻隐处；有羞恶处，又有合羞恶而不羞恶处。且如齐宣不忍于一牛，而却不爱百姓。呼尔之食，则知恶而弗受；至于万钟之禄，则不辨礼义而受之。而今则要就这处理会。（《语类》卷五十三）

以齐宣王为例，他不忍于杀牛，是合宜的恻隐；但他不爱百姓，则是合当恻隐而不恻隐。羞恶亦然。这种不善之发，就是"不整齐处"。

> 人只有个仁义礼智四者，是此身纲纽，其他更无当。于其发处，体验扩充将去。恻隐、羞恶、是非、辞逊，日间时时发动，特人自不能扩充耳。又言，**四者时时发动，特有正不正**耳。如暴戾愚狠，便是发错了羞恶之心；含糊不分晓，便是发错了是非之心；如一种不逊，便是发错了辞逊之心。日间一正一反，无往而非四端之发。（《语类》卷五十三）

中节与不中节，这里说为正与不正，意味四端之发有正与不正，不正者是发错了四端之心。

> 问："程子曰'天下善恶皆天理'，何也？"曰："恻隐是善，于不当恻隐处恻隐即是恶；刚断是善，于不当刚处刚断即

是恶。虽是恶，然原头若无这物事，却如何做得？本皆天理，只是被人欲反了，故用之不善为恶耳。"(《语类》卷九十七)

这就明确说明，**不中节的恻隐、不中节的羞恶是恶，而不是善，只有中节的恻隐羞恶才是善**。这样一来，理学对四端的现象学分析就细致多了，也合乎道德实践的实际。以中节的观念来分析四端，在朱子思想中虽然讨论并不很多，但也是明确的。所以韩国历史上朝鲜时代的朱子学家很重视"四端亦有不中节"的问题。

四、恻隐羞恶之心与道心

> 吕德明问"人心、道心"。曰："且如人知饥渴寒暖，此人心也；**恻隐羞恶，道心也**。只是一个心，却有两样。须将道心去用那人心，方得。且如人知饥之可食，而不知当食与不当食；知寒之欲衣，而不知当衣与不当衣，此其所以危也。"(《语类》卷七十八)

朱子认为，心为人之知觉，人的一切思维活动都是心之所发，出入无时，千思万虑，这是心的神明不测之处。但是"虽皆神明不测之妙，而其真妄邪正又不可不分耳"[1]。就是说，必须区分知觉中的真妄邪正。显然，从伦理学的角度看，人的意识活动内容不是全部合乎社会要求的道德原则。既然按照朱子哲学的规定，心亦指人的具体意识，因此善的意念思虑是心，不善的意念思虑也是

---

[1]《答何叔京·二十五》，见《朱子文集》卷四十。

心，所以说心有善恶邪正。[1]

道心人心的观念在朱子那里是比较清楚的。合于道德原则的知觉是"道心"，专以个人情欲为内容的知觉是"人心"。道心指道德意识，人心指感性欲念。无论如何，道心人心都是人的知觉之心，所以，"如'人心惟危，道心惟微'，都是心，不成只道心是心，人心不是心！"（《语类》卷四）。按照这个思想，严格地讲，狭义的四端即中节全善的四端属于道心，而广义的四端就不能说都是道心了。若不加区别而一般地讲，也可以说恻隐之心、羞恶之心都是道心：

> 人自有人心、道心，一个生于血气，一个生于义理。饥寒痛痒，此人心也；恻隐、羞恶、是非、辞逊，此道心也。（《语类》卷六十二）

> 道心即恻隐、羞恶之心，其端甚微故也。（《语类》卷一百一十八）

在朱子后期思想中，不再重点关注性情的体用关系，而以"知觉"概念为核心，关注心的性质与内容。因此，**朱子不说人心道心是情，而说人心道心都是知觉**。朱子说："人只有一个心，但知觉得道理底是道心，知觉得声色臭味底是人心……道心、人心，本只是一个物事，但所知觉不同。"（《语类》卷七十八）能知觉的主体只是一个，但所知觉的内容不同。道德意识的知觉是道心，各种情欲的知觉是人心，而无论道心人心都是心，"如'人心惟

---

[1] 参见陈来：《朱子哲学研究》，生活·读书·新知三联书店，2010年，第263页。

危，道心惟微'，都是心"。

朱子中年之后，对心的理解更为全面，他说："性只是理，情是流出运用处，心之知觉即所以具此理而行此情者也。"[1]朱子哲学又常强调心能"应万事"。在《孟子集注》中他说："心者，人之神明，所以具众理而应万事者也。"朱子无论是在论心为知觉还是心具众理时，都不忘记心能应事物。物与事的概念当然是有区别的。物可指离开人的主观意识的客观存在，事则是一个实践的范畴，指主体的一切实践活动，特别是社会实践活动，事是主体对客体的作用过程。他又说："心者人之知觉，主于身而应事物者也。"[2]理学重视人作为实践特别是道德实践活动的主体，强调心在人的道德实践中始终处于支配地位。朱子指出："那有一事不是心里做出来底？如口说话，便是心里要说。如'紾兄之臂'，你心里若思量道不是时，定是不肯为"（《语类》卷七十八），"盖凡事莫非心之所为"（《语类》卷九十五）。正是由于心始终处于支配人所从事的实践的地位，理学虽最终着眼于道德实践的完成，但也始终把心的修养置于首位，并把这一思想概括为"心为主宰"。朱子认为，心的主宰作用包括对一切事的支配作用。《大学或问》发展了《孟子集注》的思想，提出"心之神明妙众理而宰万物"。"宰万物"即从"应万事"来，"宰"又通于"主"的意思。在这里物仍指事，在宋明理学中，物事的用法通常很不严格。所谓宰万物并不是指一切客观事物都必须听命于人心的主宰，而是指心对于人所从事的实践活动的支配作用。[3]从"心之知觉即所以具此理而

---

〔1〕《答潘谦之·一》，见《朱子文集》卷五十五。
〔2〕《大禹谟解》，见《朱子文集》卷七十。
〔3〕 参见陈来：《朱子哲学研究》，生活·读书·新知三联书店，2010年，第252页。

行此情者","心者，人之神明，所以具众理而应万事者也"，到"心者人之知觉，主于身而应事物者也"，"心之神明妙众理而宰万物"，这些说法都着眼于道德实践，如果我们说朱子后期思想的重点已经从"心统性情"转为"心为主宰"了，这可能有点夸大，但若说心为主宰的方面越来越得到加强，应当是可以的。换句话说，如果说朱子前期讲心主性情还是重在从心性情结构总体上说，那么后期朱子对心的主宰作用的强调更多是在功夫论的意义上说。

人心道心说，无论从心性论还是功夫论上看，都与性体情用论不同，道心不是情，也不是性，人心道心都只是就已发立论，不涉及未发，故人心道心说的出现是对前期已发未发说和性情体用论思维的疏离，而与就广义理解的四端七情有关，也与《中庸》的中节说有关。《中庸》虽然没有引用《大禹谟》的道心人心说，但朱子的《中庸章句序》已完全立基于道心人心说，显示朱子更关注心在功夫实践中的作用。如果按朱子前期的已发未发论的逻辑，就可能把人心道心都看作"情"，这样笼统的分析则没有明确的实践意义。而且把道心说成情会减杀道德理性的力量和作用，因为道心更多的是道德理性，把道德理性说成情会导致理性与感性的混淆。所以，仅仅关注性体情用说，会无视"心"代表的理性主宰作用，对道德意识的确证便失去了支持。如前面所说，在朱子前期思想的性体情用论中，连恻隐之心这样的说法，严格地说都是不合法的，心的概念简直没有用武之地。于是侧重于心性结构的心统性情论，在道德实践上有可能流于空洞的形式，无法发挥实践的力量。本来，在心统性情说中包含心主性情之义，但实际上它在朱子中年思想中未能发挥作用，只有心为主宰义与道心人心说结合以后，心的作用才大大增强了。从这个角度来看，朱子晚年多用道心人心说分析，具有很重要的意义。"心"的观念在这种背景之下，也就可以发挥其功夫实践的根本作用，而超出心统性情的结构意义。就此而言，在朱子思想的前后发展中，孟子的性情说（根于孟子的性情体用说）和《中庸》的中和说（基于中庸的人心道心说）构成了一种重要的互补，这揭示出处理道德意识和道德情感只有性善论是不够的，思想感情的活动还必须有持中的实践范导和裁制才能中节而善。性体情用说更关注人的本质结构，而道心人心说则集中于人的意识活动，朱子早年偏重前者，晚年关注后者。我们甚至可以说，若论心之主宰说、人心道心说与仁义礼智四德的关系，它们应该与"义"的裁制说关系更为直接。

余　论

最后，我们从朱子对羞恶的讨论来看其对义的价值意涵的理解。朱子的这些讨论所显示出的他对义的理解，虽然不一定是全面的，但有一定的价值。

> 人须是有廉耻。孟子曰："耻之于人大矣！"耻便是羞恶之心。人有耻，则能有所不为。今有一样人不能安贫，其气销屈，以至立脚不住，不知廉耻，亦何所不至！（《语类》卷十三）

根据这里所说，具备羞恶之心主要是建立耻感，有耻才能确立有所不为的界限，知廉耻是体现羞恶之心的主要德行。

　　或问"四端"。曰:"看道理也有两般,看得细时,却见得义理精处;看得粗时,却且见得大概处。四端未见精细时,且见得恻隐便是仁,不恻隐而残忍便是不仁;羞恶便是义,贪利无廉耻便是不义;辞逊便是礼,攘夺便是非礼;是非便是智,大段无知颠倒错谬,便是不智。若见得细时,虽有恻隐之心,而意在于内交、要誉,亦是不仁了。然孟子之意,本初不如此,只是言此四端皆是心中本有之物,随触而发。方孺子将入于井之时,而怵惕恻隐之心便形于外,初无许多涯涘。"(《语类》卷五十三)

义的反面是不义,定义"义"的反面,也是对义的一种定义形式。这里朱子强调不义就是"贪利无廉耻",有一定的代表性。

　　问:"人心陷溺之久,四端蔽于利欲之私,初用工亦未免间断。"曰:"固是。然义理之心才胜,则利欲之念便消。且如恻隐之心胜,则残虐之意自消;羞恶之心胜,则贪冒无耻之意自消;恭敬之心胜,则骄惰之意自消;是非之心胜,则含糊苟且顽冥昏谬之意自消。"(《语类》卷五十三)

这里以"羞恶之心"与"贪冒无耻"对立,即是以贪冒无耻为不义,与上一条相同。从这些对不义的论述可以窥见朱子对义的价值重点的正面理解,即廉而有耻。

朱子学『未发之前，气未用事』的思想

未发之前，气不用事，所以有善而无恶。

—— 朱子答黄勉斋

（真德秀《西山读书记》）

一

因早期受李侗的影响，及李侗死后受湖湘学的影响，朱子在乾道年间，集中思考"未发已发"的问题，而在乾道五年最终确定了以伊川思想为基础的已发未发说。朱子在这一时期有关已发未发的思考中，并没有讨论"气"对这些思考的影响。

但其晚年，由于"气质之性"观念的确立，在有关"未发"的讨论中，"气"的观念成为其中的一个要素。南宋真德秀《西山读书记》（清文渊阁《四库全书》本）卷二论气质之性条，先列"张子曰：形而后有气质之性，善反之，则天地之性存焉。故气质之性，君子有弗性者焉"，然后附载了龟山杨氏曰、朱子曰数条，最后附朱子的高第弟子黄榦论性的一段问答式文字，其中引述了朱子晚年的一个看法。这段文字是：

> 黄勉斋曰：自孟子言性善，而荀卿言性恶，扬雄言善恶混，韩文公言三品。及至横渠，分为天地之性、气质之性，

然后诸子之说始定。盖自其理而言之，不杂乎气质而为宗，则是天地赋与万物之本然者，而寓乎气质之中也。故其言曰："善反之，则天地之性存焉。"盖谓天地之性未尝离乎气质之中也。其以天地为言，特指其纯粹至善，乃天地赋予之本然也。曰："形而后有气质之性，其所以有善恶之不同者，何也？"曰：气有偏正，则所受之理随而偏正；气有昏明，则所受之理随而昏明。木之气盛，则金之气衰，故仁常多而义常少。金之气盛，则木之气衰，故义常多而仁常少。若此者，气质之性有善恶也。曰：**"既言气质之性有善恶，则不复有天地之性矣，子思子又有未发之中，何也？"**曰：性固为气质所杂矣，然方其未发也，此心湛然，物欲不生，则气虽偏而理自正，气虽昏而理自明，气虽有赢乏而理则无胜负。及其感物而动，则或气动而理随之，或理动而气挟之，由是至善之理听命于气，善恶由之而判矣。此未发之前，天地之性纯粹至善，而子思之所谓中也。《记》曰："人生而静，天之性也。"程子曰："其本也真而静，其未发也五性具焉。"则理固有寂感，而静则其本也，动则有万变之不同焉。**尝以是质之先师，答曰："未发之前，气不用事，所以有善而无恶。"**至哉此言也！

照这个材料，朱子的女婿黄榦（勉斋）从张载提出天地之性、气质之性说起，对后者论性的各种说法用朱子思想做了诠释。针对有人认为"气质之性"的概念提出后"天地之性"和"未发之中"应该不存在了，黄榦提出，未发之前，天地之性纯粹至善，这就是未发之中，并引用了《礼记·乐记》和二程的说法作为证明。这是以未发之前有天地之性，来确认未发之前有未发之中。为了这个讨论，他特地请教朱子，朱子的回答是未发之前"有善而无恶"，这一回答否定了那种以气质之性否定未发之中的看法。特别是，朱子对未发时何以有善无恶的解释是未发时"气未用事"，即气尚未发生作用，这就意味着"未发"一定是气未用事的状态，而"已发"则是气已用事的状态。这样一来，气的用事与否就可以成为界说未发已发的一个基本要素。这整段论述应是朱、黄二人对话的原生脉络。

这个对话，特别是朱子的答语，在后来的朱子学史上发生了久远的影响。为了研究的方便，这段文字我名之为《勉斋论性说》。

朱子回答黄榦论性的这段话，不见于《朱子文集》《朱子语类》，也不见于黄榦的文集，但在宋元明清时，广泛见于朱子学的文献，如《性理群书》《近思录集解》等。今人常见的《宋元学案·横渠学案上》在张载的"形而后有气质之性，善反之，则天地之性存焉。故气质之性，君子有弗性者焉"下也附载了黄榦的这一整段文字：

> 黄勉斋曰：自孟子言性善……〔中略〕曰："既言气质之性有善恶，则不复有天地之性矣，子思又有未发之中，何也？"曰：性固为气质所杂矣，然方其未发也，此心湛然，物欲不生，则气虽偏而理自正，气虽昏而理自明，气虽有赢乏而理则无胜负。及其感物而动，则或气动而理随之，或理动而气挟之，由是至善之理听命于气，善恶由之而判矣。此未发之前，天地之性纯粹至善，而子思之所谓中也。《记》曰："人生而静，天之性也。"程子曰："其本也真

而静,其未发也五性具焉。"则理固有寂感,而静则其本也,动则有万变之不同焉。尝以是质之先师,答曰:"未发之前,气不用事,所以有善而无恶。"至哉此言也![1]

可见《宋元学案》所述与真德秀记述的朱黄答问是一致的。张载的原话是关于气质之性的讨论,黄榦的文字也是与气质之性有关的讨论,所以《宋元学案》的编者亦将之附列在张载的论述之下,他有可能是从真德秀的书中抄录了黄榦的这段文字。当然,自从明代《性理大全》卷五载录了这段问答后,其流行更加广泛,《学案》也可能取自《性理大全》。

元代刘因《四书集义精要》(清文渊阁《四库全书》本)卷二十四载:

> 黄榦问:性既为气质所杂矣,而未发之中若何?曰:未发之前,气不用事,所以有善而无恶。(《论语二十》)

刘因《精要》所载朱子答黄榦语,与真德秀书所记一致,但略去了黄榦论未发的一大段,而把提问直接连接至朱子的答语。照刘因所录,黄榦的问题是:**如果性受到气质的影响,那么未发之中还会是善吗?** 朱子回答说,未发是善,因为气此时不发生作用。这样一来,气(及气质之性)对"未发之中"有无影响,便成了这一对话的核心问题。事实上,这里的问题在真德秀《读书记》中并非黄榦提出的,而是黄榦学生所提的。很明显,刘因所录,是一个简化的版本,但也确实把问题突出了,这个问题换句话说

---

[1]《宋元学案·横渠学案上》,中华书局,1986年,第694—695页。

就是在确认人性有气质之性后，人还有未发之中吗？或者，应在何种意义上承认未发之中？未发是纯善无恶吗？从另外一个角度说，气未用事时虽不影响心，但此时气对性有无影响？气质之性在未发时对心有无影响？

根据我们以往对朱子哲学的研究，朱子有关已发未发的讨论，有两个意义：一个是性情的已发未发，一个是未发时心和已发之心。[1]因而在朱子思想中，"未发之中"可有二义：一是指性（即天命之性），二是未发之心。在朱黄答问这里显然有一个问题，朱子在此处所说的未发之前（以及未发之中），是指心还是指性？朱子所针对的问题，是气对性的影响，还是气对心的影响？照真德秀所录，黄榦论性说是因气质之性之说而起，故其所说未发之前应是指性而言；但黄榦开始所说的"方其未发也，此心湛然"，又应是指未发时心。所以，面对这个问题，朱子哲学的处理必然不可能是单一的。黄榦问题的解决方式是：既承认气质对性有影响，从而确认气质之性的概念，同时又认为未发时心不受气的影响，是未发之中，因为未发时气尚未对心发生作用。如果从体用的角度看，"气未用事"应是一个作用层面的问题。气质之性是一个属于"体"的层面的问题，心属于用的层面（不考虑心统性情的模式），所以"气未用事"应该是就心而言的，指气未对心发生影响的内心状态。因为，气质之性的概念本身就确认了气对性的先天影响，不可能是"气未用事"的。而且，从性善论的立场看，性之本善与气的用事与否无关。所以，"气不用事"应是针对未发之心而言的。

---

[1] 参见拙著《朱子哲学研究》，生活·读书·新知三联书店，2010年，第209页。

历史上多数学者还是把朱子与黄榦的讨论视为关乎性善论的，把朱子"气未用事"的说法仅当成对性善的辩护，如明代丘浚认为：

> 未发之前，气不用事，所以有善而无恶。性善故人皆可为尧舜，必称尧舜所以验性善之实。[《朱子学的》（明正德刻本）卷下]

《朱子学的》所载，虽然未指为朱子答黄榦语，但其来自之无疑。"有善而无恶"一句后面所接的一段，应非朱子答黄榦问未发语，而是编者将朱子另外一句论性善者与之并列，此句原见于《朱子语类》卷五十五。并列的缘由，应是认为朱黄答问是论性所以善而无恶，与孟子性善论的思想一致。于是就出现了两种解读：持这种把朱子答语看作是对天地之性的肯定的看法者，我们称之为天地之性派；不同意朱子这种看法，强调未发是气质之性、不全为善者，我们称之为气质之性派。

二

前面是有关朱黄答问的一些文本，并提出一些其中包含的问题。

事实上，黄榦记载的这一问答，在理学史上引起过不少讨论。据明人张九韶《理学类编》（民国《豫章丛书》本）卷七：

> 双峰饶氏曰，朱子尝与勉斋言，喜怒哀乐未发之时气不

用事。盖此时恶自沉在下面，善之本体呈露。少焉接物便打
动了性。譬之水，方其澄静之时，清底在上，浊底在下，少
间流出，清底先出来，流来流去，浊底亦随后出。但圣人纯
是清底，圣人以下则有清多底，有浊多底，清多者便是气质
之美。

饶鲁在南宋末，是黄榦的学生，他承接这个讨论是很自然的。在
他看来，七情未发时，气未生发作用，此时不是没有恶，而是恶
沉在心的下面，只有善呈露于外。待到心与外物接触，性动情发，
善念流出，恶念亦流出。恶念便是以气质为根源而造成的：有恶
的性原来在心的下面，当人心与物相接后，气质的作用就造成了
恶念。"恶自沉在下面"这句话，合理的解释应是指沉在心的下
面；沉在心的下面，就应该是指气质之性，因为天地之性无恶。
但是，这一恶在心底说认为未发时有恶根存在，虽不悖于气质之
性之说，然而与朱子答黄榦的未发无恶说是不一致的，这可以说
属于气质之性派。

明代朱子学者胡居仁《居业录》（清文渊阁《四库全书》本）
卷八：

黄勉斋言，性虽为气质所杂，然其未发也，此心湛然、
物欲不生，气虽偏而理自正，以释子思未发之中。又引朱子
未发之前气不用事为证，窃恐误也。夫偏浊之人未发之前已
失其中，故已发不能和。

照胡居仁的理解，朱、黄的对话中，黄榦的主张是性虽杂气质，
但未发时此心湛然，没有物欲产生，气没有影响到理，即没有影

响到未发之中。但黄榦这个观点是胡居仁所不赞成的，他也不赞成黄榦用朱子的话作为对自己的支持。同时，他理解黄榦的着眼点是未发时心，而不是性。胡居仁主张，不能说任何人任何时候的未发之心都是中，不善的人在静时的意识状态虽属未发，但已经气昏理塞，故其心不是中，而是有所偏倚。也就是说，不善之人未发时虽然气未用事，但已经气昏理塞，不是中了。[1] 这种未发不中说集中于未发之心，但在人性论立场上也可归于气质之性派。他提及的理气偏正说，在心性论的分析上，对后来的讨论也起了深化的作用。

上节曾引刘因的简化版，类似的简化版后来也常有出现。清人陈沆《近思录补注》（清稿本）卷二：

> 此未发之前，天地之性纯粹至善，而子思之所谓中也。愚尝以是质之先师矣，曰未发之前，气不用事，所以有善而无恶。至哉此言也。

这里所录黄榦的话，略去了其引述《礼记》和二程的部分，直接把黄榦论未发的一句与朱子答语连接到一起。

顾九锡《经济类考约编》（清康熙刻本）卷上：

> 气质之性有善恶也，然而未发之前气不用事，粹然有善无恶，此子思所谓中也。

这里把气质之性的善恶直接连接到朱子答黄榦语的讨论，当然过于简化，但也是有意义的。因为，据前引真德秀及《宋元学案》

---

[1] 参见拙著《宋明理学》，生活·读书·新知三联书店，2011年，第260页。

303

所录材料，这一讨论本来就是因气质之性的问题引起的。

清熊赐履《下学堂札记》（清康熙刻本）卷一：

> 性中岂有两物对立而并行也哉。又曰：性即理也一语，自孔子后，惟伊川说得尽，攧扑不破。性即天理，那得有恶。又曰：未发之前气不用事，所以有善而无恶。二程发挥孟子性善之旨，朱子发挥二程之言以发挥孟子性善之旨，可谓至矣尽矣。数百年而后犹有持无善无恶之说以惑世，反诋前贤为非是者，岂不大可笑哉。

这也是把朱子答黄榦的话理解为发挥二程的性善思想，并用以反对王学无善无恶之说。

清应扬谦《性理大中》（清康熙刻本）卷十：

> 扬谦曰：皆是祖伊川性即理也之说。阳明不喜考亭，至言性亦曰性之体即是天理。盖性至难言，见得己性分明，天地万物之性一以贯之矣。又曰未发以前气不用事，故有善而无恶。扬谦曰：未发以前气不用事，独不曰理亦不用事乎？未发只是浑然一气，亦是浑然一理，若以未发为理，已发为气，失之远矣。

此说不像上述多数朱子学者只是称引朱子答黄榦语，而是提出问题。他质疑朱子此说，认为如果说未发之前"气"不用事，那么未发之前"理"也应当不用事，这实质上是否认朱子理学性发为情的思想。由此，他也反对**"未发为理，已发为气"**的思想，这一说法虽然不是直接来自朱子，但属于朱子学则无疑。他主张未发是浑然一气，也是浑然一理，反对用理、气来分别未发、已发，这个思想就走向理气合一论了。

清汪绂《理学逢源》（清道光十八年敬业堂刻本）卷一内篇：

> 才即知觉运动，所谓生之谓性也。有是性即有是才，性
> 是主帅，才其卒徒，是性之所具也。性之本体浑是理，气不
> 用事，性发而为情则才实奉而行之。

理（性）发为情的过程中，气不用事则顺。这便涉及朝鲜时代大
讲特讲的理发气发的问题了。事实上，黄榦的论性说中已经提到
气动理随、理动气挟的问题了。所以朝鲜时代的理发气发论也会
联系到黄榦的这些说法。

当然，坚持朱子答黄榦语的思想，还是正统朱子学家的立场，
如张伯行《濂洛关闽书》（清《正谊堂全书》本）卷十三：

> 朱子曰：未发之前气不用事，所以有善而无恶。（喜怒
> 哀乐情也，其未发以前则性也。性故有善而无恶，然其所
> 以有善而无恶者，以气不用事故耳。若气则不能无善恶之
> 分矣。）

张伯行沿着朱子的思路，明确认为未发即性，性有善无恶。本来，
从孟子的立场看，应该说性之善与气无关，与气有关者应是心。但
自从宋代气质之性的思想出现后，就有了新的问题：如果气质之性
也是性，却是有善有恶的，那么，能不能说有一种未发是指气质之
性，从而未发就不是善而无恶的？气质之性派便是肯定这一点的。

在北宋以前，如果天地之性就是孟子的性善之性，那么未发
之中即是性善之性。自从气质之性的观念提出后，未发之中究竟
何所指，是不是还专指天地之性，就成了需要辨析的问题。可惜，

朱子本人并没有给予明确回答。

在《朱子哲学研究》中我们曾指出，按照朱熹哲学，"性发为情，情根于性"这个理论，若特殊地看，即四德与四端相对应，固可自圆其说。然而人总还有发而不善的情感念虑，这些情究竟是否也发自本然之性？如果说这些情也是四德之性所发，则善之性发为不善之情，体用便无法一致，这显然是一个很大的矛盾。解决矛盾的出路之一是狭义地理解性之已发的情，即认为《中庸章句》讲的喜怒哀乐实际上只是指四端，并非说七情皆为性理之发。出路之二是四端七情分理气，朱熹曾说："四端是理之发，七情是气之发。"（《语类》卷五十三）实际上，还有一条出路，即如果广义地把情理解为一切情，则未发之性就不能是仁义礼智本然之性，而应当是气质之性。因为朱熹哲学中的气质之性既体现理的作用又体现气的作用，气质之性有善有恶，如此才能使体用一致，不过这又是朱熹不曾说过的。《语类》有一条"喜怒哀乐未发之时只是浑然，所谓气质之性亦皆在其中，至于喜怒哀乐却只是情"（《语类》卷四），似略有此意。[1]如本节前面所述，朱子不曾明确说过的，在朱子之后的朱子学中开始论说了，从而使得对未发的讨论得到进一步展开。

三

黄榦所引朱子语作"未发之前，气**不用事**"，而在后来的讨论

---

〔1〕 陈来：《朱子哲学研究》，生活·读书·新知三联书店，2010年，第246页。

中，也往往被述为"未发之前，气未用事"，古人引用前人观点，本来就不严密，不过这两种表达基本上是没有差别的。然而，不管用哪种表述，具体的理解和诠释仍可以不同，自己借用来阐发的观点也可不同，如对"未发"从性去理解是主性派，而从心去理解是主心派。主心派有主张未发为中者，亦有主张未发不中者。从性去理解亦分为二，以未发指天地之性为天地之性派，以未发是气质之性为气质之性派；气质之性派往往持未发不中说，而天地之性派往往持未发之中说。对朱子后学来说，困难在于，事实上，这些观点各自都能在《朱子语录》中找到根据。

这里我们梳理一下"气未用事"的论述。先来看《四书大全》中的两则材料：

> 徽庵程氏曰："未发之前气未用事，心之本体不待正而后正。发而中节则心之用无不正，亦不待正之而后正。夫有不正而后正，心体静而未发，何待于正乎。惟此心之用发不中节，始有不正而待于正耳。"（《大学或问》附）

这是说，未发之前是心之体，已发之后是心之用。未发之前心体既正且静，无须正心功夫。他把"气未用事"解释为"心体静而未发"，这种观点不说未发是性，而说未发之前是心之本体，还是属于主心派，持未发为中说。

> 勿斋程氏曰：人生而静，气未用事，未有人与道之分，但谓之心而已。感物而动，始有人心道心之分焉。精一执中皆是动时工夫。（《中庸章句序》附）

这里以"人生而静，气未用事"指心，即未发之心，认为心在此时尚无人心道心之分。这个看法也为主心派所理解与采用。

明代薛瑄《读书录》（清文渊阁《四库全书》本）卷二说：

> 无极而太极，气未用事，故纯粹至善而无恶，及动而生
> 阳、静而生阴，则善恶分矣。

薛瑄这里讨论的是太极阴阳问题，不是已发未发问题，但他的论
述说明当时的朱子学者已经把"气未用事"当成理学固有语汇，
使用于各种场合，可见朱子答黄榦此语在朱子学中被熟悉的程度。

薛瑄又说：

> 心统性之静，气未用事，心正则性亦善。心统情之动，
> 气已用事，心正则情亦正，心有不正则情亦不正矣。（《读书
> 续录》卷八）

薛瑄以性静情动为基本观点，从而主张把心统性情分析为心统性
和心统情，又进而把心统性说为心统性之静，把心统情说为心统
情之动。然后主张性之静时气未用事，此时心正，而性善；情之
动时气已用事，若此时心正，则情亦正。看他所说，性静而气未
用事时，心是正的，且不会不正。情动而气已用事时，心可能正，
也可能不正；心正则情正，心不正则情亦不正。这种观点持未发
心正说，不管气的用事与否，心之统摄作用是主导的，重点仍落
在心上，亦属主心派。[1]

明代魏校撰《庄渠遗书》（清文渊阁《四库全书》本）卷五：

---

[1] 拙著《宋明理学》，生活·读书·新知三联书店，2011年，第254页在论述薛瑄时指出："这
里的'气未用事'和'气已用事'，接近于未发和已发的范畴。"

　　或曰：人生而静，气未用事，其性浑然至善。感于物而
动，气得用事，故其情有善有不善。曰：如是则体用二原矣。
性善情亦善，静时性被气禀夹杂，先藏了不善之根，故动时情
被物欲污染。不善之萌芽才发，存养于静默，消其不善之根；
省察于动，才觉不善之萌芽，便与锄治。积习久之，本体浑然
是善，发用处亦粹然无恶矣。一理散为万事，常存此心则全体
浑然在此，而又随事精察力行之，则其用灿然各有着落。[1]

　　"或曰"的说法，是认为所谓"气未用事"的"人生而静"是指本
性，而性是至善的；"气得用事"是指心感物而发动为情，情则有
善有恶。这种说法中预设了一种性情体用关系。魏校认为，若主
张性善而情有不善，则这种观点的体用未能一致。其意以为，若
情有不善，必是性中有不善之根，此不善之根来自性的气禀夹杂；
只有通过动静功夫的长久积习，化除了气禀夹杂，性之本体才能
浑然是善，发用的情也才能粹然无恶。这个观点与饶鲁"恶自沉
在下面"的说法接近，而用"根子"的概念把问题表达得更清楚，
属于气质之性派。

　　清李光地撰《榕村语录》（清文渊阁《四库全书》本）卷十
八有：

　　在人之性即所以为人之理，则在天之理即天所以为天之

────────

[1] 中华书局版《明儒学案》亦录此段，但最后二句标点有误，原文附下："或曰：'人生而静，
气未用事，其性浑然至善；感于物而动，气得用事，故其情有善有不善。'曰：'如是则体
用二原矣。性善情亦善，静时性被气禀夹杂，先藏了不善之根，故动时情被物欲污染。不
善之萌芽才发，存养于静默，消其不善之根；省察于动，才觉不善之萌芽，便与锄治，积
集久之，本体浑然，是善发用处，亦粹然无恶矣。'"[《体仁说》，见《崇仁学案·三》，收
入黄宗羲：《明儒学案（修订本）》，中华书局，2008年]

性，性也理也，一而不二，故原其所自来，则粹然至善而不杂矣。当其寂而无感之先，气未用事，所谓人生而静天之性也，亦何不善之有。惟发不中节，然后有恶，是善其本然，恶其后至，故曰谓之恶者本非恶，但或过或不及便如此。

李光地也认为，作为性理的源头，气未用事时人生而静的天性有善无恶；已发而不中节，才产生了恶，所以善是本然的，恶是后至的。这是主张未发之性本然纯善，已发才有恶，而恶的本质是过或不及。这属于天地之性派。

四

清初朱子学家陆陇其《三鱼堂日记》（清同治九年浙江书局刻本）卷五云：

> 既又思之，朱子言心之未发如鉴空衡平，无正不正之可言；又曰未发之前气不用事，若与此不同，何故？曰：朱子所言是就无病之人说，无病之人只怕得发时走作；若有病根潜伏，则当其未发便叫不得无偏倚。

这是把朱子《大学或问》中论物之未感时的心体当作论心之未发，与朱黄答问中的"未发"之说相对比。这里所说的"若有病根"未发便不是中，与王阳明的思想一致。[1]此与前述饶鲁之说亦接近，

---

〔1〕 参见拙著《有无之境：王阳明哲学的精神》，生活·读书·新知三联书店，2009年，第80页。

持未发有不中说。

清王澍《大学困学录》(清乾隆二年刻积书岩六种本)：

> 故当其未感之时，气不用事，鉴空衡平之体，至静至虚，虽在常人亦无得失之可议。及感于物，而能如其心之本然者而出，虽须臾之顷，纤芥之微，亦未尝少违其天则焉，则鉴空衡平之用，流行不滞，正大光明，亦何不得其正之有哉。

这里也是用《大学或问》中的鉴空衡平心体作为未感未发时的本心，并以之为气不用事的状态，认为未发之心无善恶、无得失。

如上面所显示的，朱黄答问，涉及朱子在《大学或问》中对心体的一段描述。《大学或问》(《四书大全》本) 卷二说：

> 人之一心，湛然虚明，如鉴之空，如衡之平，以为一身之主者，固其真体之本然，而喜怒忧惧，随感而应，妍媸俯仰，因物赋形者，亦其用之所不能无者也。**故其未感之时，至虚至静，所谓鉴空衡平之体**，虽鬼神有不得窥其际者，固无得失之可议；**及其感物之际，而所应者，又皆中节**，则其鉴空衡平之用，流行不滞，正大光明，是乃所以为天下之达道，亦何不得其正之有哉？唯其事物之来，有所不察，应之既或不能无失，且又不能不与俱往，则其喜怒忧惧必有动乎中者，而此心之用始有不得其正者耳。

这段论述因集中在《大学》的知识论表达上，所以只讲"虚明"，而没有提及"善恶"。虽然如此，但从这段论述来看，亦可比照朱子答黄榦语，了解其观念。从其中"其未感之时，至虚至静，所谓鉴空衡平之体"，"及其感物之际，而所应者，又皆中节"，可知所谓"未感之时"即朱子答黄榦所说的"未发之前","其感物之际"当然就是指已发而言。可见这里确实谈到未发已发的问题。所以朱子在《大学或问》中说未发之时心体至虚至静，如鉴空衡平，这虽然是从知识论出发的论述，但其实与答黄榦"未发之前……有善而无恶"是相当的，不过这里朱子并未提到气对未发的影响。朱子这里讲的未感之时的体，是指心之本体，而不是性，强调未发之心无得失，这是主心的一种讲法。

朱熹答黄子耕书论修改《或问》这一段说：

> 人之心，湛然虚明，以为一身之主者，固其本体。而喜怒忧惧随感而应者，亦其用之所不能无者也。然必知至意诚无所私系，然后物之未感，则此心之体寂然不动，如鉴之空，如衡之平。物之既感，则其妍媸高下，随物以应，皆因彼之自尔，而我无所与。此心之体用所以常得其正而能为一身之主也。[1]

可见朱子淳熙中修改《大学或问》时的关注点，是未发之心的鉴空衡平虽然是心的本体，但如果没有知至意诚的功夫，本体的状态就难以保持，而不是说未发的鉴空衡平是在气不用事的条件下得以保持的。前者强调功夫，后者强调禀赋。但朱子后学一般认为，《大学或问》这里讲物之未感，心体湛然虚静，如鉴空衡平，是肯定未发之中的。朱子后学讨论未发问题时都以《大学或问》这一段为重要依据。

清人陆陇其《松阳讲义》（清文渊阁《四库全书》本）卷一中

---

[1]《答黄子耕·七》，见《朱子文集》卷五十一。

讨论了《大学或问》的这个表述：

> 朱子《或问》言之甚详。曰："人之一心湛然虚明，如鉴之空如衡之平，以为一身之主者，固其真体之本然。而喜怒忧惧随感而应，妍媸俯仰因物赋形者，亦其用之所不能无者也。故其未感之时，至虚至静，所谓鉴空衡平之体，虽鬼神有不得窥其际者，固无得失之可议，及其感物之际，而所应者又皆中节，则其鉴空衡平之用，流行不滞，正大光明，是乃所以为天下之达道，亦何不得其正之有哉。"此是先解"正"字。又曰："惟其事物之来有所不察，应之既或不能无失，且又不能不与俱往，则其喜怒忧惧必有动乎中者，而此心之用始有不得其正者耳。"此是解"不得其正"。大抵正者，即《中庸》所谓发而皆中节；不得其正者，事未来先有个期待之心，或事已应过又留在心下。是不应发而发不中节者，或正应事时应有偏重，是发得有过有不及不中节也。或问所谓"不能无失"，即偏重而不中节也。所谓"不能不与俱往"，即事未来而期待、事已过而又留不中节也。《或问》从未发说来，传文却只就发处说起，盖未发之前气未用事，无得失之可言。其实也有得失，如异学之寂灭，众人之冥顽，但其工夫只是戒谨恐惧而已，不待乎正其所不正也。

所谓"传文却只就发处说起"，指《大学》传七章所说"有所忿懥""有所恐惧""有所好乐""有所忧患"，因为恐惧、忧患等都是已发。而《大学或问》讲"未感之时，至虚至静"，无所谓善恶得失，是从未发说来。所以陆陇其认为《大学或问》讲未感之时至虚至静即是"未发之前，气未用事"的状态。但陆陇其并不赞

313

成朱子未发之前无得失可言的思想，而认为未发之前也有得失，这就是持未发并不就是中，也非有善无恶的立场。这说明他是注重未发之心而论之，属于主心派，持未发有不中之见。他虽然没有提及气质的问题，但其结论近于气质之性派。

清施璜认为：

> 愚谓未发之前，气未用事，此心寂然不动，浑然至善。及发而中节，则无往而不善；发不中节，然后有不善。故君子于思虑方发之时，用省察工夫，以去夫外诱之私而充其本然之善也。[1]

此说也是把未发之前气未用事理解为心的寂然不动状态，此时纯粹是善。已发而不中节，始有不善。善是本然而有的，不善则是后有的。他是主心派，持未发为中的观点。

五

在韩国历史上，朝鲜时代的性理学中发展出了理发气发的辩论，朱子答黄榦语以及黄榦的论性说对之的影响也相当深远。已发未发的理论本来是以联系、确定一定的功夫为目的的，但在朝鲜时代的性理学中，它往往也独立为一种心性论的构建。本节只简述李退溪和李栗谷的相关思想，朝鲜时代其他思想家的讨论待另文专论。

---

[1]《道体》，见《五子近思录发明》（清刻本）卷一。

李退溪的文本曾论及于此，他主张：

> 性即理，固有善无恶。心合理气，似未免有恶。然极其初而论之，心亦有善无恶。何者？**心之未发，气未用事，唯理而已，安有恶乎？** 惟于发处，理蔽于气，方趋于恶。此所谓几分善恶。[1]

退溪此说为心本善论，认为气未用事是指心之未发而言，他所说的心之未发是"极其初而论之"，可知其所说的心之未发实即心之本体，认为心之本体只是理，只有理对心的作用；若发时气未发生作用，理不受障蔽，固有善无恶；心之已发，气已用事，气蒙蔽了理，才有恶的出现。

其答人问此曰：

> （问）又尝窃意七情犹可谓之有善恶者，以其气未必纯善故也。但未知气本未纯善，则当其未发，谓之善恶未定，可也，其谓之纯善无恶者，何义？
>
> （曰）湛一，气之本。当此时未可谓之恶。然气何能纯善？惟是气未用事时，理为主，故纯善耳。[2]

"湛一，气之本"，此虽然是张载之言，但退溪这里的引用，当以之与朱子湛然虚明之说相当，故实是同意朱子关于未感之时人心湛然虚明、至虚至静、如鉴空衡平的思想。同时他强调，未发时气未用事，但以理为主宰，理显现为心，所以纯善无恶，这比朱

---

[1]《与洪应吉》，见《退溪先生文集》卷十三。
[2]《答李公浩问目》，见《退溪先生文集》卷三十九。

子答黄榦只讲气未用事，有善无恶，而不及于理，要更为全面一些。

但他又说：

> 程子心本善之说，朱子以为微有未稳者。盖既谓之心，已是兼理气，气便不能无夹杂在这里。则人固有不待发于思虑动作，而不善之根株已在方寸中者，安得谓之善？故谓之未稳。然本于初而言，则心之未发，气未用事，本体虚明之时，则固无不善。故他日论此，又谓指心之本体，以发明程子之意，则非终以为未稳，可知矣。[1]

按这里的说法，一般来说，现实的心是合理气的，不可能纯善，一定会夹杂恶，所以常人思虑未发时，不善的根株已在心内。但他仍然坚持，就"本于初""极其初"而言，心之未发，气未用事，此是心之本体虚明之时，无有不善。如此，他所谓"本于初""极其初"应指在根本的层次上，只能理解为就本体言。这无异于说常人未发之心并不就是心之本体，常人心之未发即有不善之根，而心之本体并无不善。就其对心之本体的坚持而言，退溪思想近于天地之性派，而对常人未发的看法就近于气质之性派的未发不中说了。可见他是把这两种看法在不同层次上加以安置而做了综合。

李退溪又曾作《静斋记》：

> 若日静而**气未用事**，则所谓气者静处无而动处有，所谓理者静处明而动处暗，安见其理气合一、流行无端之妙

---

[1]《与郑子中·别纸》，见《退溪先生文集》卷十四。

乎？……滉既述《静斋记》寄时甫，别有小简曰：向所论静时**气未用事**，故理得自在。此意与孟子性善之论同，乃亦是极本穷源而言也。及夫气动而流于恶也，理亦何尝有一刻停息。但为气之所蔽，故理不得昭融透彻、主张发挥尔。然则理非静有而动无，气亦非静无而动有明矣。（《退溪先生文集》卷四十二）

这是从根本上质疑气未用事说，主张在宇宙论上理气永远合一、流行无始，气不可能在某一时段不用事或不存在。退溪很担心对"气未用事"的讨论变成对宇宙论意义上的理气论的一种论述，从而导致气的存在在某一时段缺席。

李栗谷也对此进行了讨论，他认为：

大抵未发则性也，已发则情也，发而计较商量则意也。心为性情意之主，故未发已发及其计较，皆可谓之心也。发者气也，所以发者理也。其发直出于正理，而气不用事，则道心也。七情之善一边也，发之之际，气已用事，则人心也。七情之合善恶也，知其气之用事，精察而趋乎正理，则人心听命于道心也。不能精察而惟其所向，则情胜欲炽，而人心愈危，道心愈微矣。[1]

与所有学者的理解都不同，栗谷不是把"气不用事"仅仅理解为未发，而是将之也用来表述已发时的一种状态，所以他说"其发直出于正理，而气不用事，则道心也。七情之善一边也，发之之

---

[1]《答成浩原》（壬申），见《栗谷全书》卷九。

际，气已用事，则人心也"。他讲的是发出之时气的用事与否，则这里的讨论就和朱子学传统中的气未用事的未发论不同了。

他也讨论到未发时的气未用事：

> 性虽有善恶，**而当其未发之际，几微不动，四德浑然，气未用事，故《中庸》谓之中**。中者，大本也。及其既动，其气清明，惟理是从，则乃中节之情而是达道也，岂有纤毫之疵累乎？惟其气质不齐，其动也，气或不清，不能循理，则其发也不中。而驯至于恶，自其初动而已然，非厥初必善而厥流乃恶也。[1]

他这里讲的未发是性的未发，故提到四德浑然。他所说的气未用事，是指未发之中，是性未发为情的状态。当性发为情，气开始用事，气的作用是体现在清明或是不清明。气若清明便会顺从于理，气若不清明就不能循理，于是发而不中。可见，气的作用即体现为可以在性发为情的具体过程中产生重要的影响。

在《人心道心图说》中他也说：

> 理本纯善，而气有清浊。气者，盛理之器也。当其未发，气未用事，故中体纯善。及其发也，善恶始分。善者，清气之发也。恶者，浊气之发也。其本则只天理而已。情之善者，乘清明之气，循天理而直出，不失其中。可见其为仁义礼智之端，故目之以四端。情之不善者，虽亦本乎理，而既为污浊之气所掩，失其本体而横生，或过或不及。本于仁

---

[1]《答安应休》，见《栗谷全书》卷十二。

而反害仁，本于义而反害义，本于礼而反害礼，本于智而反
害智，故不可谓之四端耳。[1]

这里所说的未发和气未用事，也是指中体，即"理本纯善"的性
体。与宋元时代的朱子学不同，李退溪和李栗谷都是在理气双立
撑开的架构中来处理心性已发未发的问题。栗谷依据这个架构认
为，性未发为情时，气未用事，便是理主其事，在这个意义上，
栗谷是性体派，而其关于未发是性的讨论是天地之性派；他同时
又认为，性发为情时，气用其事，情是乘气而发，气有清浊，故
情有善恶。可见，他同时注重气对情的先在性和决定作用，故对
情的溯源是重视理气两方面的，可以说是接近气质之性说的结论。

　　深入研究表明，朱子哲学中，有些问题他本人只做过很少的
论述，但在后世朱子学的发展中，这些问题经不断关注而成为朱
子学内在的重要讨论；由于朱子本人对之的论述很少，它们在后
世的不断讨论中被关注、被集中，并由此形成了朱子学内部的不
同观点或派别。这些问题的重要性只有在整体的朱子学研究中才
能充分表达出来。而这一过程也使得朱子哲学体系中的各种逻辑
可能性得以渐次展开。

　　朱子学内部，有许多内在的讨论因为与当代哲学没有对应的
讨论而往往不受学者重视，这是朱子学研究的深入需要加以改变
的。另外，本篇的讨论取径，既不是单纯的问题研究，也不是单
纯的概念研究，而是语词、概念与问题相结合的研究，笔者尝试
以之应用于朱子哲学与近世东亚理学史的哲学思想研究。

---

[1]《人心道心图说》（壬午），见《栗谷全书》卷十四。

朝鲜朱子学关于『气未用事』的讨论

圣人则合下以理为心，故心即性，性即心，体即中，用即和，无容可议矣。自圣人以下，则恒患气不循理，心不尽性，故凡自戒惧慎独，以约之精之，以至于其守不失，无适不然者，正欲其理气同实、心性一致之工也。

——李柬《未发辨后说》

一、缘　起

朱子己丑之悟以"思虑未发"来界定未发，以便强调在思虑未发之静时做涵养功夫。如果说思虑未发是心体流行的一个阶段，那么从心性论的角度说，它即是心的一种时态——未发之心，而不是指性。这一意义上的未发，与性作为情的未发，是不同的。因此，对于朱子中年时的未发观念，我们可以简单地归结为两种意义：一是未发之心，一是未发之性。前者重在为解决功夫指向的问题提供基础，后者重在为解释心性结构的问题提供基础。

而在朱子后期思想中，由于"气质之性"观念的确立，在未发的问题上出现了新的可能理解。这起于朱子的女婿黄榦论性的一段问答式文字，其中引述了朱子晚年的一个看法：

（黄勉斋曰：……）曰："既言气质之性有善恶，则不复有天地之性矣，子思子又有未发之中，何也？"曰：性固为气质所杂矣，然方其未发也，此心湛然，物欲不生，则气虽

322

偏而理自正，气虽昏而理自明，气虽有赢乏而理则无胜负。及其感物而动，则或气动而理随之，或理动而气挟之，由是至善之理听命于气，善恶由之而判矣。此未发之前，天地之性纯粹至善，而子思之所谓中也。《记》曰："人生而静，天之性也。"程子曰："其本也真而静，其未发也五性具焉。"则理固有寂感，而静则其本也，动则有万变之不同焉。**尝以是质之先师，答曰："未发之前，气不用事，所以有善而无恶。"**至哉此言也！[1]

照这个材料，黄榦提出，未发之前，天地之性纯粹至善，这就是未发之中，并引用了《礼记·乐记》和二程的说法作为证明。这是以未发之前有天地之性，来确认未发之前有未发之中。为了这个讨论，他特地请教朱子，朱子的回答是"未发之前……有善而无恶"，这一回答否定了那种以气质之性否定未发之中的看法，特别是当朱子对未发时何以有善无恶的解释是未发时"气未用事"，即气尚未发生作用时。这也意味着"未发"一定是气未用事的状态，而"已发"则是气已用事的状态。这样一来，气的用事与否就可以成为界说未发已发的一个基本要素。

从未发之性来说，朱子中年确立的思想是"性发为情"，性为未发，情为已发。这一理解模式在"气质之性"提出后，逻辑上就有两种理解：一种如其中年时确立的，性是四德，情是四端，性发为情即本然之性的四德之理发为四端之情；另一种是，如果

---

[1] "黄勉斋曰：……尝以是质之先师，答曰：'未发之前，气不用事，所以有善而无恶。'至哉此言也！"（《横渠学案上》，收入黄宗羲：《宋元学案》，全祖望补修，中华书局，1986年，第694—695页）这段材料我名之为《勉斋论性说》。

情不限于四端之情，而是广义的思虑情感，那么其未发应该就不是本然之性，而是气质之性了。前一种未发是本然之性，是有善无恶的，而后一种未发是气质之性，是有善有恶。持前一种观点，以未发为本然之性者，我们称为本然之性派；持后一种观点，以未发为气质之性者，我们称为气质之性派。虽然朱子本人并没有明确肯定过后一种理解，但也有材料显示他的晚年思想向这个方向发展。

从未发之心来说，朱子后期也遇到一些问题。朱子在中年时曾强调《中庸》所提出的"未发之中"是表征心的一种状态，并不就是未发之性。但在思虑未发、事物未接的意义上，能不能说未发之心也是作为天下之大本的未发之中呢？朱子在后期有两种回答：一种是认为未发之心有善无恶，是未发之中，因为气在此时没有发生作用（这见于朱子死后黄榦的《勉斋论性说》）；一种是认为常人未应接、未思虑时，未发之心已经汩乱，是有善有恶的，不是未发之中，已经受到气质之性的影响。前一种是未发为中说，后一种是未发不中说，事实上，后一种观点在朱子晚年的思想材料中也能找到相关的支持。这两种回答如何协调，为后续的朱子学留下了问题。

在中国，元明清时代的儒者对此有过讨论，朝鲜时代的性理学者也是如此。退溪和栗谷对此的讨论我已经做过评述，[1]本篇以李柬（号巍岩）和韩元震（号南塘）为主要人物，以"气不用事"的讨论为中心，进一步叙述朝鲜时代性理学内部关于这一问题的具体研讨。

---

[1] 参见前篇《朱子学"未发之前，气未用事"的思想》。

二、李柬的明德本体说

先来看遂庵与李柬书，书中曰：

> 人之气质，得于有生之初，虽未发之前，美恶自在。唯其外物未接，气不用事，故本性湛然，有善无恶。虽众人，如有此时，则其霎时之中，与圣人无异。及其外物之邪正，触其形而动其中也，气质之美者，感其正而易趋于善；气质之恶者，感其邪而易趋于恶。此理势之不得不然者也。然则德昭之种子云云，有何所病而呵叱如彼也。子思曰，天命之谓性。程子分而言之曰，天所授谓命，物所受谓性，其意有在。盖天所授谓命者，即继之者善，孟子所谓性善是也。物所受谓性者即成之者性，孔子所谓性相近上智与下愚不移是也。孟子之言，极本穷源之论也。孔子之言，正说性之本色也。必合两说而参看，然后其义乃备。高明若虚心逊志，濯去前见，以来新意，则当自觉悟矣。[1]

遂庵即权尚夏，李柬是其学生。权尚夏是本然之性派，主未发为中说，他认为，外物未接时，气不用事，此时有善无恶。这是本于朱子答黄幹之说。他认为，就是一般人，真正做到气不用事的时候，也能呈现这样的中的状态，只是为时甚短。而气质的美恶对人的影响，表现于接物之后，表现于外物引动的内心活动，换

---

[1] 李柬：《上遂庵先生（附遂庵先生别纸）》，见《巍岩遗稿》卷五，收入《韩国文集丛刊》第一百九十册，民族文化推进会（首尔），1997年，第321—322页。

言之，气质的美恶表现在心之已发。与朱子答黄榦的主张略为不同的是，遂庵在"气不用事"外，还提到"外物未接"，以此两点作为未发的界定。

李㙓回复遂庵书，便针对以"外物未接"为"气不用事"的界定：

> 下教曰："未发之前，美恶自在。"㙓谨问：此有前言之可据耶？伏乞下示。

> 下教曰："唯其外物未接，气不用事，故本性湛然，有善无恶。"谨问：气不用事，是但指不接外物而言耶？众人之心虽未应接事物，而不昏昧则便放纵，或并指此而言耶？若只以不接外物为气不用事，而谓之未发，则非惟众人也，虽跖、蹻不接外物之时亦多矣。然则天下之大本，是跖、蹻之所常有乎？是甚可疑。若并指不昏昧不放纵而为言，则方寸之地无一分昏昧放纵者，这便是湛然水镜之体也，所谓自在之恶，此时自在于何面耶？迷滞之见，正在气不用事一句。窃意此一句，真切勘核，则未发真面目，庶昭晢呈露。而小子困蒙，积思未到，伏乞于此，痛赐镌诲也。气不用事一句，勘核未尽，则所谓本性湛然，有善无恶者，恐不无更商者。如何如何。

> 未发之体，小子谨就大学明德而言之。夫气禀所拘之明德，则其昏明有万不齐矣。其所谓本体之明德，则圣凡当是无别矣。然则未发之体，当论于气禀所拘、有时而昏者乎？抑当论于本体之明有未尝息者乎？于此有一转语，则得失可

立判矣。[1]

李柬对权尚夏的论述进行讨论，一个是：气不用事是否即未接外物？他指出，如果把不接外物作为气不用事，那么众人不接外物时不是昏昧便是放纵，这怎么能是作为大本的中呢？可见**他反对把未发界定为人心不接外物时**。另一个是：**未发之体应该是指明德本体，还是指因气禀蒙蔽、拘限而昏的心呢？他主张应该指前者，因为如果指后者，则未发的心体有恶、有偏倚，就不能是中了**。其实，这两个问题的提出，本身便包含了一定的问题。首先，把思虑未萌替换为外物未接来作为未发的定义，这是有问题的，因为若仅仅是外物未接，则思虑仍然可以发生，这就不是未发，而是已发，只有思虑未萌才是未发，二者是不同的。思虑未萌，任何情感念虑皆未产生，也就谈不上昏乱。[2]至于常人的未发是不是天下之大本，的确是需要澄清的问题。其实，以气不用事作为未发的定义之一，是朱子晚年对黄榦的回答，是在理气论框架中对未发问题的讨论，它只是一个附加的条件，并不是未发之所以为未发的根本规定。而从权尚夏和李柬的书信可见，他们都把"气不用事"作为未发问题的核心。李柬也是本然之性派。

　　盖闻性一也，而有本然气质之二名，何也？以其单指与

---

[1] 李柬：《上遂庵先生》，见《巍岩遗稿》卷五，收入《韩国文集丛刊》第一百九十册，民族文化推进会，1997年，第314页。

[2] 朱子说过："不待接事时方流入于私欲，只那未接物时此心已自流了。须是未接物时也常剔抉此心教他分明，少间接事便不至于流。上蔡解'为人谋而不忠'云：'为人谋而忠，非特临事而谋；至于平居静虑，思所以处人者一有不尽，则非忠矣。'此难于本文说得来大过，然却如此。今人未到为人谋时方不忠，只平居静虑闲思念时，便自怀一个利便于己，将不好处推与人之心矣。须是于此处常常照管得分明，方得。"（黎靖德编：《朱子语类》卷一百二十一，中华书局，1986年，第2936页）

兼指之有异也。何谓单指？大本达道，是天命之本然，是所谓本然之性也，无论动静而专言其理，故曰单指也。何谓兼指？气有清浊粹驳，而理有中与不中，是所谓气质之性也，无论善恶而并论其气，故曰兼指也。然则所谓未发，正是气不用事时也。夫所谓清浊粹驳者，此时无情意无造作，澹然纯一，亦善而已矣。此处正好单指其不偏不倚四亭八当底本然之理也，何必兼指其不用事之气而为言乎。[1]

这里李柬强调，本然之性是单指天命之性，是专言其理的性。气质之性兼指理和气，气是有清浊粹驳的。未发是气不用事之时，此时气不发生任何作用，纯善而无恶。未发单指理，而不能兼指气；只能指本然之性，不能兼指气质之性。

李柬后来作《未发有善恶辨》，专论于此，认为应该把朱子有关未发的论述分为三层，即浅言之、深言之、备言之三个层次。

> 人之一心，湛然虚明，如鉴之空，如衡之平，以为一身之主者，固其真体之本然。故其未感之时，至虚至静，所谓鉴空衡平之体，虽鬼神有不得窥其际者。《大学或问》。

> 按：人之一心云者，独指圣人之心欤？抑通言人心未感之本体欤？所谓未发、所谓不偏不倚之中、所谓天下之大本，就此心之湛然虚明、鉴空衡平、真体之本然者言之，其言甚顺，恐未可易矣。今必就气禀所拘、人欲所蔽、不得其真体之本然者，只据其不应接事物而谓之未发，则此岂未发

---

〔1〕李柬：《与崔成仲》，见《巍岩遗稿》卷七，收入《韩国文集丛刊》第一百九十册，民族文化推进会，1997年，第353页。

之本旨而其言果顺乎哉?

　　右两段,于未发之体,辨境界勘情实之大端也。[1]

此文开始先引了朱子《大学或问》论心体湛然虚明的一段话,然后加以按语。朱子这段话是李柬在理论上最重要的依据(事实上正是这段话加剧了朱子晚年未发说的复杂性)。李柬用他习惯采用的提问方式提出问题:朱子讲的人之一心是指圣人之心,还是指人心未感未发的本体?他认为,《中庸》所说的未发是不偏不倚之中,是天下之大本,**所以未发是讲心之本体,而不是仅仅把不应接事物称为未发**,因为一般人未接事物时的心,已经被气禀所拘、被人欲所蔽,不是心的本然真体,不可能是不偏不倚之中。

接着他提出朱子论未发有三种论述:

　　大抵未发,朱子有只以众人之不接事物浅言之者,有就原头上一齐深言之者,又有以此心存亡通浅深而备言之者。其说不可不考,今录于左。

然后他列举了朱子论未发的三种论述,先看浅言之者:

　　喜怒哀乐未发而不中者,何?曰:此是气质昏浊,其未发时只是块然如顽石相似,劈斫不开。又曰:**众人虽具此心,未发时已自汩乱了,至感发处如何会得如圣人中节。右一段,浅言之者。**[2]

---

〔1〕 李柬:《未发有善恶辨》,见《巍岩遗稿》卷十二,收入《韩国文集丛刊》第一百九十册,民族文化推进会,1997年,第452页。

〔2〕 李柬:《未发有善恶辨》,见《巍岩遗稿》卷十二,收入《韩国文集丛刊》第一百九十册,民族文化推进会,1997年,第452页。

这段语录见于《朱子语类》卷六十二论中庸一章，原文为：

> "'喜怒哀乐未发谓之中'，只是思虑未萌，无纤毫私欲，自然无所偏倚。所谓'寂然不动'，此之谓中。然不是截然作二截，如僧家块然之谓。只是这个心自有那未发时节，自有那已发时节。**谓如此事未萌于思虑要做时，须便是中是体；**及发于思了，如此做而得其当时，便是和是用，只管夹杂相滚。若以为截然有一时是未发时，一时是已发时，亦不成道理。今学者或谓每日将半日来静做工夫，即是有此病也。"曰："喜怒哀乐未发而不中者如何？"曰："**此却是气质昏浊，为私欲所胜，客来为主。其未发时，只是块然如顽石相似，劈斫不开；发来便只是那乖底。**"曰："如此，则昏时是他不察，如何？"曰："言察，便是吕氏求中，却是已发。如伊川云：'只平日涵养便是。'"又曰："看来人逐日未发时少，已发时多。"曰："然。"（端蒙）[1]

所谓浅言之者，应即前面一段引文所说的"只以众人之不接事物浅言之者"，但《朱子语类》卷六十二原文中没有关于不接事物的话，原文强调的是"思虑未萌"为未发的论点，这是朱子己丑之悟时总结伊川未发已发说的结论。而李柬实际引列出的第一段话却也没有《朱子语类》原话中的"思虑未萌"几句，可见他引列的"浅言之"不是朱子原话，而是他挑选朱子语的组合。而第一段对话中的"喜怒哀乐未发而不中者，何？"是朱子门人程端蒙的问话，并不是朱子的话。当然朱子并未反对此说，而是顺就此

---

[1] 黎靖德编：《朱子语类》卷六十二，中华书局，1986年，第1509页。

说，这就等于承认此说，认为有未发而不中的情况，并解释这是由于气质、私欲、外物造成的。这也就等于承认既有未发之中，又有未发不中。其实朱子这个讲法，如前所说，是需要进一步思考的。至于第一段中的"又曰：众人虽具此心，未发时已自汩乱了"一句，其实是对思虑未萌说的否定，此句原见于《朱子语类》卷九十五，严格地说，是不应该作为"不接事物"而列为"浅言之者"的。

下面来看深言之者，即"就原头上一齐深言之者"：

> 喜怒哀乐未发之中，众人与圣人都一般。或曰：恐众人未发与圣人异否？曰：未发只做得未发，不然是无大本，道理绝了。或曰：恐众人于未发昏了否？曰：这里未有昏明，须是还他做未发。**若论原头，未发都一般。又曰：未发之时，自尧舜至于涂人一也。右一段，深言之者。**[1]

这段语录也见于《朱子语类》卷六十二论中庸一章，原文为：

> "喜怒哀乐未发之中，未是论圣人，只是泛论众人亦有此，与圣人都一般。"或曰："恐众人未发，与圣人异否？"曰："未发只做得未发。不然，是无大本，道理绝了。"或曰："恐众人于未发昏了否？"曰："这里未有昏明，须是还他做未发。若论原头，未发都一般。只论圣人动静，则全别；动亦定，静亦定。自其未感，全是未发之中；自其感物而动，全是中节之和。众人有未发时，只是他不曾主静看，

---

〔1〕李柬：《未发有善恶辨》，见《巍岩遗稿》卷十二，收入《韩国文集丛刊》第一百九十册，民族文化推进会，1997年，第452页。

不曾知得。"（淳）[1]

所谓深言之者，首先确认圣人与众人都有未发之中，圣人的未发与众人的未发相同无异。其次是说未发就是未发，还谈不到昏明，不能说圣人的未发是清明，众人的未发是昏浊。这一段只讲未发之中，不讲未发不中，与"浅言之"一段基本不同。此段中"又曰"一句见于《朱子语类》卷二十六："若未发时，自着不得工夫。未发之时，自尧舜至于涂人，一也。"可见其引列者仍是组合朱子语而成。

最后来看备言之者，即"以此心存亡通浅深而备言之者"：

> 此心存，则寂然时皆未发之中，感通时皆中节之和。心有不存，则寂然木石而已，大本有所不立也；感通驰骛而已，达道有所不行也。右一段，备言之者。[2]

这段材料见于《朱子文集》卷五十一《答董叔重》：

> 中和者，性情之德也；寂感者，此心之体用也。此心存，则寂然时皆未发之中，感通时皆中节之和。心有不存，则寂然者木石而已，大本有所不立也；感通者驰肆而已，达道有所不行也。故夫动静一主于敬，戒谨恐惧而谨之于独焉，则此心存而所寂感无非性情之德也。不知是否？
> 亦是。[3]

---

[1] 黎靖德编：《朱子语类》卷六十二，中华书局，1986年，第1508页。

[2] 李柬：《未发有善恶辨》，见《魏岩遗稿》卷十二，收入《韩国文集丛刊》第一百九十册，民族文化推进会，1997年，第452页。

[3] 朱熹：《朱子全书》第二十二册，朱杰人、严佐之、刘永翔主编，上海古籍出版社、安徽教育出版社，2002年，第2366页。

应当指出，李柬这里引证的一段乃是朱子门人董铢的话，"亦是"是朱子对董的这段话表示认可，所以他引的这段话虽然不是朱子的原话，但确实是为朱子所认可的观点。李柬把这段话作为"备言之者"，理由并不充分：其实这段话把存心或不存心作为有没有未发之中、大本有所立或有所不立的根本条件，超出了前面关于未发的讨论，既没有涉及未发的定义，又没有涉及气的用事与否。而且，照此段所说，寂然时木石而已，这不是气质造成的，而是未有存心功夫造成的，与浅言的一段说法不一致，因为浅言一段中说未发如顽石是由于气质等造成的。

引列了以上三段话之后，他说：

> 函丈书曰：人之气质，得于有生之初。虽未发之前，美恶自在。

谨按，人之气质得于有生之初此一句极是。但此正朱子所谓气禀所拘之明德也，非虚灵不昧之本体有未尝息者也。气禀所拘，其昏明美恶有万不齐，则此正朱子所谓"未发而不中者"也。孔子相近之性以下，退栗性亦有善恶者，皆指此也，非湛然虚明鉴空衡平真体之本然也，非至虚至静鬼神有不得窥其际者也，非原头未发都一般者也，非尧舜涂人一也者也。若真有昏恶者自在于心体，则其未发与否则未知，而其非本明之体，则不已昭昭乎。曰昏曰恶，而又可以湛然目之，是甚情理耶？昏恶自在，则其鉴也已昏塞矣，何可谓空也。其衡也已敧侧矣，何可谓平也。况真体本然，是何等名实，而以昏恶者为真体本然？至虚至静是何样境界，而以昏恶者为至虚至静欤？以不接事物粗谓之未发，则昏恶固未害也。至以不偏不倚天下之大本而安泊于昏恶，则是理气殊实，心性异致矣，无乃未安乎。[1]

这里引用的"函丈书曰"即是我们在前面讨论过的权遂庵与李柬书，李柬主要针对其美恶自在说。[2]这里提到朱子所谓气禀所拘之明德，见于《朱子语类》：

> 明德，是我得之于天，而方寸中光明底物事。统而言之，仁义礼智。以其发见而言之，如恻隐、羞恶之类；以其见于实用言之，如事亲、从兄是也。**如此等德，本不待自家明之。但从来为气禀所拘，物欲所蔽，一向昏昧，更不光明。**而今却在挑剔揩磨出来，以复向来得之于天者，此便是"明明德"。我既是明得个明德，见他人为气禀物欲所昏，自家岂不恻然欲有以新之，使之亦如我挑剔揩磨，以革其向来气禀物欲之昏而复其得之于天者。此便是"新民"。然明德、新民，初非是人力私意所为，本自有一个当然之则，过之不可，不及亦不可。且以孝言之，孝是明德，然亦自有当然之则。不及则固不是，若是过其则，必有割股之事。须是要到当然之则田地而不迁，此方是"止于至善"。（泳）[3]

遂庵所说的美恶自在，本来是说气质的美恶，而李柬则将之理解为心体的昏明。照李柬这里所说，他依据朱子《大学或问》的区

---

〔1〕李柬：《未发有善恶辨》，见《巍岩遗稿》卷十二，收入《韩国文集丛刊》第一百九十册，民族文化推进会，1997年，第452—453页。

〔2〕李柬与韩元震的辩论及其分析，可参见李甦平：《韩国儒学史》第四章第三节，人民出版社，2009年。

〔3〕黎靖德编：《朱子语类》卷十四，中华书局，1986年，第271页。

分，强调心之本体是湛然虚明如鉴空衡平的，是真正的明德；而气禀所拘之明德，有昏明美恶，不是明德的本体。所以他认为遂庵的说法以为未发心体有昏有恶，而这不可能是明德本体，只能是气禀所拘之明德。他又说气禀所拘的明德就是朱子所说的"未发不中"者，这就承认未发有两种，一种是未发之中，一种是未发不中，而未发不中是气禀造成的。因此他认为，若仅以不接事物为未发，就可能把未发不中当作未发之中，这是不正确的。可见，李柬的核心主张是不能以未接事物为未发，未发是指明德本体，是有善无恶的。

此后，李柬又作了《未发辨后说》，对前面所写的《未发有善恶辨》做了进一步发挥。他首先讨论了什么是"气不用事"：

> 或曰：夫然则彼又有说矣，气不用事，是未发也；气已用事，是已发也。是将本然之性为体，而气质之性为用乎？曰：然。是彼主张之大端也。虽然，元来不用事一句，彼此所指者异，而古人之论未发亦原有两般说。于此辨则余可见矣。
>
> 夫本心宰而血气退听于百体，此愚之所谓不用事也。朱子曰："若论原头，未发都一般，自尧至于涂人，一也。"此一说也。
>
> 善恶混而犹未应接于事物，此彼之所谓不用事也。朱子曰："众人未发已自汩乱，其感发处如何会中节。"此又一说也。然则所谓本然之性者，已就夫本心而言之矣，其发独为气质之用哉。[1]

---

[1] 李柬：《未发辨后说》，见《巍岩遗稿》卷十三，收入《韩国文集丛刊》第一百九十册，民族文化推进会，1997年，第469—470页。

"此"是他自己，"彼"是论辩的对方，即韩元震。他认为双方对"气不用事"的理解不同，而弄清这点是辩论的前提。他承认古人论未发和气不用事有两义，一种是以本心主宰而血气退听为气不用事，另一种是以心善恶混而未接事物为气不用事，他自己主张前者，论辩对方主张后者。他认为这两种用法在朱子的话中都可以找到根据。文中"朱子曰：'若论原头，未发都一般，自尧至于涂人，一也。'此一说也"，此语即李柬所列举的"深言之者"。文中引的另一段"朱子曰：'众人未发已自汩乱，其感发处如何会中节。'此又一说也"，《朱子语类》有一段与之相近：

> 问："伊川言：'"喜怒哀乐未发谓之中"，中也者，寂然不动是也。'南轩言：'伊川此处有小差，所谓喜怒哀乐之中，言众人之常性；"寂然不动"者，圣人之道心。'又，南轩辨吕与叔《论中书》说，亦如此。今载《近思录》如何？"曰："前辈多如此说，不但钦夫，自五峰发此论，某自是晓不得。今湖南学者往往守此说，牢不可破。某看来，'寂然不动'，众人皆有是心；至'感而遂通'，惟圣人能之，众人却不然。**盖众人虽具此心，未发时已自汩乱了**，思虑纷扰，梦寐颠倒，曾无操存之道；至感发处，如何得会如圣人中节！"[1]

李柬自己的本心主宰说主张圣人与众人的未发是相同的，没有分别。而对方的应接事物说则主张众人的未发已经汩乱，与圣人的未发之中不相同。他所引的朱子语是他做的减省，不是朱子原话。

---

〔1〕 黎靖德编：《朱子语类》卷九十五，中华书局，1986年，第2415页。

以下，他就几种异议做出说明和回应：

> 或曰：非谓是也，气已用事，则不成为未发；而性则又
> 非已发之目也。今不曰情而曰性者，何软？曰：大抵论性之
> 义有二。一则只理在气中之称也，如今本然之性、气质之性
> 者，皆即此理气上或单指或兼指焉。此论性之大体然也。一
> 则就心上，以动静部伍，分而言之，即对情之性。而其言盖
> 益密矣。**今夫众人未发，若以子思之旨准之，则皆属已发。**
> **而朱子亦或以未发言之者，盖亦不接事物，故粗谓之未发。**
> **不见情用，故亦谓之性。**而实则其性粗在靠不得，故君子不
> 性焉。自孔子相近之性，至退栗性亦有善恶者，本皆论性之
> 大体者，而其境则实在此矣。[1]

他认为，朱子学中的性有两种用法，一是指气中之理，这是主要
的用法，一是指心之静。在他看来，一般人的未发，如果以子思
《中庸》的标准，其实都是已发，因为并非无所偏倚之中。那么为
何朱子有时也承认这种一般人的未发为无所偏倚的未发？他解释
说，这是因为朱子是在不接事物的意义上，粗略地谓之为未发；
又因为此时尚未发见为情，有时也称之为性。这些都是在不严格
的意义上讲的。

> 或曰：性是根极之言也。若自已发而言之，则恶在其根极
> 乎。曰：无论应接与不应接，根极于气质用事之始，此非根极
> 之言乎。若复根极于不用事之原头，则即大本矣，君子何不性

---

[1] 李柬：《未发辨后说》，见《巍岩遗稿》卷十三，收入《韩国文集丛刊》第一百九十册，民
族文化推进会，1997年，第470页。

之有哉。此处义理极精微，界分极分晓，须着眼可也。[1]

他认为，性是人心之根，已发不是根，故论性不能在已发上来讲。他还提出，不管应接事物与否，如果追寻人心之根只是追到气质用事，那就还不是终极之根。如果能追根至源头，才是大本，是本然之性。

> 或曰：古人以本然、气质对待论性则有之矣，未尝有以对待论心者矣。今子气质之心，无乃涉于创新乎。又论本然之性者，只单指一言已该矣，今子又必就本心而单指，此亦见理未熟，言不得简要而然乎。曰：心一也。上面着个道字则是本心也，着个人字则是气质之心也。言似创新而理实无疑，夫何嫌乎。且性为中乎？性之立为中乎？其立与不立，又不待此本心之存亡而能自由乎？今不计心体之善恶，而惟单指为中，则亦当不计心用之善恶而单指为和矣。子思未发之说，果本悬空说理、不就本心而言乎哉。[2]

李柬认为，古人有以本然之性、气质之性论性的，但没有以本然之心、气质之心来论心的。对方提出本然之心，这是他不同意的。他认为心不分本然之心、气质之心，而应分为道心、人心；他同时指出对方以心体为中，而不管心体上有无善恶，在这一点上，李柬应当是指不该把气禀所拘之心体作为"中"。

---

[1] 李柬：《未发辨后说》，见《巍岩遗稿》卷十三，收入《韩国文集丛刊》第一百九十册，民族文化推进会，1997年，第470页。

[2] 李柬：《未发辨后说》，见《巍岩遗稿》卷十三，收入《韩国文集丛刊》第一百九十册，民族文化推进会，1997年，第470页。

或曰：夫然则彼此同异之所在，固闻之矣。其得失之归，又可闻欤？曰：噫！未发是何等精义，何等境界，此实理气之大原，心性之筑底处。而谓之大原筑底处者无他，正以其理气同实，心性一致而言也。圣人则合下以理为心，故心即性，性即心，体即中，用即和，无容可议矣。自圣人以下，则恒患气不循理，心不尽性，故凡自戒惧慎独，以约之精之，以至于其守不失，无适不然者，正欲其理气同实、心性一致之工也。而其工程阶级，则亦已精深邃绝矣。此鄙说本末也。**今彼于未发一言看得未透，只以不应接时节，作未发之案，此其从初眼目，已隔一重关岭于原头未发矣。**彼未尝自谓未透，而未发之心、昏恶之气，是气已用事后事实也，何可讳得也？[1]

最后，他指出，关键在于不能以不应接事物为未发，这是因为没有看到源头，没有看到理气之大源、心性之根底。

三、韩元震的气禀本色说

李柬论辩的主要对手是韩元震，他说：

盖心之未发，气不用事，一性浑然。故君子于此，只务存养而已。及其已发，七情迭出，善恶始分。故君子于此，

---

〔1〕李柬：《未发辨后说》，见《巍岩遗稿》卷十三，收入《韩国文集丛刊》第一百九十册，民族文化推进会，1997年，第470—471页。

力加省察之工。知其为天理之发也则扩而充之，知其为人欲
之发也则遏而绝之。存养省察之工至，则未发而大本立，已
发而达道行，可致乎位育之盛矣。[1]

朱子中年多说"心之未发，一性浑然"，晚年又用"气不用事"论
未发，故韩元震这里的说法合乎朱子所说。又，朱子中年论未发，
是要落实在未发的存养，所以这里的说法皆是顺续朱子之说。以
下他引用了当时人的一些说法：

> 永叔语录曰：未发之前，只有本然之性，而不可谓有气
> 质之性。及其发也，方有气质之性。道心即本然之性所发
> 也；人心即本性之由于耳目口鼻而发，所谓气质之性也。李
> 公举抵成仲书曰：性有二名何也？以其单指兼指之有异也。
> 何谓单指？大本达道，天命之本然，是所谓本然之性也。无
> 论动静而专言其理，故曰单指也……何谓兼指？气有清浊粹
> 驳，而理有中不，是所谓气质之性也。无论善恶而并论其
> 气，故曰兼指也。然则所谓未发，正是气不用事时也。所谓
> 清浊粹驳者，无情意无造作，澹然纯一善而已。此处正好单
> 指其本然之理也，何必兼指其不用事之气乎。[2]

"公举"即李柬字，其"抵成仲书"即前节所引单指兼指之说所出
的李柬与崔成仲书。至于永叔语录所说，未发之前只有本然之性，
没有气质之性，已发才有气质之性，其实朱子未曾如此主张过。

〔1〕 韩元震：《陈大义疏（附录进心性情说）》，见《南塘先生文集》卷三，收入《韩国文集丛
刊》第二百零一册，民族文化推进会，1998年，第82页。
〔2〕 韩元震：《上师门·庚寅》，见《南塘先生文集》卷七，收入《韩国文集丛刊》第二百零一
册，民族文化推进会，1998年，第167页。

永叔语录又说道心是本然之性之发，人心是气质之性之发，这也不是朱子的主张。这些应该都是韩弘祚（永叔）在这个问题上的主张，代表了他对朱子学思想的一种理解。

接着韩元震对上述几种观点做出评论：

> 元震按：诸友之说，皆以情当气质之性，而考之前训，未见其必是。谨按《中庸》首章注曰：气以成形，理亦赋焉。气以成形，故兼指此气而谓之气质之性；理亦赋焉，故单指此理而谓之本然之性。**气才成形，便已有气质之性，何待于触物感动而后方有此性乎。**性虽有二名，而初无两体，故非可以先后等差言也。今以情为气质之性，则是本然之性在前，气质之性在后，相为体用始终，而地头阶级截然矣，此岂非二性乎。栗谷先生曰：以其本然而言，则性善而情亦善。以其兼气而言，则性且有善恶。情岂无善恶乎？尤庵先生曰：论天命赋予之初，则有气质之善恶。论心性发用之始，则有情意之善恶。合而论之，恐失先儒之意矣。曾见栗谷别集付签有此语。此果以气质之性合之于情耶。且必以情为气质之性，则彼木石灰土无情之物，果皆无气质之性耶。**所谓未发性善者，谓其未发之际，气不用事，而理之本体浑然自若。故单指其理之浑然自若者，而谓之性善也。气虽不用事，而其偏者自偏，正者自正，粹者自粹，驳者自驳，而未尝不与此理相干，则兼指其偏正粹驳之气而谓之气质之性，有何不可乎。**若于此不可复兼气质而言，则彼气之偏正粹驳者，乃是无理底物事，而气外有理，理外有气也，其可乎。若必以其不用事而不可兼言，则彼枯木死灰之气何尝用

事，然而岂可谓枯木死灰之气不可兼言而谓无气质之性耶。若曰在物之气虽不用事，可以兼言，而在人之气，则不可兼言，其不用事者，则非愚之所敢知也。所谓未发性善者。既单指理而言。则彼兼指气而言者，自为一说矣。何害其所谓性善者哉。且先贤之以本然气质为非二性，而其兼气言之，不在于已发者，不啻明白矣。未发之前，若不得兼言，则是气质之性终无可言之时矣。此处正当照勘。[1]

韩元震首先针对永叔语录的观点，提出气聚合为形体时便有了气质之性，而反对说人心接触外物、感应发动后才有气质之性，反对说已发才有气质之性。气质之性不是后有的，且与本然之性没有先后，它和本然之性一样，都是本有的。其次他回应了李柬对他的批评，李柬主张未发单指本然之性，反对兼指气质之性，而韩元震认为朱子讲的"未发之际，气不用事"可以是指未发性善，指理本身，故单指理为本然之性；但是气不用事时，气的偏正已经存在，不能说与理不相干，所以未发也可兼指理和气，即兼指本然之性和气质之性。如果未发之前没有气质之性可言，那么气质之性作为性就没有意义了。所以气质之性在未发时也存在，不能说它只在已发时存在。而且，如果气质之性在已发时才存在，那么气质之性就同于情了，这无异于性情不分。

> 元震以为**未发之前性则无不善，而气则有不齐。气虽不齐，不害性之本善。未发之前，气不用事，故不害性之本**

---

[1] 韩元震：《上师门·庚寅》，见《南塘先生文集》卷七，收入《韩国文集丛刊》第二百零一册，民族文化推进会，1998年，第167—168页。

善。**而气之善恶未形，故亦无不齐之可见者。虽不可见，实未尝无其不齐者矣。**若见其无可见者，而遂以为无不齐，则岂不误哉。

且元震之以气质为有不齐者，亦非谓未发虚明之体亦有所不一也。谓于虚明皆同之中，气之所禀，乃有强弱偏全清浊粹驳之不齐云尔。虚明皆同，是未发气像。美恶不齐，是气禀本色。美恶不齐故兼气言之而为气质之性。虚明皆同故性无所掩而为不偏不倚之中。若见其虚明皆同而遂认以为气质之纯善，又以为性善由于此，则其为释氏本心之见，不可讳矣。[1]

韩元震主张，未发之前不是单一的，而包含两方面：一方面是性的本善，一方面是气的不齐。他认为，未发之前气的不齐并不影响性善，因为气不用事。此时气对善恶的影响虽不可见，但气的不齐是实际存在的，不能否认。在这个说法中，虚明代表性善，未发的虚明即是未发之中。**但是人有未发之中的同时，也有气禀本色。未发之中是善的，是天赋的；气禀本色是不齐的，这也是天赋的。正因为气禀天赋就是不齐的，所以称为本色。虚明本体和气禀本色分别是未发的不同方面。**

公举之意，盖以为气质之性，善恶之性也。才非已发之情，则即是未发之性。而未发之性，不可谓有善恶。则气质之性，只是情而已也。然以愚观之，则所谓未发之际，纯善

---

[1] 韩元震：《上师门·甲午》，见《南塘先生文集》卷七，收入《韩国文集丛刊》第二百零一册，民族文化推进会，1998年，第177页。

无恶者乃单指理而言也。此既单指理而谓之性善，**则彼之兼指气而谓之性有善恶者，自为一说而干于此矣，何害其所谓性善者哉**。请因斯说而申复之。未发之际，气不用事，故性之本体，浑然自若。气虽偏而理自正，质虽驳而理自纯。于是单指其理之正且纯者而谓之性善，是不但气质之偏驳者不能损其善也，其全粹者亦不得以益其善也。子思所谓未发之中，孟子所谓性善之性，皆指此也。若于此兼其偏全粹驳之气质而言，则所谓气质之性而非复性之本体也。[1]

他把李栜的观点理解为，未发之性是没有善恶的，如果气质之性是有善恶的，那么气质之性就不是未发之性，只能是已发之情。"未发之际，气不用事，故性之本体，浑然自若"与前引《上师门》的思想一致，强调未发时气不用事，此时性之本体自在不变，虽然未发时气的偏杂是存在的，但此时理不受影响而自正自纯。所谓单指的理即是性之本体，即《中庸》所说的未发之中、孟子所说的性善之性。而兼指气质而言的性是气质之性，不是性之本体，但并不影响性善。

即乎至静则所谓即事也，直指天命而不杂乎气则所谓原本也。高明亦曰即乎至静，则所谓即事者然矣。而必曰天命之善有待于气质。则所谓原本者，谓之原本于气则可矣，而谓之原本于性则非矣。夫中之必即乎至静，而单指此理者何也。盖才出乎静，则即是已发也。已发则情也，不可谓之性

---

[1] 韩元震：《答崔成仲·己丑》，见《南塘先生文集》卷九，收入《韩国文集丛刊》第二百零一册，民族文化推进会，1998年，第204页。

也。已发则偏倚矣，不可谓之中也。此所以必即乎静而言者
也。**至静之中，气不用事，则湛然虚明。虽未有善恶之形
焉，既有此气则亦不能无本色美恶之相杂。而若兼此气而言
性，则无以见其性之善矣。此所以必单指理而言者也。自非
圣以下，虽于至静之中，而气禀本色，固必有美恶之相杂。**
然设使至此而气一齐皆善若性之善，则决不待于此矣。性而
待于气善，则岂非所谓气质之性也，岂非所谓气为之大本
乎。若然则孟子当言气善而不当言性善也。本善之性，未发
而中，则中与善一矣，何失乎子思之意也，何反乎自家之言
静也。未发之中，又必待气质而善，则中与善二矣，性与善
二矣，其不失于子思之意乎，亦不反于自家之言本善乎。气
虽恶、理独善之不然，虽蒙丁宁之教，终有所未谕。粪壤污
秽之气，岂不是恶矣。而至善之理，未尝不在，则此岂非明
验耶。老兄将以为粪壤之中，至善之理不在乎。抑老兄每以
为气之静者纯于本然，则彼粪壤静中之气，亦将纯乎本然而
其理至善耶。虽使气善而理善，恐亦非栗谷所谓本然自若之
妙矣。[1]

这是主张静是未发，动是已发，已发是情不是性，以此反对把气
质之性看作已发的观点。他还认为，已发便有偏倚，不可谓之中，
故未发之中一定不能离开静。未发是至静之时，此时气不用事，
心湛然虚明。未发之心虽然没有善恶形成，但此时气禀的美恶已
经与性相杂。如果强调性善，就须单指理，而不兼乎气而言。但

---

[1] 韩元震：《答李公举·壬辰》，见《南塘先生文集》卷十，收入《韩国文集丛刊》第二百零
一册，民族文化推进会，1998年，第227—228页。

圣人以下的人，即使在至静的未发时，也受气禀的影响，而气禀本色必然有美恶的区别。气禀本色和性之本体是层级相当的概念，性有本体，气有本色。韩元震认为，在未发之前，性之本体已经和气的本色杂染了。如果期待未发之前本性是中，而气完全为美，没有任何不齐，那就意味着未发之中必须有待于气质的善美，这是不合子思之意的。此外，他也反对气恶理善的观点。

> 高明曰，以此昏明美恶之心，亦能应万事之变，果无往而不中乎。此又徒知圣人之心，而不知有众人之心也。朱子所谓以此心应万物，无往而非中者，此以正心极功而言也。正心之极，大本常立，故其发而应于事者，亦无往而非中矣。众人之心，以其有气禀之不齐，故虽于霎时刻气不用事之际，中体立焉，旋即昏昧散乱，失其中体，故其发常多不中矣。必其常主于敬，以存此心，而尽变其不美之质，然后大本无时不立，而达道无事不行矣。岂可以霎时中体之立，遽责其用之无往不中乎。只自默验于心可见矣。[1]

这是说，朱子所谓此心应万物无往而不中，是指正心极致的效果。而众人之心，由于有气禀的影响，多只能在气不用事的短暂时刻使中体确立起来，然而旋即昏乱，中体便立不起来了。失去了未发之中，已发也就不能中和，所以众人短暂的未发之中是靠不得的，必须主敬穷理，变化气质，才能立大本行达道。

> 朱子曰："未发之前，气不用事，故有善而无恶。"有善

---

[1] 韩元震：《拟答李公举》，见《南塘先生文集》卷十一，收入《韩国文集丛刊》第二百零一册，民族文化推进会，1998年，第245—246页。

无恶指性而言，非指气言也。于气则不曰善，而但言不用事，则其意可见矣。**盖其未发虚明，即其一时静定之至，气像如此，而圣凡皆同。若其气禀本色之不同者，安得遽变而同也。**气像本禀所指不同，政须于此加察。而虚灵本禀其说，亦只如此耳。愚之论未发尝以镜水譬之，今亦以镜水譬之。虚明虚灵如镜之同明、水之同清。气禀不齐如铁之精粗、水之寒温、强弱之不同也。高明之疑，专在于心与虚灵分言，而惟此镜水之譬可破其疑。夫心但言虚灵，则虚灵皆同。而专言心，则心之气禀悉举，故不同。如镜但言光明则光明皆同，专言镜则铁之精粗并举故不同耳。[1]

他认为，朱子论"气不用事"的话，其中"有善而无恶"一句是指性而言的，不是指气。所谓虚明，是指未发静定时的气象，也就是中。"气像"是功夫后的结果，"本禀"是功夫前的本色，二者不同。气禀本色的变化不是一下子就能完成的。他还提出，如果一般地看，镜子都有光明，但具体地看，各个镜子用铁的精粗并不相同，以此说明人心都有虚明，但气禀造成了人心的不同。从另一方面来说，只就虚明而言，人心都有虚明，但从人心整体来看，则不仅有虚明，还有气禀。所以韩元震的思想是强调不能只讲心性本体，而应该重视气禀本色。

> 心之气未发也，固是静也，体也。然以其气之虚明者而言，则谓之善可也。以其**气不用事，善恶未分者而言，则谓**

---

[1] 韩元震：《答尹瑞膺·乙卯闰四月》，见《南塘先生文集》卷十三，收入《韩国文集丛刊》第二百零一册，民族文化推进会，1998年，第303页。

之无善恶可也。以其气之本禀或昏或明、或强或弱自在其中者而言，则谓之有善恶亦可也。如是推之，则圣贤言心，或善或恶，皆可以通之矣。高明只为虚明二字所缠缚，而转动不得。圣贤言语或异同者，皆欲以一说定之，而断然言之曰静无不清，体无不善。理之一者乃可如此说，气之万殊者亦可以此一说而定之哉。[1]

因为韩元震认为心是气，所以他认为所谓未发就是心之气的未发，心的虚明就是气的虚明。朱子说气不用事时有善无恶，在他看来，气不用事时善恶未分，可以说无善恶，但若就气的本来禀受有昏明强弱之分而言，也可以说有善恶。心不仅有虚明的作用，还有气禀的影响。可见他是重视气禀的气质之性派。

总之，下面这段可代表韩元震的主要观点：

虽则湛然虚明，其气禀本色之清浊美恶则亦未尝无也。故即气湛然虚明无所掩蔽于天理者而单指其理，则为本然之性；因其气禀本色清浊美恶之不齐者而兼指理气，则为气质之性。故朱子曰："喜怒哀乐未发之时，只是浑然，所谓气质之性，亦皆在其中。至于喜怒哀乐，却只是情也。"斯言也，恐未可以改评也。[2]

从前面叙述可知，这里是说，未发的心之本体既湛然虚明，同时又有气禀本色。单指湛然虚明的一面，就是本然之性；兼指气禀

---

[1] 韩元震：《答尹瑞膺·壬戌九月》，见《南塘先生文集》卷十三，收入《韩国文集丛刊》第二百零一册，民族文化推进会，1998年，第310页。

[2] 韩元震：《拟答李公举（附未发气质辨图说）》，见《南塘先生集》卷十一，收入《韩国文集丛刊》第二百零一册，民族文化推进会，1998年，第266页。

本色的一面，就是气质之性。因此未发之前的性是浑然的，气质之性也在浑然之中。他引用朱子的话来证明未发之前的性是包含气质之性在其中的，而反对说未发之性只是本然之性。

四、余　论

最后，再补充若干韩元震关于气质之性的思想论述。他说：

> 方寸之中，五行精英之气聚焉，此则所谓虚灵知觉，神明不测之心也。五行之气既聚而为心，则五行之理又具于其中，所谓性也。心即气也，性即理也。气有作用而理无作用，故心之气感物而动，则性之理乘之而出，所谓情也……人禀气为形，禀理为性，而理气不相离合。故兼其理与气而言则为气质之性，就气中单指其理而言则为本然之性。本然之性，纯善无恶，性之本体也。故君子于是性也，惟务存养而已。气质之性，受变于气质，非性之本体也。故君子于是性也，必务矫揉而求以变化焉。[1]

韩元震气质之性的思想有其基础，即认为心即气，这是与朱子有所不同的。他认为五行的精英之气聚合为心，这个心就是虚灵直觉、神明不测之心；五行之理即具于心中，称为心中的性。于是他提出心即性，性即理。按朱子本人的说法，气聚成形，理亦赋

[1] 韩元震：《陈大义疏（附录进心性情说）》，见《南塘先生文集》卷三，收入《韩国文集丛刊》第二百零一册，民族文化推进会，1998年，第81页。

焉，而不是说气聚成心，理即赋焉。理固然具于人心，但不是因为心是气、理是心之理。此中微妙的不同还是很重要的。

> 公举以为未发之前，气质纯善，故性亦纯善。气质若不齐，性安得纯善。**此其所争只在于未发前气质纯善与否，及**性之纯善由于气质与否。而公举对人言辄没气质字，而直曰**某也为未发有善恶之论**。
> 谓于虚明皆同之中，气之所禀乃有强弱偏全清浊粹驳之不齐云尔。虚明皆同，是未发气像；美恶不齐，是气禀本色。美恶不齐，故兼气言之而为气质之性；虚明皆同，故性无所掩而为不偏不倚之中。若见其虚明皆同，而遂认以为气质之纯善，又以为性善由于此，则其为释氏本心之见，不可讳矣。公举以为虚明之体既同，则不复有强弱偏全清浊粹驳之不齐者矣，**此其所争又只在于虚明之中气有不齐与否**。[1]

他认为李柬的主张是未发之前气质纯善，而他自己主张未发之前气质不齐。至于未发之前的"虚明皆同"（即人人都一样），这是二人共同承认的。由于李柬主张未发之前气质纯善，故未发之心是有善无恶的；他认为韩元震主张未发之前气不齐，则未发之心便是有善有恶的了，因而把后者的观点称为"未发有善恶论"。

> 殊不知未发之时，虚明湛一者，虽圣凡皆同。即其虚明湛一之中，而禀气强者自在其强，禀气弱者自在其弱。得木气多者其多自如，得金气少者其少自如……所谓虚明湛一

---

〔1〕韩元震：《上师门·甲午》，见《南塘先生文集》卷七，收入《韩国文集丛刊》第二百零一册，民族文化推进会，1998年，第177页。

者，只指其寂然不动、物欲不生底气像而言也。若只指此气像而谓之善则固可，而若其气质所禀之本色，则决不能纯善矣。今见其虚明湛一之气像，便认以为气质纯善，而谓天命之善亦由于此，则此分明是认气质为大本，分明是释氏即心即佛之见也。勉斋黄氏曰："方其未发也，此心湛然，物欲不生，则气虽偏而理自正，气虽昏而理自明。气虽有赢乏，而理则无胜负。此未发之前，天地之性，纯粹至善，而子思所谓中也。以是质之先师，答曰：未发之前，气不用事。所以有善而无恶。"观此问答。则**可见未发之前，气质有不齐者，而天命之善，本不系于气质者矣。**[1]

"未发之时，虚明湛一者，虽圣凡皆同"即前面所说的"虚明皆同"。韩元震认为，未发固然是虚明湛一，但禀气的强弱偏正不同，所以不能说由于未发时虚明湛一，此时气质就是纯善。更不能认为由于此时气质纯善所以天命才成为善的，因为天命的本善根本不是依赖于气质的。

　　故指心之未发而谓无善恶则可也，而指性之未发而谓无善恶则不可也……盖心即气也，气有清浊粹驳之不齐，而清粹者发而为善，浊驳者发而为恶。而当其未发也，善恶未形，而粹驳则在；及其已发也，粹驳用事，而善恶斯分矣。**故当其未发也，谓之善则善未形矣，谓之恶则恶亦未形矣，此先生所以不得已而谓无善无恶也。**非先生深有见乎理气心

---

〔1〕　韩元震：《与崔成仲别纸十月》，见《南塘先生文集》卷八，收入《韩国文集丛刊》第二百零一册，民族文化推进会，1998年，第196—197页。

> 性之实者安得以有此言也。然未发之前，善恶虽未形，而气禀本色，则有粹驳之杂矣。粹驳虽在，而气未用事，则心地一于虚明而已矣。**故自其善恶未形而言，则谓之无善恶可也。自其本禀粹驳而言，则谓之有善恶可也。**[1]

前面说过，李柬把韩元震的观点称为"未发有善恶论"。严格地说，这个概括虽然点出了二人分歧的关键，但对韩元震而言却是不全面的。韩元震的基本观点是"当其未发也，善恶未形，而粹驳则在"：就善恶未形而言，可以说是无善恶；就粹驳本禀而言，则可以说是有善恶。所以把他的观点仅归纳为未发有善恶，是不全面的。总之韩元震是持未发两面论，而不主张只讲未发是善的一面；至于他所强调的未发中有善恶的一面，乃是基于他关于气质禀受对人性的影响，即气质之性对人的影响的看法，这是与李柬等不同的。

综上所述，由于朱熹和黄榦的地位，朝鲜时代的性理学比起中国的朱子学更为重视"气不用事"对理解"未发"的重要性，对朱子的有关论述也做了更细致的梳理，与"未发"相关的讨论也更为深入。朝鲜时代的性理学在这个问题上形成的本然之性派和气质之性派两种主张的对立，也更为明显，而中国的朱子学对此虽有不同观点，但并未形成明确的两派争辩。还应当指出，李柬与韩元震之间的思想辩论，不只有本篇所讨论的内容，还涉及其他不少方面，这些就不予讨论了。

---

[1] 韩元震：《杂识》，见《南塘先生文集》卷三十六，收入《韩国文集丛刊》第二百零一册，民族文化推进会，1998年，第281页。

朝鲜朱子学家李栗谷的理气论析论

情虽万般，夫孰非发于理乎？惟其气或掩而用事，或不掩而听命于理，故有善恶之异。

——李栗谷《答成浩原》（壬申）

一般认为，朝鲜时代16世纪的理学中，李栗谷的思想接近朱子而与李退溪的立场相反，这集中体现在他有关四端七情的讨论。本篇将指出，其实，栗谷的讨论更多是围绕道心人心之根源与发动，其观点是和朱子不同的；而在四七理发、气发的问题上，栗谷的真正思想与退溪的立场并不全有矛盾。

　　朱子心性论对于性情关系的基本看法是情根于性，性发为情；以性为情的内在根据，以情为性的外发表现。[1]《孟子》曾把恻隐、羞恶、辞让、是非之心称为"四端"，朱子的解释是："恻隐、羞恶、辞让、是非，情也。仁、义、礼、智，性也。"[2]《中庸》说："喜怒哀乐之未发谓之中，发而皆中节谓之和。"朱子解释说："喜怒哀乐，情也，其未发，则性也。"[3]朱子哲学中的"情"有两种用法，一指四端（《孟子集注》说），一指七情（《中庸章句》说）。四端是道德情感，纯善无恶；七情则泛指一切情感活动，有善有恶。朱子以"四端"发于仁义礼智之性，这合于"性发为情，情

〔1〕《答张敬夫》，见《朱子文集》卷三十二。
〔2〕《孟子集注》卷三，见《四书章句集注》。
〔3〕《中庸章句》章一，见《四书章句集注》。

根于性"的基本原则。而如果说喜怒哀乐等"七情"有善恶正邪,那就碰到一个问题,即七情中发而不善的情感是否也发于仁义礼智的本性?如果说不善之情也发于全善之性,这显然是有矛盾的。而且,朱子从未肯定七情中不善者不是发于本性。这是朱子学中没有解决的一个问题。

朱子哲学曾提出,人是由理气共同构成的,气构成人之形体,理则为人之本性。李退溪根据这一看法,提出了四端七情分理气说,主张道德情感(四端)发自人的本性(理),而一般生理情感(七情)发自人的形体(气)。退溪"四端发于理,七情发于气"这一命题主张四端与七情的内在根源是不同的,使朱子学性情论未解决的问题得到了一种解决。退溪的思想在当时受到奇高峰的质疑,退溪死后,栗谷继续对退溪思想提出了批评。

退溪、高峰的理发气发之辩,主要关注的是四七"发于"何处的问题,在此前提下又涉及了四七"发用"的过程和机制的问题。也就是说,在退溪和高峰的四七辩论中,**所谓理发气发的"发"的讨论包含二义:一个是"发于",如情发于性;另一个是"发用",如性发为情。"情发于性"和"性发为情"这两个命题在表达性情的体用关系上是一致的,而在表达的方向、顺序上不同;其中"发"所连接的介词不同,造成了有关理发气发讨论的具体意义不同。"发于"指向的是"未发","发用"指向的是已发。**在退溪、高峰的讨论中,"发于"的问题是主要的。对于退溪、栗谷的四七问题,学者已有不少讨论,但对栗谷理发气发的思想,仍有进一步分析的余地。

以下,我们以栗谷答成浩原书数则为基本资料,来梳理、分析栗谷有关理发气发以及理气关系的思想,以具体、深入地了解栗谷的思想特色和哲学立场。

一

隆庆壬申年（1572年），栗谷37岁（据《栗谷全书》年谱），其有答成浩原书云：

> 心一也，而谓之道、谓之人者，性命形气之别也。情一也，而或曰四、或曰七者，专言理、兼言气之不同也。是故人心道心不能相兼而相为终始焉，四端不能兼七情而七情则兼四端。道心之微，人心之危，朱子之说尽矣。四端不如七情之全，七情不如四端之粹，是则愚见也。人心道心相为终始者，何谓也？今人之心直出于性命之正而或不能顺而遂之，间之以私意，则是始以道心而终以人心也。或出于形气而不咈乎正理，则固不违于道心矣；或咈乎正理而知非制伏，不从其欲，则是始以人心而终以道心也。盖人心道心兼情意而言也，不但指情也。七情则统言人心之动有此七者，四端则就七情中择其善一边而言也。固不如人心道心之相对说下矣。且情是发出恁地，不及计较，则又不如人心道心之相为终始矣，乌可强就而相准耶？今欲两边说下，则当遵人心道心之说，欲说善一边，则当遵四端之说，欲兼善恶说，则当遵七情之说。不必将枘就凿纷纷立论也。四端七情正如本然之性气质之性，本然之性则不兼气质而为言也，气质之性则却兼本然之性，故四端不能兼七情，七情则兼四端。朱

子所谓发于理发于气者，只是大纲说，岂料后人之分开太甚乎？学者活看可也。且退溪先生既以善归之四端，而又曰七者之情亦无有不善，若然，则四端之外亦有善情也，此情从何而发哉？……大抵未发则性也，已发则情也，发而计较商量则意也。心为性情意之主，故未发已发及其计较，皆可谓之心也。发者气也，所以发者理也。其发直出于正理，而气不用事，则道心也。七情之善一边也。发之之际，气已用事，则人心也。七情之合善恶也。知其气之用事，精察而趋乎正理，则人心听命于道心也。不能精察而惟其所向，则情胜欲炽，而人心愈危，道心愈微矣。精察与否皆是意之所为，故自修莫先于诚意。今若曰"四端理发而气随之，七情气发而理乘之"，则是理气二物或先或后相对为两歧，各自出来矣。人心岂非二本乎？**情虽万般，夫孰非发于理乎？惟其气或掩而用事，或不掩而听命于理，故有善恶之异。**以此体认，庶几见之矣……人心道心皆发于性，而为气所掩者为人心，不为气所掩者为道心。[1]

栗谷在此书中提出了几个主要论点：一是讲四端七情的关系，四端专指理，七情兼涵理气；七情是全体，四端是七情中善的一部分。故四端不能兼七情，七情可以兼四端。二是讲人心道心的关系，四端与七情的关系是全体和部分的关系，全体可以兼部分，但人心与道心的关系不是全体和部分的关系，七情可以兼四端，而人心不能兼道心，人心道心是相为对立终始的关系。三是认为

---

[1] 《答成浩原》(壬申)，见《栗谷全书》卷九。

四端与七情的关系如同本然之性与气质之性的关系，七情可以兼四端，气质之性可以兼本然之性，二者类同。四是认为四端七情都是情，而道心人心兼包情感与意识，指涉更广。但栗谷后来并没有把这个观点坚持到底。

最后，栗谷提出"理"是"所以发者"，"气"是"发者"，他承认情都是"发于理"的，也就是说理是情之发作的内在根源，也就是所以发。就这个意义上说，他是赞成理发的。同样是发于理，为何有四端七情之异？为何有道心人心之异？朱子和其学生黄勉斋之间曾对此讨论说：

> （黄勉斋曰：……）《记》曰："人生而静，天之性也。"程子曰："其本也真而静，其未发也五性具焉。"则理固有寂感，而静则其本也，动则有万变之不同焉。尝以是质之先师，答曰："未发之前，气不用事，所以有善而无恶。"至哉此言也！（《宋元学案·横渠学案上》）

栗谷与退溪一样，采取了朱子学的"气已用事"或"气不用事"的说法，认为虽然一切情意（七情）都是发于理的，但发的过程中或为气所掩蔽，或不为气所掩蔽；为气所掩蔽则发为人心，不为气所掩蔽则发为四端、道心。然而，栗谷这里的说法有不清楚的地方：若说气不用事则发为道心，气已用事则发为人心，则道心之发时气似未曾参与，故未产生影响，这和他后来所说道心也是气发的观点似有所不同。尤其是他说，"情虽万般，夫孰非发于理乎？惟其气或掩而用事，或不掩而听命于理，故有善恶之异"；"人心道心皆发于性，而为气所掩者为人心，不为气所掩者为道心"。他在这里承认七情皆发于理，道心人心皆发于性，而分别成为善恶，唯取决于发之过程中是否被气所掩。但是退溪所说的理发，也主要是指发于理、发于性，可见栗谷后来反对退溪的理发说，认为只能讲气发，并没有全面表达出他的立场，在理论上是有缺陷的。

二

壬申年栗谷有答成浩原书，这是李栗谷与成浩原论辩中有关理发气发最重要的一封信，此书开首言道：

> 数日来，道况何如。前秉心性情之说，自谓详尽，而及承来示，又多不合。三复以还，不觉怃然。吾兄志学二十年，非不读圣贤之书，而尚于心性情，无的实之见者，恐是于理气二字，有所未透故也。今以理气为说，幸勿挥斥。夫理者，气之主宰也，气者，理之所乘也。非理则气无所根柢，非气则理无所依着。[1]

理者气之主宰是朱子思想的命题；气者理之所乘，朱子虽然没有这样明确讲过，但也符合朱子对《太极图说》的解释，即"太极者本然之妙，动静者所乘之机"。此外，朱子也说过"气由道义而有，而道义复乘气以行"（《语类》卷五十二），"性本自然，及至生赋，无气则乘载不去，故必顿此性于气上，而后可以生"（《语类》卷六十二）。朱子尤其还说过："太极理也，动静气也。气行

---

〔1〕《答成浩原》（壬申），见《栗谷全书》卷十，下引各段同。

则理亦行，二者常相依而未尝相离也。太极犹人，动静犹马；马所以载人，人所以乘马。马之一出一入，人亦与之一出一入。盖一动一静，而太极之妙未尝不在焉。"（《语类》卷九十四）

栗谷接着说：

> 既非二物，又非一物。非一物，故一而二。非二物，故二而一也。非一物者，何谓也？理气虽相离不得，而妙合之中，理自理、气自气，不相挟杂，故非一物也。非二物者，何谓也？虽曰理自理、气自气，而浑沦无间，无先后无离合，不见其为二物，故非二物也。是故，动静无端，阴阳无始。理无始，故气亦无始也。

理气妙合，不离不杂，这个说法也是合乎朱子思想的，《太极图说》中的"无极之真，二五之精，妙合而凝"，朱子便解释为理气的凝合。只是，朱子并没有用"一而二，二而一"的说法来讲理气关系。朱子也说过"理气决是二物"，故可说非一物。

> 夫理，一而已矣，本无偏正通塞清浊粹驳之异。而所乘之气，升降飞扬，未尝止息，杂糅参差。是生天地万物，而或正或偏，或通或塞，或清或浊，或粹或驳焉。理虽一而既乘于气，则其分万殊。故在天地而为天地之理，在万物而为万物之理，在吾人而为吾人之理。然则参差不齐者，气之所为也。虽曰气之所为，而必有理为之主宰，则其所以参差不齐者，亦是理当如此，非理不如此而气独如此也。

栗谷所立的命题是理乘于气，这表达了栗谷的基本思想，他以此为基本命题去贯通朱子学的理气论及理一分殊论，形成了有他特色的理气论体系。

> 天地人物，虽各有其理，而天地之理，即万物之理。万物之理，即吾人之理也。此所谓统体一太极也。虽曰一理，而人之性非物之性，犬之性非牛之性，此所谓各一其性者也。推本则理气为天地之父母，而天地又为人物之父母矣。

以理气为天地之父母，这个说法不见于朱子，这是表达理气是天地的根源，天地之理即万物之理，万物之理即一人之理，这是讲万物一理，并不是讲统体一太极。各一其性是指气质之性，犬牛各不相同。

> 天地，得气之至正至通者，故有定性而无变焉。万物，得气之偏且塞者，故亦有定性而无变焉。是故，天地万物，更无修为之术。惟人也得气之正且通者，而清浊粹驳，有万不同，非若天地之纯一矣。但心之为物，虚灵洞彻，万理具备。浊者可变而之清，驳者可变而之粹。故修为之功，独在于人，而修为之极，至于位天地育万物，然后吾人之能事毕矣。于人之中，有圣人者，独得至通至正至清至粹之气，而与天地合德。故圣人亦有定性而无变，有定性而无变，然后斯可谓之践形矣。然则天地，圣人之准则，而圣人，众人之准则也。其所谓修为之术，不过按圣人已成之规矩而已。若万物，则性不能禀全德，心不能通众理。草木之全塞，固不足道矣。禽兽之或通一路者，有虎狼之父子，蜂蚁之君臣，雁行有兄弟之序，雎鸠有夫妇之别，巢穴有预知之智，候虫有俟时之信，而皆不可变而通之；其得各遂其性者，只在吾

> 人参赞化育之功而已。夫人也，禀天地之帅以为性，分天地
> 之塞以为形。故吾心之用，即天地之化也。天地之化无二
> 本，故吾心之发无二原矣。

天地有定性而无变，万物亦有定性而无变，圣人亦有定性而无变，唯有人无定性而可变。天地的定性，是圣人的标准，圣人的定性，是众人的标准，当然是不能变的。万物得气之偏塞，是应该变，但改变不了。只有人有心，能按照圣人的标准规矩通过修为改变自己的气质，达到位育的境界。

> 人生而静，天之性也。感于物而动，性之欲也。感动之
> 际，欲居仁，欲由义，欲复礼，欲穷理，欲忠信，欲孝于其
> 亲，欲忠于其君，欲正家，欲敬兄，欲切偲于朋友，则如此
> 之类，谓之道心。感动者，固是形气，而其发也，直出于仁
> 义礼智之正，而形气不为之掩蔽，故主乎理而目之以道心
> 也。如或饥欲食，寒欲衣，渴欲饮，痒欲搔，目欲色，耳欲
> 声，四肢之欲安佚。则如此之类，谓之人心。其原虽本乎天
> 性，而其发也，由乎耳目四肢之私，而非天理之本然，故主
> 乎气而目之以人心也。

这一段是解释和说明道心人心的。栗谷从道心人心的界定开始而不是从四端七情的说明开始，这对于他接续退溪以来的四七之辩，并不有利。他从《乐记》的感动说开始，首先认为一切欲念的产生都是感动者引起的，而感动者都是形气。道德的欲念是道心，自然的欲望是人心。他认为，就欲念的发生而言，道心出于仁义礼智，而且没有受到形气的遮蔽；人心也是源于本性，但其

发生由乎耳目形气之私。在这一点上，栗谷的说法开始不清楚起来，照他的说法，道心、人心都应在本源上出自仁义礼智的本性，只是道心在发生的过程中没有受到形气的遮蔽，而人心在发生的过程中受到形气的影响而异变了。这如果用退溪、高峰的理发气发的说法，应当属于道心人心皆理发说，就是道心人心都"发自"理的本性。这就与朱子不同了。栗谷的不清楚之处在于，他既说人心本乎天性，又说人心由乎形气，这样一来，人心究竟发自理的本性，还是发自形气之私，就被"由乎"一词模糊了。如果与朱子一样，栗谷本来只需要说道心发自本性，人心发自形气，就不会产生什么问题。但栗谷既要说明人心根源于本性，又要说明人心来自形气，于是便不清楚了。

这里还涉及一个根本问题，即栗谷所用的"发"字，如"其发也"，是指发自、发于（如退溪），还是发出、发为？是表达未发的根源，还是已发的过程和形态？[1]

> 道心之发，如火始燃，如泉始达，造次难见，故曰微。人心之发，如鹰解鞲，如马脱羁，飞腾难制，故曰危。人心道心虽二名，而其原则只是一心，其发也或为理义，或为食色，故随其发而异其名。若来书所谓理气互发，则是理气二物，各为根柢于方寸之中。未发之时，已有人心道心之苗

---

[1] 我早在1995年论宋时烈的一篇论文中就曾分析过栗谷的思想：他的中心论点是发者为气，所以发者为理。因此对他来说，发是指现象的活动和活动的现象，故只能说"气发"；而"理发"的说法是不通的，因为理不是现象，不是活动。由于栗谷所用的"发"是指"表现"，而非"发自"，所以一方面他说的发是心之发，指意识现象，而非溯其本质（根源），另一方面，栗谷在追溯意识的本质时严格地使用"原""本"，而避免使用"发"（参见陈来：《宋时烈与李朝中期的朱子学》，收入陈平原、王守常、汪晖主编：《学人》第七辑，江苏文艺出版社，1995年）。

脉。理发则为道心，气发则为人心矣。然则吾心有二本矣，岂不大错乎。朱子曰：心之虚灵知觉，一而已矣。吾兄何从而得此理气互发之说乎。其所谓或原或生者，见其既发而立论矣。其发也为理义，则推究其故，何从而有此理义之心乎。此由于性命在心，故有此道心也。其发也为食色，则推究其故，何从而有此食色之念乎。此由于血气成形，故有此人心也云尔。非若互发之说或理发或气发而大本不一也。

照上面的说法，"其发也或为理义，或为食色"，这里的"其发也"乃是已发的形态。他说道心人心是已发，故随其发作而异名，见其既发而立论，这一点是合乎朱子思想的。之后栗谷开始反驳道心人心理气互发说，但他的说法因"由于"而再次不清。他承认，朱子关于道心原于性命、人心生于形气的思想是从既发推本至根源，也就是从已发的状态推至未发的根源；朱子关于道心人心根源的思想与退溪有关四端七情根源的说法是一致的，但栗谷认为朱子这个说法与退溪的理发气发或理气互发的说法是不同的。

大抵发之者气也，所以发者理也，非气则不能发，非理则无所发。（发之以下二十三字，圣人复起，不易斯言。）无先后，无离合，不可谓互发也。

这一段是栗谷此信的关键性表述，所以他自诩为"圣人复起，不易斯言"。发之者气也，所以发者理也，这是他在上一封答成浩原书中已经提出的命题，根据上面的分析，栗谷这里所说的"发之者"是指已发而言，"所以发者"是指已发的欲念的内在根源。因此，按照退溪时代的讨论的用法，应该说，栗谷这个思想属于理发，因为退溪所说的理发气发都首先是指内在的根源而言。虽然栗谷在这里还没有确定这个说法是对人心道心而言还是对四端七情而言，但是如果它包含了对四端七情的看法，那就与高峰的看法一致，即四端七情都发于理、发于性。后面我们还会看到，栗谷所谓气发还可指已发与未发之间的过程状态，但都不是指发于（作为根源的）气，因而栗谷的"气发"与退溪的"气发"是不同的。

> 但人心道心，则或为形气，或为道义，其原虽一，而其流既歧，固不可不分两边说下矣。若四端七情，则有不然者，四端是七情之善一边也，七情是四端之总会者也。一边安可与总会者分两边相对乎？朱子发于理、发于气之说，意必有在，而今者未得其意，只守其说，分开拖引，则岂不至于辗转失真乎。朱子之意，亦不过曰四端专言理，七情兼言气云尔耳，非曰四端则理先发，七情则气先发也。

栗谷认为，道心人心，本原是一个，都发自本性之源，它们的不同是流的分别。他认为，四端七情与道心人心不同，道心和人心可以说是两个不同的东西，而四端是七情的一部分，不能说作为部分的四端和作为整体的七情是两个不同的东西，这一点也是与高峰一致的。他还认为，朱子所说的四端理之发，七情气之发，与退溪的理解不同，其实有别的意思，今人都没有理解。

> 退溪因此而立论曰：四端，理发而气随之；七情，气发而理乘之。所谓气发而理乘之者，可也，非特七情为然，四端亦是气发而理乘之也。何则？见孺子入井，然后乃发恻隐

之心，见之而恻隐者，气也，此所谓气发也，恻隐之本则仁也，此所谓理乘之也。非特人心为然，天地之化，无非气化而理乘之也。是故，阴阳动静，而太极乘之，此则非有先后之可言也。

于是栗谷对退溪的四端七情说明确提出意见，认为他的"气发而理乘之"的说法是可以成立的，但退溪以七情为"气发而理乘之"，认为四端不是"气发而理乘之"（而是理发而气随之），这是栗谷不同意的，因为栗谷主张七情、四端都是气发而理乘之。这个说法在形式上就不仅与退溪不同，也与高峰不同了。但是应该提醒读者的是，退溪所说的"气发而理乘之"与栗谷所说的"气发而理乘之"并不相同，退溪所说的气发是发自于形气，而栗谷所说的气发是已发的情意心。栗谷进一步说，见孺子入井而恻隐，这是气，就是气发，而理乘载其上。把恻隐说成气，说成气发，这是与朱子不同的。他认为，气和理的这种关系是普遍的，不限于四端七情，整个天地之化都是如此。

前面我们分析认为栗谷的说法是一种理发说，但栗谷对发的理解与退溪不同，故他自己明确表示不赞成退溪的理发说或理发气随说：

> 若理发气随之说，则分明有先后矣，此岂非害理乎。天地之化，即吾心之发也，天地之化，若有理化者气化者，则吾心亦当有理发者气发者矣。天地既无理化气化之殊，则吾心安得有理发气发之异乎。若曰吾心异于天地之化，则非愚之所知也。（此段最可领悟处，于此未契，则恐无归一之期矣。）

他认为，天地之化都是气发理乘，并没有理发气发之分。既然天地之化没有理发气发之分，人的心也必然没有理发气发之分。他在这里把天地之化只说成是气化理乘，并屡屡强调气发理乘，无形中遮掩了理作为气之主宰的意义，似显示出他理气论的偏向（虽然他也提到理是主宰和根柢）。

由以上可见，栗谷的思想特点是：第一，四端七情与道心人心不同，道心人心可以两边说其根源，四端七情只有一个根源，不能两边说；"两边"即所谓互发，即是二本。第二，即使朱子主张道心人心两边说，栗谷也不赞成，他主张道心人心其实只有一个根源，朱子的说法是不得已。第三，四端是七情的一部分，四端七情是一个根源而发。第四，栗谷的讨论的关注点已经从根源转向已发，用气发理乘为普遍命题贯通天地之化与人心之动，在哲学上即转向流行的现象世界。

他说：

> 且所谓发于理者，犹曰性发为情也。若曰理发气随，则是才发之初，气无干涉，而既发之后，乃随而发也，此岂理耶。退溪与奇明彦论四七之说，无虑万余言，明彦之论，则分明直截，势如破竹，退溪则辨说虽详，而义理不明，反覆咀嚼，卒无的实之滋味。明彦学识，岂敢冀于退溪乎，只是有个才智，偶于此处见得到耳。

照这里，退溪"发于理"的说法，是说性发为情，栗谷对此不持异议，也就说明**他认可情发于性、发自理。但他关注的是"发为情"的过程机制，从而他讲的"发"，主要不是"发自"，而是"发为"。**栗谷反对的是"理发气随"的说法，认为这样在理发与气随之间就有了时间的距离，理发在前，气随在后；他认为自己所讲的"气发理乘"并不设定二者有时间的距离。

> 窃详退溪之意，以四端为由中而发，七情为感外而发，以此为先入之见，而以朱子发于理发于气之说，主张而伸长之，做出许多葛藤，每读之，未尝不慨叹，以为正见之一累也。《易》曰：寂然不动，感而遂通。虽圣人之心，未尝有无感而自动者也。必有感而动，而所感皆外物也。何以言之？感于父则孝动焉，感于君则忠动焉，感于兄则敬动焉。父也君也兄也者，岂是在中之理乎，天下安有无感而由中自发之情乎。特所感有正有邪，其动有过有不及，斯有善恶之分耳。今若以不待外感由中自发者为四端，则是无父而孝发，无君而忠发，无兄而敬发矣，岂人之真情乎。今以恻隐言之，见孺子入井，然后此心乃发，所感者，孺子也。孺子非外物乎？安有不见孺子之入井，而自发恻隐者乎？就令有之，不过为心病耳，非人之情也。

栗谷强调，四端七情，人的一切心，都是感于外物而动的，没有能够无感而动的；感有正邪，动有过有不及，于是有了善恶之分。栗谷这个说法有未尽之处，这就是，心感外物而动，外物的感是必要的条件，但心的发动完全是以外物为条件吗？有没有内在的根据呢？朱子、退溪关于道心人心、四端七情的讨论，都重视心所发自的内在根源为何的问题。

> 夫人之性，有仁义礼智五者而已，五者之外，无他性。情有喜怒哀惧爱恶欲七者而已，七者之外，无他情。四端只

是善情之别名，言七情则四端在其中矣，非若人心道心之相对立名也。吾兄必欲并而比之，何耶？盖人心道心，相对立名，既曰道心，则非人心，既曰人心，则非道心。故可作两边说下矣。若七情则已包四端在其中，不可谓四端非七情，七情非四端也。乌可分两边乎？七情之包四端，吾兄犹未见得乎。夫人之情，当喜而喜，临丧而哀，见所亲而慈爱，见理而欲穷之，见贤而欲齐之者（已上喜哀爱欲四情），仁之端也。当怒而怒，当恶而恶者（怒恶二情），义之端也。见尊贵而畏惧者（惧情），礼之端也。当喜怒哀惧之际，知其所当喜所当怒所当哀所当惧（此属是），又知其所不当喜所不当怒所不当哀所不当惧者（此属非，此合七情而知其是非之情也），智之端也。善情之发，不可枚举，大概如此。若以四端准于七情，则恻隐属爱，羞恶属恶，恭敬属惧，是非属于知其当喜怒与否之情也，七情之外，更无四端矣。

栗谷坚持，七情包括四端，四端作为善的情，是七情中的一部分，这是与道心人心的关系不同的。如前所说，这与高峰对退溪的异议是一致的。

然则四端专言道心，七情合人心道心而言之也。与人心道心之自分两边者，岂不迥然不同乎。吾兄性有主理主气之说，虽似无害，恐是病根藏于此中也。本然之性，则专言理而不及乎气矣。气质之性，则兼言气而包理在其中。亦不可以主理主气之说，泛然分两边也。本然之性与气质之性分两边，则不知者，岂不以为二性乎，且四端谓之主理，可也，七情谓之主气则不可也。七情包理气而言，非主气也。（人

> 心道心，可作主理主气之说，四端七情，则不可如此说，以
> 四端在七情中，而七情兼理气故也。）

栗谷认为，道心人心与四端七情的关系不同，但四端七情也可以
与道心人心对应来看，四端对应于道心，七情则包括道心人心。
他认为四端与七情的关系类似于本然之性与气质之性的关系，因
为四端专主理，七情包理气，本然之性专指理，而气质之性包括
理和气，所以气质之性是将本然之性包括在其中的。因此他反对
四端主理、七情主气的说法，认为四端和七情一样：七情主气则
四端也主气，七情主理则四端也主理，二者不能分两边说。四端
主于理，则七情必然不能仅仅主气，必须包含主理的部分，故说
七情兼理气。

退溪、高峰的理发气发之辩，主要关注的是四七"发于"何
处的问题，在此前提下又涉及了四七"发用"的过程和机制的问
题。此外，在退溪、高峰的辩论中，四端七情的兼理气问题，本
来是与理发气发问题不同的讨论，但它们在二人的论辩中被混淆
了。高峰认为，一切现实的情感既不仅仅是理，也不仅仅是气，
而是兼乎理气的。他说："愚谓四端七情无非出于心者，而心乃理
气之合，则情固兼理气也。"退溪也是如此，他说："二者皆不外
乎理气，四端非无气，七情非无理。"退溪关于主于理、主于气的
说法也都是指已发而言。其实在朱子哲学中，一般来说，已发之
情不必再用理气加以分析，甚至**朱子也从未说过情是气**，[1] 也就
不会有气发理乘的讲法。退溪、高峰不仅以理气来说明四端七情之

---

〔1〕 朱子最多只同意情包含气，如说："伊川谓'性禀于天，才禀于气'，是也。只有性是一定。
　　情与心与才，便合着气了。"（《朱子语类》卷五）

所发的根源，也用理气来直接说明作为已发的四端七情本身，这是导致栗谷把四七的讨论从未发转向已发的重要原因。

他又说：

> 子思论性情之德曰：喜怒哀乐之未发，谓之中，发而皆中节，谓之和。只举七情而不举四端。若如兄言七情为主气，则子思论大本达道，而遗却理一边矣，岂不为大欠乎。道理浩浩，立论最难。言之虽无病，见者以私意横在胸中，而驱之牵合，则未尝不为大病。故借圣贤之言，以误后学者亦有之矣。程子曰：器亦道，道亦器。此言理气之不能相离，而见者遂以理气为一物。朱子曰：理气决是二物。此言理气之不相挟杂，而见者遂以理气为有先后。近来所谓性先动心先动之说，固不足道矣。至如罗整庵以高明超卓之见，亦微有理气一物之病。退溪之精详谨密，近代所无，而理发气随之说，亦微有理气先后之病。老先生未捐馆舍时，珥闻此言，心知其非，第以年少学浅，未敢问难归一，每念及此，未尝不痛恨也。向与兄论理气，所见不异，私心喜幸，以为吾两人于大本上，虽不可谓真见，亦可谓识其名义矣。今承来示，靡靡欲趋于理气二歧之病，岂再数长廊柱而差误耶？何其见之不定耶？兄既以明彦及鄙人之论为明白直截，而又疑道理更有如此者，尤不可晓也。二说一是则一非，不可两可而俱存也。若道理既如此，而又有如彼者，则是甘亦可唤做苦，白亦可唤做黑也，天下安有定论乎？兄若不信珥言，则更以《近思录》《定性书》及生之谓性一段，反覆详玩，则庶乎有以见之矣。此是道理筑底处，大头脑处者，诚

371

> 如来喻，于此差却，则不识大本，更做甚事无已。而必以人
> 心道心为辞，欲主理气互发之说，则宁如整庵以人心道心作
> 体用看，虽失其名义，而却于大本上，未至甚错也。如何如
> 何。世上悠悠之辈，既不足以骤语此，而吾两人相从于寂寞
> 之滨，不可各尊所闻各行所知，故急欲归一，而不觉倾倒至
> 此。伏惟恕其狂僭而徐究深察，幸甚。

在这里，栗谷赞成理气不杂，但反对理先气后说，他认为罗钦顺
强调理气一物，对理气不杂有所忽略；而退溪强调理发气随，有
理气分先后的弊病。理气应当是始终合一、不离的。与退溪相比，
他的理气观更接近罗钦顺，但比起罗钦顺，又更接近朱子。关于
栗谷对罗钦顺、李退溪的评价，我们在最后一节会再加讨论。

三

在接下来的一封信中，栗谷大量使用譬喻的说法，来表达他
有关理发气发的观点：

> 即承委问，以审道履如宜，感仰感仰。珥粗保，感兄愤
> 悱，知其将有所悟，不惮缕缕，毕呈鄙见，而不被挥斥，乃
> 蒙领略，何幸如之。道理不必聪明绝人者乃得见之，虽气禀
> 不能高明通彻，而若积诚用功，则宁有不见之理乎。聪明者
> 见之易，故反不能力践而充其所见。诚积者用功之深，故既
> 见之后，易于力践矣。此所望于吾兄者也。理气之说与人心
> 道心之说，皆是一贯。若人心道心未透，则是于理气未透

也。理气之不相离者，若已灼见，则人心道心之无二原，可以推此而知之耳。惟于理气有未透，以为或可相离，各在一处，故亦于人心道心，疑其有二原耳。理气可以相离，则程子所谓阴阳无始者，为虚语也。此说岂珥杜撰乎，特先贤未及详言之耳，昨为长书，待兄之需，辨说颇详，譬喻亦切，一览可以契合矣。如此而犹有疑，则姑置此事，多读圣贤之书，更俟后日之有见，可也。珥则十年前，已窥此端，而厥后渐渐思绎，每读经传，辄取以相准。当初或有不合之时，厥后渐合，以至今日，则融会吻合，决然无疑。千百雄辨之口，终不可以回鄙见。但恨气质浮驳，不能力践而实之，每用慨叹自讼耳。[1]

人心道心无二源，明显是针对朱子《中庸章句序》关于道心人心来源不同的讲法，他认为说理气不相离与道心人心无二源是一致的。承认理气合一、理气不离，就必然肯定道心人心无二源。在他看来，理气论是性情论的基础，所以对理气关系做了不少讨论。

理，形而上者也，气，形而下者也。二者不能相离，既不能相离，则其发用一也。不可谓互有发用也。若曰互有发用，则是理发用时，气或有所不及，气发用时，理或有所不及也。如是则理气有离合，有先后，动静有端，阴阳有始矣。其错不小矣。但理无为而气有为。故以情之出乎本然之性，而不掩于形气者，属之理。当初虽出于本然，而形气掩之者，属之气。此亦不得已之论也。

他反对理气互发说，认为讲理气互发必然导致理气有先后、有离合，动静有端，阴阳有始，而陷于错误。在他看来，情皆出于本然之性，这里的"出于"等同于退溪所说的"发于"；发于本性而不受形气遮掩的四端之情，属之于理；发于本性而被形气遮掩的情，属之于气。[1]这应该是指朱子四端理之发、七情气之发这种说法，他认为这是不得已的讲法。还可以看到，就他所说的属之气的情，"出于本然，而形气掩之者"，该说法即同于退溪所说的理发而气掩之。用退溪学的语言来分疏，他实际认为四端七情都是理发，即发自于理，这与高峰一致。从退溪、高峰论辩的意义上看，栗谷实际上认可四端是理发而直遂，四端以外的其他情感则是理发而气掩。

> 人性之本善者，理也，而非气则理不发。人心道心，夫孰非原于理乎？非未发之时，亦有人心苗脉，与理相对于方寸中也。源一而流二，朱子岂不知之乎。特立言晓人，各有所主耳。程子曰：不是善与恶，在性中为两物相对，各自出来。夫善恶判然二物，而尚无相对、各自出来之理，况理气之混沦不离者，乃有相对互发之理乎。若朱子真以为理气互有发用，相对各出，则是朱子亦误也，何以为朱子乎？人心道心之立名，圣人岂得已乎。

人心道心皆源于理，即人心道心皆发于理。非气则理不发，是说没有气则理不能发之为情感。

---

[1] 朱子学中"发于"有时也说为"出于"，如"可学窃寻《中庸序》，以人心出于形气，道心本于性命"（《朱子语类》卷六十二）。

理之本然者，固是纯善，而乘气发用，善恶斯分。徒见其乘气发用有善有恶，而不知理之本然，则是不识大本也。徒见其理之本然，而不知其乘气发用，或流而为恶，则认贼为子矣。是故，圣人有忧焉，乃以情之直遂其性命之本然者，目之以道心，使人存养而充广之；情之掩乎形气而不能直遂其性命之本然者，目之以人心，使人审其过不及而节制之，节制之者，道心之所为也。夫形色，天性也，人心，亦岂不善乎。由其有过有不及而流于恶耳。若能充广道心，节制人心，使形色各循其则，则动静云为，莫非性命之本然矣。

这一段又说到道心人心。栗谷认为，理之本然即是性，性发为情的过程就是理乘气发用的过程。情在发作过程中若能直接遂成其性命之理，这样的情就被看作道心；若被形气所掩蔽而不能直遂其性命之理，就被看作人心。这里所说仍然是理发直遂为道心，理发气掩为人心。需要指出的是，理发气乘的说法在《朱子语类》卷四中亦有之："敬子谓：'性所发时，无有不善，虽气禀至恶者亦然。但方发之时，气一乘之，则有善有不善耳。'"

此从古圣贤心法之宗旨。此与理气互发之说，有何交涉？退溪之病，专在于互发二字。惜哉，以老先生之精密，于大本上，犹有一重膜子也。北溪陈氏之说，未知亦知朱子之意之所在乎，抑真以为互发如退溪之见乎。是则未可知也。道理决是如此。但当持守此见，力行而实之。不当狐疑不定，使异同之说，乱吾方寸也。释徒之言曰：金屑虽贵，落眼则翳。此譬圣贤之说虽贵，误见则为害也。此言甚好。圣贤之言，意或有在，不求其意，徒泥于言，岂不反害

乎。夫子曰：丧欲速贫，死欲速朽，虽曾子尚以为当然，若
非有子之辨，则后世之丧家者，必弃粮委货，而送死者，必
以薄葬为是矣。此岂圣人之意乎。朱子或原或生之说，亦当
求其意而得之，不当泥于言而欲主互发之说也。罗整庵识见
高明，近代杰然之儒也，有见于大本，而反疑朱子有二歧之
见。此则虽不识朱子，而却于大本上有见矣，但以人心道心
为体用，失其名义，亦可惜也。虽然，整庵之失，在于名目
上。退溪之失，在于性理上，退溪之失较重矣。(如此段议
论，岂可骤挂他眼乎，不知者，必以为谤毁退溪矣，苏斋于
人心道心，欲从整庵之说，此亦以互发之说为不然故也，其
见本是，但不必资于互发之说，而人心道心，亦各得其名义
矣，何必乃尔。今以此议论，质于苏斋，则似有契合之理，
但非其时，故不敢尔。)

这里栗谷再次对朱子道心原于性命，人心根于形气的说法表示怀
疑，认为对这种说法应该求其意而得之，不必泥其言语。他认为
罗钦顺主张理气合一，在大本上是正确的，但在人心道心的问题
上，以道心为体，以人心为用，这是不对的。栗谷认为退溪在大
本上有所失，用了长篇的比喻来说明他的主张：

物之不能离器而流行不息者，惟水也。故惟水可以喻
理，水之本清，性之本善也。器之清净污秽之不同者，气质
之殊也。器动而水动者，气发而理乘也。器水俱动，无有器
动水动之异者，无理气互发之殊也。器动则水必动，水未尝
自动者，理无为而气有为也。圣人气质清粹，性全其体，无
一毫人欲之私，故其发也，从心所欲，不逾矩，而人心亦

道心也。譬如清净之器储水，无一点尘滓。故其动也，水之本清者倾泻而出，流行者皆清水也。贤者则气质虽清粹，未免有少许浊驳杂之故，必资进修之功，然后能复其本然之性。其发也，有直遂其本然之性，而不为形气所掩者，有虽发于性而形气用事者。形气虽用事，而人心听命于道心，故食色之心，亦循轨辙。譬如储水之器虽清净，而未免有少许尘滓在里，必加澄净之功，然后水得其本然之清，故其动也，或有清水倾出，尘滓未动者，或有清水虽出，而尘滓已动者，必止其尘滓，使不混淆，然后水之流行者，乃得其清也。不肖者，气质多浊少清，多驳少粹，性既汩其本然，又无进修之功。其发也，多为形气所使，是人心为主也，间有道心杂出于人心之间，而不知所以察之守之，故一任形气之私，至于情胜欲炽，而道心亦为人心也。譬如储水之器，污秽不净，泥滓满中，水失其本然之清，又无澄净之功。其动也，泥滓汩水而出，不见其为清水也。间有泥滓未及汩乱之际，忽有清水暂出，而瞥然之顷，泥滓还汩，故清者旋浊，流行者皆浊水也。性本善而气质之拘，或流而为恶，以恶为非性之本然则可，谓之不本于性，不可也。水本清而泥滓之汩，遂成浊流，以浊为非水之本然则可，谓之非水之流则不可也。中人之性，在贤不肖之间，推此而可知之矣。理不离气，真如水不离器也。今曰互有发用，则是或器先动而水随而动，或水先动而器随而动，天下宁有此理乎。

栗谷这个说法，以器动而水动比喻气发而理乘，以器水俱动比喻理气互发没有先后。以器动喻气发，强调气发的原动性，理在这里无所作用，只是受气的带动而动。其强调理的无为，合于朱子关于理是无造作的讲法；但器动而水动如同马行载人一样，在人性论上完全遮蔽了理作为情之发动根源的意义，在理气论上也不能显示理对气的主宰作用。故其说法只是突出了气作为实体的第一性意义，此种偏重似乎受到罗钦顺的影响，却没有吸收明代前期对朱子学的批评修正。

栗谷在这里也提出了他关于人心善恶形成的基本思想。他认为圣人、贤人、常人的意识形成机制不同，圣人气质纯粹，没有人欲之私，故所发的人心亦是道心。贤者有少许气质之杂，其形气之发，多直遂其本性，不受形气所影响；但也有一些人心，虽然发于本性，然形气用事；由于贤人以道心为主，故其形气用事的人心能听命于道心。不肖者气质多浊杂，其心之所发多受形气主导，以人心为主，故偶尔有道心之发，而没有任何察守道心的功夫，全任由形气私欲支配，于是道心亦化为人心。一般人则在贤与不肖之间。性本善，气质造成了恶，所以恶虽然不是性的本然，但也不能说恶不是性。也就是说，恶也是有其根源的。栗谷的说法始终未能就道心的根源和道心的自觉主宰作用做出合理说明。

> 且以人乘马喻之，则人则性也，马则气质也，马之性，或驯良或不顺者，气禀清浊粹驳之殊也。出门之时，或有马从人意而出者，或有人信（信字与任字，同意而微不同，盖任字，知之而故任之也，信字，不知而任之也）马足而出者。马从人意而出者，属之人，乃道心也。人信马足而出者，属之马，乃人心也。门前之路，事物当行之路也。人乘马而未出门之时，人信马足，马从人意，俱无端倪。此则人心道心，

本无相对之苗脉也。圣人之血气，与人同耳，饥欲食，渴欲饮，寒欲衣，痒欲搔，亦所不免。故圣人不能无人心，譬如马性虽极驯，岂无或有人信马足而出门之时乎。但马顺人意，不待牵制，而自由正路，此则圣人之从心所欲，而人心亦道心者也。他人则气禀不纯，人心之发而不以道心主之，则流而为恶矣。譬如人信马足出门，而又不牵制，则马任意而行，不由正路矣。其中最不驯之马，人虽牵制，而腾跃不已，必奔走于荒榛荆棘之间，此则气禀浊驳，而人心为主，道心为所掩蔽者也。马性如是不驯，则每每腾跃，未尝少有静立之时，此则心中昏昧杂扰，而大本不立者也。虽不驯之马，幸而静立，则当其静立之时，与驯良之马无异，此则众人之心，昏昧杂扰。中体虽不立，幸有未发之时，则此刻之间，湛然之体，与圣人不异者也。如此取喻，则人心道心主理主气之说，岂不明白易知乎。若以互发之说譬之，则是未出门之时，人马异处，出门之后，人乃乘马，而或有人出而马随之者，或有马出而人随之者矣。名理俱失，不成说话矣。虽然，人马或可相离，不如譬以器水之亲切也。水亦有形，又非理无形之比，譬喻可以活看，不可泥着于譬喻也。

用人乘马行比喻理气动静，是朱子思想中本有的，主要用以说明《太极解义》的"动静者所乘之机"，如说"阳动阴静，非太极动静，只是理有动静。理不可见，因阴阳而后知。理搭在阴阳上，如人跨马相似"；"太极犹人，动静犹马；马所以载人，人所以乘马。马之一出一入，人亦与之一出一入。盖一动一静，而太极之妙未尝不在焉"。朱子的人马之喻并未直接用来说明性理、气质这种非动静的问题。栗谷则进而把人马之喻用来说明性理和气质的关系以及道心人心的不同。他说马从人意而出则为道心，这意味着气从理发，这就不是单纯的气发，而气发也不能作为第一性之基础。他说人信马足而出，乃人心也，以人比喻性理，以马比喻气质，则是理顺气而发，这也还不是气发而理乘。其最后说到的牵制、腾跃，才涉及理的主宰或主导作用。总之这些比喻并非都是成功的。在他的这些说法中，一方面气质是恶所产生的根源，一方面道心是否做主成为关键。从根本上说，道心为主还是人心为主，是理气交相胜的结果，气顺遂理便为道心，气掩蔽理而不听命于理则为人心，在这种说法中，其关键便在于气，而不在心的自觉了。

> 人生气质之性，固有善恶之一定者也。故夫子曰：性相近也，习相远也。又曰：上智与下愚不移。但非其性之本然，而昏昧杂扰，故不可谓未发之中也，未发者，性之本然也，昏昧杂扰，则气已掩性，故不可谓性之体也。今承来书，详究其旨，则兄之所见非误也，发言乃误也。前呈鄙书，太历声气，追愧追愧。来书所谓汲汲归一，何可强为。亦待乎潜思玩索者，此言极是。道理，须是潜思自得，若专靠人言，则今日遇雄辩之人，以此为是，则悦其言而从之。明日又遇雄辩之人，以彼为是，则亦将悦其言而迁就之矣。何时有定见乎。柳矶邀水之说，可谓见物思道矣。犹有所未尽。夫水之就下，理也，激之则在手者，此亦理也，水若一于就下，虽激而不上，则为无理也。邀之而在手者虽气，而所以激之而在手者，理也。乌可谓气独作用乎。水之

就下，本然之理也。激而在手，乘气之理也。求本然于乘气之外，固不可，若以乘气而反常者谓之本然亦不可。若见其反常，而遂以为气独作用，而非理所在，亦不可也。某也之老死牖下，固是反常，但治道不升，赏罚无章，则恶人得志，善人困穷，固其理也。孟子曰：小役大，弱役强者，天也。夫不论德之大小，而惟以小大强弱为胜负者，此岂天之本然哉，特以势言之耳。势既如此，则理亦如此，故谓之天也。然则某人之得保首领，谓之非理之本然则可，谓之气独为之而无理则不可也。天下安有理外之气耶。（此段最可深究，于此有得，则可见理气不相离之妙矣。）

他说未发是性之本然，这是合乎朱子思想的，说昏昧是气掩本性，此时性已不是性之本体，也和朱子的气质蒙蔽说相合。他说水之就下，是本然之理；水激而在手，是乘气之理。但这里所说的性理和气质的关系是不同的理气关系，属于一般的理气哲学，涉及的是反常之理。最后他说：

理气之妙，难见亦难说，夫理之源，一而已矣。气之源，亦一而已矣。气流行而参差不齐，理亦流行而参差不齐。气不离理，理不离气。夫如是则理气一也。何处见其有异耶。所谓理自理气自气者，何处见者理自理气自气耶。望吾兄精思，著一转语，欲验识见之所至也。

这说明栗谷总是把性理和气质、理发或气发的问题转为一般的理气讨论，且比较倾向于以一元论来处理理气问题，并在处理时先提气再提理，表现出以气优先的倾向，如说"气流行而参差不齐，理亦流行而参差不齐",明显是以气为第一性的提法。

四

在接下来的一封信中,栗谷提出理通气局说,从理发气发说扩大到更广泛的理气关系论。他说:

> 理气元不相离,似是一物,而其所以异者,理无形也,气有形也,理无为也,气有为也。无形无为而为有形有为之主者,理也。有形有为而为无形无为之器者,气也。理无形而气有形,故理通而气局。理无为而气有为,故气发而理乘。理通者,何谓也?理者,无本末也,无先后也,无本末无先后,故未应不是先,已应不是后。(程子说。)是故,乘气流行,参差不齐,而其本然之妙,无乎不在。气之偏则理亦偏,而所偏非理也,气也。气之全则理亦全,而所全非理也,气也。至于清浊粹驳、糟粕煨烬,粪壤污秽之中,理无所不在,各为其性,而其本然之妙,则不害其自若也。此之谓理之通也。气局者,何谓也?气已涉形迹,故有本末也,有先后也。气之本则湛一清虚而已。曷尝有糟粕煨烬、粪壤污秽之气哉。惟其升降飞扬,未尝止息,故参差不齐而万变生焉。于是气之流行也,有不失其本然者,有失其本然者。既失其本然,则气之本然者,已无所在。偏者,偏气也,非全气也。清者,清气也,非浊气也。糟粕煨烬,糟粕煨烬之气也,非湛一清虚之气也。非若理之于万物,本然之妙无乎

不在也。此所谓气之局也。[1]

栗谷在这里首次提出理通气局说，并把它与气发理乘说联系在一起。观其所说，理通是指理的普遍性，表现为理无所不在；气局是指气的有限性，表现在气不能无所不在。所以他说气之流行有失其本然，有不失其本然，失其本然者则气之本然者已无所在，说明气不能像理那样无乎不在。理之于万物，是无所不在的，这是通；气之本然在万物不能无所不在，这是局。湛一清虚之气是气的本然之体，但不能普遍存在于万物之中，只能存在于部分地方，"局"便表达了其有限性。从理论上说，这个说法还是有不足之处的，因为气的本然之体没有理由不普在万物之中。

气发而理乘者，何谓也？阴静阳动，机自尔也，非有使之者也，阳之动则理乘于动，非理动也。阴之静则理乘于静，非理静也。故朱子曰：太极者，本然之妙也，动静者，所乘之机也。阴静阳动，其机自尔，而其所以阴静阳动者，理也。故周子曰：太极动而生阳，静而生阴。夫所谓动而生阳，静而生阴者，原其未然而言也；动静所乘之机者，见其已然而言也。动静无端，阴阳无始，则理气之流行，皆已然而已，安有未然之时乎？是故，天地之化，吾心之发，无非气发而理乘之也。所谓气发理乘者，非气先于理也，气有为而理无为，则其言不得不尔也。夫理上，不可加一字，不可加一毫修为之力。理本善也，何可修为乎。圣贤之千言万言，只使人检束其气，使复其气之本然而已。气之本

〔1〕《答成浩原》，见《栗谷全书》卷十，下引各段同。

然者，浩然之气也，浩然之气，充塞天地，则本善之理，无少掩蔽。此孟子养气之论，所以有功于圣门也，若非气发理乘一途，而理亦别有作用，则不可谓理无为也。孔子何以曰人能弘道，非道弘人乎？如是看破，则气发理乘一途，明白坦然。而或原或生，人信马足，马顺人意之说，亦得旁通而各极其趣。试细玩详思，勿以其人之浅浅而辄轻其言也。

栗谷在这里明确把其主张概括为气发理乘，观其所说，气发理乘具有二义，第一个意义是普遍的理气观意义，即天地之化，"气发"指天地间阴阳动静的运动，是流行之已然；"理乘"指理搭载在气上随气而动静。可见，在一般理气观的意义上，气发理乘是就存在的总体而言，即就流行之统体而言，**故气发理乘不是仅仅指气，也不是仅仅指理，而是理气合一的实存流行状态**。气发理乘在理气观上是指现实的、整合的存在，不是分析的概念，由此可见理气合一思想实为其根本思想。他也指出，理具有动静的所以然意义。应该说，这些提法在朱子思想中都有根据。第二个意义特指人心，即吾心之发，所以"气发"不是指"根于气而发出"，而是指心气的发动本身。他指出，讲气发理乘，并不意味着气先于理，而是因为气是能动的实体，理则是无为无形的，故不得不先说气再说理。可见在他内心有着一种以能动实体为第一性的观念。"检束其气"也与朱子"检束此心"的说法不同。

他进一步把这个思想称作"气发理乘一途"之说：

气发理乘一途之说，与或原或生，人信马足、马从人意之说，皆可通贯。吾兄尚于此处未透，故犹于退溪理气互发，

内出外感，先有两个意思之说，未能尽舍，而反欲援退溪此
说，附于珥说也。别幅议论颇详，犹恐兄未能涣然释然也。

他认为，用气发理乘一途说，可以贯通于朱子的道心人心或原于
性命，或生于形气的说法，也可以贯通于朱子关于太极动静的人
马比喻。他甚至认为，气发理乘是根本之论，朱子的说法则是沿
流之论：

> 盖气发理乘一途之说，推本之论也。或原或生，人信马
> 足、马从人意之说，沿流之论也。今兄曰：其未发也，无理
> 气各用之苗脉。此则合于鄙见矣。但谓性情之间，元有理气
> 两物，各自出来，则此非但言语之失，实是所见差误也。又
> 曰就一途取其重而言，此则又合于鄙见。一书之内，乍合乍
> 离，此虽所见之不的，亦将信将疑，而将有觉悟之机也。今
> 若知气发理乘与人信马足、马从人意，滚为一说，则同归于
> 一，又何疑哉。道心原于性命，而发者气也，则谓之理发不
> 可也。人心道心，俱是气发，而气有顺乎本然之理者，则气
> 亦是本然之气也，故理乘其本然之气而为道心焉。气有变乎
> 本然之理者，则亦变乎本然之气也，故理亦乘其所变之气而
> 为人心，而或过或不及焉。

道心原于性命，朱子的这一观点栗谷并不反对，而他的正面观点
是"发者气也，则谓之理发不可也"，如前面我们所分析的，栗谷
所用的理发气发，其"发"字不是指"发自"，而是指"发动"。
因此退溪所说的气发是指根于气而发，或发自于气，是指情欲情
思发动的根源；而栗谷所用的发是指发动，是运动作用的层面，

不是根源的层面。因此在栗谷看来，气是现实化的力量，发动的只能是气，不能是理，因为理无为无形，是不能活动、运动的，于是只能说气发，不能说理发。如果用已发未发的分别来看，退溪说的理发气发是已发的根源，而栗谷所说的气发则是指已发而言。**前者的重点在"根源性"，后者的重点在"现实化"**，故退溪、栗谷都用"气发"，但二者的用法根本不同。栗谷说的发者气也，是指已发的、发动的层面而言，因此他根本否定理发的说法。他在这里所说的人心道心都是气发，都是指已发而言，而这种说法是朱子思想中所没有的。另外，栗谷理气论、心性情论中对气的某种偏重，应与明代儒学理气论、心性论中气的因素越来越受重视有关。[1]

> 或于才发之初，已有道心宰制，而不使之过不及者焉。或于有过有不及之后，道心亦宰制而使趋于中者焉。气顺乎本然之理者，固是气发，而气听命于理，故所重在理而以主理言。气变乎本然之理者，固是原于理而已，非气之本然，则不可谓听命于理也，故所重在气而以主气言。气之听命与否，皆气之所为也，理则无为也，不可谓互有发用也。但圣人形气，无非听命于理，而人心亦道心，则当别作议论，不可滚为一说也。且朱子曰：心之虚灵知觉，一而已矣，或原于性命之正，或生于形气之私。先下一心字在前，则心是

---

〔1〕 栗谷可能受到罗钦顺等重气思想家的影响，关于罗钦顺与朝鲜时代性理学，朝鲜时代学者愚潭曾说："愚意退溪则祖述朱子，洞见大体而主理……栗谷则祖述整庵，昧于大本而所尚者气。"（《愚潭集·四七辩证》，转引自张敏：《立言垂教：李珥哲学精神》，北京大学出版社，2003年，第68页）

气也，或原或生而无非心之发，则岂非气发耶。心中所有之
理，乃性也，未有心发而性不发之理，则岂非理乘乎。或原
者，以其理之所重而言也。或生者，以其气之所重而言也。
非当初有理气二苗脉也。立言晓人，不得已如此。而学者之
误见与否，亦非朱子所预料也。如是观之，则气发理乘与或
原或生之说，果相违忤乎？

所以，栗谷讲的气发是原于理的，用退溪的话来说这个气发是发
于理的。一切意识情感都为气发，但都是发自本然之理。由于在
栗谷思想中，从发自本性到发作为现实意识情感是一个过程，这
一过程气参与其中，而气又是现实性的力量，没有气的参与，根
于本性的"发"就不能真正发作为现实的意识情感，因此在这一
过程中，发作的方向就分化为两种：一种是气顺乎本然之理，一
种是气变乎本然之理；前者就发作为道心，后者则发作为人心。
前者气听命于理，后者气不听命于理。栗谷把气听命于理视作
主于理，把气不听命于理视作主于气；他认为朱子讲的或生于性
命，或生于形气，应当在这个意义上来理解，而不应从两种根源
来理解。栗谷认为，无论前者后者，都与所谓理气互发没有关
系。由于四端是七情的一部分和四端七情皆发自性理是高峰在与
退溪之辩中所持的观点，故栗谷的中心观点无非有二：一是认可
道心人心皆出自性理，二是强调已发的道心人心（四端七情）都
是气发理乘。后者是栗谷思想的重点，表现出栗谷重视已发、流
行的世界的倾向。至于栗谷在这里主张气之听命与否，皆气之所
为也，理则无为也，已违离了朱子道心宰制人心、人心听命道心
的思想，一切归为气之所为，一切功夫只落到检束其气上，这与

朱子重视"检束此心"的思想也是不同的。[1]至于栗谷这里所说的"心是气",把心只理解为已发之气,就更与朱子思想不同了,而近于朱子所批评的"心为已发"说。而且,这与栗谷自己说的七情兼理气也不一致。他认为,心之发当为气发而理乘,而七情也是气发而理乘——既说"七情谓之主气则不可",又怎么能说心是气呢?

栗谷的这一说法接近于王阳明对性气的一种说法。阳明曾说:"孟子性善是从本原上说,然性善之端须在气上始见得。若无气亦无可见矣。恻隐羞恶辞让是非即是气。"[2]前面指出,栗谷主张"见孺子入井,然后乃发恻隐之心,见之而恻隐者,气也,此所谓气发也",这显然与阳明的主张一致,应是栗谷受到王阳明影响的表现。我曾指出,孟子所说的四端,朱子哲学称为情,而在阳明看来是气。照阳明的看法,似乎只要是"发",就属于"气"。如果作用层次上的意识情感活动都可称为气,那么就会导致"心即气"的说法,而这与"心即理"显然有冲突。[3]事实上,正是在明代阳明学中有很多"心即气"的说法。值得注意的是,栗谷思想的"气化转向"不仅是在"天地之化"上受到罗钦顺理气论思想的影响所致,同时也是在"人心之发"上受到王阳明心气说的影响所致。

其实,栗谷的这种思想,就气顺或气掩而言,用退溪的讲法,实质是理发而气顺之或理发而气掩之。理发气顺的意思,和栗谷口头上所反对的退溪的理发气随说是一致的。又由于栗谷不反对

〔1〕朱子曰:"理即是此心之理,检束此心,使无纷扰之病,即此理存也。"(《语类》卷十八)
〔2〕《启问道通书》,见《王文成公全书》卷二。
〔3〕参看拙著《有无之境:王阳明哲学的精神》,人民出版社,1991年,第89页。

退溪的气发而理乘的说法，这样一来，在形式上，栗谷的真正立场和退溪的"理发而气随之，气发而理乘之"并不全部构成矛盾。在本体的层面，他其实认可"理发而气随之"，在作用的层面，他赞成"气发而理乘之"。所以两个人在表面矛盾的概念和命题形式下（栗谷批评理发气随），实质上的思想却有一致的地方；而两人命题一致的形式下（栗谷赞成气发理乘），却含有对气发的不同理解。此即所谓异中有同，同中有异。由此可见，一般认为栗谷以"气发理乘"反对退溪"理发气随"的看法存在偏颇，其实退溪、栗谷思想的异同不能简单根据主张气发或理发的说法来判定，需要根据其文本做细致的思想分析，这是本篇希望强调的一点。[1]

> 如是辨说而犹不合，则恐其终不能相合也。若退溪互发二字，则似非下语之失？恐不能深见理气不相离之妙也。又有内出外感之异，与鄙见大相不同。而吾兄欲援而就之，此不特不知鄙意之所在也，又不能灼见退溪之意也。盖退溪则以内出为道心，以外感为人心。珥则以为人心道心皆内出，而其动也，皆由于外感也。是果相合而可援而就之耶？须将退溪元论及珥前后之书，更观而求其意何如。

> 性情本无理气互发之理。凡性发为情，只是气发而理乘等之言，非珥杜撰得出，乃先儒之意也。特未详言之，而珥但敷衍其旨耳。建天地而不悖，俟后圣而不惑者，决然无

----

[1] 近十年多来中文世界关于栗谷的研究颇不少，除诸多论文以外，专书还有如李甦平《韩国儒学史》、张敏《立言垂教：李珥哲学精神》、洪军《朱熹与栗谷哲学比较研究》、杨祖汉《从当代儒学观点看韩国儒学的重要论争》、李明辉《四端与七情：关于道德情感的比较哲学探讨》、林月惠《异曲同调：朱子学与朝鲜性理学》等，但本篇所讨论的问题，在我自己则二十年前已经提出，诸贤似皆未加注意，故敢再提出来加以讨论。

疑。何处见得先儒之意乎。朱子不云乎，气质之性，只是此性。（此性字，本然之性也。）堕在气质之中，故随气质而自为一性。（此性字，气质之性。）程子曰：性即气，气即性，生之谓也。以此观之，气质之性，本然之性，决非二性。特就气质上，单指其理曰，本然之性。合理气而命之曰，气质之性耳。性既一则情岂二源乎。除是有二性然后方有二情耳。若如退溪之说，则本然之性在东，气质之性在西。自东而出者，谓之道心，自西而出者，谓之人心。此岂理耶？若曰性一，则又将以为自性而出者，谓之道心。无性而自出者，谓之人心。此亦理耶？言不顺则事不成，此处切望反覆商量。

前日图说中之言，非以为扩前圣所未发也。其图及所谓原于仁而反害仁等之说，虽是先贤之意，无明言之者。浅见者必疑其畔先贤之说，故云云耳，不以辞害意，何如。

栗谷坚持理气不相离，这是一贯的。他又主张"性发为情，只是气发而理乘"，这一表达表现出他只讲"性发为情"、回避"情发于性"的特点；他把关注点完全转移到发作、发动的机制和过程上，转移到现实意识与情感的形成机制上，从而改变了退溪、高峰理发气发论辩所主要关注的意识与情感的内在根源问题。

五

最后来看栗谷答成浩原论罗整庵、李退溪、徐花潭的部分，他从理气合一、理气不离的立场对三家进行了评论：

> 近观整庵、退溪、花潭三先生之说，整庵最高，退溪次之，花潭又次之，就中整庵、花潭，多自得之味。退溪多依样之味。（一从朱子之说。）整庵则望见全体，而微有未尽莹者，且不能深信朱子，的见其意，而气质英迈超卓，故言或有过当者，微涉于理气一物之病，而实非以理气为一物也。所见未尽莹，故言或过差耳。退溪则深信朱子，深求其意，而气质精详慎密，用功亦深，其于朱子之意，不可谓不契。其于全体，不可谓无见，而若豁然贯通处，则犹有所未至，故见有未莹，言或微差，理气互发，理发气随之说，反为知见之累耳。花潭则聪明过人，而厚重不足，其读书穷理，不拘文字，而多用意思。聪明过人，故见之不难，厚重不足，故得少为足。其于理气不相离之妙处，了然目见，非他人读书依样之比，故便为至乐，以为湛一清虚之气，无物不在，自以为得千圣不尽传之妙，而殊不知向上更有理通气局一节，继善成性之理，则无物不在，而湛一清虚之气，则多有不在者。理无变而气有变，元气生生不息，往者过来者续，而已往之气，已无所在。而花潭则以为一气长存，往者不过，来者不续。此花潭所以有认气为理之病也。虽然，偏全间花潭是自得之见也。今之学者，开口便说理无形而气有形，理气决非一物。此非自言也，传人之言也，何足以敌花潭之口而服花潭之心哉。惟退溪攻破之说，深中其病，可以救后学之误见也。盖退溪多依样之味，故其言拘而谨。花潭多自得之味，故其言乐而放。谨故少失，放故多失。宁为退

溪之依样，不必效花潭之自得也。

此等议论，当待珥识见稍进，熟于明理，然后乃可作定论示学者也。今因兄之相感发，不敢少隐，一口说破，可谓发之太早矣。览后还送，切仰切仰，欲不挂他眼，而后日更观其得失耳。[1]

栗谷认为，是理气合一，而不是理气一物，也不是理气二物。在他看来，罗整庵的言辞微有理气一物之病，李退溪的思想微有理气二物之病，徐花潭则有不明理通气局之病。栗谷认为退溪深信朱子之学，用功甚深，能契合朱子之意，也对道之全体有所见，但其理气互发、理发气随的说法有毛病，是受了知识见解的牵累，体验不足。他评价最高的是罗整庵，由此也可以想见他的理气观必然受到罗整庵的一定影响。他也评论了徐花潭的气论哲学，认为花潭以为清虚之气无所不在，而没有分别清楚理才是无所不在，气并不是无所不在的。他从理通气局的说法出发，认为理是不变的，气是变化、往来的；来是新生，往是消尽，以往之气已经消尽，已经是无所在了，这就是气的局限性，只有理才是普遍永久的存在。他也指出，花潭的看法是出于一气不灭，永恒循环的主张。栗谷的这些批评与程朱对张载的批评是相同的。

可见，朱子所提出的哲学问题固然构成了朱子学的基本问题意识和体系框架，但朱子对这些问题所给出的答案并不都是究极性的，这一体系所包含的问题也没有被朱子个人所穷尽。因此后世朱子学对朱子的发挥、修正、扩展，都是朱子学题中

---

[1]《答成浩原》，见《栗谷全书》卷十。

的应有之义，而在这方面，朝鲜时代的朱子学做出了重要的推进和贡献。

余论：中韩朱子学比较研究的意义

朱子是南宋著名哲学家、儒学大师，在中国哲学史和儒学史上占有极为重要的地位。他一生学术成就十分丰富，教育活动也非常广泛；他在古代文化的整理上继往开来，所建立的哲学思想体系宏大精密；他的思想学说体系在古代被称为朱学，近代学术亦称朱学为朱子学，但这是狭义的用法，广义的朱子学则包括朱子的门人弟子后学以及历代朱学思想家的思想。

在历史上，朱子以理性本体、理性人性、理性方法为基点的理性主义哲学是12世纪以后中国的主流思想，朱子学还曾广泛传及东亚地区，在近世东亚文明的发展上产生了巨大的影响，发挥了重大的作用。在韩国历史上，朱子学在高丽后期已经传入朝鲜半岛，在李氏朝鲜朝逐步发展，在16世纪后半期达到兴盛。朝鲜朝崇尚朱子学，使得直到19世纪朱子学都是韩国的主流学术，居于正统地位。韩国历史上的朱子学多被称作性理学，韩国朱子学促成了朝鲜朝的学术繁荣，韩国性理学也形成了具有自己特色的理论发展。

朝鲜时代朱子学的贡献

总的来说，朝鲜时代的朱子学家，如李退溪、李栗谷，对朱子有深刻的理解，对朱子哲学的某些矛盾有深入的认识，并提出了进一步解决的积极方法，揭示出某些在朱子哲学中隐含的、未得到充分发展的逻辑环节。

比较起来，朝鲜朝性理学讨论的"四七"问题，中国理学虽有涉及，但始终未以"四端"和"七情"对举而成为讨论课题，未深入揭示朱子性情说中的矛盾之处。在这一点上朝鲜时代的性理学有很大的贡献。朝鲜时代的朱子学的"四七之辩"看到了朱子哲学中尚未能解决的问题，而力求在朱子学内部加以解决。"四七之辩"等韩国朱子学的讨论显示出，朝鲜朝的朱子学家对朱子哲学的理解相当深入，在某些问题和方面有所发展；他们对这些方面的思考的深度，超过了同时期中国明代的朱子学。同时，16世纪的韩国朱子学对明代正德、嘉靖时期的阳明心学以及罗钦顺的理学思想，皆从正统的朱子学立场做了积极的回应和明确的批判，在这方面也超过了明代同时期的朱子学。

这显示出，只有把朱子学研究的视野扩大到东亚，才能看到朱子学与阳明学的深度对话，而这仅仅在中国理学的视野中是无法看到的。如果说在中国明代的学术思想中看不到朱子学的内部批评（如对于罗钦顺的批评），看不到同时代的朱子学对阳明学的深度理论回应，那么这些都可以在朝鲜朝的朱子学里找到。韩国朱子学的讨论表明，新儒学即性理学的讨论空间在中国和韩国之间已经连成一体，成为共享共通的学术文化。可见研究朱子学、阳明学及其交流与互动，必须把中国和韩国的性理学综合、比较地加以研究。

东亚朱子学中心的移动

在历史上，与政治的东亚不同，从东亚文化圈的观点来看，朱子学及其中心有一个东移的过程，明代中期以后，朱子学在中国再没有出现有生命力的哲学家，虽然朱子学从明代到清代仍然维持着正统学术的地位，但作为曾经有生命力的哲学形态在中国已经日趋没落。

而与中国明代中后期心学盛行刚好对应，16世纪中期朱子学在韩国获得了发展的活力，达到了相当的深度，学者群体也达到了相当的规模。16世纪朝鲜朝朱子学的兴起和发达，一方面表明了朝鲜性理学的完全成熟；一方面也表明朱子学的中心已经转移到韩国而获得了新的发展、新的生命，也为此后在东亚的进一步扩展准备了基础和条件。如果说退溪、高峰、栗谷的出现标志着朱子学的中心在16世纪已经转移到韩国，那么，当17世纪以后朝鲜朝后期实学兴起，朱子学的中心则进一步东移，在整个东亚实现了完全覆盖，这使得朱子学成为近世东亚文明共同分享的学术传统，成为东亚文明的共同体现。

因此，虽然朱子是东亚朱子学的根源，但中国朱子学与韩国朱子学不是单纯的根源与"受容"的关系；朱子学文化的中心，在东亚的视野下是可以移动的；没有东亚的视野，就不能了解朱子学中心的转移、变动。

东亚朱子学的普遍性

近世以来（中国明清时代、韩国朝鲜时代、日本江户时代），东亚各国朱子学使用共同的学术概念，具有共同的问题意识，认同共同的学术渊源，共同构成了这一时代的理学思想、讨论、话语。中国和韩国的朱子学者虽然生活语言不通，文化传统有别，但共同使用汉字和学术语言，以汉文儒学典籍为经典；他们不仅和经典文本与古人进行交流，也做了相互之间的交流；他们从各自不同的角度积极地发展了理学的思考，为东亚地区的朱子学普遍性体系做出了自己的贡献。

用"一体和多元"来观察东亚朱子学的横向面貌，目前较为大家所接受，这是说东亚朱子学在体系上内在地是一体的，而中国朱子学、韩国朱子学等不同国家或地区的朱子学又有各自关注的问题，形成朱子学多元的面貌，这是没有问题的。另一方面也可以看出，16世纪的韩国朱子学与12世纪以后的中国朱子学相比，在理学的话语、概念、问题意识方面，以哲学的普遍性讨论为主体，而附加其上的具体性、脉络性、地域性的因素是次要的。故不能说四七问题的出现及其讨论是朝鲜朝特定社会政治的特殊性造成的，它更多的是朱子学内在、深入的探究使然。强调脉络性，则会倾向于把四七的讨论看成韩国政治社会因素的直接结果。而只有强调普遍性，才能确认四七的讨论是更深层次的朱子学讨论，才能认识韩国朱子学的理论造诣和成就，才能说朝鲜朝朱子学超过了明代朱子学。朱子学是以其普遍性的义理吸引了东亚各个地区的学者，这些义理为这些地区的士人提供了理论思考的框架和工具，提供了价值、道德、伦理和世界观、宇宙观的基础，朱子学成为这些地区共通的学术文化，这在中国和韩国最为明显。

因而，把文化的视野扩大，超出一个国家的边界来看，理学不仅是11世纪以后中国的思想体系，而且是前近代在东亚各国占主导地位或有重要影响的思想体系。因而，说理学是近世东亚文明的共同体现、共同成就、共同传统，是不算夸张的。从而，就朱子学研究而言，要展示朱子学体现的所有环节、所有实现了的可能性，就需要把中国、韩国的朱子学综合、比较地加以研究，如四七的讨论便可以说是朱子学自身所含有的理论环节，但在中国只是潜在地存在，没有发展，而在韩国则明确实现出来、发展出来。不研究韩国朱子学，就不能确认四七或理发气发问题在朱子学体系中的存在和地位。

理学不仅是中国宋明时代的思想，也是韩国朝鲜时代的思想，亦是日本江户时代的思想。把东亚各国朱子学的贡献都展示出来，才可能把朱子学理学体系的所有逻辑环节和思想发展的可能性都尽可能地揭示出来，也才能把理学和东亚不同地域文化相结合所形成的各种特色呈现出来。不综合地研究中国和韩国的朱子学，就不可能了解朱子学体系包含的全部逻辑发展的可能性，不能了解朱子学思想体系受到挑战的所有可能性，以及不能了解朱子学多元发展的可能性；不能确认朱子学在各个时期的发展水平，也就不能全面了解朱子学。

朱子哲学诠释的比较视野

最初的生成和变更通过其他因素或借助其他手段而发生，没有任何东西自己是自己生成和毁灭的原因。因为推动者必须先于被推动者，产生者必须先于被产生者，无物先于其自身。

——亚里士多德《论动物运动》

有关朱子哲学理气论的思想，很早就被置于比较哲学的视野来加以观照，如冯友兰的《中国哲学史》下册运用古希腊哲学比较地论析朱子哲学，已为学者普遍接受。这种比较的观照并非认定被比较的双方完全相同或一致，毋宁说更多是为了扩大理解的视野，加深诠释的深度。不仅对于朱子，20世纪以来，通过比较哲学的对照加深对中国哲学讨论意义的理解，扩展这些讨论的哲学意义，求得哲学史认识上的启发，已经是中国哲学界普遍接受的必要途径。本篇以古希腊哲学为主，谈谈对这个问题的理解。

一

现在学界多认为，用"理念论"来翻译柏拉图常使用的idea或eidous，并非十分恰当的做法，这两个词都主要是形式、形状的意义。早先的英文译法一般用idea，但英文idea通常指观念，然柏拉图用这个概念主要不是指主观的概念性的东西，而是一种客观实在。现在英文译者大多将柏拉图的idea和eidous译为form，中文译者以前多用"理念"来译，但"念"偏于意识。自陈康以来，不少学者认为应用"相"来翻译这两个词。汪子嵩认为，将idea和eidous译为理念的问题是：单就"理"这个词说，如果作为中国宋明理学所说的理，即与具体的气相对立的抽象一般说，与柏拉图的idea有某些相似，但如果将理理解为法则、规律，即西方唯理论所说的ratio，则柏拉图的idea还没有这样的意义。[1]亚里士多德著作的译者吴寿彭提出："idea旧译概念、观念、理型或理念，其中'理型'颇切原义，'理念'较为通用。"[2]因此，我们在这里选取"理型"的译法，不用说，我们的选择当然是因为这更便于我们把柏拉图、亚里士多德的相关思想与朱子的"理"的观念相比较。所以，虽然上引《希腊哲学史》的作者们从第二卷开始将以前的理念、理念论的译法改为相、相论，但我们在引用该书第二、第三卷的研究时，对idea和eidous这两个词都用"理型"来表达。这不仅有吴寿彭先生的说法为依据，便于我们在此将柏拉图和亚里士多德的思想与朱子学的"理"论加以对照，而且我们以为，不管怎么说，以前的翻译家用理念或理型去译它们，其中的"理"字之用必定含有一定的合理因素。

根据亚里士多德的解释，柏拉图年轻时就熟悉赫拉克利特的学说，即认为一切可感觉的事物永远处于流动的状态，我们对于它们不可能有知识；柏拉图接受了这一点，也认为可感觉的事物总是在变动之中，因此普遍的定义不能归于可感觉事物的定义，而应当归于理型。什么是理型？我们画的正方形或圆形不是真正

---

〔1〕 汪子嵩等著：《希腊哲学史（修订本）》第二卷，人民出版社，2014年，第554页。以下仅注明卷次与页码。

〔2〕《希腊哲学史（修订本）》第二卷，第553页。

的、绝对的正方形或圆形，那真正不变的、绝对的正方形或圆形，才是方的自身、圆的自身，这就是理型。同样，在其他领域，正义的自身、美的自身、善的自身都是理型，它们都不是感觉器官所能感觉到的。

众所周知，柏拉图学园门前写着"不懂几何学者不得入内"。柏拉图在认识毕泰戈拉学派之后，发现数学几何学的知识具有永恒不变的、客观的、普遍必然的性质，这正好为苏格拉底寻求普遍定义提供了途径，所以他将数学几何学引入哲学，为其建立理型论哲学奠定了基础。

《斐多篇》中对理型和事物做了如下区分：

1. 理型是单一的，具体事物不是单一的。

2. 理型是不变的，具体事物经常变化。

3. 理型是看不见的，只能由思想掌握，具体事物是看得见的。

4. 理型是纯粹的，事物是不纯粹的。

5. 理型是永恒的，具体事物不是永恒的。[1]

这五点可以说规定了理型的特征。《会饮篇》也列举了理型的四个特征，与《斐多篇》是一致的。

按照柏拉图哲学，具体事物和它们的"自身"有一个重要区别：具体事物只是近似于那些"自身"，甚至在很大程度上不如"自身"。如圆的自身是绝对的圆，而具体的圆形只是近似于绝对的圆。因此具体事物以绝对的自身为目标，想去接近它，但无论如何却总不能达到真正的自身。自身就是理型，所以理型是万物的目的，是万物的理想，是万物的目的因、形式因（但还不是动力因）。

---

[1] 参见《希腊哲学史（修订本）》第二卷，第598页。

柏拉图发展了苏格拉底的目的论思想，[1] 在《国家篇》中，他把善纳入其理型论，提出不但有善的理型，而且它是其他一切理型的原因，是最高的理型。善高于正义等其他伦理范畴，而且是所有存在能够存在的原因。[2] 亚里士多德认为它是目的因或最后因。

柏拉图的理型论思想体现在其中期对话《斐多篇》和《国家篇》，一般说的理型论，基本上就是指这两篇中的理型论思想。古人往往不能用准确的语言来表达抽象的问题，而不得不用一些形象的比喻，如柏拉图在具体事物之外提出一个"理型"，可是这理型是什么？它和具体事物是什么关系？柏拉图没有办法确切地说明它，便不得不使用一个个形象的比喻或一些日常生活中通用的语言，例如"分有"，亚里士多德说"分有"只不过是个诗意的比喻而已。[3]

下面来看柏拉图的**"分有"**说。如果在美的事物之外，有美的自身，那么美的事物和美的自身有没有关系？是什么关系？按照柏拉图的思想，美的自身是绝对的，美的具体事物是近似于美的自身的，因此具体事物**之所以是美的**，只是因为它们"分有"了美的自身。所以，美的理型是一切美的事物**所以是美的**唯一真正原因。其他东西和它们的理型的关系也一样。如果理型是一事物所以为此事物的原因或本质，那么它的意义就和宋明理学所说的"理"有接近之处了。如果说美的事物分有美的理型，那么什么是分有？按照专家的看法，"分有"在当时的希腊是一个通用的口语，柏拉图借用了这个语词表示理型与事物之间的关

---

〔1〕《希腊哲学史（修订本）》第二卷，第621页。
〔2〕《希腊哲学史（修订本）》第二卷，第661页。
〔3〕《希腊哲学史（修订本）》第二卷，第521页。

系。[1]分有说是为了说明理型和具体事物的联系，柏拉图认为具体事物是由理型派生和决定的，他把这种关系叫作分有。这里所说的"所以是美的"思维，与程朱理学的"所以然"思维是有相通之处的。

与分有问题密切关联的是**"分离"**问题。根据希腊哲学专家的看法，柏拉图前期主张理型和具体事物是互相分离的，分离问题的讨论是关于理型和具体事物究竟以什么方式存在。[2]毕泰戈拉学派说事物模仿数而存在，柏拉图说事物是由于分有理型而存在，但在《国家篇》中，柏拉图也说到具体事物是对理型的模仿，如木匠造的床是具体的床，而不是床的理型，不是真正的存在，只是理型的影子。总之，从本体论上说，柏拉图的理型论实际上主张有两个世界，在**我们看到的具体世界**之外还有一个理型的世界，因此产生所谓分离问题，即这两个世界是否互相分离？是空间的分离，还是价值程度高低的分离？抑或是逻辑上的先后不同？[3]这个问题在朱子哲学的理气论中也可找到类似的讨论。

柏拉图后期的对话《巴门尼德篇》借巴门尼德之口对其前期的理型论做了批评。对于分有，巴门尼德的论证是，事物分有理型只有两种可能：或者是分有整个理型，或者是分有理型的一部分。如果每一事物都分有一个整体的理型，因为事物是复数的，便必须有许多个理型，这和肯定理型是单一的不合。如果事物分有的是理型的部分，也会造成三种困难。因此，结论是事物既不能分有整体的理型，也不能分有它的部分，所以分有是不可能

[1]《希腊哲学史（修订本）》第二卷，第611页。
[2]《希腊哲学史（修订本）》第二卷，第617页。
[3]《希腊哲学史（修订本）》第二卷，第714页。

的。[1]对于分离，巴门尼德认为，如果理型是独立自存的，任何理型都不在我们中间存在，就有两个分离的世界；在理型的世界中，理型与理型发生关系，在我们的世界中，此事物与彼事物发生关系，而我们的世界中的任何事物都不能和理型的世界中的任何理型发生关系，于是人根本不能认识理型。这就反驳了分离说。

应该说，柏拉图还没有提出共相或概念这样的名称，在《巴门尼德篇》中，少年苏格拉底的主要观点是理型和具体事物在空间上是分离的。柏拉图后期想修正这一观点，他主要批评理型和具体事物的对立，并说如果理型和具体事物属于**两个分离的世界**，不但具体事物不能分有理型，而且这样的理型也不能被认识。由此可见，**打破这两个世界的对立是柏拉图后期思想的一个主题**。[2]

除了分有问题、分离问题，另一个值得注意的问题是动静问题。柏拉图后期著作《智者篇》从《巴门尼德篇》中出现的几对相反的范畴里选取了三对，即存在和非存在、动和静、同和异，并且既批评了早期希腊唯物论者只承认具体事物的做法，也批评了"理型的朋友"，说他们虽然正确地肯定了永恒的理型，但又将这种完善的存在说成是绝对静止、没有运动、没有思想、没有生命的东西。柏拉图认为主张存在绝对运动或绝对静止都是错误的；在某种情况下，静也是动，动也是静，它们是可以相互联系的。这样就将划分两个世界的绝对界限打破了。[3]这说明，柏拉图后期也批评了其前期思想中把理型理解为绝对静止、没有运动的东西。

以上所说柏拉图哲学中的分离、分有问题，可以运用于朱子

---

〔1〕《希腊哲学史（修订本）》第二卷，第726页。
〔2〕《希腊哲学史（修订本）》第二卷，第912页。
〔3〕《希腊哲学史（修订本）》第二卷，第913页。

哲学的分析。若从朱子理气观来看，分离问题是指理与气两个世界的关系，朱子也说过，理是静洁空阔的世界，所以用"两个世界"这样的讲法也是可以的，更确切地讲，是理与气的关系。朱子说天下未有无理之气，亦未有无气之理。又说理未尝离乎气，理非别为一物，即存乎是气之中；无是气，则是理亦无挂搭处。从这些论述可见，朱子哲学中虽然亦可分理气为两个世界，但他的理气观不主张理气的分离，反而强调它们互不分离。在处理抽象的理体与具体的事物的关系上，对于世界是一个还是两个的问题，朱子的回答是与柏拉图明显不同的，这也是他比柏拉图要高明的地方。我国西方哲学史学者冒从虎先生在研究朱熹与黑格尔理学异同时指出："总的来说，黑格尔理学高于朱熹理学。但是，如果我们把中国封建社会的朱熹理学和欧洲奴隶占有制社会古希腊哲学家柏拉图相比较，那么柏拉图的理学就相形见绌了。"[1]

分有问题，在柏拉图是具体事物的理型和理型自身的关系问题，而在朱子哲学中即事物之中的理和作为本体的理的关系问题。对于这两者的关系，朱子也曾使用过"分有"的语言，因为周敦颐的《通书》中提出过"一实万分"，程颐也提出过"理一分殊"。朱子在《通书解》中说："一理之实，而万物分之以为体，故万物之中各有一太极。"又说："盖合而言之，万物统体一太极也；分而言之，一物各具一太极也。"这些说法中的"分"在语词上都有"分有"的意义。

"一物各具一太极"的"太极"指性理而不是分理。"理一分

〔1〕 冒从虎：《朱熹和黑格尔理学之同异浅析》，收入中国哲学编辑部：《中国哲学》第十三辑，人民出版社，1985年，第20页。

殊"在朱熹哲学中的一个重要意义即是它指作为宇宙本体的太极与万物之性的关系。照这个思想,总体来看宇宙万物的本体只是一个太极,同时每一事物之中也都包含着一个与那"统体一太极"的太极完全相同的太极作为自己本性。在这种关系中,"理一分殊"实即指"理一分多","多"之间并无差别。

既然每一个事物所具的太极与宇宙本体的太极完全相同,何以说前者是"分有"后者以为体呢?《语类》卷九十四载:

> 郑问:理性命章何以下分字?曰:不是割成片去,只如月映万川相似。(淳)

> 问:理性命章注云,自其本而之末,则一理之实而万物分之以为体,故万物各有一太极,如此则是太极有分裂乎?曰:本只是一太极,而万物各有禀受,又自各全具一太极尔。如月在天,只一而已,及散在江湖,则随处而见,不可谓月已分也。(谟)

这是说理性命章注所说的"分"在哲学上是指"禀受",而不是把太极加以分割。既然朱熹认为理性命章讲的就是理一分殊,因此禀受也是理一分殊之"分"的一种意义。

《太极图说解》《通书解》所确立的以理一分殊表述宇宙本体与万物之性关系的观点,成为朱熹理一分殊说的一个重要内容。《语类》卷一:

> 伊川说得好,曰理一分殊。合天地万物而言,只是一个理,及在人则又各自有一个理。(夔孙)

这个思想与《太极解》《通书解》完全一致，更明确地用理一分殊说明统体太极与各具太极的关系。可见，朱子哲学中虽然谈到"分"，但与柏拉图哲学的分有不同，具有自己的意义。

二

对理型的看法决定了柏拉图的实在论立场。但朱子的理气观并不只讲理的存在，还讲理气两个范畴的关系，因此对照希腊哲学理解朱子哲学，**更重要的可能是着眼于亚里士多德的哲学**。冯友兰在《中国哲学史》下册论朱子的一章中，用希腊哲学的形式与材料来对照分析朱子的理气哲学，直接参照的正是亚里士多德，而不是直接联系到柏拉图。

亚里士多德首次提出哲学就是研究最普遍的on的学问，一般译为本体论。但他又说**哲学研究事物生成和运动的最后原因**，这就是宇宙论了。他的前期本体论认为个别事物是第一本体，后来又主张事物是由形式和质料结合构成的，形式先于质料，形式就是事物的本质，故形式才是第一本体。他用的"形式"也是eidous，主张理型（形式）就是事物的本质，它存在于事物之中，而非在事物之外独立、分离存在。[1]所以他的讨论也是承接了柏拉图的理型论而来的，他和柏拉图都是对西方哲学和文化产生重大影响的哲学家。不过，柏拉图对现象世界中的个别事物兴趣很少，他只承认普遍的理型，而忽视现实世界中的个别事物；而亚里士

---

[1]《希腊哲学史（修订本）》第三卷，第618页。

多德却认为，普遍知识只能从个别事物中获得，所以重视个别事物和经验事实。

《范畴篇》比较笼统地区分了第一本体和第二本体，前者是个体事物，是最主要的本体，是一切属性的载体；后者则是属与种，是表述第一本体是什么的。[1]亚里士多德前期思想的主要特征是，第一本体是中心与基础，第二本体寓于第一本体而不同它分离；一切属性终究都依存于第一本体，也不同它分离。[2]

他后来转向探讨本体自身的构成及其变化的原因，提出本体由质料与形式组成，本体的变化是从潜能到现实。最后他主张，在复合本体中，形式是在先的、更为现实的本质规定。形式和属都用一个词，eidous，但形式不仅有"种"的含义，而且指形状的型以及作为本质的普遍性规定。亚里士多德说本体独立自在，不依存主体，是"这个"，是变中之不变。[3]故在《形而上学》后期篇章中，他虽然仍肯定具体事物是形式和质料的复合体，但已经明确主张：就本体性而言，形式先于质料，形式就是本质；质料是基质，形式更为现实。质料已经不是主要的本体，因为虽然质料也不表述其他东西，而由其他东西表述它，但纯粹质料自身是没有一切属性和规定性的，不能成为某个特殊事物。[4]

古希腊哲学从阿那克西曼德开始注重研究世界的起源、开始，即摆脱《神谱》思维，用哲学、科学的方式解释世界，寻求本原或原理。这种寻求本原和原理的思维是以"本原加生成"的途径

〔1〕《希腊哲学史（修订本）》第三卷，第135页。
〔2〕《希腊哲学史（修订本）》第三卷，第136页。
〔3〕《希腊哲学史（修订本）》第三卷，第138页。
〔4〕《希腊哲学史（修订本）》第三卷，第140页。

来探讨万物的来源和变化。若走本原加生成的途径，必然要追寻万物构成的基本成分，用基本成分的组合解释万物，但这是不够的，**还需要为元素的分合注入某种动力，如爱与恨、努斯。**亚里士多德认为只有这样才能回答"为什么"的问题，而"为什么"的问题要求用"因为"提供充分的理由，于是哲学上的"原因"范畴就发展出来了。[1]

早期哲学家没有原因的概念，将原因等同于本原，而且仅仅认识一个或两个原因。通过综合以往的哲学，亚里士多德认为应存在四个原因，即质料因、形式因、动力因、目的因。**目的因为具体的生成物提供活动的目标，在自然哲学中目的因可以合并于形式因。**他认为，如果理型和事物是分离的，它就不能是事物所以是和生成的原因。只有用四因才能说明事物的"是"和生成。[2]

质料是亚里士多德《物理学》中分析事物运动时发现的，哲学史上称为"质料的发现"。它不是一个特殊的事物，没有任何确定的质量或别的规定性，没有任何肯定的规定性，也没有任何否定的规定性。由于质料没有任何规定性，《形而上学》就认为分离性和"这个"特征不能归于质料，只能归于形式。个别事物之所以成为这个事物，具有分离的特性，其绝对的原因不在于质料，而在于形式，是形式决定这个事物之所以"是"。这样，亚里士多德对第一本体的看法就发生了根本变化，从认为个别事物是第一

---

〔1〕《希腊哲学史（修订本）》第三卷，第365页。按照亚里士多德，爱与恨、努斯作为动力作用于质料，追求的目的是把质料变成某种事物，如果用"是"的语言，即把质料变成"是什么"：质料在动力因作用下变成"是什么"，即生成事物的"现实"。所以，"是什么"正是动力因作用于质料所要达到的目的。

〔2〕《希腊哲学史（修订本）》第三卷，第542页。

本体转变为主张形式是第一本体，从注重个别事物转向寻求事物的内在本质。是本质使该事物成为该事物，故有其逻辑在先性。[1]形式是第一位的，形式是真正的本体，是质料追求的目的。[2]

形式和质料都不是生成的，只有具体事物才是生成的。把具体事物分析为形式和质料是亚里士多德的首创。事物是由形式和质料结合而成，质料是构成每一事物的原始材料，形式是事物的形式结构。他认为质料是潜能，形式是现实，二者的统一就是事物的生成。决定一个事物之所以是这个事物而不同于别的事物的，是它与其他事物的差异，这就是形式。[3]他主张现实先于潜能，因为现实在定义上、在本质上都是先于潜能的。定义上在先也就是逻辑上在先。

亚里士多德的形式本来就来自柏拉图的理型，他批评柏拉图未能说明理型是什么，只是在同一名词后面加了"它自身"而已。亚里士多德说形式是事物的原因、本质，不再说空洞的理型，而要去探求事物的本质，寻求一个事物之所以是这个事物的原因。[4]

朱子哲学对理气基本关系的看法见于下面这段材料：

> 天地之间有理有气。理也者，形而上之道也，生物之本也。气也者，形而下之器也，生物之具也。是以人物之生必禀此理然后有性，必禀此气然后有形。[5]

〔1〕《希腊哲学史（修订本）》第三卷，第623页。
〔2〕《希腊哲学史（修订本）》第三卷，第381页。
〔3〕《希腊哲学史（修订本）》第三卷，第666页。
〔4〕《希腊哲学史（修订本）》第三卷，第669页。
〔5〕《答黄道夫·一》，见《朱子文集》卷五十八。

朱熹认为理和气在构成万物上作用不同，理构成万物之性，气构成万物之形，一个事物只有兼禀理气才成其为一个现实事物。这与亚里士多德主张形式和质料组合为事物确有类似之处。**事实上，与柏拉图相比，朱子哲学更接近亚里士多德的基本立场。**

三

照著名黑格尔专家司退斯的理解，黑格尔哲学的基本原理就是古希腊人的基本原理，[1] 他认为柏拉图的主张是，共相是真实的、客观的，共相既不在空间内，也不在时间内，客观的共相是实在的本质，是独立于头脑的存在。[2] 柏拉图相信共相在另一个超时空的世界中有其单独的存在。在司退斯看来，按照亚里士多德的说法，事物是由质料和形式构成的，质料是事物模糊的基质，形式相当于柏拉图的理念，即共相，但亚里士多德否认形式或共相在与现实世界分离的单独的世界中有其特殊存在。[3]

他说，按照亚里士多德的说法，一个事物的形式、共相，也就是这个事物的目标或目的；终极原因和形式原因是一致的，一个事物的目的可以被规定为这个事物存在的理由。所以，当说形式同目的一样的时候，亚里士多德的意思是，共相是事物的理由，即事物为什么存在。一个事物的理由显然是先于这个事物的，它因为这理由才实存，因此它后于理由。这样，事物的目的便先于

〔1〕 司退斯：《黑格尔哲学》，廖惠和、宋祖良译，中国社会科学出版社，1989年，第1页。

〔2〕 司退斯：《黑格尔哲学》，廖惠和、宋祖良译，中国社会科学出版社，1989年，第9页。

〔3〕 司退斯：《黑格尔哲学》，廖惠和、宋祖良译，中国社会科学出版社，1989年，第15页。

事物的产生。

司退斯接着说：一个事物的目的先于这个事物的产生，这种表面上似非而是的论点只在某一点上可以被理解：所谓的先不是时间上的先，而是逻辑上的在先。在时间上，一件事发生在另一件之后，第一个发生的事件在时间上先于第二个发生的事件；在逻辑上，前提在先，结论在后，前提在逻辑上先于结论，但在时间上并不在先。在理由和结论之间的关系上，前者在逻辑上是第一，但没有人会主张它们的出现顺序使理由是一个在时间上发生于结论之前的事情。形式、共相是理由，而世界是结果。因此，共相在逻辑上先于事物，但不在时间上先于事物。[1] 司退斯认为，在这里，我们对从柏拉图到黑格尔的"普遍哲学"有了一个新的规定，一个极为重要的规定；在这里，即在亚里士多德关于共相逻辑上在先的概念中，我们发现了这种新规定的萌芽，但它只是在黑格尔那里才在形式上变成明确的。我们现在以这种明确的形式阐明这种新的规定，在这种形式中，黑格尔的规定所取得的成就，远远超过了亚里士多德。

共相是所有实存的本原，但世界依赖共相不是因果关系意义上的依赖，而是一种逻辑上的依赖。换句话说，世界来自共相，并不是作为来自它的原因的结果，而是作为来自它的前提的结论。这也意味着，本原加生成的方式是宇宙论的方式，主张时间上在先；而黑格尔的普遍哲学是本体论的方式，不讲时间上在先，而讲逻辑上在先。

根据这样的理解，古希腊哲学中已经有了关于共相"逻辑上

---

[1] 司退斯：《黑格尔哲学》，廖惠和、宋祖良译，中国社会科学出版社，1989年，第18页。

在先"的规定，但这种对共相和世界关系的认识，只是在黑格尔哲学中才明确化了。这就是说，共相不是在一切事物存在之前就存在的意义上，而只是在逻辑上最先存在的意义上，是一切事物的绝对最初的东西。这意味着它在逻辑上没有更先的东西可以依赖，它的独立是逻辑上的独立。它不是通过因果从任何在先的前提得出的结论，而是第一个前提，事物是它的逻辑上的结果。在事实上，共相是不可与事物分离的，但在思想上，它是可以与事物分离的。[1]这既是普遍哲学在希腊时代的规定，也是黑格尔哲学的基本原则：第一性的原则仅仅在它保持逻辑上先于万物的意义上是第一性的，它不是时间秩序上的第一性。理性的在先就是逻辑的在先。[2]

所以张世英在其《论黑格尔的逻辑学》一书中指出，黑格尔的逻辑学所讲的纯思想、纯概念，是预先为自然界和人类社会规定好的型式，而自然界和人类社会不过是这些型式的具体化和应用。但他强调："这里所谓'在先'，并不是指时间上在先，并不是说时间上先有纯思想、纯概念，然后才有自然界和人类社会。黑格尔没有这个意思。这里的'在先'不过是说，纯思想、纯概念是首要的，是自然界和人类社会的根据、理由、前提或先决条件，这也就是一般唯心主义者所说的'逻辑上在先'。"[3]

朱熹在晚年的一封信中指出："所谓理与气，此决是二物，但在物上看，则二物浑沦，不可分开各在一处，然不害二物之各为一物也。若在理上看，则虽未有物而已有物之理，然亦但有其理

[1] 司退斯：《黑格尔哲学》，廖惠和、宋祖良译，中国社会科学出版社，1989年，第19页。
[2] 司退斯：《黑格尔哲学》，廖惠和、宋祖良译，中国社会科学出版社，1989年，第27、57页。
[3] 张世英：《论黑格尔的逻辑学》，上海人民出版社，1981年，第39页。

而已，未尝实有是物也。"[1]

《语录》卷一也记载了朱子晚年之论：

> 或问：必有是理然后有是气，如何？曰：此本无先后之
> 可言，然必欲推其所从来，则须说先有是理。（人杰）

> 或问：理在先气在后。曰：理与气本无先后之可言，但
> 推上去时，却如理在先、气在后相似。（祖道）（68岁）

> 曰：有是理便有是气，但理是本。（夔孙）

确实，朱子的说法与柏拉图、亚里士多德、黑格尔是相似的，实
际上是主张理对于气的在先是逻辑上在先。

四

在哲学上，对运动的把握始于亚里士多德。他认为运动是性
质、数量、位移的变化；运动或变化必有一个动力因，它是运动
的原初发动者，是引起运动的根源。在他看来，可以把运动或变
化定义为潜能的实现过程。在亚里士多德那里，变化与运动有时
等同，但他在《物理学》第五卷又做了区分，认为变化包括三种
运动，而另外还有一种运动，即产生与消灭。我们知道他提出了
不动的动者，其实不动的推动者可以有很多，如每个动物都有一

---

[1] 《答刘叔文·一》，见《朱子文集》卷四十六。

个推动运动的灵魂，而灵魂自身是不动的。[1]

按照亚里士多德的定义，运动就是能推动者推动被推动者的活动。他认为，凡运动必有推动者，推动者推动事物运动都有一个趋向或目的。由于不完善总要追求完善，而且原因序列不是无限的，这样就导致他得出存在第一推动者的结论。[2]第一推动者是自身不动的动者，万物是可消灭的，但运动本身是既不生成也不消灭的，运动永远运动。另一方面，目的因是所有事物都以它为目的而运动的原因，它自身是不动的；因为它是被爱好所追求的，其他运动都被它所驱动。[3]他认为理性就是起了动力因和目的因的作用。

在动力因的问题上，应该说朱子动静观中的**"所以然"**观念**包含了动力因，但不只是动力因，朱子更加强调的是所以然的调控力量，而不仅是动力因素**，这是二者重要的差异。后来明代朱子学者罗钦顺也是如此，他说："理只是气之理，当于气之转折处观之，往而来，来而往，便是转折处也。夫往而不能不来，来而不能不往，有莫知其所以然而然，若有一物主宰乎其间，而使之然者，此理之所以名也。"（《困知记》续卷上，第三十八章）转折所体现的正是调控主宰的力量。而这个观念是希腊哲学所没有的。

朱子对太极动静做过不少讨论，如：

> 盖天地之间，只有动静两端，循环不已，更无余事。此之谓易。而其动其静，则必有所以动静之理焉，是则所谓太

---

〔1〕《希腊哲学史（修订本）》第三卷，第435页及以下，特别是第455页。

〔2〕《希腊哲学史（修订本）》第三卷，第447页。

〔3〕《希腊哲学史（修订本）》第三卷，第740页。

极者也……盖谓太极含动静则可（以本体而言也），谓太极有动静则可（以流行而言也），若谓太极便是动静，则是形而上下者不可分，而"易有太极"之言亦赘矣。[1]

这里的流行指天命之流行，后者于此是兼理气而言，指气在理的支配下动静阖辟往来运动的过程。《周易·系辞》所谓一阴一阳之谓道，按朱熹继承二程的理解，一阴一阳指气之流行，道指气之流行的所以然。所以在朱熹看来，"一阴一阳之谓道"整个命题是指气在理的支配下运动的过程。

> （直卿）又云：先生《太极图解》云，动静者，所乘之机也……盖太极是理，形而上者；阴阳是气，形而下者。然理无形，而气却有迹。气既有动静，则所载之理亦安得谓之无动静？……先生因云：某向来分别得这般所在，今心力短，便是这般所在都说不到。（《语类》卷五，贺孙）

周敦颐在《通书》的《动静》中说神是"动而无动，静而无静"的。朱熹以神为理，故理也可以说是"动而无动，静而无静"的。何谓"动而无动，静而无静"？朱熹《通书解》说："动中有静，静中有动。"《语类》卷九十四载：

> 动而无动，静而无静，非不动不静，此言形而上之理也。理则神而莫测。方其动时未尝不静，故曰无动。方其静时未尝不动，故曰无静。静中有动，动中有静，静而能动，动而能静。（端蒙）

---

[1]《答杨子直·一》，见《朱子文集》卷四十五。

又解释说：

> 此说"动而生阳，动极而静，静而生阴，静极复动"，
> 此自有个神在其间，不属阴不属阳，故曰阴阳不测之谓神。
> 且如昼动夜静，在昼间神不与之俱动，在夜间神不与之俱
> 静，神又自是神，神却变得昼夜，昼夜却变不得神。（植）

> 譬之昼夜，昼固是属动，然动却来管那神不得。夜固是
> 属静，静亦来管那神不得。（时举）

> 神即此理也。（寓）

这些思想都是说，当气动时，理随气动而自身未动，这就是"方
其动时未尝不静"；当气静时，理随气静，而理作为使气静极复动
的内在动因，含有动之几，这就是"方其静时未尝不动"。在这个
意义上，利用周敦颐的思想资料，可以说理是"动而无动，静而
无静"的。

综上所述，从本体论上说，理自身并不运动。冯友兰在《中
国哲学史》下册中讨论了太极动静。他认为，在朱熹那里，太极
永久是有，太极亦无动静。他还针对朱熹所说"理有动静，故气
有动静"以及朱熹所赞同的"动静是气也"指出：动静是气也，
太极中有动静之理，故气得本此理以有动静之实例。至于形而上
之动静之理，则无动无静，此所谓"不可以动静言"。冯友兰认
为，太极有动与静之理，气有动静，而太极或理本身无所谓动静，
并明确指出："盖在朱子系统中，吾人只能言，太极有动之理，故
气动而为阳气。太极有静之理，故气静而为阴气"；"太极中有动
静之理，气因此理而有实际的动静。气之动者，即流行而为阳气；

气之静者，即凝聚而为阴气"。[1]在冯友兰晚年所编著的《中国哲学史新编》中仍然可以看到，他指出太极是不动的，但其中有动之理，也有静之理。动之理并不动，静之理并不静。这与亚里士多德所说的"不动的动者"是类似的。

近代西方哲学对这类问题也有涉及。马克思曾说黑格尔哲学体系有三个因素，第一个是斯宾诺莎的实体。实体的存在是它自身的原因，它是绝对的、唯一的。个别事物是变化易逝的，而实体是永恒不变的；个别事物是多种多样的，实体是单一的。斯宾诺莎的实体即统一的自然界。[2]黑格尔认为："应该承认斯宾诺莎主义的这个理念是真实的，有根据的。绝对的实体是真的东西，但还不是完全真的东西；还必须把它了解成自身活动的、活生生的，并从而把它规定为精神……他的哲学讲的只是死板的实体，还不是精神。"[3]他认为斯宾诺莎的实体缺乏能动性、创造性，所以还不是主体或精神。应该指出，斯宾诺莎的讲法是代表古代哲学的一种普遍的讲法，如柏拉图、亚里士多德都认为理型、终极的推动者是不动的。万物模仿理型，而理型自身是不动的。黑格尔哲学已经反映了近代哲学从客体性向主体性转向的趋势，故主张实体不是静止不动的，而应该是积极能动的，因为实体即主体，黑格尔主张的实体是精神。

牟宗三曾不满于朱子哲学的实体不是精神，批评朱子哲学中的理只存有不活动，出发点和黑格尔对斯宾诺莎的批评类似；所以他从心学立场出发的批评，是强调主体性的心学对强调客体性

〔1〕冯友兰：《中国哲学史》下册，生活·读书·新知三联书店，2009年，第十三章。
〔2〕全增嘏主编：《西方哲学史》下册，上海人民出版社，1985年，第200页。
〔3〕黑格尔：《哲学史讲演录》第四卷，贺麟、王太庆译，商务印书馆，1978年，第102页。

的理学的异议，这与历史上心学对理学的批评相比，并不奇怪。但后来学者不了解西方哲学史，人云亦云，把所谓的"只存有不活动"当成不言自明的哲学原罪，好像持这种主张是大逆不道，这就体现了他们对哲学史的无知。其实在哲学从古希腊到近代以前的发展中可以看到，这种哲学主张，即认为第一实体不动的观点一直是哲学的主流，即使近代哲学中也不乏其说。对于作为"不动的动者"的朱子的理，牟宗三"只存有不活动"之说只见其"不动"的一面，却无视其"动者"的一面，故不能掌握其全貌。况且，主张"即存有即活动"的观点也未必就是心学，在中国古代，很明显"气学"所主张的"气"就是既存有又活动的，但这并不是心学。所以，牟宗三对朱子理学的批评只代表心学立场，并不代表普遍的真理。牟宗三还认为朱子哲学中的心是气，其实朱子从来就没有说过心是气，反而王阳明及阳明后学中有大量主张心是气的说法，牟宗三却对此视而不见。所以，牟宗三对朱子哲学的认识是有根本偏差的。但这并不是因为牟宗三不能理解朱子哲学，而是因为他在研究朱子之前已经有了一套从熊十力而来的心学的哲学主张。

如后来贺麟所理解的，朱子哲学的"理"虽然没有空间的位移之动，但它并非死板的东西，而是对世界之动有着关键的推动、调控作用。这是很重要的，如果一个实体自动其动，却与世界之动变没有关系，那才是没有意义的。

朱子太极动静论的近代之辩

所谓太极者，只是万物之最后的原素，二气五行之所从出，而亦其所由以构成者而已。就其最原始，最究竟，而不可更推溯言，故谓之太极。就其浑一而无形状，无畛域，无质碍言，故谓之无极。

——张荫麟《宋儒太极说之转变》

20世纪30年代，朱子哲学中的太极以及太极的动静问题，曾引起两位年轻的中国哲学家张荫麟和贺麟的争论。这场争论，在有关朱子哲学的理解方面，体现出比较哲学的背景，引发了不少有意思的观点，值得重温。

一

　　1938年初，张荫麟发表了一篇题为《宋儒太极说之转变》的文章，讨论了朱子哲学中的理无动静论和理有动静说。文中说：

　　　　濂溪之言太极，具于所著《太极图说》及《通书·动静章》。二书皆经朱子注释，现行诸本悉附朱注。余往读朱注本《图说》，展卷辄苦茫昧。近日思之，《图说》之所以难解者，囿于朱注也，何不效崔东壁读经之法，撇开朱注，直玩本文？如是为之，辄悟濂溪此处所讲者，**只是粗糙之物理学，如希腊苏格拉底前爱奥尼亚派哲学之所讲者而已**。其中并无理气之区分，亦绝无形而上学之意味。谓余不信，请读《图说》本文：

> 无极而太极。太极动而生阳，动极而静，静而生阴，静极复动。一动一静，互为其根。分阴分阳，两仪立焉。阳变阴合，而生水火木金土。五气顺布，四时行焉。五行，一阴阳也。阴阳，一太极也。太极，本无极也。(《通书·动静章》云："水阴根阳，火阳根阴。五行阴阳，阴阳太极。四时运行，万物终始。混兮辟兮，其无穷兮。"可与《图说》参看。)

> 吾人若将所受于朱子之成见，悉加屏除，则知此处**所谓太极者，只是万物之最后的原素，二气五行之所从出，而亦其所由以构成者而已**。就其最原始，最究竟，而不可更推溯言，故谓之太极。就其浑一而无形状，无畛域，无质碍言，故谓之无极。太极与阴阳、五行、四时万物，乃是连续之四阶段，而非对立之两种存在（Being），如朱子之所谓理与气也。

按：张荫麟认为太极是元素，是比五行、二气更原始的基质；所谓二气五行之所从出，是指太极是构成二气的元素。这种思维是从希腊哲学而来的，希腊哲学如亚里士多德提出自然哲学就是探求本原、元素。值得注意的是张荫麟未使用元气的概念，也没有明确说太极元素是气，而是注重太极作为一切事物最原始的构成者，无形无质，没有广延和空间的规定性之特征，这正如他自己所说，是比较了古希腊爱奥尼亚派哲学得到的结论。在这种分析中明白地有着一种希腊哲学的思维，贺麟后来也指出张荫麟是以希腊自然哲学家的观点解释周敦颐的思想。的确，古希腊爱奥尼亚的米利都哲人提出了本原问题，如亚里士多德所说，他们认为"万物都由它构成，开始由它产生，最后又化为它，这就是万物的元素，也就是万物的本原"。而这些哲人提出的元素、本原基本上属于质料因。[1] 张荫麟从古希腊米利都哲学家的本原、元素说，比较地理解中国古代气论哲学，是有意义的。因为冯友兰虽然早在其自1923年起写的《西洋哲学史》中介绍过早期希腊哲学，但在《中国哲学史》中并未提到这种比较。但张荫麟认为米利都哲学家的理论不是形而上学，从而贬称之为"粗糙的物理学"，这是狭隘的。

接着他谈到动静问题：

> 濂溪在《通书》中又言及所谓"神"者，其言曰：动而无静，静而无动，物也。动而无动，静而无静，神也。动而无动，静而无静，非不动不静。物则不通，神妙万物。
>
> 或以《通书》中神之动静释《图说》中太极之动静，而认为神即太极。是说也，予不谓然。窃意濂溪所谓太极相当于World Stuff（世界原料），而其所谓神则相当于World Spirit（世界精神）。后一义观于程明道对神之解释而益显。其言曰：冬寒夏暑，阴阳也。所以运动变化者，神也。天地只是设位。易行乎其中者，神也。气外无神，神外无气。或者谓清者为神，则浊者非神乎？（以上并见《程氏遗书》十一）

由于张荫麟以太极为元素，故说太极相当于世界原料，这个说法也应当是参考了希腊哲学的质料说。至于《通书》中的"神"，张

---

〔1〕 参看汪子嵩等：《希腊哲学史》第一卷，人民出版社，1997年，第152—155页。

荫麟理解为"世界精神",而不是太极。"世界精神"是黑格尔的绝对精神,与主观意识相通,而《周易》或《通书》的"神"并没有这种含义。他引用二程论说神是所以运动变化者的话,这是二程对《易传》思想的解释,它涉及运动变化者和所以运动变化者,前者是运动,后者是运动的推动者。二程认为神是运动的内在推动者。

然濂溪与程明道皆不谓神为理,或太极为理。

以太极为理者,在宋儒中殆始于李延平(见《延平答问》)而朱子述之。**夫异于濂溪,以太极名理,无害也。惟以此义还释《图说》,则困难立生,盖理,就其本身之定义,不可以动静言。而若以理释《图说》中之太极,则势须言理有动静。濂溪不言太极为理,谓其动静可也。朱子言太极为理,谓其动静不可也**……此之困难,朱子门徒,亦尝指问。而朱子之答复虽或能塞其门徒之口,实不能餍吾人之心。所问所答,具载《朱子语类》,今请验之。

问:太极图曰无极。窃谓无者盖无气而有理。然理无形,故卓焉而常有。气有象,故阖开敛散而不一。图又曰太极动而生阳,静而生阴。不知太极理也。有形则有动静。太极无形,恐不可以动静言。

(答)曰:理有动静,故气有动静。若理无动静,则气何自而有动静乎?且以目前论之,仁便是动,义便是静,又何关于气乎?

按朱子于此盖混"动静之理"与"理之动静"为一谈,而二者大相径庭也。有动静之理,而动静之理本身无所谓动静也。仁之理中有动之理而仁不动也，义仿此。**谓有动静之理，故气有动静，可也；谓理有动静之态，故气有动静，不可也。**门人所疑者理不能有动静之态，而朱子解以动静之理不能无，真所谓驴唇不对马嘴也。

按：张荫麟认为周、程都不以神为理，不以太极为理，而朱子以神为理，以太极为理。其实这个讲法不准确，二程虽不以神为理，但以所以运动变化者为道，这与以所以运动者为理是一致的。张荫麟认为，朱子以太极为理，是可以的，但用这个太极为理的思想解释《太极图说》，就会产生困难，因为周敦颐《太极图说》中的"太极"有动静，而**朱子用来解释太极的"理"是没有动静、不可以言动静的。**这是他此文的要点。其实张荫麟此说也不是没有毛病，因为他以太极为元素，而不是元气，则太极作为"最后的元素"如何动静，就需要说明。但他指出朱子以太极为理，由此造成的对太极动静的诠释的困难，是确实存在的，如朱子门人就对此提出过质疑。张荫麟把朱子哲学中的理气动静关系主要理解为"有动静之理，故气有动静"，是正确的，认为朱子体系中理无动静，也是合乎朱子所说的。虽然他对朱子"理有动静"一说的分析尚不够周全细密。

他最后指出：

> 朱子言太极之动静别有一义。《语类》载：
>
> 问："太极者本然之妙，动静者所乘之机。"（按此语朱子常言之。）太极只是理，理不可以动静言。惟动而生阳，静而生阴。理寓于气，不能无动静。所乘之机，乘如乘载之乘。其动静者，乃乘载在气上，不觉动了静，静了又动。先

生曰然。

又，

先生云："动静者所乘之机。"蔡季通谓此语最精。盖太极是理，形而上者。阴阳是气，形而下者。然理无形，气有迹。气既有动静，则所载之理安得谓之无动静？〔来按：张荫麟所引非全文。〕

夫理之载于气，岂如人之载于舟车，能随之而俱动？谓某人慧，某人动而慧不动也；谓某人贤，某人动而贤不动也。质性有然，而况于理乎？且太极（总一切理）与气即全宇宙。谓太极与气动，是谓全宇宙动也，而全宇宙不能动者。盖凡动必有所自有所之。全宇宙既包全空间，复何所自，何所之，复何能动？

凡上所言，非断断与朱子辨是非也。但以见朱子之太极观念，持释《图说》中若极实不可通，因以明二者之殊异耳。盖朱子于理气，自有所见，而强附《图说》以行，转为《图说》所拘，而陷于谬误，则甚矣经学之不可为也。[1]

张荫麟承认朱子讲理气论是有所见，用理解释太极也无可厚非，但批评朱子以自己的太极说解说《太极图说》，应该说这个批评是过于拘隘了。哲学家对于一个文本自可依据其理论进行诠释，而不论其诠释是否完全符合文本之原义，这是不能依照传统经学中汉学派的主张来评衡的。对朱子而言，其必对《太极图说》加以诠释的原因是：二程以后，至二程门人，乃至湖湘学派，对二程

---

〔1〕 该文原载《新动向》第一卷第二期，1938年1月。

的老师周敦颐已经越来越推崇，周敦颐在道学内部的地位也越来越高，因此必然要对周的文献进行诠释，何况这个文本正好可以作为道学宇宙论的蓝图加以推展。而且，从年轻时起，朱子对《太极图说》即是以二程思想读之，从未先以太极为元气，后改以己意而释为理，更绝非有意曲解。在主观上，朱子认为自己就是在发挥周子之说。关于朱子论理载于气时使用的人载于舟车的比喻，张荫麟认为并不恰当，但未说明理由。至于问太极与气动是大全，至大无外，运动到何处，这个质疑似与朱子所论未相应。

二

张荫麟将此文寄给其清华时好友贺麟后，贺麟立即回复，见贺麟《与张荫麟先生辩太极说之转变》。贺麟的分析较张荫麟更为细致深入，其文略曰：

> 寄来《宋儒太极说之转变》一文，我已细读过。我想周朱之太极说容或有不同处，但必不是甲与非甲的不同，而乃有似源与流，根本与枝干的不同。治宋儒从周子到朱子一段思想，一如治西洋哲学史研究从苏格拉底到亚里士多德、从康德到黑格尔的思想，贵能看出一脉相承的发展过程，不然便是整个的失败。徒就平面或字面去指出他们的对立，实无济于事。朱子之太极说实出于周子，而周子之说亦实有足以启发朱子处。周子措辞较含浑、较简单，朱子发挥得较透彻、较明确。若谓周子的太极纯是物理的气而绝非理，朱子

的太极则纯是形上之理，朱子强以己意傅会在周说上，反使周说晦而难解，是则不唯厚诬朱子，且亦恐不能说明从周到朱之线索。

兄以为周子之太极既是气，则谓气有动静，生阴生阳，本自圆通。今朱子释太极为理，谓理有动静，则滞碍而不能自圆。是朱子愈解愈坏，陷入困难。**但须知，安知周朱太极或理有动静之说，不是有似亚里士多德"不动之推动者"之动静乎？亚氏之神，就其为不动的（unmoved）言，静也；就其为推动者（mover）言，动也。今谓朱子不可以动静言理或太极，则亚氏又何能以动静言神或纯范型乎？盖理之动静与气或物之动静不同（周子《通书》亦说明此点）。物之动静，在时空中是机械的（mechanical），"动不自止，静不自动"。理或太极之动静是循目的、依理则的（teleological）。动而无动，静而无静。其实乃显与隐，实现与不实现之意。如"大道之行"或"道之不行"，非谓道能走路，在时空中动静，乃是指道之显与隐，实现与不实现耳。**故兄以太极有动静证太极是气，亦未必可以成立。至兄对朱子"太极者本然之妙，动静者所乘之机"二语的批评，似亦有误会处。"贤不动，慧不动"，诚然。但贤慧之质表现于人，有高下，有显隐。真理固是不动，但真理之表现于不同的哲学系统内，有高下，有显隐。所谓气之载理，理之乘机，如是而已。如月之光明乃月之本然之妙也，月之有圆缺显晦，月之照山川原野，不照溪谷深林，是其所乘之机也。月虽有圆缺晦明，时照此，时照彼，而月光本然之妙用，并不因而有缺陷也。又如仁之表现于尧舜，仁之动也；仁之不

> 见于桀纣，仁之静也。而仁本然之妙，则"不为尧存，不为
> 桀亡"者也。

首先，贺麟认为，张荫麟只同意朱子讲的理无动静，反对他讲的
理有动静，其实，对后者可以做更宽的解释：理自然没有空间距
离的位移变动，但也可以是"动者"，如亚里士多德所说的"不动
的动者"。当然，贺麟在这个意义上所说的动静，虽然有其道理，
却是朱子哲学中所没有讲的，朱子所说的"理有动静"有他自己
的解释。**但贺麟的这种努力，即在不同的哲学意义上强调朱子的
理可以是"动"的，而非绝对地认定它是不活动的，是富有哲学
洞见的，而这种洞见不能不说有来自比较哲学的思考。**其次，贺
麟认为物的动静是时空中的运动与静止，动而无静，静而无动；
而理的动静不是时空中的运动与静止，而是显与隐之意，是实现
与不实现之意，与古希腊哲学家亚里士多德所认为的"运动是从
潜能到现实"相似，所以贺麟此说虽然有哲学意义，但确实并不
是朱子"理有动静"所包含的意义。贺麟在讨论中，强调"理有
动静"可以有各种可能的诠释和理解，而不一定就是指理的时空
位移，这是有意义的；事实上，朱子所说的理有动静，如我们所
分析的，包含了复杂的含义，只是贺麟所列举的可能诠释并不在
朱子义理范围之内。

三

贺麟接着写道：

　　至周子所谓神，具有宇宙论上特殊意义，所谓"神妙万物"、"鬼归也，神往也"，是也，似不可认为与太极无关，而另释之为"宇宙精神"。宇宙精神（Weltgeist），据我所知，乃黑格尔的名词，兄既认周子之太极是物理的气，则他的神论又如何会如此唯心，如此近代呢？如谓周子之神有似斯多葛派或布鲁诺所谓"宇宙灵魂"（world-soul，anima mundi）倒比较切当。因斯多葛及布鲁诺（Bruno）皆泛神论者。大程所谓"气外无神，神外无气，清者神，浊者非神乎？"之说，尤与布鲁诺"物质神圣"（divinity of matter）的说法有近似处。但照这样讲来，则神是内在的主宰宇宙，推动宇宙而不劳累，而无意志人格的理或道。故曰："动而无动，静而无静。"故神乃太极之另一种说法或看法。换言之，就太极之为宇宙之内蕴因（immanent cause of the world）言，为神，不得以太极之外，别有所谓神也。斯多葛、布鲁诺式的泛神论，上与希腊初期自然哲学家之"物活论"，下与黑格尔精神现象学或历史哲学中之世界精神，均不相侔也。

在贺麟看来，张荫麟是以太极为气，以神为世界精神。贺麟不赞成这种分析，认为周子的神不会像黑格尔如此唯心，也不会像黑格尔如此近代，他认为周子的神与斯多葛、布鲁诺的泛神论之袆有近似之处。他认为周子之神是宇宙的内在主宰者、推动者，但本身没有人格和意志，是一种理或道，有似于斯多葛或布鲁诺的"宇宙灵魂"，而不是黑格尔的世界精神。布鲁诺是文艺复兴时期的意大利思想家，他熟悉希腊哲学，认为万物之中的生命本原是宇宙灵魂，宇宙灵魂是万物的本质和作用因，弥散于万物，又是万物的动力和源泉。贺麟的这个比较也是有启发性的。

回到太极问题。贺麟说：

> 兄谓以太极为理，宋儒中始于李延平。就字面考证，此说或甚是。因我未细检典籍，一时寻不出反证。太极是理之说，如果始于李延平，则延平在理学史上之地位将一高千丈，至少应与二程同等，不会仅居于程与朱间之介绍传递地位。但确认理为太极之说，则至迟也起于伊川（按程子《易传序》已明言"太极者道也"，是太极是道或理之说，至迟也起于程子，更无疑义）。伊川虽很少明用太极二字，但彼所谓理，实处于绝对无上之太极地位，实无可疑。理之为一，一理之散为万殊复归于一，伊川《中庸序》说得最为明白。将理与气明白相提并论，似亦始于伊川（但未必即系二元）。大约周子与大程皆认宇宙为理气合一的有机体，是泛神的神秘主义的宇宙观，而非希腊的物理学。他们并未明言太极是理、是气，或是理气合一，其浑全处在此，其神秘之形式处亦在此。但阴阳是气，乃确定无疑。今较阴阳更根本，而为阴阳所自出，绝对无限的太极，当不仅是气，其有以异于气、高于气、先于气，亦无可致疑。故若释周子之太极为理气合一的整个有机的宇宙，当无太误。但在此理气合一的泛神的充塞体（continuum）中，理为神，妙万物，气为物，则不通。理不可见，气有迹。理形而上，气形而下。理先气后，理主气从。则进而认理为太极，认太极为理，乃极自然的趋势。且阴阳之气，乃太

极所生造（生造乃内在的循目的的动而无动的生造），太极乃生造阴阳五行万物者。太极为"造物"（natura naturans，能动的自然），阴阳五行乃"物造"（natura naturata，被动的自然），物造是形而下、是气，造物是形而上、非气，亦可断言。且周子之提出无极，其作用本在提高或确说太极之形而上的地位，勿使太极下同于一物，故释太极为理，是否完全契合周子本意，虽不可知，但要使周说更明晰、更贯彻哲学理论，求进一步发展周说，其不违反周子本意、其有补于周说之了解与发挥，当亦无可致疑。今谓朱说茫昧谬误，反使周说难解、欲离朱子而直解周子，或以西洋之"粗糙之物理学"附会周子，有如去干求根、绝流寻源，不惟不足了解周子，恐亦不足了解程朱。

贺麟认为：周子和大程皆主宇宙为理气合一的有机体，这是一种泛神论的神秘主义的宇宙观。所谓神秘，即指其浑全合一而不明言的特征。伊川虽很少用太极概念，但其所谓"理"实处于绝对无上之太极的地位；从伊川的角度看周子，阴阳是气，而阴阳所自出的太极不会仅仅是气，而必定高于气、先于气。如果说周子以宇宙为理气合一的有机体，在此理气合一的泛神的充塞体中，理为所以运动者，理先气后，理主气从，则由此再进一步，以理为太极，以太极为理，是很自然的发展。所以，朱子以理解释太极，是求进一步发展、有补于周子之说，而不违背周子之说。在贺麟的解释中，几次提到用泛神论来理解宋明理学的宇宙论，这在20世纪的学术界并非罕见，连熊十力论王船山亦不能免。所谓泛神论是指把宇宙、自然与神等同起来的看法；以泛神论来比较地理解中国哲学某些体系，即使今天我们不认同之，也仍值得关注和思考。当然，主张用泛神论来理解周、程，应该说，都没有真正理解《易大传》中的"神"概念。至于贺麟说若顺就伊川的思路理解、发展周子之学，则朱子以太极为理的哲学的出现是完全合理而自然的，应该说，这一分析是有说服力的。

最后贺麟指出：

> 且朱子去周子仅百余年，学脉相承，遗风不断，生平潜心研究周子，真诚敬仰周子，热烈倡导周学。今不从朱以解周，而远从千余年前、数万里外，去强拉与周子毫不相干之希腊自然哲学家言，以解释周子，谓能发现周子之真面目，其谁信乎？且七八年前，当我作《朱子黑格尔太极说比较》一文时，我即指出朱子之太极有两义：（1）太极指总天地万物之理言，（2）太极指心与理一之全体或灵明境界言。所谓心与理一之全，亦即理气合一之全（但心既与理为一，则心即理，理即心，心已非普通形下之气，理已非抽象静止之理矣。——此点甚难，以后将为文论之）。认理气合一为太极，较之纯认理为太极，似更与周子原旨接近。于此更足见朱子之忠于周子、忠于真理，而无丝毫成见。反足证兄之攻击朱子，非偏见即成见也。且周子《通书》及《太极图说》，目的在为道德修养奠理论基础，为希贤希圣希天指形上门径。既非物理学（physics），亦非狭义的"后物理学"（metaphysics），而是一种"后道德学"（meta-ethics），或一种先天修养学。与毫无道德意味之希腊物理思想，岂可同日

而语哉？[1]

贺麟在这里提及了他在1930年为纪念朱子诞辰800年发表的《朱熹与黑格尔太极说之比较观》一文。贺麟认为，中西学人治朱学者都没有看出朱子的太极与黑格尔的Absolute（绝对）在形而上学上的地位有相同或相似之点。[2]他在此文中强调，太极最显著的特性，就是它只是一种抽象、超时空、无血肉、无人格的理，这一点黑格尔与朱子同。他同时指出，朱子的理老是被气纠缠着。朱子费力才得到几条结论：一，虽在事实上天下无无气之理亦无无理之气，**但就逻辑而论理先于气**。二，就形而上学而论，理形而上，气形而下，理一而气殊，理为生物之本，气为生物之具。三，就价值而论，理无形，故公而无不善，气有清浊纯杂之殊，故私而或不善。四，应建立变化气质、去人欲存天理的修养论。[3]由这几条可见，贺麟其实是提出朱子理在气先论是"逻辑上在先"的首位学者，有开创之功。几年后，冯友兰在《中国哲学史》下册朱熹部分除了吸取了希腊哲学"形式与材料"、新实在论"超时空的潜存"外，还完全吸收了贺麟的"逻辑上在先"这一分析。陈寅恪在其审查报告中对此多有肯定："此书于朱子之学多所发明。昔阎百诗在清初以辨伪观念、陈兰甫在清季以考据观念，而治朱子之学，皆有所创获。今此书作者取西洋哲学观念，以阐明紫阳之学，宜其成系统而多新解。"

---

〔1〕 该文原载《新动向》第一卷第四期，1938年8月。

〔2〕 贺麟：《〈黑格尔学述〉译序》，收入张学智编：《贺麟选集》，吉林人民出版社，2005年，第235页。

〔3〕 张学智编：《贺麟选集》，吉林人民出版社，2005年，第215页。

四

其实，早在1935年，张荫麟为冯友兰1934年出版的《中国哲学史》下册所写的书评中，已经提出过朱子理学中的太极动静的问题。

冯先生讲《太极图说》（以下省称《图说》）的时候，拿《通书》的话去互释，这个步骤的合当，很成问题。"《太极图说》与《通书》不类，疑非周子所为，不然则或是其学未成时作；不然则或是传他人之文，后人不辨也。"去濂溪不久的陆象山已有此说（《与朱元晦书》），这应当使得想替《图说》和《通书》作合解的人预存戒心。假如我们能将二者互释得通，象山的话，固可以不管。但冯先生的互释，果无困难吗？我觉得在《图说》中濂溪并没有，而且也不能把太极看作是"理"。冯先生在"《太极图说》与《通书》"一节中引《通书》"二气五行，化生万物，五殊二实，二本则一，是万为一，一实万分"的话，以为"《通书》此节题理性命章，则所谓一者，即理也，亦即太极也。太极为理，阴阳五行为气"。（页八二五）这里所谓太极，至少应当包括《图说》里的太极，但《图说》里所谓太极若是理，则"太极动而生阳，动极而静，静而生阴，静极复动"等话又怎讲呢？形而上的，超时空的，永久不变的理自身怎会动起来？又怎会生起东西来，生起形而下的"气"来？这个生究竟怎样生法？冯先生也知道这些问题是不能答的，所以后来他在九〇七页的小注里说："周濂溪谓：'太极动而生阳，动极而静，静而生阴。’此言在朱子系统中为不通之论。……濂溪之太极，以朱子之系统言，盖亦形而下者。"（我疑惑这小注是after-thought。当冯先生写此时，已忘却《太极图说》与《通书》"一节里的话了。）但如冯先生的解释，把《图说》中的太极认为是"理"，那几句话在《图说》中就非"不通之论"了吗？濂溪之太极，依其《图说》中之系统言，难道就不是形而下的而是形而上的吗？我看不然。最奇怪的，朱子把《图说》中的太极解释作总天地万物之理，却不悟这样解法，上引周濂溪的话，是不可通的。朱子在《语类》中也说："太极之有动静是天命之流行也"；又说："静即太极之体也，动即太极之用也"。冯先生以为《图说》中的太极与《通书》中的"一"或"理"相通，恐怕是不自觉地受了朱子的话的暗示。

更使我们糊涂的，冯先生释《图说》中言动静一段时又引《通书》"动而无静，静而无动，物也；动而无动，静而无静，神也"的话，跟住冯先生说明道："凡特殊的事物于动时则只有动而无静，于静时则只有静而无动。……若太极则动而无动，即于动中有静也；静而无静，即于静中有动也。"下面一段，即说明"太极为理"。与特殊事物相对的理能够动，而且是动同时又非动，是静同时又非静。这在下愚观之，简直匪夷所思，除留待请教张天师外，再无别法。而且上引《通书》文中与"物"（冯先生解作特殊事物）相对的是"神"。（观《通书》下文"神妙万物"的话可证，此语本《易传》："神也者妙万物而为言也。"）这样

437

的神，是无论如何不能被认为与"太极为理"的太极相同或相等的。这个神，添上周濂溪所附加"动而无动，静而无静"的属性，简直是不受逻辑统御的魔鬼。我们相信逻辑（谁能不？）的人，除了指出它是胡说的结果以外，更不能替它作什么解说。[1]

可见，张荫麟后来发表的《宋儒太极说之转变》，其中对朱子太极动静说的质疑，在此书评中已经完整地提出过了。《易传》的"神妙万物"是说神是万物变化的内在推动者，可惜张荫麟在这里并没有明确指出这一点。

冯先生的回答没有提及动静的问题，而是专就朱子对周子的发展而论：

> 至于以太极为即理之困难，则系因以朱子之理，讲濂溪之故。吾人讲述古人之说，只能就其本人之一套讲其本人之一套。所谓形上形下之分，至伊川始确立，在濂溪时固不知有此分也。若以朱子之系统讲之，则濂溪之理，亦是形下的。如《理性命章》云："二气五行，化生万物。五殊二实，二本则一。是万为一，一实万分。"标题中即有理字，则文中之"一"，自即是理。然万物即是此理（是万为一），而此理又分为万物（一实万分）。此理亦即形下的也。此章既言"二气五行，化生万物"，则其大意与《太极图说》相同可见。若合《太极图说》观之，则二气五行之上之"一"，非

---

[1]《中国哲学史（下册）》，见冯友兰：《三松堂全集》第三卷，河南人民出版社，1989年，第464—465页。

即太极乎？盖就濂溪思想中有理气二观念言，可谓开朱子之先河；至其对于理气之见解，则远不如朱子之清楚。形上形下之分，乃中国哲学中至高至精之造诣。此自伊川发之，朱子成之，濂溪之时代尚未及此也。[1]

冯先生主要强调，周子开程朱之先河，但尚未对形而上形而下做哲学的区分；程颐才开始区分形而上与形而下，朱子进一步加以发展。

五

不仅如此，早在1930年贺麟发表了《朱熹与黑格尔太极说之比较观》后，张荫麟也写过评论之文《关于朱熹太极说之讨论》：

我读了上面贺君的文章，不禁发生了一个问题：朱子的第一种太极说（即"总天地万物之理"的太极）和他的第二种太极说（即"须以心为主而论"的太极）是否打成两橛，而不能贯通的？当他主张第二种太极说时，是否放弃了第一种太极说？贺君没有把这两说的关系说明，很容易使读者误会朱子曾经改变了他的太极说，或至少曾有两种不能贯通的太极说。我想这样或者不是贺君的本意。据我看来，这两说只是一说。何以言之？

朱子一方面**认宇宙为一整个的有机体，支配这有机体的生成和一切活动的总原理便是"太极"**。所以说"盖天地

––––––––––
〔1〕 该文原载《清华学报》第十卷第三期，1935年7月。

间只有动静两端循环不已，更无余事，此之谓'易'。而其动其静，则必有所以动静之理焉，是则所谓'太极'者也"（《文集》，卷二，"答杨子直"）。这太极是"浑然全体"，"不可以文字言，但其中含具万理"（《文集》，卷七，"答陈器之"）。从这方面看来，他的太极和黑格尔的"绝对观念"很有点相像。但黑格尔以为这"绝对观念"的实现是"绝对的我"。这大"我"的本体，只是心，只是精神。而朱子的太极只是抽象的法则永远寓于"气"之中。"理又非别为一物，即存乎是气之中，无是气则理亦无挂搭处"（《语类》，卷一）。气是什么？就是构成"金木水火土"的原料，是形而下的，是有体质可把摸的。朱子有时说理具于心中，这并不与理寓于气之说冲突，因为朱子所谓"心"并不是西洋哲学史上与"物"相对抗的"心"，只是气之清轻而为理所寓者而已。这与希腊Democritus以心为精细的原子之说很相像。心的作用只是理气结合的作用（其说详后），心是气的一部分，心内是气，心外是气，说理具于心，只是理具于气而已。这是朱子与黑格尔不同第一点。黑格尔以为宇宙的全部历史是"绝对观念"的展现。这"绝对观念"具于宇宙历史全部，而不具于其一部分。朱子却不然，他一方面认太极为整个宇宙的原理，一方面又认太极为宇宙任何部分的原理。他一方面以为太极具整个的宇宙之中，一方面又以为太极具于宇宙之任何部分之中。所以说，"太极是天地万物之理，在天地言，则天地中有太极，在万物言，则万物中各有太极"（《语类》，卷一，页1）。这里说天地是包括全宇宙（宋明儒书中天地二字大都是如此用），万物是指宇宙各部分言。宇宙各部分的太极，或"理"，是相同的。故此说"大抵天地间只一理，随其到处分出许多名字来"（《语类》，卷一，页45），又说"人物之生天赋以此理未尝不同"（同上，页28）。除部分以外无全体。除宇宙各部分的理以外无宇宙的总原理。既然宇宙各部分的原理，即太极，是同一的，则宇宙各部分的太极便是全宇宙的太极。于是发生一个问题了。既然理是唯一的，而一切物都同赋有此理，何以万物却纷纭互异，并且有相差得很远的呢？朱子解答道，万物之相差（一）由于万物所受的"气"，性质上，有"清浊纯驳"之不同，而理受气的性质的影响。好比同一"日月之光，若在露地则尽见之，若在蔀屋之下有所遮蔽，有见有不见"。又好比同是清水，"倾放在白碗中是一般色，乃放在黑碗中又是一般色，放青碗中又是一般色"。（二）由于所受的气，度量上有大小之不同，因而所赋的"理"有程度上之差异。"如一江水"（理），"你将杓去取只得一杓，将碗去取只得一碗，至于一桶一缸各自随器量不同"。同一的理因为在不同的"气"分中而表现不同，故此从万物之既然上看来，好像有无数理的。故此说：

物物具一太极。（《语类》，卷一，页27）

惟其理有许多，故物有许多。（同上，卷三，页23）

"论万物之一源，则理同而气异，观万物之异体则气犹相近而理绝不同。"问"理同而气异"。"此一句是说方付与万物之初，以其天命流行，只是一般，故理同。以其二五之气有清浊纯驳，故气异。下句是就万物已得之后说，以其虽有清浊之不同，而同此二五之气，故气相近。以其昏明开塞

之甚远，故理绝不同。"（同上，卷一，页26）

　　要之，同者是理之原本，不同者是理之表现。朱子书中言理，或指理之原本，或指理之表现，读者宜分别观之。[1]

张荫麟这篇文章是在美国留学时所写，其中提出了几点值得注意的见解。首先，**他认为朱子哲学以宇宙为一整全的有机体，太极就是此有机体的活动之总原理，从总原理来说，朱子的太极与黑格尔的绝对观念有相似之处。他的这一看法是可取的。但他指出，黑格尔的绝对观念是心、是精神、是主体，而朱子的太极是抽象的法则，不是主体，应该说他的这一点认识也是合理的。**其次，他认为朱子哲学的"心"不是与"物"对待的心，而是气的一部分，这很像古希腊哲学家德谟克利特以心为精细的原子之说。他这里所说德谟克利特的"心"，在德谟克利特就是"灵魂"，所以他以为朱子说"理具于心"即是说理具于气。这一点就有很大问题了，因为朱子从来没有说过心是气，这个看法可能与张荫麟自己的哲学倾向有关，他似乎不倾向于唯心论。再次，他认为朱子讲"统体一太极，物物一太极"，而朱子的太极既是整个宇宙的原理，也是宇宙任何部分的原理，然黑格尔并不认为绝对观念具于宇宙的一部分。这个比较是对的。最后，他提出，朱子讲的理，有的是指理的本原，有的是指理的表现，应该区别开来。这个主张也是合理的，朱子自己区分了"论本原"和"论禀赋"，如何把这种区分贯穿于朱子哲学的梳理，的确值得研究。

────────

[1]　该文原载《国闻周报》第七卷第五十期，1930年12月22日，署名"素痴"。

　　总结起来，1930年贺麟发表了论朱子与黑格尔太极说的文章，张荫麟即做了评议和讨论。1934年冯友兰的《中国哲学史》下册出版，张荫麟又对其中所述的朱子太极动静说提出了意见。1938年张荫麟以对冯友兰书中朱子太极动静说的意见为基础，发表了关于这一讨论的专论文章，贺麟则对之进行了细致的探讨、评议，使得这一轮讨论更为深化。这一轮关于朱子哲学的讨论，涉及广泛的比较哲学讨论和对朱子哲学理之动静观点的理解、诠释，很值得进一步加以推进。

陈荣捷答陈来论朱子书

自1986年冬我给陈荣捷*先生写了第一封信，而陈老先生不久即回信给我，直至他去世，我一共收到过他给我的28封回信，现予发表。以下，每封信前的序号『答陈来第×』为我所加，以便于研究者引用；信后的『来按』是我做的必要说明，以便读者了解相关背景。又，陈荣捷先生原信皆为手书，竖写左行，且无标点，为便于读者，此次发表皆加了必要的标点。

---

* 陈荣捷（1901—1994），广东开平人，哈佛大学哲学博士，曾任岭南大学教授、教务长。抗战以后长期在美国任教，是世界著名的亚洲与中国哲学权威，曾担任美国亚洲及比较哲学学会会长。

答陈来第一

陈来台鉴：

昨在台北得维明兄转来手书，知已抵美，无任欢迎，希望不久亟谋一面。捷与 de Bary 自本月廿三始，每星期五十二时至二时在哥伦比亚大学 Kent Hall 五楼上课，专研宋代理学，请得便前来赐教。由二月六日、三月六日、四月三日与五月一日下午四时至六时有 Regional Seminar on Neo-Confucianism，二月主讲者为余英时，讲唐宋儒学之突破，三月 Tillman 主讲金之思想，四月 Kelleher 讲妇女教育课本，五月 Anping Woo 讲湛甘泉。台端何日惠然肯来，请老早赐示。捷将于 Regional Seminar 之后敬请共饭，饭后即返 Cambridge，也可再赴七时至九时半之 Oriental Religion and Thought Faculty Seminar 亦可。捷通常深夜乘机回家，此所以预购机位也。捷每周五约十一时半抵书室（Kent 504），十二时上课至二时止，与 de Bary 惚惚食 sandwich。如台端莅临，吾等可以长谈，然后赴 Regional Seminar 也。耑此即颂

研安

陈荣捷

一九八七、一、五

来按：我于1986年秋作为鲁斯学人赴哈佛访问研究，到达美国后曾向杜维明先生提起，想联系陈荣捷先生。杜先生说他12月要去台北参加汉学会议，会见到陈荣捷先生，可以帮我转达。于是我就写了一封信，托杜先生带到台北会上面交陈老先生。"陈老先生"是我跟着杜维明先生对陈荣捷先生的称呼。此信即陈老先生自台回美国后给我的回信，希望我有空到纽约哥伦比亚大学参加他和狄百瑞（de Bary）共同主持的Seminar，也方便长谈。信中提到的诸位讲者，除余英时外，都是当时美国研究宋明儒学的中青年学者。

答陈来第二

陈来仁台：

上月廿五手书拜悉，三月六日来会，企予望之。是日十一时半左右捷可到哥大，晚上六时 Regional Seminar 散会后请同用膳叙谈。如维明同来则更欢迎。粗著若干，另邮付上，幸赐教焉。此祝

新岁迪吉

陈荣捷 上

一九八七、二、一

来按：1987年春，我要去纽约的鲁斯基金会办事，便计划顺便到哥伦比亚大学参加研讨班并见陈老先生，此即所谓"三月六日来会"。但后来计划有变，我与杜先生同行去纽约，时间不是周五，故未能去研讨班见陈老先生。

答陈来第三

陈来兄：

月之十九函悉。拙译如有错漏，请改正为盼。别后东走西奔，几席不暇暖，草草序文，于简字标点均不熟识，未知可用否？上周末往Indiana州Wabash College领受荣誉人文博士学位，今日Chatham College行毕业礼，亦前往参加也。

研安

陈荣捷

一九八七、五、廿二

来按：1987年4月陈老先生来波士顿开亚洲学会（AAS）的会议，启程前他给杜先生信，约杜先生和我在剑桥"共饭"，杜先生便安排在剑桥市麻省大道的常熟餐厅。当日杜先生还去接了当时路过哈佛的赵俪生先生一起用饭，晚餐自然是杜先生请客（赵先生有日记叙及此事，时间是4月11日晚）。我在这次跟陈老先生见面时，将1985年完成的两册博士论文（打印稿）呈请他指正，并将《朱子书信编年考证》的"编例"呈上，请他便中为此书赐序。我还把带去的中华书局新出标点本《朱子语类》送给陈老先生。此信即这次会面"别后"的来信，所说"草草序文"即信中附有的陈老先生为《朱子书信编年考证》写的序文。此信与序文写在一种窄而长形的草纸上，共8页。此信所说的领受荣誉人文博士学位，是印第安纳州的华巴斯学院（Wabash College）所赠。

答陈来第四

陈来仁台:

　　曩自曲阜归,得接大札,已有多日。盖欲先读大文始答复,至前日乃卒读。又是一篇精审独到之考据大文章,佩服之至。捷未见《诸儒鸣道集》,手头亦无此书。顷查《张子全书》张元济跋云,卷末(附录)有六节为《鸣道集》所无,岂明人增辑耶?如得《鸣道集》一查,则知此六节有无重要思想而为全书所增者。又,《近思录》采张子语为"为天地立心,为生民立道,为去圣继绝学,为万世开太平"(卷二第95条),《张子语录》亦然。惟《张载集》(中华本页320)则用"立志"与"立道"。《全书》第十四章拾遗则用"往圣"。《鸣道集》比《张子语录》《全书》与《张载集》为先,比《近思录》为后,未知所载为"立志""立道""往圣"否。又查吕楠《朱子抄释》卷一"熹自十六七时"条为"多读了书",《语类》卷104第八条(标点本页2612)无"多"字。吕楠注云"此恐记先生之言有误,不然是先生以读书为多也"。是则标点本及其所根据各本均已改正,省去"多"字,不知是否?兹付上每月第一星期五之两Seminar程序,如惠然肯来,请于上午11时半左右到Columbia之Kent Hall 504房捷书室相会。我等之Graduate Seminar由十二时至二时,现正讨论宋儒语录,十月二日或可讨论张栻之《知言序》,然后四时赴Seminar on Neo-Confucian Studies。捷六时左右须赶搭飞机回Pittsburgh。如仁台能预早十日许示知何时来哥大,则捷可改搭较迟一班飞机,庶可cocktail与dinner幸陪。de Bary之书室为Kent Hall 407,与我同授Graduate

Seminar（学生十人许），通常彼必参加 Seminar on Neo-Confucian Studies（四时）与 Seminar on Oriental Thought and Religion，已愈年矣。如台能与维明同来则更妙。耑此顺祝

　　研安

陈荣捷

一九八七、九月、廿七

来按：1987年8月底至9月初由孔子基金会与新加坡东亚哲学研究所在曲阜主办了儒学学术讨论会，陈老先生应邀前往参加。当年8月我在哈佛写了《王阳明越城活动考》，写好后寄给陈老先生请正。这是他的回信。在我的记忆中，此信所说"精审独到"即指王阳明文。而信中主要讨论者则是我的另一篇文章《略论〈诸儒鸣道集〉》，应当是我把此文的复印件一同寄给了陈老先生。何以如此，我已不复记忆，可能是在常熟餐厅谈话时由杜先生提起的，因为杜先生很重视《诸儒鸣道集》。

答陈来第五

陈来仁台：

昨上书云，《鸣道集》比《近思录》为后，此是一时臆说，今再读大文结论为"《上蔡语录》（一一五八）至《遗书》（一一六八）的十年之间编成"，始知臆说为妄。然无伤于所提出之问题也。又大文另一结论为"编者可能是浙江学者"，于是令我联想起李元纲之《传道正统图》。此图由尧舜禹汤文武至孔孟失传，而二程继续而止。此图无年月，《宋元学案补遗》据两浙名贤录谓李元纲钱塘人，撰《圣贤事业图》《集说》《三先生西铭解》《厚德录》《言行编》诸书，《补遗》列为"宋儒博考"（《补遗》别附卷二），不属何派，只谓其乾道间（1165—1173）居吴兴之新市。吴兴属浙江，乾道间道统尚至二程而止，其时朱门尚未有朱子承受二程道统之说。大概浙间二程盛行，李氏必承奉其说，未审彼与《鸣道录》有无关系，值得考究也。此祝

居安

陈荣捷

一九八七、九、廿八

来按：《诸儒鸣道集》是乾道年间编成的一部理学丛书，丛书的编辑体现了某种道统传承的观念。陈老先生论道统传承，甚重视李元纲之《传道正统图》，见其《朱学论集》。因李元纲活动亦在乾道中，故陈老先生猜测《诸儒鸣道集》是否可能与李元纲有关。

答陈来第六

陈来兄：

捷赴厦门，临行得兄来示。昨从厦门归，杂务堆积。昨到哥大上课，de Bary 云热烈欢迎。彼甚忙，且秘书辞职，然此时大概已详复我兄矣。《语类》卷八九（中华本页二二七三）朱子云"迎妇以前，温公底是。妇入门以后，程仪是"。不知杨信斋所引是否概言之，抑别处亦有此语也。恐述意耳。《王阳明越城活动考》因不知是原稿，故用红色，捷处无复印方便，今将原稿付回，复印时祈多复印一份赐下，俾可以时参考也。再会非遥，敬颂

年禧

陈荣捷

一九八七、十二、十五

来按：由厦门大学主办的朱子学国际学术会议于 1987 年 12 月初在厦门大学举行，陈老先生往赴参会，此信乃参会返美后复我。时陈老先生向狄百瑞教授介绍我去哥大讲学，狄百瑞反应积极，故信中有"云热烈欢迎"。

答陈来第七

陈来仁台：

　　月之十二函悉，台端哥大讲学期间，未暇专谈，实是至憾之事。尚希以时赐教，盖专研朱熹学者，并不多也。《王阳明传习录详注集评》经已再版，以飞邮寄来一本，亟寄校正，幸错字甚少。此书所用材料，今已少见，盖蒋介石好读阳明，以故台湾军人亦重阳明，如于清远、但衡今辈，不无一得。今日其书在台亦难找到，出版社亦已不存，其他中日注评，均是如此。予不久将全部中日《近思录》《传习录》注释各书送给哥大图书馆，俾得保全。若能在大陆印行，亦鼓励王学研究之一道也。同僚谓台端三月二十离美，今来书谓四月六日返北京，恐台离美之前，《详注集评》尚未寄到。现由台北学生书局以一本寄香港中文大学李弘祺博士转寄台端以求教焉。

陈荣捷

一九八八、三月、廿三

来按：我在哈佛读到陈荣捷先生的《王阳明传习录详注集评》，觉得应向大陆出版界推荐，故陈老先生特请书局寄我一本，以便联系大陆出版事宜。

答陈来第八

陈来仁台：

四月廿九哥大最后一课后，学术博士论文考试。五月即入医院割症，住了医院十六日，现尚在家休养中。病中得接大札，知《朱子书信年考》与《朱子哲学研究》两书快将出版，此方引领而望。《朱子新探索》上月由台北学生书局印行，凡840页，现已嘱书局付港朋友转寄台端。又《王阳明传习录详注集评》亦一并邮上，希多多指正为望。此祝

研安

陈荣捷 上

一九八八、六、十二

答陈来第九

陈来仁台:

　　前托香港中文大学李弘祺教授转上《朱子新探索》与《王阳明传习录详注集评》两书,想已到达。《探索》必多错漏,万望不吝指正。大著博士论文,承领时已读一部分,近方毕读。读至4-79指出"遍现俱该法界收摄在一微尘"乃波罗提语,而非菩提达摩语,捷二十年前编 *Source Book of Chinese Philosophy* 时,p. 720尚未知出处,至《新探索》p. 663乃云达摩语,盖从《困知记》。今再查《传灯录》,乃知果为波罗提语,是乃不细检之过,无可自恕也。p. 670长沙杨金鑫函示论逸诗文实为胡青所作,胡青之文为杨教授所寄赠,而捷不检,误以为彼所撰也。杨教授又指出赵汝愚实死于衡州,故p. 775注14应加"实死于衡州"。p. 668白鹤诗冈田教授函谓非朱子逸诗,而是唐人李群玉之诗。捷无李群玉诗集,已托哥大学生检查李集有无此诗,若有则冈田为是,而楠本(p. 720)为非矣。拓本下题"晦庵朱熹"为冈田年前所寄赠,当时冈田并未指明为李群玉之作,故以朱子逸诗待之。博士论文1-24指出刘镜乃刘叔文,而非刘叔光,是也。捷依《渊源录》与《朱子实纪》等书作刘叔光,以光与镜意义相近,而未审语类文集均用叔文无叔光者,是亦不检之过。《朱学论集》259以象山之书为贺朱子江西提刑之除,诚如博士论文4-62所指,则更谬矣。关于《仁说》,关键在朱子何时得薛士龙死讯,可在癸巳1173亦可在甲午1174,盖婺州通讯常在半年以上,捷据《渊源录》成于1173六月,朱子欲作《渊源录》时尚待薛士龙找寻材料,故捷云《仁说》

大定于1171也。博士论文4-27以"三载关心"之诗为铅山追和，铅山之晤1179隔鹅湖之会1175已是四载，非三载也，故此诗恐在铅山之前。论文同页以新篇为传心诗，捷亦不敢赞同，盖鹅湖初会时子寿已举此诗，无需再出以示朱子也。论文1-26似释"非诬"为不是诬，核以下文，疑以释"非"为诽或毁之为愈也。此皆是小节。论文在内容方面新见迭出，方法则考据精详，皆以引语为证，而引语又选择精当，非普通论文改头换面之比也，可喜可贺！ 1-79字太细亦潦草，屡读未明。此祝

　　暑安

陈荣捷

一九八八、八、廿五

来按：我的博士论文打印本在此前一年4月面呈陈老先生，他在此时才读毕全文，此信是就我的博士论文中的一些资料及年代问题与我讨论。唯其中所谓"逸诗"乃指《朱子新探索》书中第一〇四节所录而言。此书陈老先生6月已命书局寄香港李弘祺教授转我，但我当时仍未收到。"1-79字太细亦潦草，屡读未明"是此信的最后一句，应当是指我的博士论文打印稿中的两句话打印不清，即下封信中所说的理气同异章中的一段。

答陈来第十

陈来仁台：

昨日修一长函，中午付邮。下午即接十九日来信并《朱熹哲学研究》一书。兹承命剪出理气同异章末红笔一段付上，即函内所谓难读者。《朱熹哲学研究》页116注有"拙译陈文《论朱熹与程颐之不同》，载《中国哲学》第十辑"，此文捷未之见。捷有《中国哲学》第一至八与第十三辑，但无第十辑，曾托友人代定购，但无下文。敢请代找一本付下，若找不到，则请复印尊译一份，并书明第十辑年月为盼。《朱子新探索》与《王阳明传习录详注集评》两书已于六月底由香港中文大学李弘祺教授转上，来书并未提及，岂尚未收到耶？抑早已收到并有信报及而此信邮误耶？北京方面，张岱年、张立文、冯友兰、汤一介、任继愈、冒怀辛、蒙培元等均各赠《朱子新探索》一本，只有蒙培元七月卅一日来信云已收到。岂其他尚未收到耶？然日本与国内安徽、浙江、湖南等省均已寄到矣。博士论文稿上下册捧读时曾以红笔划重要部分，并所有干支之年加西历年，期得暇当移至《朱熹哲学研究》，盖此书非常参考不可也。此祝

研安

陈荣捷

一九八八、八、廿六

来按：此信是陈老先生收到我的新书《朱熹哲学研究》后的回信。所说拙译陈文，是指我1981年翻译的陈老先生英文论文译文，时逢邓艾民先生前去杭州开宋明理学讨论会，便在会上将我的译文交给陈老先生看，陈老先生看后，在译文稿上批有"译文甚精"等语表示鼓励，译文后来发表在《中国哲学》第十辑。

答陈来第十一

陈来仁台：

前数日得本月九日赐示，惠教甚详，恨不得朝夕共处，庶可学业日进也。将来再有发现，务请示知为望。兹就所知，逐项解释如下：

页33，南康应改尤溪，朱生有误而予不察，无以自恕也。

页34，牧斋，予疑"牧斋净稿"乃指朱子之书斋，而非其号，如《文集》卷六"云谷杂诗"乃指其地，非指其名，不审是否。

页60，朱子第三女，我知赵师夏兄弟为朱子孙婿（朱子门人，页二九六），惟不知第三女先许赵师渊，请示出处。

页94，遁之家人，予未见《朱子言论同异考》，著者是韩国何时人？请示。来（示）"韩□学者"一字难读，大概比退溪更早。

页338，心法，西方学者受禅宗影响，皆以心言，故纠正之。

页572，朱子答南轩书，愚以《朱子文集》本注"十二月"为丙申之十二月，因《文集》卷31答张敬夫第二十七书有云"顷与伯恭相聚"，而卷33答吕伯恭第四十八书云"昨承远访幸数日款，诲论……别忽五六日……熹十二日早达婺源"，此必为丙申赴婺源省墓之事。台端谓《南轩集》中答朱子书在丙申，不知指南轩何书？王懋竑亦系此书于乙未，愚不敢赞同。

页555，朱子初会东莱，王氏谓"必在此数年间"，愚谓"约在丙子"，似无冲突。

页595，得之文卿，台所赠北京本标点《朱子语类》有此注。

页646，了老，朱子数提陈了老，《语类》卷一二六第一一八条杲老与陈了翁并提，故乃信了老是指陈瓘，然当托人查长芦清了之生年。

页666，籍溪应召，愚依叶公回《年谱》，以籍溪应召在己卯，与台所见无异。《系年要录》材料甚佳，应采用之，以使内容较为充实。

所云应增朱子与陈亮一条，甚是。当时以王霸之辨以外材料甚少故缺之。现正为台北大东书局写《朱熹》一书，定当加陈亮一节也。《传习录详注集评》179以《大学旁释》为伪，系据佐藤一斋，一斋原书未见，但三岛复之《王阳明的哲学》563详述之。夏威夷之会当不在远，老兄题目似以神秘主义为宜。因与会者多为哲学家，而非汉学家，恐未懂四书为何物也。朱子和陆子寿诗，仍主三年之说，附末《朱熹》书稿两页，以博一笑。专此即颂

年禧

陈荣捷

一九八八、十二月、廿九

来按：此书所答各条，应是对我关于《朱子新探索》的意见的回应。此书1988年4月在台湾学生书局出版，当年6月，陈老先生让书局寄香港李弘祺教授转我，且征询我的意见。6月底李弘祺教授转寄我，但因我假期未到学校，故收到时已在9月。因此书篇幅巨大，涉及极广，我在12月9日给他的信中列举了我读此书的一些意见建议。而此信乃是对我12月9日信的答复。"朱生"即朱荣贵，时为哥大博士生。至于王阳明《大学古本旁释》之真伪问题，是我当时写《有无之境》时遇到的问题，故向陈老先生请教。

答陈来第十二

陈来仁台：

上月廿八来示敬悉，径即去函台北学生书局，极力推荐，候其反应如何，当即奉告。朱子已女婚事，予未考应仁仲书，不知赵氏为谁。虽知师晢师夏为朱子孙婿，然未敢定此婿为谁也。接来书后即去函 Univ. of Hawaii Press 设法加入，但恐页版经已排定，不知能否添入耳。近写"中"字概念之意义，以"允执厥中"当作心字解，因通篇《大禹谟》无中庸之意也，只是执心，故可作守心解，但仍生硬耳。草此，敬祝

研安

陈荣捷

一九八九、三、廿三

来按：陈老先生因看我的《朱子书信编年考证》迟迟未出版，便向台北学生书局推荐，以期促成此书的在台出版。4月学生书局总编辑到北京，其间与我接洽此事，初步达成出版意向。

答陈来第十三

陈来兄：

昨日得收本月十八赐示，欣知起居绥和，学力日进。又喜知已收到《传习录详注集评》，此为1988年二月修订再版，页473印明再版重印，希望学生书局不至太过糊乱，以初版付上也。与韩国合作搜集朱子语录大全，诚是一件大事，前日夏威夷朱子会议，福冈九州大学冈田武彦教授曾影印九州大学所藏孤本朝鲜古写徽州本《朱子语类》，为该会纪念，想冈田教授等对于池录等等必有所闻，韩国尚存我国古籍不少，日本亦有，不妨访寻也。今日得学生书局复书，急复印付上。台湾、香港，日本、欧美研究朱熹之人究不若大陆之多，尊著出版仍以大陆为宜。若必须在台北出版，则照学生书局来函办理，亦无问题。捷五种书均以平装本定价百分之十五为版税，每年计算两次。过去三年，1986《朱子门人》售55本，《朱子论集》67本，又去年《传习录详注集评》196本，《阳明与禅》187本。1987年为28/20/218/126本。去年为60/68/206/93本。又去年《新探索》售288本，销路并不太大。且版税不能出境，以往捷幸得友人将台币转换美元，并无阻碍。如台决定在台出版，可直接寄稿往台北市和平东路一段198号学生书局，或托友人由香港转寄。若寄来捷处转寄亦可。捷可以飞邮寄去，需一星期耳。惟必须复印一份留存，以防邮失也。

陈荣捷
一九八九、四、廿八

答陈来第十四

陈来我兄：

在夏威夷再面甚快，惟未暇长谈，至以为憾。回匹兹堡后即函告 Urbana 之 Illinois 大学教授 Patricia Ebrey 君，仁台有《〈家礼〉考证》一文。彼已译《家礼》为英文，并撰论文详举宋元明清诸儒对于《家礼》之研究，现 Princeton Univ. Press 已允印行其译文与论文，分为两册。彼接我信后即来信求借大文与考证朱子书信专著，现将专著寄佢，惟论文则遍寻不获，必是遗失，敢请影印一份，航空寄来为望。捷十月六日礼五下午二时左右抵北京，翌日上午即开会，开会后旅游敦煌，由上海出境，是则时间太促，或竟失之交臂。捷将携 *Source Book* 来，可以托人转交，未审六日四时以后兄在何处，住宅有无电话。捷申请住前门饭店，但会议委员会尚未证实。委员会有电话，其号码为 2565283，或可电话一询。如能会面，则至幸事。又欲拜访张岱年、冯友兰二老者也，此祝

研安

陈荣捷

一九八九、九、二

来按：1989年7月30日—8月12日夏威夷举办第六届东西方哲学家会议，因陈荣捷先生的提名，我受邀参加了此会。在会上我把6月刚刚出版的《朱子书信编年考证》一书呈送先生。因先生是这次大会的主要组织者，在夏威夷老熟人又多，故在会中未能得便与先生长谈。但先生对我甚为关心，不仅对我当面赞许《朱子书信编年考证》一书，并且在会议期间为此书做了一份索引，又在某晚于我房间门口放了一袋水果，我心存感谢，自不待言。我1988年春在哥大时，办公室也在Kent Hall，当时曾见到伊佩霞（Patricia Ebrey）来找陈老先生，请教有关《家礼》的问题。1989年6月我在《北京大学学报》1989年第3期发表了《朱子〈家礼〉真伪考议》一文，在夏威夷会上曾面呈此文的复印件给陈老先生，所以他回匹兹堡后立即告诉了伊佩霞。

答陈来第十五

陈来我兄：

九月二日邮上一函，计已到达。现接委员会来信，指定北京饭店为捷居留之所。现定十月六日礼五下午二时十分抵北京，大约四时可到北京饭店。未审是时台端可否同赴访候冯友兰与张岱年？晚上如无别约，可在饭店同用晚饭。是晚有在三藩市长大之刘玉珍小姐来饭店找我，故我亦请其共饭。此女用英语作诗，现来天津外文学校教授英美文学，与我从未会面也。关于《传习录详注集评》，捷以学生书局既刊《朱子书信编年考证》，则中华书局亦可印《详注集评》，不意今接学生书局来信，竟不同意，如此枉费我兄一场心血。捷与学生书局签有关约，不愿破除，已另函中华书局梁运华君，敬谢盛意矣。此祝

著安

陈荣捷

一九八九、九、十四

来按：我于1989年4月中收到《王阳明传习录详注集评》后，即交给中华书局副总编辑陈金生先生，期介绍此书在国内出版。因台版错字较多，陈金生先生曾与我谈过一次。由此信可见，后来中华书局安排了哲学编辑室梁先生负责此书编辑。但由于学生书局握有版权，而不同意此书在大陆出版，故此项出版最终未能实现。

答陈来第十六

陈来仁兄：

现中国民航无故遽将早已证实之座位取消，改乘下次班机，如是将于六日下午八时以后方能到达北京饭店，恐是晚共食与同赴访候冯张二老之议太迟。捷翌日（七日）下午作学术报告，不知上午程序如何，未知你与冯张二老参加会议否？否则何时可以会面及访问二老，请留言在北京饭店为盼。

陈荣捷

一九八九、九、廿四

来按：10月7—10日中国孔子基金会与联合国教科文组织联合举办的"孔子诞辰2540周年纪念与学术讨论会"在北京、曲阜顺利举行。10月8日下午，江泽民总书记会见了部分外国学者，进行了友好的交谈，陈荣捷先生也参加了会见。陈荣捷先生9月2日、14日来信及此信所说的开会即是此会。会间我陪陈老先生在北京去过几个地方，也曾陪他在北京饭店共饭。

答陈来第十七

陈来仁兄：

北京再会甚快，然花费台宝贵时间多矣。回来赶撰书评，意尔忘付 *Source Book*，及至记起，则所存三本皆未改正之版本。今日已函 Princeton University Press 直寄订正本一册，寄兄矣。明日又寄《北溪字义》英译一本与香港中文大学钱穆讲演集一本，由海邮付上，如兄已有此两书，请转赠别处为盼。秋凉千万保重。此颂

研安

陈荣捷 上

一九八九、十一、十二

来按：此信所说"香港中文大学钱穆讲演集"即1984年陈老先生在香港中文大学"钱穆讲座"的讲演结集，名为《朱熹的生活与思想》，1987年出版。

答陈来第十八

陈来仁兄：

十二月廿九赐示早悉。捷在北京邮付书籍，上周方到。在途足足三个月。故资料书恐亦须时。想此时已到达。捷 *Chu Hsi: New Studies* 最近由 Univesity of Hawaii Press 出版。数日后由海邮付上一册，请祈教正。此书即用《朱子新探索》之材料，惟改百余条为三十三章。又减去遗墨、遗文两项，以难译也。又增补数处新材而已。徐爱卒年以丁丑（一·五一七）为合。盖《明儒学案》用丁丑，而 Goodrich 与房兆楹联合编之 *Dictionary of Ming Biography* 亦同，二氏极重考据，当无误也。

陈荣捷

一九九〇、一、廿二

答陈来第十九

陈来仁兄：

三月廿三来信经已收到。欣知资料书经已抵达，此书现正在台北翻译中，《详注集评》之"于中"（第二零四条，注4）则早已知其姓夏，《阳明弟子传纂》作"子中"，《传习录》作"于中"，捷任简其一，盖以"子中"较"于中"为普遍，别无证据也。今《全书》亦用"于中"，则"于中"为胜。《中国人名大辞典》谓夏良胜字"于中"，又一旁证也。现忙于撰《近思录详注集评》，不用英文本之评语，而别采评语，以朱子为主，而于宋明清诸儒对于《近思录》有所发挥或补充者，亦采用之，稍费时日耳。阳明大著以先睹为快。此祝

著安

陈荣捷

一九九〇、四、十

来按：此信所说"阳明大著以先睹为快"，是指我向他报告我研究王阳明哲学的书《有无之境》已经完成并交付出版。因为陈老先生不仅深入研究朱熹，也重视王阳明的研究。我上两封信和他讨论徐爱的生年，以及于中为夏良胜的字，就是《有无之境》写作中遇到的问题。

答陈来第二十

陈来仁兄:

上月来信已到,吾兄不断有所发现,学术界之幸也。下周赴台北"中央研究院"例会,兼送《近思录详注集评》稿到学生书局。此书比英文译本用功特多。译本引朱子语二百八十余条,今则增至八百以上,且皆详其出处。此外引注家叶采、茅星来、江永、张伯行、陈沆与宋元明清诸儒之语亦颇多。陈沆之《近思录补注》我在东京大学发现,国内论《近思录》之著作均所未提,恐国内已失传。请查北大图书馆有无此书。若是东京大学陈氏之书为孤本,则我设法在台北印行,使归故土。若能寸电话去北京中央图书馆一询更妙,但不必劳驾也。

陈荣捷

一九九〇、六、二十

答陈来第二十一

陈来仁兄：

　　六月二十日函询北大图书馆有无陈沆《近思录补注》，未知收到否？近阅某人博士论文，知台有《朱熹观书诗小考》载《中国哲学》七288—290，此文未见，敢烦复印一份从飞邮寄下，至所期盼。此候

　　暑安

陈荣捷

一九九〇、八、一

答陈来第二十二

陈来仁兄：

　　本月十五日来示已悉。陈沆之《近思录补注》，北大图书馆既有刻本，则学生书局自不用复刊。而兄亦不须查问北平图书馆矣。五十年代大陆水陆不通，无从查问，遍查台港各处均无藏本，诸书亦未提及，遂以为佚。今则当于《近思录详注集评》改正矣。《观书诗小考》已收，甚谢。阳明哲学书以献鄙人，感激之至。昨检稿件有《陈来朱熹研究》文，不忆何时所作及为何而作。遍查与台来往书札，均无消息。兹付上一份，不知可在台北发表否？台北现日发表人陆学者论义甚多，小一好现象也。文内用简体字，疑为大陆刊物而作，但不复忆清楚矣。此候

　　夏祺

陈荣捷

一九九〇、八、二十

　　来按：信中所说《陈来朱熹研究》一文，是上年陈老先生在北京开会时，中国社会科学出版社的编辑向他约稿，为拙著《朱熹哲学研究》撰写的书评。老先生很快写好交稿，1989年11月12日陈老先生信中所说"回来赶撰书评"，即指此事。该文发表在《中国社会科学》。但老先生一年后已不记得原委，故将书评稿又交辅仁大学的《哲学与文化》发表。又按，《中国社会科学》发表此书评时删去一些文字，并非全文（其实书评不长，删去的是老先生对拙著的表扬之辞，何以如此，甚不可晓），好在又得在《哲学与文化》全文发表，保存了全貌。

答陈来第二十三

陈来仁台：

昨从西岸归，得读八月廿九手书，喜知阳明之书快将出版，企予望之。愚将与有荣焉。《方塘诗小考》，早已拜读，远胜于附会某地方塘之作矣。福州武夷之会，愚准备参加，初时程序表本有五夫里之行，后乃删去。愚以为可惜。虽曾访问，亦想再往。今接秘书长杨青来函，谓秘书处将备专车前往，如兄能来，可一齐去，则更乐也。此祝

愉快

陈荣捷

一九九〇、九、十七

来按：由中国孔子基金会与福建武夷山朱熹研究中心主办的朱子诞辰860周年国际学术讨论会当年10月在武夷山举行。"福州武夷之会"即指此。我的信中，告知先生拙著《有无之境》将题"献给陈荣捷先生"，故此回信谓"喜知阳明之书快将出版，企予望之。愚将与有荣焉"。

答陈来第二十四

陈来仁兄：

　　武夷山之会，仁兄未去，殊不足惜。会议程序凌乱，无学术意义。闻辛冠洁开会讨论，群鸣不满。然予此行非无收获，得与诸学者再会，亦一乐事。而初次谒朱子之墓，与朱荣贵同到蒲城访真德秀故居，均是难得之事。阳明画像，以冈田武彦所著《王阳明与明末的儒学》所印之半身像为最佳。此像为黄节所藏，楠本正继1930在北京摄影，款题新建伯，可知此是晚年肖像。小孙善于照相，昨已着其撮照。惟彼须携回日本自行冲洗相片，然后寄来，乃可转寄我兄。想台恐非急需，当无问题也。此候

　　教安

陈荣捷

一九九○、十一、十二

来按：拙著《有无之境》出版过程中，我本欲加一幅王阳明画像，盖英译《传习录》封面即王阳明画像，因请教陈老先生选何画像为佳。后因陈老先生寄来画像时书已印出，故未能实现。

答陈来第二十五

陈来仁台:

十二月廿五手示经已拜读。"穷天下之理，尽人物之性"出于《周易本义》，《说卦传》一节，谨此致谢。及查《周易本义》，则已愈此段用红笔抹出，而竟忘记。引语来源之缺，今得指正，是诚幸事。同页（806）第一条"某少时为学"，则已于页11注17改正为《语类》115第41条矣。本月三日寄上一札，附王阳明像，想已收到。来函谓朱子"望山怀释侣"之诗乃怀已死之道谦，捷不敢谓然。我疑是出入释老、未受李侗熏染弃佛归儒时青年之作，只道好佛情意，下文云"盥手阅仙经"可以见矣（《文集》1:10a）。道谦比朱子年长廿余岁，朱子祭文屡称师，不谓伴侣也。写《朱子新探索》时未知胡适关于道谦之考据，及得其手稿影印，乃即加入《朱熹》，而于《朱子新探索》页639增补七八十字，以备再版时加入矣。友朋之中，我兄赐教最多，希望以后源源不绝也。近得台湾地区行政管理机构文化建设委员会文化奖，得奖状一张，金质镶珊瑚奖章一枚，台币四十万，等于美金一万五千，即以分赠Dartmouth、Harvard、Chatham三校，借花敬佛而已。哥大方面早已应允赠送藏书，所值更多也。此候

春祺

陈荣捷

一九九一、一、九

答陈来第二十六

陈来博士：

接二月来信，知升正教授，可喜可喜！此是意中事，时间问题而已。顷阅书目季刊，知《朱熹哲学研究》已由台北文津出版社出版，今后台湾学者可以阅读，诚是盛事。据云此书有440页，比北京本多七八十页，未知有无更换抑或加上拙作书评、索引、书目，等等，请祈示下。若果用拙著书评，请示下何页至何页为盼。夏威夷之会，韦政通亦有……学术水准不高，然参加国际会议亦可扩大视野也。惚此即颂……

研安

陈荣捷

一九九一、四、十五

来按： 两处"……"，乃是信打开时，粘附处撕破，字迹已经不清。《朱熹哲学研究》在台出版于1990年12月。陈老先生见台湾的《书目季刊》登载的《朱熹哲学研究》台版书讯页数颇多，问我是否将他为此书写的书评增入，这就是后来华师大版《朱子哲学研究》加入了他的书评的起因。1991年2月"'文化与社会'国际研讨会"在美国夏威夷东西中心举办，我去参加后向陈老先生报告。韦政通也参加了此会，大概他也向陈老先生报告，并说此次会议学术水准不高，所以陈老先生在信中提及。韦政通所说也是事实，不过此会本是杜维明先生举办的主要以沟通交流文化观念为目的的会，不以纯粹的学术论文交流为主。

答陈来第二十七

陈来仁兄：

上月二十六日赐示敬悉。阳明书以先睹为快。学生书局稿本甚多，我之《近思录详注集评》经已交稿一年，至今未对稿。若交别处印书馆，或可较快问世也。去年十二月往台北接受台湾地区行政管理机构所颁的文化奖，得奖状一张，奖章一枚，台币四十万，相当于美金一万五千左右，即以奖款分赠Harvard、Dartmouth、Chatham三校，每校五千，哥伦比亚大学方面，则早已应允以藏书送该大学，所值不止五千元。最近成立"中华文化复兴运动总会"，以李登辉为会长，以我等领文化奖三人为副会长。此会富有政治意味，我本不欲卷入漩涡，惟却之为不恭，所幸只挂名而已。夏威夷之行必甚快意。此颂

文安

陈荣捷

一九九一、五、十三

答陈来第二十八

陈来兄：

昨从台北归，得收大作《有无之境——王阳明哲学的精神》。尚未读，从目录可知，与普通阳明之书有异，尤其是第十一、十二两章，必有特见之处。在台，学生书局丁董事长专与沈主编来访，谈半小时。予问及《朱子年考》一书，据云大陆既已印行，台北版一定亏本，言下有不了了之之意。予意向文津出版社方面进行，较为有望。此候

暑安

陈荣捷
一九九一、六、九

陈荣捷先生写给我的这些信札，对我个人而言是非常宝贵的。由以上陈荣捷先生答书可见，他在85岁至90岁高龄的五年间，以全副精力从事于朱子的研究，席不暇暖、念兹在兹，孜孜不倦、不遗余力；而对于青年学者，他总是平等相待，不耻下问，大力提携。其大家风范，永昭世人。

谨以此纪念陈荣捷先生诞辰120周年

附　录

朱子学的时代价值

现代人从朱子的思想可以学到什么？朱子学对现代社会和现代生活有什么价值和意义？我想至少可以从以下几个方面来初步了解。

一、文化传承创新

文化是人类认识和改造世界的一切行为和结果。这个世界包括自然和社会。文化包含四个层次，即物质、制度、习俗、精神意识。我们平常所说的"传统文化"，是指中国传统文化，也就是中华民族从上古到清代几千年的历史实践中的物质创造、制度创造、精神创造的总和。这是广义的文化概念。除了广义的文化概念外，还有狭义的文化概念，就是专指精神文化的创造活动及其结果，精神文化包括信仰、道德、艺术、知识等。我们一般用的文化概念多是这种狭义的文化概念。这个意义上的中国文化或传统文化，包括中华民族独特的语言文字、文化典籍、文学艺术、哲学宗教、道德伦理、科技工艺等。文化是人之所以为人而脱离动物界的标志，没有文化就没有人类文明。文化为我们提供了认识世界的世界观和道德、审美的意识方式与框架，文化为我们提供了生存的意义、生活的规则，文化在人类文明历史发展中起了无可替代的作用。同时，文化又是有民族性的，一个民族的文化规定了这个民族步入文明、发展文明的特殊路径。如何在历史唯物论的前提下，更加注重和深入认识文化及其传承的意义、地位，是我们面临的一个重大课题。

什么是文化传承创新？我们现在的正式表述是"掌握前人积累的文化成果，扬弃旧义，创立新知，传播到社会，延续至后代"。很明显，这里的文化传承创新不是泛指一切知识领域及其成果，而是主要指人文社会科学，换句话说，主要讲的不是科学技术，而是思想文化，是以价值体系为中心的思想文化的传承创新。在这个提法中，明显包含着对于中华优秀传统文化如何进行传承创新的问题。今天我们所谓"文化传承创新"，其中的"传承"指的是"优秀文化传承"，而其中的"创新"指的是"思想文化创新"。我以为，优秀文化传承不限于中华文化，但文化传承创新的主体任务，应是中华文化的传承与创新。所谓"扬弃旧义，创立新知"，就是指批判地继承中国传统文化中各种对于人生价值的阐发，在此基础上发展合乎时代需要的社会主义核心价值体系，实现传统价值体系的创造性转化与创新性发展，加强社会主义核心价值体系及其外围文化建设。这既是中华文化伟大复兴的必然使命，也是建设中国特色社会主义社会的现实需要。

传承不是单纯的继承，而是有分析的继承，即用扬弃的态度，根据现实需要，有分别，有取舍。"掌握前人积累的文化成果"主要讲的是文化传承，"扬弃旧义，创立新知"主要讲的是思想创新。这显示出旧义和新知是辩证的关系：没有旧义做基础去创立新知，是无源之水、无本之木；对旧义不能加以批判继承，也就没有创新发展，无法创立新知。这是人文思想文化发展的特性，与科学技术知识的发展有所不同。当然，文化传承自身也有其独立的意义，特别是对一个民族的文化生命而言，传承非常重要，如语言、文字、文学等的传承都是民族文化、生活方式、语言习俗的归属形式，是民族得以成立的基本要件，在这个意义上，文明、文化的传承不仅仅是因为能够创立新知而有意义，而且对民族的凝聚力与归属感的形成也有其独立的重要意义。

中国文化是世界上唯一从古至今连续不断发展的文化。应当肯定，中国传统文化的连续传承首要归功于儒家的文化自觉和历史意识。2500年前孔子整理了三代至其所在时代的文化，确立了中国最早的经典文本，建立了中国文化的经典意识和中国人传承文化的使命感。孔子所开创的儒家学派努力传承"六经"，代代传经释经；唐以后的儒家特别是宋代的道学又形成了一种道统的意识，使得后来儒家以传承发扬中国文化的经典和维护华夏文化的生命为神圣的使命。其次，汉字虽然历经演变，但很早就成为沟通华夏文明区内各种方言的统一交流工具，这种统一的文字保证了统一的文化。再次，中国有注重历史的传统，自古以来历史的记述不断，而且受到珍视，历史的记述起着承载民族历史记忆、建构民族文化认同的重要作用。最后，很重要的是，中国传统的士大夫在政治实践、地方教化和文化活动中，始终自觉传播、提倡、强调、强化典籍中的价值观念，并使得这些价值观念渗透在一切文化层次和文化形式之中，从而影响到全体人民大众的文化心理。

　　中国一贯重视文化的传承。孔子说过"殷因于夏礼，所损益可知也。周因于殷礼，所损益可知也"。中华文明历夏、商、周三代，一脉相承。三代的文明精华保存在《诗经》和《尚书》等"六经"之中，王官失守之后，儒家学派承担起文化传承的使命，从汉代起，儒学以经学为平台，将华夏古文明不断传承下去；同时，儒家总结提炼了华夏古文明的价值概念，加以发展，建立了影响中国人至深的儒家价值理念。儒家思想文化的特色之一，就是具有强烈的文化传承的自觉，在不断传承"五经"的过程中，发展出新的诠释，应对时代和文化的挑战。可以说一部中华文化史就是不断传承和创新的历史。唐宋以来"道统"传承的观念日益发展，其代表为韩愈，韩愈《原道》的"道"，其内容就是儒家提倡的仁、义、道、德，也就是中华文明的基本价值概念。北宋的道学是儒家思想发展的新形态，它不仅在经典诠释方面开辟了新的维度，在思想文化上也开了新生面。宋代道学特别强调"传道"的意识，这里的"道"即是儒家学术的核心价值，这个核心价值体系，不仅是伦理的、人生的，也是政治的、社会的。可以说儒家特别注重核心价值体系的传承。在宋明道学的文化意识中，尤其显示出对"学绝道丧"的忧患，"学绝"就是学术断绝，"道丧"就是价值迷失，学绝道丧就是文化传承中断。韩愈以传道的谱系来论证中国文化核心价值体系的传承，即所谓"尧以是传之舜，舜以是传之禹……孔子传之孟轲，轲之死不得其传"。坚持道统论及其文化实践的代表是朱子，朱子具有强烈的文化传承意识，广泛继承了儒家的学术文化，在理学方面，有《太极解义》《通书解义》《西铭解义》，编订《二程遗书》《上蔡语录》，作《知言疑义》，编《近思录》《小学》。在史学方面，有《八朝名臣言行录》《资治通鉴纲目》《伊洛渊源录》。在经学方面，有《周易本义》《易学启蒙》《诗集传》，主编《仪礼经传通解》，指导《书经集传》。终生作《四书章句集注》《四书或问》。在文献整理方面，作《孝经刊误》《楚辞集注》《韩文考异》《参同契考异》《阴符经考异》等。朱子的文化实践归结为一句话，就是文化传承与创新，朱子对古代文化做了全面的整理，对"四书"的集结诠释尤花费了毕生精力，是文化继往开来、传承创新的典范，朱子是孔子以后在文化传承方面做出了最大贡献者，这是近一千年来无人可以与之相比的，他是我们今天进行文化传承的榜样。

那么，文化传承创新在今天有什么重要现实意义呢？中华文明是连续发展几千年的文明，但近代以来，在西方帝国主义的侵逼压迫之下，民族生命处于被压抑的状态。西方近代文化的输入，一方面促进中国走向近代和实现现代化发展，并和本土文化不断结合，使得中国现代文化不断推陈出新。另一方面，不可否认的是，在西方文化的压力之下，中国文化的自然传承被阻断，我们自己在认识上的失误也一度造成了对传统文化的破坏。改革开放以来的现代中国，经济迅猛发展，国际政治地位大大提升，综合国力大大提高，这使我们愈来愈意识到，今天我们身处的时代过程是中华民族伟大复兴的时代过程，同时也是中华文化伟大复兴的时代过程，这是全国上下业已形成的自觉和共识。"中华文化的伟大复兴"正是指出了鸦片战争以来中华文化遭遇的不正常的断裂、压抑，指向中华文化生命的正常传承，以求得文化生命的无碍畅通。没有当代中国的现代化的成功，就不可能提出文化传承的问题。

今天的中华民族是历史上的中华民族发展而来的，中华民族今天的成就是以发展了几千年的中国文化为基础的，也是以中华民族在历史上养育起来的文化能力为基础的。而文化传承最核心的一点是价值观。中华文化在几千年的发展中，以儒家倡导的仁孝诚信、礼义廉耻、忠恕中和为中心，形成了一套相当完整的价值体系，这一套中华文化的价值体系，支配和影响了中国政治、法律、经济制度建设和政策施行，支撑了中国社会的伦理关系，主导了人们的行为和价值观念，促进了中华民族凝聚力的形成，支配和影响了中国历代与外部世界的关系。这一套体系是中华民族刚健不息、厚德载物精神的价值基础和根源，亦即中华民族民族精神的价值内涵。朱子与宋明理学对中华民族价值观的形成、巩固发挥了重要的作用。中华民族几千年来的不息奋斗和这一套中华文化的核心价值体系密切相关，这些价值也构成了中国人之为中国人的基本属性，中华民族之为中华民族的原因、中华民族特有的生命力无不来自这些价值及其实践。鸦片战争以来，近代中国志士仁人的奋斗都是这些价值的充分体现。

　　然而，近代以来，西方文化中心的观念、个人主义的宣扬，尤其是"文化大革命"对传统文化的全面破坏，以及市场经济发展带来的追求功利的泛滥，造成了文化传承的巨大困难。改革开放以来的历史证明，对中华文化的自觉传承不仅是我们对于中华民族所应负担的文化使命，同时也是现代中国社会精神文明建设的实际需要。改革开放以来，中国社会的现代化转型，市场经济的蓬勃发展，使得社会价值的迷失十分严重。在这种情况下，以中华文化价值体系为核心的文化传承，不仅具有延续民族文化的意义，更具有满足当今社会价值重建需要的意义。现代社会的政治、经济、法律制度已与古代社会根本有别，尤其是在社会主义市场经济条件下，对社会核心价值体系的要求既与古代社会有相同的一面，也有不同的一面。这就需要我们在进行思想文化传承的时候注意创新，以适合时代的变化和要求。社会秩序和伦理价值的建立不能割断历史，也离不开传统道德文化。在稳定人心方面，传统文化所提供的生活规范、德行价值以及文化归属感，起着其他文化要素所不能替代的作用；几千年以人为本的传统文化，在使心灵稳定、精神向上、社会和谐方面发挥了重要而积极的作用。但是，在现代社会生活中，传统价值有些可以直接应用，有些则必须加以改造，并应时代问题和需要，重新加以整理、概括，使之成为新的时代的核心价值。

二、道德意识

朱子思想中最重要的部分是"格物致知"的理论。《大学》本是古代儒家的一篇文献，其中提出了"三纲领、八条目"，即"明明德、亲民、止于至善"和"格物、致知、诚意、正心、修身、齐家、治国、平天下"。朱熹最重视其中的"格物"。他用"即物穷理"来解释格物，提出格物就是穷理，也就是了解事物的道理；而穷理必须在事物上穷，不能脱离事物。即物穷理的主要途径就是多读书，观察事物，思考其道理。所以，朱熹一生中任官的时间虽然很短，但他所到任之处，必兴学校。如白鹿洞书院初建于南唐，但南宋初已经废坏，朱熹在50岁知江西南康军后，于庐山上访求白鹿洞书院的废址，重建了白鹿洞书院。他亲自订立了白鹿洞书院学规，一方面提倡博学、审问、慎思、明辨、笃行，另一方面强调修身、处事、践行的原则。这是中国书院历史上的一件大事，《学规》不仅对后来的中国教育影响很大，甚至至今在东亚的一些国家仍可以看到其影响。朱熹在65岁出知潭州后，还曾主持修复岳麓书院，以白鹿洞书院学规为学规，以《四书集注》为教材，亲自到学院讲学。白鹿洞书院和岳麓书院是中国古代四大书院中的两个，它们都和朱熹的讲学与教育实践有关。

朱子在白鹿洞书院学规中把"言忠信，行笃敬。惩忿窒欲，迁善改过"作为修身之要，把"正其义不谋其利，明其道不计其功"作为处事之要，把"己所不欲，勿施于人。行有不得，反求诸己"作为接物之要。"言忠信，行笃敬"出自《论语·卫灵公》第十五。"惩忿窒欲"出于《周易》损卦，"迁善改过"出于《周易》益卦，北宋周敦颐在《通书》中最早把这两句连在一起。"正其义不谋其利，明其道不计其功"出于汉儒董仲舒。"己所不欲，勿施于人"出自《论语·颜渊》第十二。"行有不得，反求诸己"出自《孟子·离娄章句上》。这些可以说是朱子强调的基本道德、价值观和伦理原理，指导我们如何要求自己，如何对待他人，如何做事处世。

朱熹论道德的思想有许多在今天仍有借鉴的意义，如朱熹关于理性与欲望、道德原则与个人私欲关系的看法。朱熹阐发了古代"人心惟危，道心惟微"的思想，认为人心是指个体的感性欲望，与生俱来，不可能不产生，也不可能消除，但如果无所主宰、流而忘返，社会就会"危"，要使人心不致危害社会，就应该用"道心"主宰"人心"，道心是指人的道德意识与理性。朱熹认为道心的特点是公，即反映了社会公共的道德法则。朱熹在那个时代还没有从加强法制以约束人的行为来考虑，所以他的方法是完全诉诸道德，这是理学的局限性，但突出道德意识的重要性还是正确的。朱熹和理学还提出理和欲亦即天理和人欲的问题。与道心相对的人心是指人的自然欲望，而与天理相对待的人欲是指人心中那些违背公共原则的私欲。天理则含有普遍原则的意义。朱熹认为欲望应当受道德原则的制约。所谓存天理、去人欲，就是指要用反映社会共同要求的道德原则来克服那些违背公共道德的私欲。当然，每个时代的社会公共准则有所不同，朱熹所处的是封建时代，所以他有时所说的具体准则是当时社会的规范准则，这是我们应当注意的。朱熹提出，"天理人欲，不容并立"，是的便是天理，非的便是人欲；"人只有个天理人欲，此胜则彼退，彼胜则此退"，"而今须要天理人欲、义利公私，分别得明白"。当然，在理性和欲望的关系方面，朱熹有些问题并未处理完满，他比较忽视欲望的满足和生命力，未能重视理性和欲望也有统一的一面。但总的说，朱熹的思想对封建时代的精神文明和民族精神的发展起了积极的作用。朱子把道德理性作为人的本质属性，以道德理性主宰、支配人的感性欲望，以实现人的本性，促进社会的有序和谐。所谓"存天理、去人欲"，突出理与欲的对立，就是在道德理性和自然欲望的冲突中高扬道德理性的意义，展现人性的庄严，坚持道德不能建立在欲望的基础上，而必须建立在理性主宰、责任意识、美德培养之上，以理统情，以理制欲、以理节情。朱子非常重视道德规范之理，要求人们用《大学》的功夫认识道德规范之理，并通过不断地修养道德，把外在的道德规范化为仁体的内在自觉。这在今天的社会仍然有重要的意义。

至于朱子学以"四书"为基础的修养方法，就不在这里论述了。

三、主敬伦理

朱子学的学问宗旨，还常常被概括为"主敬穷理"，所谓"主敬以立其本，穷理以进其知"。前面谈的是有关穷理格物的一面，我们再来看主敬的一面。什么是主敬？主敬是一种内心的状态，也是一种行为的状态，朱子说敬是教人"随事专一谨畏，不放逸耳"。其实专一、谨畏、不放逸，不仅是随事而行，也应当是随处而行，不管做事还是不做事时，都要主敬。分别来说，不做事时的主敬体现的是一种精神态度，即内心总是处于一种警觉、警省、敬畏的状态；做事时的主敬则表现了一种做事的态度和伦理，一种专一、敬业的态度，它的反面是"怠惰放肆"。从从业做事的角度来说，朱子学的现代意义之一，是可以为东亚社会的现代化提供一种"工作伦理"，朱子学的主敬精神为从传统到现代的工作伦理提供了一种现成的资源和伦理概念。德国社会学家马克斯·韦伯特别重视工作伦理对现代资本主义大生产产生的作用，认为近代资本主义的产生借助了新教伦理作为精神动力，他曾指出"资本主义无法利用那些信奉无纪律的、自由自在的信条的人的劳动"，主敬所代表的正是自我约束、严肃认真、勤勉专一的工作态度。对于保持东亚社会积极的工作伦理，朱子学仍能提供重要的资源。

从广义的内心生活态度来说，敬畏感是一种带有宗教性的内心态度和感受，其根本必归结到对康德所说的头上的星空和心中的道德律令的敬畏，"头上的星空"代表宇宙法则，宇宙法则加上心中的道德，这就是朱子讲的天理。主敬包含的敬畏感，是一种值得肯定的心灵境界和道德境界。

四、学习精神

朱子学最为强调的是格物穷理，朱子解释《大学》的"格物"为即物穷理，格物穷理之方法是多种的，朱子特别突出的是读书讲学，尤其强调学习的精神。我们知道，孔子在《论语》中开篇即提出"学而时习之，不亦说乎"，学习是孔子强调的人生基本态度，也是孔子强调的修身方法。从孔子的角度来看，学习不是一个人在小学、中学甚至大学，在人生的一个阶段就能完成的事情；学习是一种根本的人生态度，应当贯穿于人生的始终，树立这种人生态度并加以实践，就会获得快乐和满足。朱子的思想很重视《中庸》所说的"尊德性而道问学"，但朱子格物穷理的思想重点在强调"道问学"，朱子自己也承认，在道问学和尊德性二者之间，他讲道问学更多一些。因此，就哲学的精神来看，朱子学可以说是孔子学习思想最大的继承、发展、推动者，朱子学的格物论可以说是对儒家自古以来的学习思想的一种哲学的论证和展开。

就中国而言，朱子学的接受者主要是"士人"，即明清时代所谓"读书人"，朱子学的宗旨即为士人提供一套道德学问思想体系，因此朱子学强调"学习""读书"的性格是与其宗旨相一致的。今天的社会在教育程度上已与古代不同，以古代朱子学的标准来看，现代人的受教育程度都超过小学而属于"大学"，所以重视《大学》的朱子学适用于现代社会的几乎所有人。现代社会越来越是一个"学习型社会"，一方面，知识，包括科学知识和人文社会知识，以及各种艺文知识，增长的速度超过以往任何时代，一个人一生中经历的知识的变化要求人必须不断地学习，以适应社会的发展。另一方面，现代人的寿命较古人普遍延长，退休后也仍然需要继续学习以实现各种人生的目标。因此，现代人的学习已经是"终身学习""终身教育"。在这方面，朱子学的"学习精神"应当说给我们提供了最好的指导。

1175年，朱熹46岁时，曾和另一个有名的学者陆九渊在江西鹅湖寺进行学术辩论，这是南宋思想史上一个有名的事件。争论的焦点是，朱熹强调要教人广泛读书，考察事物之理，而陆九渊则主张反求内心，不重视读书。朱熹主张的显然是一种重视知识和学习的理性主义的方法。

五、教育理念

除了学习精神，朱子学的教育理念也有其现代意义。从现代大学通识教育的角度来看朱子的格致论，有以下几点值得注意：首先，在朱子哲学之中，读书是格物的最主要的功夫，《朱子语类》的"读书法"，记载了朱子教人读书，特别是读圣贤书的方法。虽然朱子自己的著作中似乎并没有把读书明确作为一个哲学主题来讨论，但有关读书必要性的问题意识处处渗透在朱子的哲学议论之中。鹅湖之会的最后，朱、陆的争辩集中在要不要肯定读书作为学圣人的功夫，也反映出这一点。朱子所重视的格物功夫，其中主要的用力之方即是读书，对读书作为功夫的肯定及以读书为背景的哲学建构，是朱子对孔子"学"的思想的重要发展，在这一意义上，孔子之后，对"学"或由读书以学的思想贡献最大的人就是朱子。可以说，朱子的思想即是为近古的士人（读书人）提供的一套学为圣人的目标和方法。现代人教育水平普遍提高，朱子思想应较适宜于现代教育中学习者的需要。

朱子一生致力于对儒家经典的重新诠释，而对《大学》的几个重要观念的诠释在他的整个经典系统中占有重要的地位。朱子少年时即从父受教读《大学》，临终前仍在修改《大学章句》。他以超人的学识和智力，把终生的心力贡献给这一篇短小文献的整理和解释，这表明朱子对经典权威的尊重，和通过汲取古典的智慧并加以创新来发展人文价值的信念。朱子强调格物和问学，很大程度上是为了肯定经典讲论在儒学中的正当地位。朱子对经典学习非常重视，他所主张的读书主要也是指读圣贤之书、经典之书。虽然朱子作为哲学家毕生从事经典的诠释，但由于他特别重视读书人的经典学习，所以他的经典诠释在表述形式上特别注意满足一般士人对经典学习的需要。宋明学者并非都是如此，如王船山的《读四书大全说》，是船山自己的思想著作，而不是用来教授学生的。朱子则不同，从《论语训蒙口义》到《四书章句集注》，朱子多数的经典解释著作都着眼于学生的经典学习，以帮助一般读书人学习儒家经典著作为其著作目的之一。这使得朱子的著作在今天通识教育的经典学习上仍有参考的意义。

最后，朱子对经典学习，是持"德性"-"问学"相统一的立场，因此对于读书与经典学习，一方面，朱子始终以道问学的态度，主张人的为学向一切人文知识开放，注重精神发展的丰富性；并不是引导人走入专门性知识，而是走向超越专门知识、追求达到一种对全体世界的理解。这种态度最接近于通识教育的思想，即朱子真正强调的格物，不是追求一草一木的具体知识，而是达到对万事万物的"通识"理解；读书的最终目的不是指向具体领域的物理，而是指向整个世界的普遍天理。另一方面，朱子也以尊德性为要求，主张读书者应把经典中的道理与个人的涵养结合在一起，注重道德意识和价值情感的培养，涵养德性和品质，追求德性与知性的平衡发展，这也是与通识教育的宗旨相符合的。

近代东亚教育、科学的发展，曾借用朱子学的格物致知观念接引西方近代科学，这是朱子学观念在中国学术近代化上产生积极作用的一个例子。值得注意的是，除了朱子学的格物论有益于近代科学在中国的发展外，还应看到朱子学的格物致知思想更近于晚近受到大家重视的大学"通识教育"理念，因为朱子的格物说的确不是朝向某些专业的科学研究，而是重在培养学习者的综合素质、人文精神、道德理解、多元眼界和宽阔胸怀。通识教育的核心课程则是关于经典文本学习的课程，经典的意义在于其是人类文明的成果，是人类文明在历史筛选过程中经历选择而积累下来的精华，对经典的不断学习与发展是文明传承的重要途径，这正是朱子始终重视的一点。由此可见，对于当代的通识教育来说，朱子的思想是孔子之外最重要的思想资源。

六、化民成俗

在朱子的"四书"著作中，对《大学》的研究和阐发最具有代表性，也最集中地表达了朱子的儒学思想，《大学》固然着眼于成年读书人的修身，但也关注社会风俗的改善。如其《大学章句序》的最后一句："然于国家化民成俗之意、学者修己治人之方，则未必无小补云。"在此序文中朱子明白表达，不仅学校教育着眼于全民，所谓"当世之人无不学"，而且即使是大学，也并非只与君子、精英有关。他强调大学之教不仅与"学者修己治人"有关，也与"国家化民成俗"有关；不仅与"治隆于上"有关，也与"俗美于下"有关。因为就教育和学习的内容而言，儒家的学校教育与佛教不同，对士大夫来说是"本之人君躬行心得之余"，而对普通民众言是"不待求之民生日用彝伦之外"。所以，其教育的结果，则是"其学焉者，无不有以知其性分之所固有，职分之所当为，而各俛焉以尽其力"。学习者经过学习，不会脱离人伦日用，而能够更加理解自己的性分和职分，在其本职位置上尽其分、尽其伦、尽其职，尽其力、尽其心、尽其性。每个人都在其社会职位上尽其力，国家自然就得化民成俗之效了。"性分"指个人命定的社会地位和活动限度，"职分"是指个人对所处社会地位承担的责任和义务，"性分"的概念本出自玄学，朱子则由此阐明儒家教育具有积极的社会功能，即使人安其性分，尽其职分，移风易俗，指出化民正俗的重要性。朱子一生的小学、蒙学著作也很多，是对传统蒙学教育贡献最大的人，他的著作如《童蒙须知》《小学》《增损吕氏乡约》等，流行甚广，对儒学价值的大众化、通俗化，对培养少年儿童养成德性起了积极的作用。今天应当重视朱子在这方面的贡献，使朱子的这些著作与目前流行的《弟子规》一起古为今用，在道德教育中起其应有的作用。朱子的《家礼》《家训》也不仅对朱子一家或朱姓人家有意义，它们自南宋以来对社会风俗、化正人心都起了重要作用。今天我们要把朱子学的这些内容与社会主义核心价值的践行、培育结合起来，使中华文化、朱子文化成为涵养社会价值和个人美德的源泉与基础。

朱子的学术思想与大学通识教育

通识教育目前越来越得到关注大学教育的学者的重视。中国大陆通识教育目前的主要任务之一，是增加关于中国文化经典的课程，促进学生的中国文化认同，在中华民族复兴的时代，重建中国文化的主体性。在这方面，朱子对儒家经典学习所持的主张对我们有特殊的意义。

我们知道，朱子的经典解释有其明确的哲学基础，此即《大学》所谓"格物"和"致知"的问题，故朱子的经典解释是与朱子的学问功夫论紧密联结的。朱子一生致力于对儒家经典的重新诠释，而对《大学》的几个重要观念的诠释在他的整个经典系统中占有重要的地位。朱子少年时即受教读《大学》，临终前仍在修改《大学章句》，他以超人的学识和智力，把终生的心力贡献给这一篇短小文献的整理和解释，这表明朱子对经典权威的尊重，和通过汲取古典的智慧并加以创新来发展人文价值的信念。朱子的这一努力产生了广泛的影响，从此整个中国哲学被格物致知的问题所笼罩，"格物"与"致知"成为宋明理学中最富有生命力的范畴。

朱子的格物说有双重的性格，其中包含了探索事物道理、规律的认识意义，又强调道德意识的充分实现是格物的终极目的。在经典的训诂和解释方面，以格为穷，以物为物之理，格物即是穷理；有时亦训格为至，格物即"到事物上去"。在朱子看来，既然《大学》中已经有诚意、正心这样的德性条目，格物致知的入手处就应该是知识的学习和积累。因此，"到物上去"是去穷物之理，这和《易传》的"穷理"之说又可以相通。格物说中包含的经典学习和考察自然事物的知性方面，不仅使朱子生时受到象山的屡屡反对，更使朱子学的知识取向在明代受到阳明的强烈批评。

从通识教育的角度来看朱子的格致论，有以下几点值得注意：

首先，在朱子哲学之中，读书是格物的最主要的功夫，《朱子语类》的"读书法"，记载了朱子教人读书，特别是读圣贤书的方法。虽然朱子自己的著作中并没有把读书明确作为一个哲学主题来讨论，但有关读书必要性的问题意识处处渗透在朱子的哲学议论之中。鹅湖之会的最后，朱、陆的争辩集中在要不要肯定读书作为学圣人的功夫，也反映出这一点。朱子所重视的格物功夫，其中主要的用力之方即是读书，对读书作为功夫的肯定及以读书为背景的哲学建构，是朱子对孔子"学"的思想的重要发展，在这一意义上，可以说孔子之后，对"学"或由读书以学的思想贡献最大的人就是朱子。可以说，朱子的思想即是为近古的士人（读书人）提供的一套学为圣人的目标和方法。现代人教育水平普遍提高，朱子思想应较适宜于现代教育中学习者的需要。

其次，朱子强调格物和问学，很大程度上都是为了肯定经典讲论在儒学中的正当地位。朱子对经典学习非常重视，他所主张的读书主要也是指读圣贤之书、经典之书。虽然朱子作为哲学家毕生从事经典的诠释，但由于他特别重视读书人的经典学习，所以他的经典诠释在表述形式上特别注意满足一般士人对经典学习的需要。宋明学者并非都是如此，如王船山的《读四书大全说》，是船山自己的思想著作，而不是用来教授学生的。朱子则不同，从《论语训蒙口义》到《四书章句集注》，朱子多数的经典解释著作都着眼于学生的经典学习，以帮助一般读书人学习儒家经典著作为其著作目的之一。这使得朱子的著作在今天通识教育的经典学习中仍有参考的意义。

最后，朱子对经典学习，是持"德性"-"问学"相统一的立场，因此对于读书与经典学习，一方面，朱子始终以道问学的态度，主张人的为学向一切人文知识开放，注重精神发展的丰富性；并不是引导人走入专门性知识，而是走向超越专门知识、追求达到一种对全体世界的理解。这种态度最接近于通识教育的思想，即朱子真正强调的格物，不是追求一草一木的具体知识，而是达到对万事万物的"通识"理解；读书的最终目的不是指向具体领域的物理，而是指向整个世界的普遍天理。另一方面，朱子也以尊德性为要求，主张读书者应把经典中的道理与个人的涵养结合在一起，注重道德意识和价值情感的培养，涵养德性和品质，追求德性与知性的平衡发展，这也是与通识教育的宗旨相符合的。

近代中国教育、科学的发展，曾借用朱子学的格物致知观念接引西方近代科学，这是朱子学观念在中国学术近代化上产生积极作用的一个例子。值得注意的是，除了朱子学的格物论有益于近代科学在中国的发展外，还应看到朱子学的格物致知思想更近于晚近受到大家重视的大学"通识教育"理念，因为朱子的格物说的确不是朝向某些专业的科学研究，而是重在培养学习者的综合素质、人文精神、道德理解、多元眼界和宽阔胸怀。通识教育的核心课程则是关于经典文本学习的课程，经典的意义在于其是人类文明的成果，是人类文明在历史筛选过程中经历选择而积累下来的精华，对经典的不断学习与发展是文明传承的重要途径，这正是朱子所始终重视的一点。由此可见，对于我们的通识教育来说，朱子的思想是孔子之外最重要的思想资源。

朱子的阴阳变化观

一、两端相对

阴阳的学说是中国古典哲学辩证思维的主要理论形式之一，在这个问题上，不仅气本论思想家做了许多深入的阐发，理本论哲学家也做出了自己的理论贡献。

朱熹十分强调阴阳的普遍性。他指出：

> 阴阳无处无之，横看竖看皆可见。横看则左阳而右阴，竖看则上阳而下阴。仰手则为阳，覆手则为阴。向明处为阳，背明处为阴。《正蒙》云：阴阳之气循环迭至，聚散相荡，升降相求，缊缊相揉，相兼相制，欲一之不能。盖谓是也。（《朱子语类》卷九十四）

朱熹继承了张载"阴阳两端"和二程"无独有对"的思想，并把阴阳对立统一的思想做了更加充分的发挥。在朱熹讲学的语录中，几乎到处都可以看到他对阴阳普遍性的强调。他说：

> 无一物不有阴阳乾坤，至于至微至细，草木禽兽，亦有

牝牡阴阳。

只就身上体看，才开眼，不是阴，便是阳，密挨挨在这里，都不着得别物事。不是仁，便是义；不是刚，便是柔。只自家要做向前，便是阳，才收退，便是阴。意思才动便是阳，才静便是阴。未消别看，只是一动一静便是阴阳。

天地之间无往而非阴阳，一动一静，一语一默，皆是阴阳之理。

一物上又自各有阴阳，如人之男女，阴阳也。逐人身上，又各有这血气，血阴而气阳也。如昼夜之间，昼阳而夜阴也。而昼阳自午后又属阴，夜阴自子后又属阳。[1]

这些论述通俗易懂，无须做进一步的解释。他还指出：

天地之化，包括无外，运行无穷，然其所以为实，不越乎一阴一阳两端而已。其动静屈伸、往来阖辟、升降浮沉之性，虽未尝一日不相反，然亦不可以一日而相无也。[2]

阳代表一切前进、上升、运动、刚健、光明、流动的方面，阴代表一切后退、下降、静止、柔顺、晦暗、凝固的方面，一切事物，大至天地，小至草木，无不具有正反两方面的相互作用，这两方面的相互作用是宇宙及万物的本性。朱熹关于对立面及其相互作

---

[1] 以上各段，均出自《朱子语类》卷六十五。
[2] 《金华潘公文集序》，见《朱子文集》卷七十六。

用、相互渗透的思想显然受了张载的许多影响。

朱熹也发展了二程关于"对"的讨论。他说：

> 一便对二，形而上便对形而下。然就一言之，一中又自有对，且如眼前一物，便有背有面，有上有下，有内有外，二又各自为对。虽说"无独必有对"，然独中又自有对，且如棋盘路两两相对，末梢中间只空一路，若似无对，然此一路对了三百六十路，此所谓一对万，道对器也。(《朱子语类》卷九十五)

这是强调，"对"不只是指两个不同事物或现象的对立，每一个统一体自身中都有对立面，所以说一中自有对，独中自有对。根据这个思想，事物的矛盾不仅是一种外在的对立，也是一种内在的对立统一，这显然把阴阳对立思想推进了一步。

朱熹指出："东之与西，上之与下，以至寒暑昼夜生死皆是相反而相对也，天地间物未尝无相对者。"(《朱子语类》卷六十二)相反相对既然是宇宙的普遍现象，也就表明这是宇宙的普遍规律。他指出："有高必有下，有大必有小，皆是理必当如此，如天之生物，不能独阴，必有阳，不能独阳，必有阴，皆是对。这对处不是理对，其所以有对者，是理合当恁地。"(《朱子语类》卷九十五)在朱熹论阴阳对立的字里行间，常常充溢着一种体认到宇宙真理的兴奋，正如程颢所表达的那种心情："每中夜以思，不知手之舞之，足之蹈之也！"

二、阴阳交变

朱熹对于阴阳对立学说的发展还表现在他提出了"交易"和"变易"的观念。朱熹提出："某以为'易'字有二义：有变易，有交易。"(《朱子语类》卷六十五)"变易"是指事物的运动过程是一个对立面不断更替的循环过程，"交易"是指事物的构成是对立面的交合及相互作用。朱熹说："阴阳有个流行底，有个定位底。'一动一静，互为其根'，便是流行底，寒暑往来是也。'分阴分阳，两仪立焉'，便是定位底，天地上下四方是也。'易'有两义：一是变易，便是流行底；一是交易，便是对待底。"(《朱子语类》卷六十五)根据这个思想，宇宙间的对立统一，从纵的过程来说，正像昼夜更替，寒暑往来。从这个方面看，阴阳二气只是一气，气的运动如磁场的变化，是一个阴阳交替的循环过程。在这个过程中，阳气运行到极点就会转化为阴气，阴气运行到极点又转化为阳气。从横的方面看，一切事物包括宇宙本身都是阴阳对立的统一体。从这个方面看，有东便有西，有南便有北，有男便有女。这种阴阳对立被称为定位底，表明这种对立面有相对的固定性，然而这种对立面又是相互交合、相互作用的。

阴阳的变易又称为流行、推行、循环，阴阳的交易又称为对待、相对、定位。朱熹认为，只有从这两个方面同时理解阴阳的学说，才能全面地把握宇宙的辩证法。

朱熹的语录中记载："或问一故神，曰：一是一个道理，却有两端，用处不同。譬如阴阳，阴中有阳，阳中有阴，阳极生阴，阴极生阳，所以神化无穷。"(《朱子语类》卷九十八)阴中有阳、阳中有阴指阴阳的交易，阴极生阳、阳极生阴指阴阳的变易。正是阴阳的这两方面的对立统一造成了宇宙神妙无穷的变化和运动。对立面既是相互渗透的，又是相互转化的，因而定位的对待不是僵死的、固定的，流行的循环不断地在否定中运动。朱熹对阴阳显然有着辩证的理解。

三、体用对待而不相离

和二程一样，朱熹也是重视"形而上"与"形而下"的区分的。在他看来，凡是具体的东西总是形而下的，抽象的原理、本质、规律才是形而上的。朱熹说："形以上底虚，浑是道理。形以下底实，便是器。"（《朱子语类》卷七十五）"虚"表示形而上的东西是一种感性的具体存在。亚里士多德的哲学曾提出"两种实体"的理论，认为个体事物是第一实体，一般性的东西是第二实体，朱熹哲学则认为前者是形下之器，后者是形上之理。他还认为，在两者之间有体用之分，不能认为形上形下都是体或本体。如他说："至于形而上下，却有分别，须分得此是体，彼是用，方说得一源。分得此是象，彼是理，方说得无间。"[1]

在中国古代哲学中，体用的范畴有多种意义。朱熹也说："见在底便是体，后来生底便是用。此身是体，动作处便是用。天是体，万物资始处便是用。地是体，万物资生处便是用。就阳言，则阳是体，阴是用。就阴言，则阴是体，阳是用。"（《朱子语类》

---

[1]《答吕子约》，见《朱文公文集》卷四十八。

卷六）也就是说，体用可以用来区分本原和派生、实体和作用。体用作为把握世界的范畴，也有相对性。然而，和其他理学家一样，朱熹哲学中的"体"主要指事物内隐不可见的形而上之理，"用"则是指见诸事物的理的各种表现。

关于"体用"的规定，朱熹进一步提出了一些补充前人说法的原则，主要有：

1. "体一而用殊"（《朱子语类》卷二十七）。体既然是事物深微的本质、原理，它就是一般的、普遍的，而用作为理的外在表现，则是个别的、万殊的、具体的。

2. "体用"无先后。朱熹说："有体则有用，有用则有体，不可分先后说。"（《朱子语类》卷七十六）体用有则同有，无则皆无，两者没有发生学上的关系，没有时间上的先后。朱熹曾举例说，体用就像"耳"和"听"，不分先后。

3. "体用"二而一。朱熹常说体用是二，是两物。这是说体与用不是一个对象有两个名称，体和用是事物客观存在的两个不同方面。"体用自殊，安得不为二乎。"[1] 一方面，如果体用本来是同一的，也就谈不上"一源"和"无间"了。另一方面，体用又是统一的，"体用亦非判然各为一事"[2]，在这个意义上，体用又是一物，它们是一物的不同方面。

4. 体用不相离。朱熹指出："体用之所以名，政以其对待而不相离也。"[3] 体用具有一种对立统一的关系，它们互为存在的前提、存在的条件，体和用离开对方而独立存在是不可想象的，若如此

---

〔1〕《答吕伯恭论龟山中庸》，见《朱文公文集》卷三十五。
〔2〕《答吕伯恭》，见《朱文公文集》卷三十三。
〔3〕《答吕伯恭》，见《朱文公文集》卷三十三。

也就不成其为体或用了。

5. 朱熹极为推崇程颐"体用一源，显微无间"的名言。他进一步发挥说："体用一源，显微无间，盖自理而言，则即体而用在其中，所谓一源也。自象而言，则即显而微不能外，所谓无间也。"[1]这是用体中有用、用中有体来发展程颐的思想，虽然朱熹的思想是从其理本论出发体现他对体用的一些辩证的理解。

此外，朱熹还主张体用是有层次的。他说："大抵体用无尽时，只管恁地移将去。如自南而视北，则北为北，南为南。移向北立，则北中又自有南北。体用无定，这处体用在这里，那处体用在那里，这道理尽无穷……分明一层了又一层。"（《朱子语类》卷二十二）这是说在一定的条件下，体或用的每一方面都可以进一步区分自身中的体用，这几乎是一个无穷的一分为二的层次体系。

以上这些思想，充分表现出朱子在宇宙观、方法论上的辩证思维，既是对北宋道学辩证思维的继承和发展，也对后世理学的宇宙观和方法论产生了重大的影响，对中华民族的思维方式也产生了不容忽视的影响。

---

[1]《答汪尚书》，见《朱文公文集》卷三十。

朱子其人其学

　　所谓朱子学，就是朱熹及其学派的思想学术。朱子学不仅对中国文化产生了深远影响，并且在五六百年前就已经向境外传播到当时的韩国、日本，甚至越南，在整个东亚地区都产生了重大的影响，特别是韩国，它是朝鲜朝几百年历史中占据主导地位的意识形态。

　　关于朱子学的定位，20世纪80年代后期，著名历史学家蔡尚思提出"东周出孔丘，南宋有朱熹，中国古文化，泰山与武夷"。泰山就在山东，武夷就是武夷山，在闽北，因为朱熹从十几岁开始就居住在武夷山下。这句话的意思是说，泰山与武夷就是中国古文化的两大高峰和主要标志。在中国文化史和教育学上影响最大的，前推孔子，后推朱熹。特别是宋以后，孔孟程朱成为我们整个社会文化的主导力量，"家孔孟而户程朱"，也就是说，家家户户没有不知道孔孟程朱的。蔡尚思先生其实对传统文化是站在很强的批判立场上的，但是他能对朱熹在中国文化史上的地位做出这样高的评价，说明朱熹确实在理学方面有重要贡献。

　　其实，从整个3000年的中国文化史来说，蔡尚思先生的评价是有一定理由的。夏代大约是从公元前21世纪开始，到商、周，到孔子出生的约公元前6世纪，差不多是1500年的时间。当然，对夏以前的中国历史，比如说尧舜时代的文化，我们现在还没有考古学的明确支持，但可以说，三代的文化传承到孔子，他对中国这1500年的文化做了一个总结。在这个意义上，孔子是中国文化史上第一个集大成式的人物。孔子以后又经过了大约1500年，到了宋代朱熹（生于1130年）那里，他对孔子以后的儒学又进行了总结，也包括继承和发展。因此，如果说中国整个文化史上有两个集大成的人物，那么第一个是孔子，第二个就是朱熹。

孔子总结的是上古时代的文化，包括中华文明的起源和最初发展。他一方面总结了夏商到春秋1500年的早期中华文化，一方面又通过思想上的阐发塑造了中华文化后来发展的气质，塑造了中华民族的文化心灵。后续各个时代的儒家学者，都是在传承、发展孔子的这些思想，一直到宋代。

到了宋代，经过魏晋隋唐时期佛教、道教的繁盛发展，中国文化批判地吸收了二教的思想文化营养，儒学发展成为新儒学，也就是宋明理学，支配了南宋后期至元明清几百年的发展。而宋明理学的主流就是朱子学。所以，后世对朱熹有如此高的评价也就不足奇怪了。

明清之际的黄宗羲在《宋元学案》中用三句话概括了朱熹的学术体系："致广大，尽精微，综罗百代。""广大"就是规模宏大，"精微"就是内容精细，"综罗百代"就是说他对整个历史文化做了全面综合。

在即将迈入21世纪时，有人总结过去的1000年里最重要的历史和文化代表人物，其中就有朱熹。也就是说，朱熹不仅是在中国历史文化上有巨大影响力的人物，也是能够代表整个人类历史文化发展的重要人物。

一、朱子其人

我们先来讲一下朱熹的成长史。朱熹的祖先世居徽州婺源，此地历史上属于安徽地区，后来划归江西。他的父亲朱松早年到福建政和县做官，祖父随着一起来到福建，后来祖父病故，因为贫困不能葬回原籍，就安葬在了政和县，从此一家便定居在了福建。朱熹的父亲后来调任福建尤溪县尉，去任后仍有很长时间居住在尤溪，朱熹即出生在尤溪。秦桧当政时，他父亲辞官去朝，居住在建州一带。在朱熹14岁的时候，父亲去世，此后的很长时间，他都住在福建崇安。后来他在武夷山的五曲盖了几间房子，命名为武夷精舍，著述讲学；晚年到建阳，盖了沧州精舍，后来叫考亭书院。也就是说，朱熹一生很长的时间都是居住在闽北地区，讲学也主要在闽北地区。他在外做官的时间都不长，最长的一次是50岁起在江西南康做官两年多，65岁时在湖南长沙做官不到一年，其余几任官职都是在福建境内。所以，朱熹所创立的学派后来也被称为闽学。

在宋代，"闽学"不仅仅是对朱熹的学术活动地的一个标识，同时也是对整个两宋道学发展的一个比较刻画，也就是把两宋的理学用"濂洛关闽"四个字来贯穿。最开始叫濂学，指的是程颢、程颐的老师周敦颐的学说；再发展叫洛学，以二程为代表；再发展叫关学，指的是张载所代表的关中学术；最后发展为闽学。所以，闽学也表示两宋理学发展到集大成的阶段。

幼年资质

据记载，朱熹很小的时候，刚会说话，父亲就教他认识事物，指着天空教他那是天。朱熹就问父亲天的上面是什么，这包含了他对宇宙的一种追问。而据朱熹自己说，这是他五六岁时候的事情。他从小就没有把对知识的追求放在一个比较狭窄的领域，而是指向了很深远的宇宙。他七八岁的时候，和小朋友一起玩，但是他和别人玩的不一样，他总是在地上画画，后来他的父亲一看，他画的竟然是《周易》八卦的卦象，这是中国古代宇宙论的主要依据，也是儒家哲学、道家哲学共同的宇宙论框架。当然，这和朱熹的家庭环境与父亲的教育有关，也可以看出，朱熹从小就表现出了哲学家的禀赋。但是，朱熹又多次说自己"少而鲁钝，百事不及人"，"记问言语不能及人"。这说明少年朱熹从智力上来看并不突出，但就是因为他认识到自己资质平淡，所以激发了他学习上的奋发努力。

少年立志

朱熹很早就开始立志。在他八九岁的时候，私塾老师教《孝经》之前，他就自己先看了一遍，并且在上面写了"不若是，非人也"，这就是说他要按照《孝经》上讲的来做人。他读《孟子》时，"未尝不慨然奋发，以为为学须如此做工夫"。十三四岁再次读《孟子》，读到"圣人与我同类者"时，"喜不可言"，他立志要达到圣人的境界。

发奋读书

朱熹14岁时父亲去世，去世前他把朱熹托付给好友刘子羽和刘子翚、刘勉之、胡宪三君子。刘子羽让朱熹到弟弟刘子翚办的私塾里读书。刘子羽是当地很有地位的官员，他为朱熹母子提供了很好的住宿条件。朱熹在私塾里发奋读书，也吃了很多苦。他说"初看子夏'先传后倦'一章，凡三四夜，穷究到明，彻夜闻杜鹃声"，也就是说，他在看《论语》里讲子夏的那一章时，遇到不理解的地方，有三四夜不睡觉，穷究到天亮。我相信他这种学习的自觉不是因为别人在后面用鞭子抽打，是他自知资质"鲁钝"而自觉奋发努力的结果。因此，他18岁就通过了建州乡试，19岁中了进士。可以说，刘子翚、刘勉之、胡宪三君子很出色地完成了朋友的嘱托，为朱熹提供了很好的教育与指导，再加上朱熹自己的努力，因此他取得成功不是偶然的。

心好为己

朱熹的父亲朱松自幼就对他进行教育和熏陶。朱熹说很小的时候父亲就教授自己二程关于《论语》的思想，灌输二程的道学思想，还给他讲了很多古代重要历史事件成败的原因和经验教训，"为说古今成败兴亡大致，慨然久之"，这些讲解和感慨都对朱熹产生了一种感染。朱松死前把朱熹托付给的三君子，和朱松是志趣相投的人，倾心于二程之学。其中，刘勉之曾跟随二程的大弟子杨时学习，可以说是二程洛学的传承人；朱熹跟随刘勉之学习，这样算起来，朱熹就是杨时的再传弟子了。所以，朱熹也很早就倾心于洛学，道学、理学的思想对他产生了深刻影响。这种影响，朱熹自己概括为四个字："为己之学"。

《论语》中讲"古之学者为己"，理学的创始人二程也特别强调这个观点，就是要正确确立学习的概念，学习不是为了外在的目的，不是给别人看的，而是为了自己生命的充实、思想的提升。朱熹说自己"自少鄙拙，凡事不能及人，独闻古人为己之学，而心窃好之"，他认为虽然自己百事不如人，但是知道并且倾心于古人的为己之学。这说明他在很早的时候就树立了正确的学术观。这是朱熹早年的思想历程很重要的基础，有了基础和方向，再加上自己"心窃好之"，才能真正走上理学的道路。

受学延平

虽然父亲很早的时候就给朱熹指明了方向，但是他后来在跟三君子学习时，因为年轻，求知欲强，什么都希望学习，所以三君子好佛的思想也影响了朱熹。朱熹在刘子翚的私塾时，刘子翚经常带他到武夷山上去学习。刘子翚交往了几个僧人道士，朱熹很好奇，就和他们聊天。僧人看朱熹挺会问问题的，就说，别看你年纪小，还是懂得一点昭昭灵灵的禅的。什么是昭昭灵灵的禅呢？就是一种心的昭明灵觉的状态。禅宗追求心的觉悟，这种觉悟就是昭明灵觉的状态。获得了赞许后，朱熹自己也开始留意佛学。所以就有这样一个故事：朱熹18岁去赶考，临走时刘子翚检查他的行李，看到他别的书都没带，就带了一本禅僧大慧宗杲的语录《大慧语录》，还有一种说法是带了《孟子》和《大慧语录》两本书。无论哪种说法，他带的书里肯定有一本是《大慧语录》，这说明他曾想追求一个昭昭灵灵的禅。

其实朱熹不仅学习佛教的东西，道教的书也看。他19岁中进士后，到闽北一个亲戚家去，亲戚家附近就有一个有名的道士，他专门找了这个道士交谈，道士还送了书给他。

他的思想真正完全转向理学是在24岁的时候开始的。这一年发生了什么事情促使他转变呢？

原来朱熹考中进士后，按照宋朝的惯例，他要先通过一个铨试才能获得做官资格，所以朱熹过了几年参加并通过了铨试，被授予泉州同安县主簿，24岁时赴任。朱熹提前规划了自己赴任的路线，在这条路线每个重要的节点上拜访一些重要的人物，其中一处就是延平。朱熹在这里拜访了他父亲的朋友李侗，后世也称李侗为李延平。朱熹见了李延平，李延平就问他读了什么书，朱熹就把读佛教、道教的心得跟他讲了很多，但是李延平没有发表看法，也没有鼓励他，只跟他说还是要多看圣贤书。朱熹后来回忆说，他当时觉得李先生这个人不会说话，自己兴高采烈讲了很多佛学心得，他却只说不对、不是，要朱熹多看圣贤书，没有说为什么不对，朱熹觉得李侗可能没有了解佛教的好处。

我们知道，杨时是二程的得意弟子，他离开洛阳回南方时，二程目送他很远，并说"吾道南矣"，所以后来杨时的学术也被称为道南学派。杨时后来将学问传给了罗从彦，罗从彦传给了李侗，所以李侗是龟山学派里比较知名的学者。朱熹了解这一点，所以还是比较重视李侗的劝告。他后来说："同安官余，反复思之，始知其不我欺矣。"意思是说，朱熹在同安做官的闲暇时间，反复思考李先生的话，才知道他没有欺骗自己。于是他就开始跟李侗通书信，请教儒家经典的学习研究方法，这些书信在后世被编成《延平答问》。

朱熹28岁离开泉州回崇安时又去见了李侗，这时他已经不像上次那样认为佛教是最好的东西了，他满心的关怀是二程的学问，特别是二程弟子谢上蔡的思想。应该说，朱熹是在李侗的积极影响下迈出了道学的第一步。朱熹回闽北后继续学习，其后，他徒步百余里到延平李侗那里学习、请教。这使朱熹真正走上了理学家的道路。

二、朱子其学

政治思想

朱熹33岁开始投身政治活动，他给宋孝宗写了奏书即《壬午应诏封事》，发挥《大学》中所讲"格物致知，正心诚意"之意，认为三纲领八条目不仅是世人的为学方案，也应当是对君主的首要要求。帝王之学，必先格物致知，彻底了解事物的变化，才能精细地辨义理是非，这样才能够意诚心正，才能够应付天下大事。

34岁时朱熹第一次到朝中面见孝宗奏对，对孝宗说，"大学之道在乎格物以致其知"。他说孝宗有两件事没做到，一是随事以观理，二是即理以应事。随事观理就是格物穷理，格物就是要随事随物，穷理就是要观理。即理以应事，就是要了解事物的变化，才能够应付天下的大事。他认为孝宗没有做好这两件事，所以收不到治国平天下的效果。宋孝宗听了当然会不高兴。

朱熹50岁时做南康知军，其后皇帝诏求直言，朱熹又应诏上书奏事，因为这一年是庚子年（1180年），所以称为《庚子封事》。在这封上书中，朱熹又一次讲到了正心的重要性，说爱民之本在于皇帝能够正心。皇帝怎样才能爱民呢？先要正心，正了心才能够确立道德和法纪。他还说现在皇帝只亲近一两个小人，受他们的蛊惑，安于私利，所以造成不好的社会局面。当时孝宗大怒，但是宋朝有一个传统，就是不能因为文官大臣提了意见就进行残酷打击，甚至杀害。

朱熹59岁的时候，皇帝又让他入都奏事。有人劝朱熹，"正心诚意"是皇上最不爱听的，这次千万别提这四个字了。朱熹很严肃地说：我平生所学就这四个字，怎么能不说？我不说就是欺君！因此他到了朝廷，对孝宗说：陛下继位三十年还没有什么治国理政的效果，是因为心里私欲太多，天理不够，应该对每一个念头都谨而查之，心里毫无私欲，天下事才能大明。这其实还是"格物致知，正心诚意"的思想。朱熹回去后的那年冬天又上奏书，说为人君者心不正的话，天下事无一得正；"人心惟危，道心惟微"；皇帝应该以天理之公战胜人欲之私，进贤退奸、端正纲纪。

朱熹一生不愿做官，几次受到任命时都反复推辞。65岁那年，朱熹受命做焕章阁待制兼侍讲，前去赴职，但是只在朝四十多天就因庆元党争而被罢官回家了，学说也被称为"伪学"而遭到禁止，连自己也在党争的迫害中病故。党争期间，朱熹连书也很难出版。于是他做了很多古典文献的整理工作，如《楚辞集注》《阴符经考异》《孝经刊误》《韩文考异》等。

学术成就

朱熹的学术成就是非常突出的，比如在易学方面，他著有《周易本义》《易学启蒙》；在文学方面，他作了《诗集传》《楚辞集注》《韩文考异》；在礼学方面，有《家礼》《仪礼经传通解》；在史学方面，朱熹很早就作了《资治通鉴纲目》。另外，他还指导学生注解《尚书》。特别值得一提的是，他合刊了《论语》《孟子》《大学》《中庸》，称为《四书章句集注》，前两部书是集注，后两部是章句。除此之外，他还写了《四书或问》。此后，"四书"的经典地位甚至超越了"五经"。元代时，朱熹的《四书章句集注》成为科举考试的教科书，这确立了他在中国教育史和思想史上的地位。总之，朱熹在这些方面的成就是巨大的。

学术思想

朱熹的学术成就很多，那么，他所有的学术思想里最重要的是什么呢？

我们知道，《大学》是孔门后学的一个重要文献，其中提到的"明明德、亲民、止于至善"三纲领，和"格物、致知、诚意、正心、修身、齐家、治国、平天下"八条目，朱熹最重视的就是格物致知。

朱熹是怎么理解格物的呢？就是"即物穷理"：要了解事物的道理，必须在事物本身上穷理。这主要是针对佛教。朱熹认为佛教也讲了很多理，但是佛教的穷理脱离了人伦和万事万物，脱离了修身、齐家、治国、平天下。即物穷理就将儒家与佛教在学术方向上区别开了。

格物穷理的主要途径，朱熹认为就是多读书，多了解事物。关于这一点，朱熹曾和陆九渊在江西鹅湖寺有一次辩论，史称鹅湖之辩。他们争论的焦点是，朱熹强调要教人广泛读书来考察事物之理，并强调这是儒者治学的基本方法；而陆九渊则主张反求内心，不重视读书。这样比较起来，朱熹的主张是一种重视知识和学习的理性主义的方法。

教育兴学

朱熹一生特别注重兴学，他到一个地方必兴学校，比如他到南康就寻访了白鹿洞的遗址，重建白鹿洞书院。他还亲自制定了白鹿洞书院学规，叫作《白鹿洞书院揭示》。朱熹认为学校教育的宗旨是教学生博学、审问、慎思、明辨、笃行，另外要修身、处事、践行，而不是空泛读书。白鹿洞书院的修复和白鹿洞书院学规的提出，应该说是中国书院历史上的一件大事。

朱熹65岁后又修复了岳麓书院，他还是以白鹿洞书院的学规作为岳麓书院的学规，并且把他的《四书章句集注》作为教材，这个办法到了元明清成为书院通行的教育方法。

朱熹的讲学强调理性本体、理性人性、理性方法，这使得理性主义成为后来中国思想的主流，对中国文化、中国精神产生了巨大的影响，而且对于中国文化和东亚文化在近代能够顺利学习近代科学也起了积极的作用。

三、朱子思想的现代意义

1. 存天理——以理制欲。朱熹阐发了古代"人心惟危，道心惟微"的思想，认为"人心"是指个体的感性欲望，与生俱来，不可能不产生，也不可能消除，但如果"无所主宰，流而忘返"，社会就会"危"，就会出现各种各样的问题。要使人心不致危害社会，就应该用"道心"主宰"人心"。道心是指人的道德意识与理性，朱熹认为道心的特点是公，公就是普遍，即社会普遍的道德法则。所以，在理性和欲望的关系上，朱熹强调"存天理，去人欲"，主张以理制欲。

2. 道问学——学习精神。道问学是就学习方面而言的。《论语》开篇就提出"学而时习之，不亦说乎"，可见学习是孔门一贯强调的基本人生态度，也是基本的修身方法。在孔子看来，学习不是一个人阶段性的活动，而是根本的人生态度，应贯穿人的一生。《中庸》也强调"尊德性而道问学"。就哲学的精神来看，朱子可以说是孔子学习思想最大的继承、发展、推动者。朱子学的格物论可以说是对儒家自古以来的"学习"思想的一种哲学的论证和展开。

3. 尊经典——教育理念。在朱子哲学之中，读书是格物最主要的功夫，《朱子语类》的"读书法"，记载了朱子教人读书，特别是读圣贤书的方法。虽然朱子自己的著作中似乎并没有把读书明确作为一个哲学主题来讨论，但有关读书必要性的问题意识处处渗透在朱子的哲学议论之中。鹅湖之会的最后，朱、陆的争辩集中在要不要肯定读书作为学圣人的功夫，也反映出这一点。朱子所重视的格物功夫，其中主要的用力之方即是读书，对读书作为功夫的肯定以及以读书为背景的哲学建构，是朱子对孔子"学"的思想的重要发展。可以说，朱子的思想为近古的士人（读书人）提供了一套学为圣人的目标和方法。周敦颐在指导二程时也强调读书学习的可贵，认为"圣可学"，即圣人是可以通过读书学习而达到的。

朱子一生致力于对儒家经典的重新诠释。朱子所强调的格物和问学，很大程度上都是为了肯定经典讲论在儒学中的正当地位。朱子对经典学习非常重视，他所主张的读书主要也是指读圣贤之书、经典之书。虽然朱子作为哲学家毕生从事经典的诠释，但由于朱子特别重视读书人的经典学习，所以，他的经典诠释在表述形式上特别注意满足一般士人对经典学习的需要。宋明学者并非都是如此，如王船山的《读四书大全说》，是船山自己的思想著作，而不是用来教授学生的。朱子则不同，从《论语训蒙口义》到《四书章句集注》，多数朱子的经典解释著作都着眼于学生的经典学习，以帮助一般读书人学习儒家经典著作为其著作目的之一。这使得朱子的著作在今天通识教育的经典学习中仍有参考的意义。

朱子的经典学习，不是追求一草一木的具体知识，而是追求达到对万事万物的"通识"理解；读书的最终目的不是指向具体领域的物理，而是指向整个世界的普遍天理。同时，朱子也以尊德性要求读书者把经典中的道理与个人的涵养结合在一起，注重道德意识和价值情感的培养，涵养德性和品质，追求德性与知性的平衡发展，这也是与通识教育的宗旨相符合的。

4. 贵持敬——主敬伦理。朱熹讲主敬，主敬有时也叫持敬。朱子学的学问宗旨，还常常被概括为"主敬穷理"，即所谓"主敬以立其本，穷理以进其知"。什么是主敬呢？主敬是一种内心的状态，也是一种行为的状态，朱子说敬是"教人随事专一谨畏，不放逸耳"。其实专一、谨畏、不放逸，不仅是随事而行，也应当是随处而行，不管是做事还是不做事时，都要主敬。分别来说，不做事时的主敬体现的是一种精神态度，即内心总是处于一种警觉、警省、敬畏的状态；做事时的主敬则表现了一种做事的态度和伦理，一种专一、敬业的态度，它的反面是"怠惰放肆"。

从从业做事的角度来说，朱子学的现代意义之一，是可以为东亚社会的现代化提供一种"工作伦理"，朱子学的主敬精神为从传统到现代的工作伦理提供了一种现成的资源和伦理概念。德国社会学家马克斯·韦伯特别重视工作伦理对现代资本主义大生产产生的作用，认为近代资本主义的产生借助了新教伦理作为精神动力，他曾指出"资本主义无法利用那些信奉无纪律的、自由自在的信条的人的劳动"，而主敬所代表的正是自我约束、严肃认真、勤勉专一的工作态度。对于保持东亚社会积极的工作伦理，朱子学仍能提供重要的资源。

青年朱子的成长之路

　　大家好，今年"朱子之路"的启动仪式已经开始了，主办者让我跟大家讲几句话。我想讲什么呢？因为大家都是青年朋友，且"朱子之路"经过的几个点都是朱子青年时代停留过的地方，所以我想讲讲青年朱子的成长之路，也可以说是朱子的成长史吧。

　　朱子的祖先世居徽州婺源，这个地方在历史上属于安徽，近代以来划归江西。北宋末年，朱子的父亲朱松在福建政和县做官，朱子的祖父随着一起来到福建。后来祖父病逝，当时因为贫困不能葬回原籍，就安葬在政和县。朱松后来调任福建尤溪县尉，去任后仍有很长时间居住在尤溪，朱子即出生在尤溪。朱松在朝中做官时，碰上秦桧当政，被罢朝官，转承议郎出知饶州。待朱松辞官去朝，就一直在闽北的建州一带居住。朱松在朱子14岁的时候就去世了，临终前把他托付给刘子羽还有刘子翚、刘勉之、胡宪三君子。三君子是朱子的老师，刘子羽是朱熹母子生活的主要资助者，他给他们提供了很好的居住条件，还让朱子到其弟刘子翚办的私塾里读书。这个地方在哪里呢？就是崇安县，今天的武夷山市。到了中年的时候，他在武夷山九曲溪之五曲盖了武夷精舍。六十多岁的时候在建阳考亭建了沧州精舍，后来叫考亭书院。

也就是说，朱子一生主要的活动地区都是在闽北，做官的时间很少，最长的一次也是在泉州。他一生活动的地区主要还是在福建，因此后人把他的学术叫作闽学，这跟他从事学术活动的地方确实有关系。

今天我们讲青年朱子的成长史，要从他的幼年讲起，到他二十多岁为止。主要有以下几个要点。

第一点是幼年的发问。发问就是一种追问。《朱熹年谱》告诉我们，朱子幼时，他的父亲教给他很多知识，指着天说"这是天"。他回忆，自己听到这句话后便进一步追问天体是如何？外面是何物？这是朱子幼年时的发问，这种发问本质上已经带有哲学意味，他对知识的好奇心不是在日常的周边事物上，而是指向了很深远的宇宙。从这一点看，他小时候已经表现出了一定的哲学家的禀赋。这样的发问有好几次，朱子自己也讲，从幼年的时候起他就因为想不明白这些问题而烦恼，烦恼就思量，思量这个天后面是什么东西。可以说，不同于一般幼童，朱子从小就表现出喜做哲学之思的特点。

但是，这里要跟大家说的一个重点是什么呢？朱子虽然在幼时就有了这种哲学的发问，但他成年后多次说自己"少而鲁钝，百事不及人"，"记问言语不能及人"。跟其他孩子比起来，他记忆力不行，不是博闻强识的类型，而且言语能力差。这与其具有哲学之思的特点并不矛盾，可能太喜欢思考，所以与其他孩子的交流很少，练习语言能力的机会也就很少。总之，这里最重要的就是他少年时代的自我认识。他从小就知道自己是鲁钝型的人，"百事不及人"，对自己有一个清醒的认识。这一认识并没有使他放弃对学问的追求，反而使他产生了追赶别人的勇气与志向，激起了其前行的莫大动力。这是我们了解朱子成长史的一个基点。

第二点是少年的立志。朱子在八九岁的时候开始读《孟子》，读到"圣人与我同类"时，非常激动，后来他回顾说自己"未尝不慨然奋发"，"慨然"讲立志的状态，"奋发"是努力的状态。前面我们讲朱子自知少年鲁钝，所以立下了要急起直追的志向，这种志向特别表现在他读《孟子》的这个例子上。朱子在八九岁就立志要做圣贤一样的人，那个时候，他的老师教他《孝经》，他写下了一行字："不若是，非人也"。这样来看，朱子的立志就不仅是要跟其他孩子一样，好好读书，得到好的评价，而是已经立下了圣人之学的志向。他将《孝经》所表达的德行作为自己一生所向往的目标，可以看出他的立志有其特色，他不仅要摆脱资质鲁钝的欠缺，而且从一开始就以儒家经典里面所表达的人格理想作为他要追求的目标。他的志向不是英雄之志，而是圣贤之志。

第三点是青年的奋发。刚刚讲"慨然奋发"，之所以分成两点来看，是因为奋发特别表现在他青年时代的读书上。朱子后来回顾，自己青年时期读书吃了很多苦，不过这些苦并不是老师强加给他、打手板打出来的，而是一种自觉。他说"初看子夏'先传后倦'一章，凡三四夜，穷究到明，彻夜闻杜鹃声"，就是说他在看《论语》里讲子夏的那一章时，三四夜不睡觉，思考、琢磨不理解的地方，跟苦学、奋发相伴随的就是彻夜的杜鹃声。因此，朱子18岁就通过了建州乡试，19岁中了进士。朱熹的成长史跟其立志与努力是分不开的，所以今天跟大家讲的这席话，我想大家首先要记住"慨然奋发"这四个字，"慨然"就是立志，"奋发"就是努力，一个人要成大事、成大器，必须要慨然立志、奋发努力，朱子就是这样。大家这一路上会看到他的很多行迹，也可以想见他青年时期的努力。

最后一点要讲的是方向的确定，即怎样在青年时代找到自己的方向感。立志、努力，最后还要凝聚于一个方向。在这一点上，我想念朱子的一句话：少而鲁钝，百事不及人。独闻古人为己之学，而心窃好之。"少而鲁钝，百事不及人"是朱子的自述，但唯有一点，朱子对自己还是满意的，那就是从小就从他的父亲和老师那里有闻"古人为己之学，而心窃好之"。现在大多数人的学习都是为了给别人看的，无论是给父母、同学，还是老师。真正为了自己生命的成长、思想的提升而学习的人，是很难看到的。这就涉及一种学习观，朱子很早就在其父亲、老师的影响下树立了正确的学习观。学习，就像古人讲的，要从事为己之学，而不是为人之学。圣贤之学不是做给别人看的为人之学，而是为己之学，是真正为了自己生命的成长、精神的成长和心灵的成长。所以，应该说，朱子虽然资质鲁钝，没有伶牙俐齿，也并非古灵精怪，但他很小的时候就树立了正确的学习观和学习方向。一个人就算再聪明、再努力，但如果方向不对，也不能成器。朱子最后能成为圣贤，应该与其很早就树立了正确的学习观、把"古之学者为己"奉为自己的座右铭是非常相关的。当然这跟他后来的发展方向，成为宋代道学的集大成者也是有关系的，因为在他的理解中，洛学就是为己之学的典型，而他的父亲对于洛学心窃好之，他的老师也是顺着洛学的传统下来的。他们对朱子的影响非常大，所以朱熹很早就倾心于洛学。

当然，以上讲的看起来像是一个直线的过程：从立志、奋发到树立学习观。其实，人在青年时代也会有一些迷茫、困惑，朱子也是一样的。他14岁住在刘子羽家，他的老师刘子翚经常带他去武夷山，见一些和尚、道士。他十三四岁时经常听到的和尚、道士的讲论，对他也产生了吸引。因为我们抽象地来讲，也可以说佛教是为己之学，它同样也是要贴近自己的身心修养，不是做给别人看的、身外的功利之学。所以朱子在青年时代曾受到这些当时的"异学"的吸引，也很正常。朱子说他那时对三教九流什么都理会，特别是对佛道很有兴趣。据说他17岁去赶考，刘子翚检查他东西是否带全，把包袱打开，有两本书，一本是《孟子》，一本是禅僧大慧宗杲的语录《大慧语录》。这虽然是个故事，但也说明他的成长之路并不是笔直的，其中也有很多诱惑，也会产生很多困惑。古人常常遇到这种情况，即青年时受到各种东西的诱惑，于是就泛滥无归，对什么都有兴趣。而要从泛滥无归归本到正路正途，需要有名师的指点。朱子在23岁赴任同安主簿的时候，路经延平去拜见李侗，李侗就给了他明正的指导。他在同安到任后，反复思及李侗对他的指导，真正从泛滥无归回到了道学的轨道。这就说明名师的指点对于人的成长也是非常重要的。

　　总结以上的几点，第一点就是要正确地认识自己，然后慨然奋发，这对于人的成长来说非常重要。第二点就是像朱子讲的要窃好古人之学，树立正确的学习观。最后就是最好有名师的指导和导正，这样青年的成长才能迈向成器、成才的境界。今天就跟大家说这么几句，算是今年"朱子之路"的一个引子。

水流无彼此，地势有西东

——全球化视野中的朱子学及其意义

古代儒家的历史哲学，常用"理-势"的分析框架来观察历史。所谓势，就是一种现实的势力、趋势；所谓理，就是规律、原则、理想。势往往与现实性、必然性相关，理则往往联系于合理性而言。二者有分有合。离开历史的发展现实，空谈理想和正义，就会被历史边缘化。但如果认为"理势合一"是无条件的，那就意味着"凡是现实的都是合理的"，就会失去对历史和现代的批判与引导力量，抹杀人对历史的能动参与和改造。因此，就本来意义上说，"理-势"分析的出现，不仅是为了强调人对历史发展趋势的清醒认识，更是为了强调人以及人的道德理想对历史的批判改造作用。从前人们常说"历史潮流，不可阻挡"，历史潮流就是势。势或历史潮流有其历史的必然性，但不一定是全然合理的，不是不可以引导的；但不顾历史大势，反势而行、逆历史潮流而动，则必然要失败。妥当的态度应当是"理势兼顾""以理导势"，这是朱子学面对全球化问题应采取的立场。

一

　　如果放开历史的眼界，把晚近迎来的所谓"全球化"进程放在近代世界历史的发展中、放在世界"现代化"运动的展开过程中来看，那么可以说，全球化其实是世界史上现代化发展的一个新的阶段，是世界各地区联结一体进程的一个新的阶段，当然也是全球资本主义发展的一个新的阶段。

　　应当承认，全球化已经成为一个诠释的主题，它所引发的各种诠释涵盖了人类社会实践的多个领域。因此，如果把20世纪90年代以来兴起和流行的全球化概念看作狭义的，即指冷战结束以后以信息技术革命为基础的世界新发展时期，那么，要思考全球化运动的特质并对此运动做出回应，必须顾及广义的全球化观念，即19世纪以来有关世界交往联系加深的理论思考。今天的全球化，可以说是"世界普遍交往和互相依赖的全面扩展和深化"。

　　今天，面对经济、技术的全球化，以及由此带来的人们对推进政治民主化的要求，我们必须以"全盘承受"的态度，全面加强和世界的联系与交往，加速科技文明的进步，加快学习现代企业制度及其管理体系，推动政治文明的不断进步；立足于民族国家的根本利益，充分利用全球化的机遇，趋利避害，大大发展生产力；借助全球化，促进现代化，在积极融入全球化的潮流中，建设适应世界发展和潮流的社会，促进中华民族的伟大复兴。

　　全球化一词，若作为动词，本应指某一元素被推行于、流行于、接受于全球各地，在这个意义上，全球化是有主词的，如说"市场经济的全球化"，其主词就是"市场经济"，如说"美国文化的全球化"，其主词就是"美国文化"。但是，事实上，虽然众多政治家、媒体、学者使用全球化这一语词，但多数人并不赞成这种有主词的全球化的理解。一方面，从文化上看，原因很明显，有主词的全球化是一元论的，意味着用单一性事物去同化、覆盖和取代全球的文化多样性，意味着同质化、单一化、平面化，这在文化上是极其有害的。另一方面，这种有主词的全球化，一般被认为是西方化，甚至是以美国的政治经济体制、价值观、文化意识形态作为其主词的，它必然引起与世界各地的民族认同和文化传统的紧张。而现实世界的全球化过程也的确有这样的趋势和倾向，特别是美国所主导和推动的全球化始终致力于朝这样的方向发展。这理所当然地引起欧洲和亚洲等多数国家人民对"文化帝国主义"的警觉和质疑。基于这样的立场，更多的人赞成把文化的全球化视作全球各文化"相互渗透，相互融合"的过程，甚至把全球化作为一种杂合的过程。这样的全球化概念更多地代表一种全球性状态，而不是指单一中心把别人都化掉，这里就不需要主词了。可见，与这样一个时代相适应，必须发展起一些新的、富于多元性的世界性文化概念和文化理解。

所以，全球化和本土化在实践上是互相补充的，所谓"全球的本土化"（glocalization）即是如此。从这个方面来说，全球化应当是多主词的，从而形成复数的全球化，诸多的全球化努力相互竞争、相互影响，共同构成全球化时代大交流的丰富画面。在这个意义上，全球化是一个竞争平台，是一种技术机制，任何文明都可以努力借助当今世界的技术机制使自己所追求的东西全球化。

由于全球早期现代化过程历史地呈现出西方化的特点，因此，从韦伯到帕森斯，在伦理上都把西方文化看成是普遍主义的，而把东方文化看成是特殊主义的,这意味着只有西方文化及其价值才具有普遍性,才是可普遍化的,而东方文化及其价值只有特殊性,是不可普遍化的,从而为东西方的价值关系制造了"普遍主义"和"特殊主义"的对立。这样的观点运用于全球化,就是以"西方"去"化"全球,以实现"全球化"。在这里,全球化的讨论就和现代化的讨论衔接起来了。"现代化"要求从古代进入现代,讲的是古往今来,突出了"古-今"的矛盾;而"全球化"要求放之四海而皆准,讲的是四方上下,突出的是"东-西"的矛盾。20世纪60年代的现代化论者凸显"传统-现代"的对立,要后发国家和地区抛弃传统文化价值,拥抱现代化,90年代的全球主义者强调的是"全球-地方"的对立,要用全球性覆盖地方性。可见,从现代化到全球化,古今东西的问题始终是文化的中心问题。从儒家思想的立场来说,针对现代化理论,我们强调古代的智慧仍然具有现代意义;针对全球主义,我们强调东方的智慧同样具有普遍价值。其实,这两种针对都是强调文化传统特别是非西方文化传统的普遍意义和永久价值,只是强调的重点一个侧重在时间,一个侧重在空间。

二

经济与技术的全球化是当今的世界大势。而对于文化学者来说,研究的重点是不仅关注全球化运动的"势",也要分析其中的"理",尤其注重全球化运动的文化面向,从而使我们不仅成为全球化运动的参与者,也时刻保持对全球化运动的清醒分析,在参与中发挥东方文化的力量，促进全球化运动向更理想的方向发展。因此对于我们来说，问题的重点其实不是讨论全球化的经济、技术、政治的方面，而是文化，即全球化时代的文化关系。从全球化的实践上看，经济和文化可以分开讨论，[1] 如第三世界在经济全球化的浪潮席卷全球上异议较少，但在文化上，注重本土性、民族性和地方特色的呼声日益高涨，而且除了非西方的国家，欧洲国家也发出了此类呼声。中国古代朱子学中，有所谓"气强理弱"和"以理抗势"的说法。如果"气"与"势"一样可表达现实性、倾向性发展力量的概念，而"理"可以表达价值理想、合理性的概念，那么用这样的观点来看全球化的问题，我们可以说，在全球经济领域，气强理弱；但在全球文化领域，理可以抗势。理念对现实的引导作用更多地体现在文化的领域。

在如何以儒家哲学特别是朱子学的观念分析处理全球化时代的问题上，已经有学者用理学的"理一分殊"来说明东西方各宗教传统都是普遍真理的特殊表现形态，既各有其价值，又共有一致的可能性，[2] 用这种说法促进文明对话，是很有价值的。我想补充的是，从儒家哲学的角度，可以有三个层面来讲，第一是"气一则理一，气异则理异"，气在这里可解释为文明实体（及地方、地区），理即价值体系。每一特殊的文明实体都有自己的价值体系，诸文明实体的价值都是理，都有其独特性。第二是"和而不同"，全球不同文明、宗教的关系应当是"和"，和不是单一性，而是多样性、多元性、差别性下的共存，同则是单一性、同质性、

〔1〕　罗兰·罗伯森也认为，世界体系在政治、经济上的扩张，与文化并不形成对称的关系。见程光泉主编：《全球化理论谱系》，湖南人民出版社，2002年，第126页。

〔2〕　刘述先：《全球伦理与宗教对话》，台湾立绪文化事业有限公司，2001年。

一元性。和而不同是目前最理想的全球文化关系。第三是"理一分殊"，不同的文明及其价值有其普遍性。在差异中寻求一致，为了地球人类的共同理想而努力。

进而言之，就社会文明而言，文明包括社会组织、社会制度、生产方式；社会体制，包含民族的各种组织形式、血缘结构，以及语言、风俗、礼法、歌舞、神话、文学等。这些共同构成一个特定的文明社会。文明社会包含甚广，物质、政治、社会、精神的各方面都包含在"文明"之内，文明是实体性的存在之总和，是形而下之可见者，故学者多认为"文明"包括技术、物质的因素，而"文化"是指价值、理想、道德等。

用朱子学分析，文明属气，文明所寓含的价值为理。各个文明有所不同，即为气的分殊的体现。文明不同，其中所寓含的理亦有不同，即各文明的价值体系有所不同。这合于朱子所说事事物物各有其理，文明的差异性是不能抹杀的。而从宇宙的全体来看，事事物物各有其理是一个方面，还有另一方面，即天地万物共有之理，此即"理一"，此"理一"就地球人类而言应是贯穿或超越各文明的普遍价值。因此，如何处理超越各文明的普遍价值与各文明内含的价值之辩证关系，是冷战结束以来一直受关注的问题。和而不同，是就"事事物物各有其理"而言，当然是最基本的层次；若推而上之，各文明之间有没有共同的价值，如何表达这些体现共通性、一致性的共同之理，黄金规则是否可以看作全球伦理共通的理一，都是值得讨论的问题。换言之，分殊和理一在文明问题上如何表现，仍然是文明对话要探讨的问题。"理一"可对应于世界的普遍性，"分殊"对应各个不同地区的地方性，"理一分殊"正好否定了只承认"理一"不承认"分殊"的偏失；只承认同质性，不承认异质性，就是忽视分殊，而全球化的同质化趋势即抹杀分殊的倾向。朱子曾说"理不患其不一，所难者，分殊耳"，这句话若扩大其应用，亦可作为对待全球化文化的一种态度。

以上是就文明间关系而言。就每一文明而言，气是很强的作用与实体因素，而且气是决定理的实体，但理一旦形成，对气又有主导其方向的内在指向意义。这些分析方法是对朱子学方法的进一步应用。如朱子说，"随其形气而自为一物之理"，此形气亦可为文明之实体因素。朱子又云，"观万物之异体，则气犹相近而理绝不同"，各个文明即异体，虽皆有国家社会组织，而文明之价值之理，各有差别。故明代朱子学家罗整庵云"理须就气上认取"，此话亦可用于文明多样性的认取。"如这理寓于气了，日用间运用都由这个气，只是气强理弱。"（《朱子语录》卷四）

三

在理气外，"强弱者势也，得失者事也"。朱子重视"势"的概念，势的概念是就历史人事而言。朱子学中的"势"常常体现了历史变化发展的必然性，故言"势有不能已者"，"势有不得不然"，"事势之必然"。气强理弱可作为势的一种表现。

在朱子的分析中，出现了"理势之自然""理势之当然""理势之必然"三种概念，虽然朱子对三者的分别未尝详言，但我们可以予以展开。我们以为，"理势之自然"是指自然的进程，但它不是不可改变的，故说"理势之自然，非不得不之势也"。"理势之必然"主要是指合乎理性的必然进程与结果,"行仁义而天下归之,乃理势之必然",是非人力所能改变者。"理势之当然"是指历史发展的合理性原则,亦即当然之理及符合此理的历史实践,故说"理势之当然,有不可得而易者"。此外,还有"理势之宜然"的说法,这是指用以解释历史的原则。

无论如何,这些理势合说的用法,虽然都表达了理势的关联,但都没有明确涉及价值之理与历史之势之间的紧张关系。其实,朱子不仅重视作为历史过程本身合理性的必然之"理",也重视以当然之"理"推动人的历史实践去补充、导正势的偏重。朱子主张乘势、顺理,既要乘势而行,也要顺理而为,同时,他也指出,"天下之势终不免于偏有所重",故应"因其自然之势而导之"。这里的"导之"所依据的自然是当然之理,所以,朱子的理势说,包含着用理和势二元因素来分析历史,以理导势,引导实践。

在朱子学的历史发展中,理势论也不断得到发展,如饶鲁说:"盖天下有理有气。就事上说气,气便是势。才到势之当然处,便非人之所能为。"这是说气体现在世事上,便是势,势之当然处,便是天理,明确以势归属气。势可以为流行之总体,亦可为流行之趋势,由于势是人事,因此必须考虑人的实践努力,而不能认为一切现实都是自然合理的,这与理气自然哲学不同。故有理势自然流行之理,也有人事当然之理,后者是人在实践中的指导原则,因此他又说"有大德者便能回天,便胜这势"。"回天、胜势"必须以德为根基,以理为宗旨。在这个意义上说,理可以胜势。

《朱子文集》卷四有诗曰:

水流无彼此,地势有西东。

　　若识分时异，方知合处同。[1]

水流无彼此，可以表达各文明与文化的共通之理，强调交流与共享；地势有西东，可以表达东方文明与西方文明的价值差异性，尊重差异。"识分""知合"在全球化时代可诠释为："分"是文化的差异性、多元性，"合"是全球化、普遍化。在今天读来，这首诗帮助我们表达了把握多元性和普遍性是全球化时代必须要面对的哲学议题的观点。

　　总之，朱子在《四书集注》中既谈到"理势之当然"，又谈到"理势之必然"。用这样的观点来说，全球化是"自然之势"，但人可以而且应当"因其自然之势而导之"，这样才能把理和气结合起来，把理势之自然和理势之当然结合起来，才能促使历史向着人理想的方向前进。

---

〔1〕　诗题为《分水铺壁间读赵仲缜留题二十字戏续其后》。

"陈荣捷朱子学论著丛刊"总序[*]

陈荣捷先生（1901—1994），已故著名的世界中国哲学权威和朱子学权威，一生朱子学著述甚多，他的中文著作原皆在台湾印行，现在华东师范大学出版社将出版陈老先生朱子研究著作的简体字本，这是我国朱子学研究的要事和喜事！

陈荣捷先生1901年生于广东开平县，幼入私塾开蒙，后在塾师指导下习读"四书""五经"等书。1916年春赴香港，考入拔萃书院，学习英文和中文，同年秋考入广州岭南学堂。1917年入岭南中学，"五四"运动时，积极参加广州学生运动，曾代表岭南学生参加广州学生联合会，被选为会部长。1920年秋入岭南学院（后更名为岭南大学）文科专业，继续投身文化运动，并服务于岭南工人夜校，任副校长。1924年岭南学院毕业，赴美留学，入哈佛大学英语系，1926年改入哲学系。1929年以毕业论文《庄子哲学》获哈佛大学哲学博士。1929年秋应母校岭南大学之聘，任大学教学秘书、教授。1930年起任岭南大学教务长。1932—1934年兼在中山大学教授美学、英文。1933年曾出任中国基督教高等教育评议会主席。

———————
＊ 本篇与华东师范大学出版社"陈荣捷朱子学论著丛刊"所附总序略有不同。——编者注

1935年秋赴夏威夷大学任交换教授，讲授中国哲学。1936年离开岭南，任夏威夷大学东方研究所访问教授。1937年起改任夏威夷大学正式教授，讲授中国哲学和中国文明课程。1939年与哲学界知名人士发起、创设"东西方哲学家会议"。1940年兼任夏威夷大学哲学系主任。1941年12月太平洋战争爆发后，因夏威夷大学暂时关闭，于1942年转赴位于美国东北的名校、常春藤盟校之一的达特茅斯学院（Dartmouth College），任比较文学系访问教授，次年转为中国文化教授，后改中国哲学教授。值得一提的是，陈荣捷先生在第二次世界大战期间和战后初期，常常在集会上讲演，也经常参加巡回讲演，多达数百次，向美国人民介绍中国人民的抗战和中国文化。1951年任达特茅斯学院人文学院院长，这是当时东方人在美国担任的最高学术职位。1966年，65岁的他自达特茅斯学院退休，被授予中国哲学和文化荣誉教授。是年应宾州匹兹堡的查坦姆学院（Chatham College）之聘出任格利斯派讲座教授，1971年任期届满，仍继续在该学院讲授中国思想课程，至1982年完全退休。1975年起，任哥伦比亚大学中国思想兼任教授，与时任哥伦比亚大学副校长的狄百瑞教授联合执教哥大新儒学讨论班，直至晚年。1978年，被选为"中央研究院"院士，1980年当选美国"亚洲及比较哲学学会"会长。1994年8月病逝于美国匹兹堡家中，享年93岁。

陈荣捷先生在美国讲授中国哲学五十余年，在不同的时期其学术活动的重点有所不同。20世纪40年代至50年代，由于美国的中国研究尚在起步阶段，陈荣捷先生的著述主要集中在中国哲学、艺术、宗教的总体性论述上，在此期间著有英文著作《现代中国的宗教趋势》（哥伦比亚大学出版社，1953年）、《中国哲学历史图表》（耶鲁大学远东出版社，1955年）、《中国哲学大纲及附注参考书目》（耶鲁大学远东出版社，1959年）等。1960年陈荣捷先生为《大英百科全书》撰写中国哲学概要以及诸思想家传记文章；在60年代，他还为其他许多百科全书撰写有关中国哲学和儒家、道家及理学的文章和条目，事实上他几乎成了这一时期各英文百科全书关于中国哲学的内容的唯一撰稿人，一时被欧美学术界誉为把东方哲学文化思想最为完备地介绍到西方的中国大儒。

从夏威夷时代起，陈荣捷先生长期致力于中国古代哲学资料的英文翻译，1963年陈荣捷先生的四部重要英译著作出版，即《坛经》（纽约圣约翰大学出版社）、《王阳明的传习录及其他著述》（哥伦比亚大学出版社）、《老子之道（道德经）》（鲍波斯·麦瑞尔出版社）和《中国哲学资料书》（普林斯顿大学出版社）。前三者为儒释道三家的重要经典，其中《传习录》的翻译尤有意义。《中国哲学资料书》积作者十余年之功，全书共44章，856页，所有的条目、名称、名辞都有解释，所有的引文皆有溯源或说明，注释多达三千余条，该书确立了一个很高的翻译标准，至今仍无人超越，并一直是美国院校教授中国哲学的标准教科书，对英文世界的中国哲学的传习贡献极大。

自60年代初期起，陈荣捷先生除了为诸百科全书撰文外，主要精力渐渐转向新儒学（理学）的研究。他的英译《近思录》在1967年出版，其中参考日韩著作甚多，注释说明尤为精详。在他生命的最后20年，全部的学术关注几乎都集中在朱熹的研究和对朱熹研究事业的推动上。1982年由陈荣捷先生组织、筹备和担任大会主席的"国际朱熹会议"在夏威夷檀香山举行，会议汇聚了当世东西方著名的朱熹研究专家，这次会议是世界朱子学术研究的高峰。此次大会的完满举行不仅大大促进了朱子学研究，也是陈荣捷先生自己的重要成就，进一步提高了他在国际学界的声誉。1982年以后，陈荣捷先生出版的朱子学研究著作大都以中文发表，计有《朱子门人》《朱学论集》《朱熹》《朱子新探索》《近思录详注集评》。此外，由"中央研究院"中国文哲研究所出版的陈荣捷先生的《新儒学论集》《宋明理学之概念与历史》也都是主要与朱熹有关的论文汇集，与陈先生的朱子学专著相互发明。

1946年H. F. MacNair在柏克莱出版的英文《中国》一书中即有陈荣捷先生所写的"新儒学"一章，这是战后西方叙述理学专篇之始，也是叙述朱子思想专篇之始。1957年他发表了《新儒学对恶的问题的解决》和《新儒学与中国科技思想》两文。1960年出版的陈荣捷先生与狄百瑞等合编的英文版《中国传统诸源》，其中的理学七章，包括朱子一章，乃出自陈荣捷先生手。1963年陈荣捷先生的《中国哲学资料书》出版，其中理学部分共有十三章，朱子占一章。当时西方学界还没有研究新儒学和朱子的学者，陈荣捷先生是战后欧美朱子研究的先驱。

陈荣捷先生在60—80岁之间，越来越专注于朱子学的研究，这一时期的成就体现在1982年出版的两部中文著作中：一是《朱子门人》，对朱子门人的人数构成、地理关系、社会背景、学术贡献等详加考证研究，显示出他的朱子学研究的深厚功力，此一卓越著作之贡献与地位，衡之于世界汉学的朱子学研究，已居于前列。二是《朱学论集》，该书所收入的论文，如《朱熹集新儒学之大成》《论朱子之仁说》《朱子之〈近思录〉》《朱陆通讯详述》等，都是陈荣捷先生这一时期的重要论文，其立论高屋建瓴，分析深刻，资料丰富，对推进朱熹思想的理解，甚有助益，也充分体现了陈荣捷先生重视"朱子研究新材料之发见"的研究特色。这两部一流的朱子学研究著作与国际朱熹会议的非凡组织，确立了陈荣捷先生在世界朱子学研究上的领导地位。80岁以后，他老当益壮，在朱子学研究方面更上层楼。1986年他以85岁高龄完成了中文巨著《朱子新探索》，于1988年出版，全书分126节，所论多日韩及我国学者历来所不及论者，涉及朱子生平、思想及其所关联之人物、事迹的诸种课题，无所不包，发掘了大量以往不被注意的新材料，大大细化和深化了朱子研究的课题。此书无可怀疑地显示出，陈荣捷先生的朱子学研究造诣之精深，已达到了炉火纯青的境地。陈老先生亦自认为这本书代表了他学术研究的最高成就。1990年先生为台湾"世界哲学家丛书"撰写的《朱熹》出版，其中吸收了他历年的有关成果，并在义理分析和资料考辑两方面进一步做出了新的贡献。1992年《近思录详注集评》出版，此书"集评"部分采自《语类》《文集》《四书集注》《四书或问》等朱子书的资料达八百余条，又从中国注释18种、朝鲜8种、日本37种，以及笔记48种之中，引用张伯行、茅星来、江永等人的注释和朝鲜、日本学者之评语五百余条；对《近思录》所载622条资料皆考列其出处，所引用评论一千三百余条亦皆列出其出处，极便学者。此书"详注"部分则对《近思录》本文涉及的典籍、术语、引语、人名、地名等详加注释。对各卷所引"程子"之言，都根据《遗书》《外书》《文集》之实据，确定其出自明道还是伊川。若有明道语误为伊川或伊川语误为明道者，亦皆为之改正。此书功力深厚，完备翔实，超迈前人，对学界的宋代理学研究，贡献实大。

　　除以上所述数种关于朱子的中文著作外，先生尚有英文朱子学论著如下：《〈近思录〉——新儒学文选》，哥伦比亚大学出版社，1967年；《新儒学词释：〈北溪字义〉》，哥伦比亚大学出版社，1986年；《朱熹的生活和思想》，香港中文大学出版社，1987年；《朱子新研究》，夏威夷大学出版社，1989年。编著有《朱熹与新儒学》，夏威夷大学出版社，1986年。陈老先生的英文朱子著作的贡献，在英语学界的新儒学研究中无疑也是首屈一指的。

　　值得一提的是，陈荣捷先生尊朱子而不贬阳明，就新儒学研究而言，他亦有阳明学的中英文重要著作，除前述1963年出版的英文著作《王阳明的传习录及其他著述》外，中文著作有《王阳明传习录详注集评》，学生书局，1983年；《王阳明与禅》，学生书局，1984年。在新儒学之外，陈荣捷先生还有关于中国哲学的其他英文著作多种。

　　陈荣捷先生的学问方法，重观念史的分析，而不忽视史实考证，有深厚的西学学养，而倡导以朱解朱，注重原始资料，超越门户之见，特别重视利用日韩学者的研究成果；他从历史的脉络观察思想发展，从概念的分析探讨学派流变，学风平实缜密，治学精审严谨，他的学风和方法是朱子学研究当之无愧的典范。

　　陈荣捷先生是20世纪后半期欧美学术界公认的中国哲学权威，英文世界中国哲学研究的领袖，也是国际汉学界新儒学与朱熹研究的泰斗。美国在战前和战后初期都不重视理学研究，至20世纪70年代始为之一变，以哥伦比亚大学和哈佛大学为中心，新儒学和朱熹的研究一时兴起。1977年，陈荣捷先生海外教学40年纪念时，他曾作诗三首，兹录其二：

海外教研四秩忙，攀缠墙外望升堂。

写作唱传宁少睡，梦也周程朱陆王。

廿载孤鸣沙漠中，而今理学忽然红。

义国恩荣固可重，故乡苦乐恨难同。

"而今理学忽然红"是指70年代美国中国思想研究的变化，这在改革开放后的中国神州大地也同样再现了。"写作唱传宁少睡，梦也周程朱陆王"传神地写出他对理学先贤的景仰。我想，在他生命的最后20年，梦中所见已唯有朱子，他在朱子身上贯注了他的全副生命和全部感情，朱子研究已经毫无疑问地成了他的终极关怀。

我认识陈老先生时他已85岁，他90岁时仍神采奕奕，步履如常，神思敏捷，笔力甚健，所以朋友们一直相信他必然要寿至百岁。他对我和我的朱子研究，可谓爱掖独厚，我现在保存的他晚年和我的通信有几十封。他平易近人、虚怀若谷、不耻下问、提携青年学者的风范，至今仍使我深深感动。在我的心目中，他无疑是一个伟大的学者。在我的了解中，他的人格气象和精神境界已经达到了理学所推崇和倡导的仁者的境界。今天，在有幸为他的著作集写序的时候，我的内心充满了对他的深切的怀念，久久不能平静。

陈荣捷先生的朱子学研究著作是朱子学研究的宝贵财富，我衷心地期望读者们能够认真研究他的学术成果，努力学习他的治学精神，共同努力，不断推进朱子学研究的深入和发展。

朱子经学研究的几个问题

有研究者主张，淳熙九年（1182年）朱子在浙东提举任上，首次把四书合为一集，刻于婺州，经学史上的"四书"之名第一次出现了；又认为四书合刻以后，朱熹又于淳熙十三年（1186年）对《四书章句集注》做了修改，改本于同一年分别由詹仪之刻印于广西静江、赵汝愚刻印于四川成都，到绍熙三年，由曾集将序言本《四书章句集注》刻印于南康，流行一时。

此说亦见于新编《朱子全书》的《四书章句集注》的校点说明：

> 淳熙四年（一一七七年）序定成《四书章句集注》，朱熹四书学思想体系至此基本确立。淳熙九年（一一八二年），朱熹在浙东提举任上首次把《大学章句》、《中庸章句》、《论语集注》与《孟子集注》合为一编，刊于婺州，是称"宝婺本"。从此，经学史上与"五经"相对的"四书"之名正式出现了。

> 随着朱熹对理学的不断求索，《四书集注》仍在他不断自我否定的反思中一次次地修改。淳熙十二年（一一八五年）、淳熙十三年（一一八六年），有过两次大的修改，改定后的本

子于同年分别由詹仪之刻印于广西静江，赵汝愚刻印于四川
成都……直至绍熙三年（一一九二年）秋，才由曾集（致虚）
刻印于南康，流行一时，但在庆元党禁中书禁板毁。[1]

照以上的说法，相关研究者认为：第一，朱子淳熙九年在婺州第
一次把他对四书的注解合刻为一编，并且题以《四书集注》之名；
第二，淳熙十一年（1184年）在德庆又刻印了《四书集注》，仍用
婺州本；第三，对婺州本加以修改后的《四书集注》改本则分别
由詹仪之刻于静江，由赵汝愚刻于成都；第四，稍加修改的淳熙
十六年序定本《四书集注》在绍熙三年由曾集刻于南康。

然而，如果我们仔细研读朱子本文，便可知**以上的论断都不
能成立**。以下我们仅就论者提出的资料来做一简要的分析。

1. 关于浙东所刻本

《朱子文集》卷五十八朱子答宋深之第二书云：

> 且附去《大学》《中庸》本，大、小学序两篇，幸视至。
> 《大学》当在《中庸》之前。熹向在浙东刻本见为一编，恐
> 勾仓尚在彼，可就求之。

很明显，朱子此书只谈及《大学》《中庸》，并没有涉及《论语》
《孟子》。朱子所说的"向在浙东刻本见为一编"者当即指《大学》
《中庸》的合刻而言，而与《论语》《孟子》无关。从这里，并不
能推出朱熹在浙东曾将四书合刻为一编，更不能推出朱熹首次用

---

[1] 朱熹：《朱子全书》，朱杰人、严佐之、刘永翔主编，上海古籍出版社、安徽教育出版社，
2002年。

了"四书"之名，所谓"宝婺本四书"的说法是论者自己的造作，在"四书"学史上也是完全没有历史用例的。

2. 关于广西所刻本

《朱子文集》卷二十七朱子答詹帅（仪之）第二书：

> 故尝布恳，乞勿示人，区区此意，非但为一时谦逊之美而已也。不谓诚意不积，不能动人，今辱垂喻，乃闻已遂刊刻，闻之惘然……德庆刊本，重蒙序引之赐，尤以悚仄，此书比今本所争不多，但紧切处多不满人意耳。

观朱子此书可知，因詹氏之请，朱子曾将自己近来改定的"说经之书"的书稿送给詹氏，但嘱咐詹不可示人，却不料不久忽收詹书，说已经将朱子书稿付印。所以朱子说"今辱垂喻，乃闻已遂刊刻，闻之惘然"，又说"欲布愚恳，便乞寝罢其事，又恐已兴工役，用过官钱，不可自已"。朱子鉴于当时政治状况的复杂，反对詹氏刻行，故极言其中利害，此中的细节这里省去不论。詹氏此刻本姑称之为詹本，当时盖在刻印之中。

而所谓"德庆刊本"则当是詹本之前已经行世的本子，"今本"当即詹氏正在刻印的本子。如果我们对"今本"的推测无误，朱子的意思是说，德庆刊本与詹氏目前所要刊刻的本子相比，差别不大，但德庆刊本在紧切处的发明甚不令人满意。可见詹氏所刻者与德庆所刊者应是同一书，詹氏所欲刻者为后改本。朱子写此信时，詹氏所欲刻的这个后改本是朱子两年前改订过的。但是，在朱子这封信中，并没有说明德庆所刻与詹氏所欲刻的书是否即《四书集注》。

那么詹氏所要刻的是什么书呢？不久朱子又有答詹帅书第三书，中云：

> 伏蒙开喻印书利病，敬悉雅意……然今窃味台诲必以利害戚戚置之度外为说，则亦无可言者，但两年以来节次改定又已不少，其间极有大义所系、不可不改者……《中庸》《大学》旧本已领，二书所改尤多；幸于未刻，不敢复以新本拜呈，幸且罢议，他日却附去请教也。《中庸》序中推本尧、舜传授来历添入一段甚详，《大学》格物章中改定用功程度甚明。删去辨论冗说极多。旧本真是见得未真，若《论语》《孟子》二书，皆蒙明眼似此看破，则鄙拙幸无今日之忧久矣。

从首语可知，此书是承前一书继续申论詹刻朱书的利害，信中后一段朱子说得很明白，他说：《中庸》《大学》的旧本幸亏你没刻，也决定不予刊刻，因为我这两年改正的地方很多，说明我以前见得未真。如果《论语》《孟子》两书你也没有刻，那该多好啊，我也就不会有今日的担忧了。

这明确表达出，詹仪之未经朱子同意便决定刊刻的是《论语》《孟子》二书，即朱子的《论语集注》和《孟子集注》，并不包括《大学章句》和《中庸章句》。可见，从朱子答詹仪之书是不能推出詹仪之在广西刻印了《四书集注》的合刻本的。所以，续集答黄直卿书有"广西寄得《语》《孟》说来"。可见，詹刻广西本只有《论语集注》《孟子集注》，说其为《四书章句集注》合刻，显然是缺乏明确证据的。

3. 关于德庆刊本

上面已经说明，詹本与德庆刊本应是同一书，既然我们现在知道詹本是《论语集注》《孟子集注》，则可知德庆本应亦是《论语集注》《孟子集注》。上述书信中没有证据说明德庆刊本是《四书集注》。我们知道，如果一个地方在某年分别刻印了《论语集注》《孟子集注》《大学章句》《中庸章句》，这绝不等于可以说这个地方刻印了一部叫作《四书集注》的书；如果一个地方在某年把《论语集注》和《孟子集注》合刻为一编，又把《大学章句》和《中庸章句》合刻为一编，这也绝不等于可以说这个地方刻印了《四书集注》。"《四书集注》"必须是指朱子把《语》《孟》《学》《庸》的注释合刻为一编，并且题名为《四书集注》，只有在此种情形下，才能说"把四书合为一集"，"经学史上的'四书'之名出现了"。

所以，不要说没有证据证明德庆刊印了《大学章句》《中庸章句》，即使德庆也刊行了《大学章句》《中庸章句》，也没有证据说明它们是和《论语集注》《孟子集注》合刻的。至于此书中所说"《中庸》《大学》旧本已领"，其"旧本"为何，是不是婺州所刻，并不清楚；即使是婺州刻本，如前所说，那也只是《大学章句》《中庸章句》的合刻本，不是《四书章句集注》的合刻本。

4. 关于四川所刻本

至于成都本，束著引魏了翁《朱氏语孟集注序》：

> 辅汉卿广以《语孟集注》为赠……较以闽浙间书肆所刊，则十已易其二三；赵忠定公帅蜀日成都所刊，则十易

六七矣。(《鹤山大全集》卷五十三）

这也明指"《语孟集注》"而言，与《大学章句》《中庸章句》无关，是说辅广赠给他的《论语集注》《孟子集注》，与闽浙本、成都本相比，都已经有了很大的改动。在这里只能证明赵汝愚在四川刻印了《论语集注》《孟子集注》，根本没有说明，也不能证明赵汝愚帅蜀时合刻《论语集注》《孟子集注》《大学章句》《中庸章句》为《四书集注》。可见，说赵刻蜀本即《四书集注》合刻，也是没有明确证据的。

5. 关于南康本

最后，来看曾致虚刻印的南康刊本。

《朱子文集》卷六十三朱子答孙敬甫第五书说：

> 南康《语》《孟》是后来所定本，然比读之，尚有合改定处……《大学》亦有删定数处，未暇录去。今只校得《诗传》一本并新刻《中庸》一本，与印到程书《祭礼》并往。

从"南康《语》《孟》"的提法可知，朱子此书所说的南康本也是只有《论语》《孟子》，不涉《学》《庸》，从朱子此书只能断定南康刻印过朱子的《论语集注》和《孟子集注》，甚至《语》《孟》的集注在南康是否合刻一编，我们也无从断定。从"南康《语》《孟》"的提法便推论南康刻印了《四书集注》，显然是不足为据的。从朱子此书来看，当时《大学章句》《中庸章句》更多是单刻本，所以他说《大学章句》改定"未暇录去"，只把新刻的《中庸》和《诗传》送给孙敬甫。

续集卷一，朱子与黄直卿书云：

> 得曾致虚书，云江东漕司行下南康，毁《语》《孟》板，刘四哥却云被学官回申不可，遂已。

这也证明，南康刻行的是《论语集注》《孟子集注》，没有证据证明此本是《四书集注》。

以下再来看"四书"以外的其他问题。

6. 关于《诗集传》

有学者认为：淳熙四年，朱熹修改并序定了《诗集解》，此即朱熹所说的"第二次解者，虽存小序，间为辨破"。这时朱熹虽已疑《毛诗序》，但在他改变观点之初，尚未完全摆脱《诗序》的影响，这在他于淳熙四年所作、署名《诗集传序》的文本里可以看出。这篇收入《文集》卷七十六，以及置于朱熹《诗集传》正文前的《诗集传序》实乃其修改本《诗集解》的序言，因淳熙四年朱熹的《诗集传》尚未定稿，这表明此序不是今本《诗集传》的序。

首先，《诗集解》是《诗集传》初稿的未定称名之一，但初稿有时也称为《诗集传》。所以，一定要说淳熙四年以前没有《诗集传》、一定要说现在《文集》里的《诗集传序》不能叫作《诗集传序》而只能叫作《诗集解序》，是不对的。其次，朱子《语》《孟》的集注，《大学》《中庸》的章句，也并非从一开始就称为集注或章句的，如别集卷四朱子答林井伯："伊川先生多令学者先看《大学》，此诚学者入德门户，某向有《集解》两册纳呈福公。"这里就是把《大学章句》称为《集解》。朱子对自己的著作往往有很多种称法，有时用简称也颇随意，所以我们不能把定名为《集注》

或《章句》以前的《语》《孟》注解或《学》《庸》集注看成与定名后的《集注》或《章句》不同的两组书。朱子的著书都有一个较长而且反复的修订过程，我们要弄清其间的发展演变过程，但不能简单地用割裂的方法，不能把书在成书过程中的每一个阶段当作一本独立的书、为之设立一个独立的书名，《诗集传》亦然。

《集解》是朱子对《诗集传》初稿的偶尔称名，亦多称"《诗说》"《诗解》"，有时也称为"《诗集传》"，如《朱子文集》别集卷三朱子与程允夫书说："近集诸公《孟子》说为一书，已就稿。又为《诗集传》，方了《国风》《小雅》。"此书甚早，乃在绍兴末年。《文集》卷三十五朱子答刘子澄第三书，论《诗经》绿衣之义，中云："此《集传》所以于诸先生之言有不敢尽载者也。"此书乃在庚寅，朱子41岁，可见他早年就把其"诗说"著作称为《集传》了。又如《文集》卷三十九朱子答范伯崇二论苏氏"诗说"，中云："故熹于《集传》中引苏氏之说而系之曰……"此书王氏《年谱》以在乙未（1175年）前，即朱子46岁以前。所以旧本《年谱》在淳熙四年下立"《诗集传》成"，是可以的。现在束著《年谱》一定要说淳熙四年《诗集解》成而序定之，不仅没有必要，也掩盖了朱子本来就把早期主小序的"诗说"称为《诗集传》的事实。从旧谱来说，王懋竑《年谱》也已经说明，淳熙四年所成的《诗集传》与后来废小序而改写的《诗集传》有异，后来废小序的《诗集传》乃朱子论《诗》思想的进一步发展，王氏亦明言《诗集传序》乃旧《诗集传》之序，非后来废小序之《诗集传》的序。

王谱考异云：

　　按《年谱》，据《集传序》，而朱子明注云："《集传》旧序，则后来《集传》不用此序也。"《集传》盖有纲领而无序文，《集注》辨此颇明……按朱子明《诗传遗说》，《集传序》乃旧序，此时仍用小序；后来改定，遂除此序不用。

朱子明即朱子之孙朱鉴。所以，旧谱并没有混淆。这里的问题是，束氏的做法无异于认为淳熙四年前《诗集解》只称"诗集解"，不称"诗集传"；又认为《诗集解》与《诗集传》完全是两部书，不是前后经过修改的关系，这显然是不能成立的。

中韩朱子学比较研究的意义

朱子是南宋著名哲学家，儒学大师，在中国哲学史和儒学史上占有极为重要的地位。他一生学术成就十分丰富，教育活动也非常广泛，他在古代文化的整理上继往开来，他所建立的哲学思想体系宏大精密，他的思想学说体系在古代被称为朱学。近代学术亦称朱学为朱子学，这是狭义的用法，广义的朱子学则包括朱子的门人弟子后学以及历代朱学思想家。

在历史上，朱子哲学以理性本体、理性人性、理性方法为基点的理性主义哲学不仅是12世纪以后中国的主流思想，朱子学还曾广泛传及东亚地区，在近世东亚文明的发展上产生了巨大的影响，发挥了重大的作用。在韩国历史上，朱子学在高丽后期已经传入朝鲜半岛，在李氏朝鲜朝逐步发展，在16世纪后半期达到兴盛。朝鲜朝崇尚朱子学，使得直到19世纪朱子学一直都是韩国的主流学术，居于正统地位。韩国历史上的朱子学多被称性理学，韩国朱子学促成了朝鲜朝的学术繁荣，也形成了韩国性理学具有自己特色的理论发展。

一、朝鲜朱子学的贡献

总的来说，朝鲜时代的朱子学，如李退溪、李栗谷，对朱子有深刻的理解，对朱子哲学的某些矛盾有深入的认识，并提出了进一步解决的积极方法，揭示出某些在朱子哲学中隐含的、未得到充分发展的逻辑环节。

比较起来，朝鲜朝性理学讨论的"四七"问题，在中国理学中虽有涉及，但始终未以"四端"和"七情"对举而成为讨论课题，未深入揭示朱子性情说中的矛盾之处。在这一点上朝鲜时代的性理学有很大的贡献。朝鲜时代的朱子学的"四七之辩"看到了朱子哲学中尚未能解决的问题而力求在朱子学内部加以解决。"四七之辩"等韩国朱子学的讨论显示出，朝鲜朝的朱子学家对朱子哲学的理解相当深入，在某些问题和方面有所发展，在这些方面的思考深度上都超过了同时期中国明代的朱子学。同时，16世纪的韩国朱子学对明代正德、嘉靖时期的阳明心学以及罗钦顺的理学思想皆从正统的朱子学立场做出了积极的回应和明确的批判。在这方面也超过了明代同时期的朱子学。

这显示出，只有把朱子学研究的视野扩大到东亚，才能看到朱子学与阳明学的深度对话，而这仅仅在中国理学的视野中是无法看到的。如果说在中国明代的学术思想中看不到朱子学的内部批评（如对于罗钦顺的批评），看不到朱子学对阳明学的同时代的深度理论回应，那么这些都可以在朝鲜朝的朱子学里找到。韩国朱子学的讨论表明，新儒学即性理学的讨论空间在中国和韩国之间已经连成一体，成为共享共通的学术文化。可见研究朱子学、阳明学及其回应与互动，必须把中国和韩国的性理学综合地、比较地加以研究。

二、东亚朱子学中心的移动

在历史上，与政治的东亚不同，从东亚文化圈的观点来看，随着朱子学的向东传播，朱子学的中心也有一个东移的过程。明代中期以后，朱子学在中国再没有出现有生命力的哲学家，虽然朱子学从明代到清代仍然维持着正统学术的地位，而作为曾经有生命力的哲学形态在中国已经日趋没落。

而与中国明代中后期心学盛行刚好对应，16世纪中期朱子学在韩国获得了发展的活力，达到了相当的深度，学者群体也达到了相当的规模。16世纪朝鲜朝朱子学的兴起和发达，一方面表明了朝鲜性理学的完全成熟，一方面也表明朱子学的中心已经转移到韩国而获得了新的发展、新的生命，也为此后在东亚的进一步扩大发展准备了基础和条件。如果说退溪、高峰、栗谷的出现标志着朱子学的中心在16世纪已经转移到韩国，此后，当17世纪以后朝鲜朝后期实学兴起，朱子学的中心则进一步东移，在整个东亚实现了完全覆盖，使得朱子学成为近世东亚文明共同分享的学术传统，成为东亚文明的共同体现。

因此，虽然朱子是东亚朱子学的根源，但中国朱子学与韩国朱子学，不是单一的根源与受容的关系，朱子学文化的中心，在东亚的视野下是可以移动的。没有东亚的视野，就不能了解朱子学中心的转移、变动。

三、东亚朱子学的普遍性

近世以来（中国明清时代、韩国朝鲜时代、日本江户时代）东亚各国朱子学使用共同的学术概念，具有共同的问题意识，认同共同的学术渊源，共同构成了这一时代的理学思想、讨论、话语。中国和韩国的朱子学者虽然生活语言不通，文化传统有别，但共同使用汉字和学术语言，以汉文儒学典籍为经典；他们不仅和经典文本与古人进行交流，也产生了相互之间的交流。他们从各自不同的角度积极地发展了理学的思考，为东亚地区的朱子学普遍性体系做出了自己的贡献。

用"一体和多元"来观察东亚朱子学的横向面貌，目前较为大家所接受，就是说东亚朱子学在体系上内在的是一体的，而中国朱子学、韩国朱子学等不同国家地区的朱子学又有自己关注的问题，形成朱子学的多元面貌。这是没有问题的。另一方面，也可以看出，16世纪的韩国朱子学与12世纪以后的中国朱子学相比，在理学的话语、概念、问题意识方面，哲学的普遍性讨论是主体，而附加其上的具体性、脉络性、地域性的因素是次要的。如不能说"四七"的讨论及其出现是朝鲜朝特定社会政治的特殊性造成的，而更多的是朱子学内在、深入的探究使然。若强调脉络性，则会倾向把"四七"的讨论看成韩国政治社会因素的直接结果。而强调普遍性，才能确认"四七"的讨论是更深层次的朱子学讨论，才能认识韩国朱子学的理论造诣和成就，才能说朝鲜朱子学超过了明代朱子学。朱子学是以其普遍性的义理吸引了东亚各个地区的学者，朱子学的普遍性义理为这些地区的士人提供了理论思考的框架和工具，提供了价值、道德、伦理和世界观、宇宙观的基础，朱子学成为这些地区共通的学术文化，这在中国和韩国最为明显。

因而，把文化的视野扩大，超出一个国家的边界来看，理学不仅是11世纪以后中国的思想体系，而且是前近代东亚各国占主导地位或有重要影响的思想体系。因而，说理学是近世东亚文明的共同体现、共同成就、共同传统，是不算夸张的。从而，就朱子学研究而言，要展现朱子学体现的所有环节，所有实现了的可能性，就需要把中国、韩国的朱子学综合地、比较地加以研究。如"四七"的讨论可以说是朱子学自身所含有的理论环节，但在中国更多的只是萌芽的或潜在的存在而没有发展，而在韩国则明确实现出来、发展出来。不研究韩国朱子学，就不能确认"四七"或"理发气发"的问题在朱子学体系中的存在和地位。

理学不仅是中国宋明时代的思想，也是韩国朝鲜时代的思想，亦是日本江户时代的思想，把东亚各国朱子学的贡献都展示出来，才可能把朱子学理学体系的所有逻辑环节和思想发展的可能性都尽可能地揭示出来，也才能把理学和东亚不同地域文化相结合所形成的各种特色呈现出来。不综合地研究中国和韩国的朱子学，就不可能了解朱子学体系包含的全部逻辑发展的可能性，不能了解朱子学思想体系受到挑战的所有可能性，不能了解以及朱子学多元发展的可能性，不能确认朱子学在各个时期的发展水平，也就不能全面了解朱子学。

朱熹的历史与价值

——戴鹤白教授访问陈来教授

戴鹤白（以下简称戴）：陈教授您好！今年是朱熹诞辰880周年，中国北京、福建等地都将举办关于朱熹的讨论会和纪念活动。我今天要提的问题都是围绕这位在西方既很出名又很陌生的中国宋代哲学家。您对朱熹的研究有很大的贡献，您认为在中国的哲学史中，朱熹占有什么样的地位？

陈来（以下简称陈）：我觉得在中国哲学史上，有两个人的地位最重要。第一个当然是孔子，孔子对夏商一直到春秋的文化、对早期中国文化做了一个总结，并把这种总结上升到哲学的高度，这是第一个贡献。孔子通过这种总结和哲学的提高，开创了儒家这个哲学学派，它成为中华文化的主要部分，影响了后来两千五百年的整个中国文化。朱熹比孔子差不多晚一千五百年，他是中国文化史上另一个集大成者，他的作用可以说和孔子几乎相当。在那个时代，一方面，他总结了孔子以来儒学的发展，所以他具有总结的作用；另一方面，他又对之有了一个提高，这个提高是新的。面对佛教文化的进入和佛教文化对儒家文化的冲击，他要重建儒学的思想和哲学基础，比如说宇宙论、心性论、修养功夫。

这些成就都是集大成式的。所以，孔子可以说是中国第一个集大成的人物，而朱熹则是孔子以后的第二个。朱熹的思想，从12世纪开始产生影响，直到19世纪。从南宋末期到元明清三个朝代，都是以朱熹的思想为正统，当然它也受到很多的批评和挑战，但我想这没有关系。另外，如果从整个东亚看，韩国一直到19世纪末还受到朱熹思想的影响。日本也有几个世纪，特别是17、18世纪，朱子学的影响比较大。所以，我想，朱熹的影响和孔子一样，一方面在中国发生很大的作用；另一方面，在东亚的思想和文化历史上，也有重要的地位。

戴：您把他放在第一还是第二的位置上？

陈：第一是孔子，第二是朱熹。

戴：后来明代的王阳明，您认为他的地位没有朱熹这么高？

陈：我觉得（阳明）没有这么高。因为他的时代比较晚了，已经到了16世纪初，这期间差了五百年。进入21世纪的时候，有很多人喜欢做这样的事，欧洲是，美国也是，就是看在过去的一千年里，有哪些影响世界的人物，因为现在要进入新的世纪了。在这个list里，有朱熹，但没有提到王阳明。王阳明没有那么重要，时代不同了，因为他们差了五百年。

戴：您写的著作《宋明理学》，其中有朱熹的十个主要概念：理气先后、理气动静、理一分殊、已发未发、心统性情、天命之性与气质之性、主敬涵养、格物穷理、道心人心、知先行后。您认为这十个概念中，哪个最能代表朱熹的思想，哪个是最重要的？

陈：我看都很重要（笑），因为可以从不同的角度讲。比如说一个纯粹学哲学的人，特别是学西方哲学的，你会容易认为那些宇宙论的、本体论的讲法可能比较重要。因为西方哲学里面，ontology、cosmology 这样的论题比较重要。但在中国其实不一定，最重要的可能不是宇宙论，而是心性论。但不管怎样，我想，以前有一个讲法，说"宋明理学"可以叫作"性理之学""性理学"，韩国人也讲"性理学"，我想在朱熹那里，有关人性、性和理的讨论应该是最重要的。

戴：这十个概念中，最有创造性的是哪个？他虽然是集大成者，但是有没有一个他自己最特殊的突破？

陈：我想比如说关于理气的讨论就非常具有独创性。因为在二程那里，并没有明确地讨论理气问题。他们讨论理和事，理事一源；理和象，《周易》中的象；理和数。但是，没有直接讨论理气的问题。周敦颐讲到气，邵雍也讲气，但他们没讲理；周敦颐讲太极，朱熹说太极是理，但周敦颐自己并没有讲太极就是理。所以我觉得关于理气的讨论是朱熹的突破。一方面他有总结，另一方面他又有创造。理气的思想对后来的影响很大，包括元明清，讨论哲学问题都不可能离开理气这两个最重要的范畴。

戴：这是很重要的概念。在您的《宋明理学》中，其他哲学家的章节里没有提到这么多的概念，只有他有十个，这是不是说他创造了最多的概念？

陈：不一定都是创造的概念，有的是继承的，因为集大成是综合的。比方说"已发未发"，这不是他自己提的，在《中庸》里面就有了，北宋开始讨论。朱熹有新的理解，但问题不是他的独创，只是他对于问题的处理是独特的。当然这个独特是通过对前人、前辈如二程特别是程颐思想的梳理、总结而产生出来的，然后才有其新的看法。比如说知行的问题，这个问题就更早了，《尚书》里就有了，后来不断地出现在各个历史时代，宋代理学中也有。知行的问题不是新的，但是"知是先、行是后，知是轻、行是重"这个讲法，是朱熹独创的，是他特有的。

戴：在这点上，他和陆九渊的观点是否相反呢？

陈：有一些差别吧。我想朱熹所使用的哲学范畴不一定是新的，但是他对问题的处理是新的。

戴：那么，这十大范畴，是不是构成了朱熹的哲学体系？

陈：我相信是这样的，它们是构成朱熹哲学体系的重要部分。当然不是全部，朱熹的全部思想非常丰富，涉及面非常广。我们现在就是用现代人所理解的"哲学""思想"的观念去理解理学的。比如说什么是最重要的哲学问题，什么是最重要的理学问题，这是根据我们现在的理解所概括出来的比较重要的问题。可能随着对理学研究的深入、对它的理解更多，以后我们会谈一些属于理学或者儒学的更特殊的问题。因为以前我们在处理这些问题的时候，中国哲学还处在一个主要以西方哲学作为参考的背景下。那么朱熹哲学里到底是否还有一些就中国思想自己看来很重要的问题？换句话说，是否还有一些虽然在西方哲学角度来看不重要，可在中国哲学的角度上看很重要的问题？比如说，我现在要讲的"四德"问题，也许我们在以后写朱熹哲学时需要把这个问题写出来。元亨利贞这个问题，在西方哲学中不可能重要。但你看元亨利贞、仁义礼智、"四德说"，也许以后我们再讲朱熹的时候就要讲这些问题，所以我们所谈论的朱熹的问题是我们现在理解的问题，并不等于说包括了朱熹所有的思想。

戴：关于"理"的概念，如果用英文或白话文，该怎么翻译呢？

陈："理"这个概念的英文，大家喜欢用 principle。principle 的中文翻译也有好几个，如原则、规律，我们现在基本上用原则、规律、原理这三个词来解释"理"。当然了，这是在"理气论"的意义上。在伦理学上，"理"在不同的语境下有不同的翻译。比如说作为道德的规范，理一分殊，具体的"理"，就是指具体的道德规范。如果说的是一个具体的事物，如桌子的理，这个"理"就不是指道德规范，而是说桌子有桌子的属性，或者本性。我们现在处在白话文的语境下，在白话文的哲学语言、体系里，这个"理"要用很多词来处理它。

戴：能不能用"真理"来翻译？因为我在翻译朱熹写给陆九渊的几封信时，有的时候感觉将它翻译成真理是比较恰当的。

陈：有时候是可以的，因为"理"有时确实表示真理，但不是说所有的地方都能用真理来翻译。

戴："理"就是太极，也可以说是本体。荷兰哲学家斯宾诺莎论本体概念，就用上帝来配合这个范畴。那么，在中国，"理"是否可以变成中国人的"上帝"？

陈：不可以，因为这是整个理学的一个重要特点。古代中国有"上帝"这个观念，但在西周的时候，这个观念更多的是用"天"来表达，"天"不仅仅是自然的蓝天白云，而是代表"帝"。所以天是一个主宰，它有人格主宰的意义，这种意义经过西周到孔子慢慢被淡化，但仍然保存着。你看孔子《论语》里面的"天"不纯粹是一个自然的天，它跟老子讲的不一样，"天"仍然带有主宰的意思，只是没有那么强了。在宋代，"天"被解释得非常清楚：天者，理也。就是说"天"不是上帝，只是一个宇宙自然法则，而不是一个宇宙的人格主宰。所以，从这个意义上来讲，它不是一个上帝的概念。

戴：您的《朱子哲学研究》说有人把朱熹和康德做比较，但是您更愿意把他和莱布尼茨做比较，请问这是什么原因呢？

陈：其实呢，可以有很多的比较，海外新儒家比较喜欢拿康德与朱熹比较。但因为康德比较讲主体（subjectivity），与朱熹的情况不太一样。朱熹跟谁比较接近呢？我想古代的是柏拉图，近代的呢，我想还是与黑格尔比较接近，黑格尔比较讲究客观的本体，而不是强调主体性，当然他对"心"也很重视，所以我不太赞成从康德的角度来讲朱熹。另外，有一些人，他们用康德来讲朱子的时候，基本上是用康德批判朱子，因为康德有自律的概念autonomy，朱熹的思想则不是autonomy，二者是不相干的！所以斯宾诺莎、莱布尼茨都比康德更接近朱熹，因为他们都有系统的宇宙论，康德没有一个真正的宇宙论。

戴：朱熹以为去世的皇帝在天上是有灵魂的，这是一个普遍的信仰吗？

陈：不仅是皇帝，所有的人死了以后，可能都有魂。但这种魂在朱熹那里，已经用"气"来解释了，魂和魄都由"气"来解释。人死了后，魂魄不会马上消灭，但可能慢慢地消灭，也可能很长时间才消灭。那么祭祀的作用就是希望活着的人与魂气能够接通，能够沟通。所以，古代的儒家都讲"祖考来格"，格就是"格物"的格，祖考就是祖先死去的魂气。你祭祀的时候，它们就会有反应；灵魂来了以后，就能享受你给它的祭祀品，当然这个享受不是我们日常意义的享受，它们不会用嘴来吃，但是它们会享受。所以理论上不仅皇帝是这样，所有的人都是一样的，死后会灵魂不灭。

戴：朱子有一个很重要的概念"心统性情"，这是不是说，人能够实现超越、克服他们自己本身的命运，获得自己的自由呢？

陈：我想，可能还不能完全说人可以主宰自己的命运。因为性和情都是属于主体的部分，而命运是外在的网络，它是决定性的。但朱熹很强调心的自由、心不受情的限制，如果心受到情的限制，就没有自由。"心统性情"，即心能够驾驭性情、控制性情，才能够从性情的限制中摆脱出来，实现自由。但是这种自由不等于是命运上的自由，只是情欲上的自由。

戴：他经常和道家、佛家比较，说心是主动的，而不是被动的，是不是这个意思呢？

陈：我想他讲的不是心是主动的还是被动的，他主要还是讲心有伦理的、道德的内容。因为他认为佛教讲的心是"空"的，里面没有"理"，"实"的心里面才有"理"。这个"理"当然就是"性即理""心具理"，无论怎么样，心都不能是空的。他认为，道家也好，佛教也好，特别是佛教，说心是空的，因为里面没有东西，所以就没有任何作用，也没有任何有价值的内容，这是理学家特别反对的。

戴：在西方，一般很少说中国哲学是形而上学，您认为朱熹的思想是否是形而上学？

陈：我认为理气论就是形而上学。另外，因为在西方的传统里面，自从亚里士多德以来，形而上学就是讨论像实体这样的事物，很少讲心性论，但从中国哲学的角度来看，心性论也有形而上的意思（笑）。

戴：那么，形而上学是从朱熹开始的呢，还是以前就有？

陈：在他以前就有，在老子那里就有形而上学。另外魏晋时代的新道家，魏晋玄学，王弼他们，都有一种形而上学。那么宋代，看程颐，他也有形而上学，只不过那不是他思想的全部，只是其中的某个部分。

戴：在您的著作《朱子哲学研究》中，您说陆九渊大胆指出《太极图说》与道家的关系是有见地的，而又说陆九韶与陆九渊认为所谓朱熹提出"无极"以防止人们误认太极无极同于一物的说法是牵强的，那么您到底是怎么看的？

陈：其实我不是说朱熹所有的解释是牵强的，也不是说陆九渊所讲的都是有道理的。我只是说朱熹的说法有自己的一套独特的解释，陆九渊也有自己的一种解释。只是陆九渊的解释是比较简单的，朱熹的解释比较复杂。比如陆九渊说"无极"是老子的，乍听起来好像很有道理，道家一直在讲"无极"嘛，但是朱熹的解释在于说明概念没有学派的属性，概念是每个人都可以用的，最重要的在于你怎么理解它们，怎么使用它们，赋予它们什么意义。比如说"无极""无极而太极"，朱熹就把"无极"当作"无形"来理解，"无极而太极"就是无形而有理。这个解释就变成儒家的，所以朱熹的讲法就比较复杂。陆九渊说"无极"是道家的，听起来好像有道理，但是朱熹的解释同样有道理，只是比较复杂。

戴：朱熹的思想在近代受到很多人的排斥，因为他代表正统。那么，在现代呢？您认为朱熹的思想在现代有什么样的地位呢？有没有很多人研究他？您认为，现在的儒学复兴是一种表面的现象，还是有真实的内容？

陈：不，我觉得不是表面的。现在中国人的心愿是真实地希望文化有一个复兴。但一个新的复兴是不容易的，需要有新的朱熹出现，新的二程出现，新的思想家出现。在20世纪，已经有一些新的儒家思想家，比如说熊十力、梁漱溟、冯友兰，这些都是20世纪新的儒家哲学家。21世纪应该有新一代的儒家思想家，因为熊十力、梁漱溟、冯友兰他们继承儒家的思想著作都是在20世纪的前50年写的。到了20世纪的后50年，整个主流文化是批判儒家文化的，批林批孔。在这半个世纪里没有出现新的儒家思想家。现在呢，虽然老百姓也好，知识分子也好，大家对传统文化有兴趣，也希望了解学习，儒学确实是在复兴，但是这种复兴只是文化上的复兴，还不是哲学上的复兴。所以现在有小孩子念《三字经》，念《论语》，只表明文化在复兴，真正完全的复兴，必须要有新的思想家出现，比如像熊十力、冯友兰那样的人，21世纪儒家的复兴才能真真正正地发展起来。所以这个复兴确实是真的，但现在才刚刚起步。

戴：现在中国社会，可以说有一个大的转变，甚至有人说是一种"复辟"。刚才说朱熹受到批评，那么，现在对朱熹的恢复、平反，是不是反映了整个社会的转变？

陈：这个社会变化很大，从邓开始一直到今天，整个社会结构变化很大。大家在这个变化的过程中，对文化的理解也产生了变化。如我刚刚说的，一般来讲，人民对于他们自己的传统文化越来越有兴趣。但是也有相当多的知识分子对文化传统持批判的态度，特别是受五四新文化运动影响比较深的学者，比如说北京大学的一些学者，他们仍然对朱熹，甚至对孔子这样的人持批评态度，这样的人还不少。但是，我想，虽然这些人还在，但是这个情况正在变化，他们的力量越来越小了，同情传统文化的人越来越多。所以还会有争论，还会有人写文章批评朱熹，但是我想这个形势已经改变了。如果看未来二三十年，朱熹的地位会越来越高才对。

戴：我最近在法国翻译了朱熹写给皇帝的《戊申封事》，他直接或间接地批评了孝宗皇帝的一些缺点。那么，这种方式您认为在南宋时期是普遍的吗？是朱熹个人的勇气非常突出，还是一般文人都具有这种勇气？

陈：封事，这个事情在南宋是普遍的。如果你没有机会和皇帝当面表达你的意见，你就可以写封事来表达你的政见。我想就朱熹而言是需要勇气的，为什么呢？孝宗皇帝不太喜欢他，特别是不太喜欢他讲的东西。他明明知道孝宗皇帝不喜欢他讲的东西，他还要讲，这就是勇气。因为他在《戊申封事》之前的春天到杭州去，路上就有人和他讲，你这次去不要再讲正心诚意。因为他以前每次都对皇帝讲《大学》、正心诚意、格物。这是什么意思呢？他让皇帝加强自己的修养，看看自己的心正不正，这就是说他认为皇帝的心不正，因此容易受到小人的影响，所以他讲的这套东西皇帝不爱听。三十三四岁，他见皇帝，就讲这些东西，就是说陛下你要格物致知、正心诚意。所以在戊申年（1188年）去见皇帝的时候，有人就劝他说你讲的东西是皇上最不喜欢听的，你这次就别讲了吧！他说，我怎么能不讲呢？不讲就是欺骗皇帝，我要把我真正的想法讲出来，因此他就接着讲。当时可能觉得讲得不够吧，回来在冬天就写了这封封事。在此几年前，庚子年（1180年），他也有《庚子封事》，当然他那时讲的具体的东西比较多，但主旨是一贯的。所以我想，当时的士大夫批评皇帝并不奇怪，但朱熹是一个代表，因为他讲的都是皇帝不爱听的，明明知道皇帝不爱听，他还要讲。我想，孝宗皇帝还算是不错的，因为他的封事送到皇帝那里时已经是夜里，皇帝还要起来把灯点亮，还要一篇篇看。看完之后虽然没有那么高兴吧，但我想还是会有点感动的，心想这个老头，这位老臣，他还是为朝廷、为皇帝着想，所以皇帝还是会受到一点感动吧！你觉得呢？

戴：我觉得是这样的。朱熹的晚年，最后五年，即在庆元那个时候，他的学说被禁止了，甚至儒家的著作都被禁止了，因此就有人将那段时间称为"封建时期的'文化大革命'"。

陈：这个我想不能说是"文化大革命"，因为它所有的方式都不一样。朱熹没有政治权力，他只是一个给皇帝讲书的大儒，他只有道德的象征、知识的象征，所以说是不一样的斗争。皇帝和朱熹不是高层政治集团的斗争，皇权的结构到底是不同的，因为在古代，皇帝还有这个权力，说不要赵汝愚就不要他了。还有，这主要不是皇帝和赵汝愚的矛盾，而是韩侂胄集团和赵汝愚集团的矛盾，这是不一样的。另外，"文化大革命"的社会影响很广，所有的干部都要到"五七干校"去，学生都要到农村去，他按照改造整个社会的计划去实现，还是不一样。但朱熹是受到赵汝愚他们斗争的影响了。

戴：朱熹自己是没有受到迫害的，他的学生受到迫害了。

陈：他也算是受到了，因为罢了他的官，等于没有工资了。

戴：赵汝愚受到迫害了。

陈：赵汝愚受到迫害了，他被流放，之后死了。

戴：您的《朱子书信编年考证》把朱子近两千封信做了一个时间上的编排，这是极为宝贵的学术著作，是一本非常有用的工具书。您是怎么做这本书的工作的？从哪年开始的？这是一个很伟大的工作。

陈：就是在1978—1981年，在北大图书馆，因为用书很方便。当时用的是《四部备要》的《文集》，它的纸质不太好，快要被翻烂了。完全靠自己的脑子来记，当时没有电脑，只靠人脑，也没有索引，日本的索引也是后来才引进来的，也不是那时候出版的，而且它所用的版本也不是《四部》的本子，所以那时完全靠人的脑子来记这些。当时因为社会很安静，人心也很安静，而且也没有结婚，没有妻子孩子，每天早上去图书馆，晚上十点才回来，一直都是做这个研究。人在做学生的时候最可以集中时间，你看我现在已经没有这个时间去图书馆了，我已经有十年没有去北大的图书馆借了。当然我在香港教书期间借书还是很多的。在北京我基本上都是用自己的书，基本上不去图书馆借，也没有时间去图书馆。因为在香港教书，家人不在，一个人很简单。如果在北京的话，就没有这么多时间去。所以就是在那几年写了这个。它最初的时候叫《朱子书信年考》，不是按年份的顺序，而是按照他《文集》的顺序，在每封信后面标上其年份。现在按编年的顺序，做了一个更改。那是因为后来我的老师问是否改成编年的会更好一些，我就改了一些，体例就变了。后来在1982—1985年，我一边写博士论文，一边调整它的体例。调整不费脑子，只要花点体力，改变它的顺序，因为它当时比较乱。它是我第一部关于朱子的书。因为书中的序写在1986年1月，那个时候我就交稿了，交给上海人民出版社。我的博士论文《朱熹哲学研究》是1986年9月交给出版社的，所以那本书是最先完成的。但最先出版的是《朱熹哲学研究》，1988年出版，因为《朱子书信年考》出版不容易，它的排版、校对都有相当难度。

戴：研究朱熹的人有好几代，老前辈有冯友兰、任继愈，中国大陆以外有钱穆、陈荣捷，还不包括海外汉学家。

陈：对。

戴：人们说您的《朱熹哲学研究》是一个里程碑。陈荣捷先生也说其中的内容、方法俱属上乘，他用了三个异常来表达：叙述异常完备、分析异常详尽、考据异常精到。这本书到现在有将近二十五年的历史，是献给张岱年老师的。那么，回顾这二十五年，您是如何看待这本书的呢？

陈：这本书还可以吧！因为这本书出了以后，很少有人写关于朱熹的博士论文，很少有人再全面地写关于朱熹的论文。不像王阳明，写王阳明的博士论文很多，虽然我觉得我写王阳明写得很好，但还是不断有人在写。但关于朱熹，好像没什么人再写了。我的学生说陈老师写了朱熹以后，别人都不敢再写了。其实也不是不敢写，而是他们知道我写这个书花了很多功夫，如果要写得比我好，必须花更多的功夫。可能觉得时间不够是现在的人不太选朱熹做博士论文的一个原因吧！那么这个书，特别是上海版，加了两章，我觉得比较好，代表了我对朱子哲学的整个研究，因为原来中国社会科学出版社出的第一版有两部分没有加进去，这两部分加进去了以后，更完整地体现了我那个时候的研究。但是近来这二十多年，我对朱熹的研究不多，朱熹写完之后，我就马上写王阳明了，写完王阳明，就写宋明理学。宋明理学之后，我就告别宋明理学，进入古代，写了十年古代，从古代回来，我写了王船山（王夫之）。当然当中我也写冯友兰，写了关于现代的书。但是，我也不断写一点朱熹，你看在《中国近世思想史研究》里面，也有很多关于朱熹的内容。另外，还有清代的朱子学，如陆世仪、陆陇其的朱子学。后来我写的王夫之的书，我想它很重要，因为我重新解释了他和朱熹的关系，指出他不是一个反对朱熹的人，而是受到朱熹影响很大。

戴：王夫之的书中对朱熹用"子"字称呼，是否已说明他对朱熹的认同？

陈：那倒不一定，王夫之早年的书有《读四书大全说》。他早年的时候对朱子的批评不少，特别是对朱子学生的批评很多。但是很多人没有很好地了解他，他后来写书不一样。他在中年以后写《礼记章句》《四书训义》，对朱熹非常推崇，完全以朱熹继承者的面貌出现，我的书里面也讲了他和朱熹的关系。所以我后来的研究也不是和朱熹没有关系，比如说王阳明，王阳明反对朱熹。为什么我写王阳明的书大家会认为比较重要？就是因为很多人没有研究过朱熹，直接讲王阳明，在他和朱熹的关系上讲不清。为什么大家认为我讲王船山讲得比较深入？因为我将他的全部书和朱熹的关系做了一个梳理。所以我后来的书虽然没有直接写朱熹，但也和他有关系。

戴：这个问题不知道是否该问，就是您的出身是否是文人家庭？

陈：不是。我的家人不是做学术研究的，虽然我的父亲曾经在北京大学受教育，但他学的是经济学。

戴：您研究哲学史，是哲学博士，您是否认为自己是哲学家？

陈：我觉得这个要看你怎么定义哲学家。因为过去几十年，大家认为只有像黑格尔这样建立庞大哲学体系的人才算哲学家。但是现在在美国，你只要是一个学哲学、做哲学、教哲学的人，都是一个哲学家。就好像你学习历史，当教授教历史，就是一个历史学家。所以从这个角度来讲，每个做哲学的人都可以说是一个哲学家，尤其是研究哲学史本身就是研究从前的哲学问题，拿出来再加以思考，加以批评。这样研究哲学史的学者就是哲学史学者，是哲学家的一种。

戴：您现在是清华大学的哲学教授，也是国学研究院院长，这个"国学研究院"具有什么内涵？

陈：我们去年才建立国学研究院，只是重新建立，因为它最早建立是在1925年。在那时，清华大学国学研究院有四个重要的人物：梁启超、王国维、陈寅恪、赵元任。如果你研究中国现代学术思想史，这四个人是最重要的，他们可能比胡适还重要。首先，梁启超，他是19世纪末到20世纪20年代中国最有力量的思想家，他在清华的时候就是讲儒家哲学。然后，王国维，他不仅对甲骨文有着开创性的研究，还最早研究商朝的历史、周朝的历史。陈寅恪，从欧洲、美国回来以后，做魏晋南北朝史、隋唐史的研究，影响特别特别大，一直到20世纪90年代，中国的知识分子还是把他视为一个神话。赵元任是一个语言学家，但在中国近代学术史上，他的资历很老。老的清华国学研究院就是由他们——被称为清华的"四大导师"——建立起来的。后来清华在20世纪50年代后没有文科了，到了90年代慢慢开始恢复。所以我们是恢复、重建清华国学研究院。

戴：您在《传统与现代》中，说更愿意把自己称为"文化守成主义者"，其具体内涵是什么呢？

陈：culture conservatism是美国人喜欢用的概念。它主要是说conservatism是不一样的，从前人们将政治上反对革命的人称为保守主义者，但现在一个人可能不管在政治上是支持革命的还是反对革命的，抑或是中立的，他在文化上都可以反对否定传统文化。因为"五四"的时候有那种radicalism，完全否定传统文化，彻底地抛弃传统文化，这个是文化守成主义者所反对的，他们更多地希望继承、传承传统文化。

戴：最后一个问题，您近年的研究转向先秦，取得了什么样的新成就？

陈：先秦的研究已经不能算是新的了，是上一个十年，2002年以前的研究，1992年到2002年。现在我又回来了。所以也还不断地在宋明、现代上做研究。我最新的研究可能都是当代的儒家思想，可以说是儒家思想跟当代的问题。比如说，明年春天我要出一本书，也是一个集子，把我关于现代的文章收集起来，主要讲儒家与人权、儒家与民主、儒家与经济发展等问题。其实儒家跟现代问题，比如儒家与公共知识分子、儒家伦理与全球伦理这些问题的关系，都是我所要思考的。

戴：您的成绩跟钱穆先生可以做个比较吗？

陈：可能不行吧！钱穆先生是比较古典式的学者，所以他对经学、史学、文学有一个通贯的了解。而我呢，对经学、史学、文学的了解就不够。比如朱子，我不了解他的文学，也不了解他的史学，对他的经学只是部分了解，比较突出的部分是他的哲学。所以呢，他是老一辈的学者，比较具有古典性，会把老的学问贯穿起来，把经、史、文学贯穿起来。我的风格不同，我觉得我还是侧重哲学，以哲学为核心，但是会将思想史、儒学史、文化史联系起来，这是我的风格。

戴：就到此为止吧，非常感谢您的精彩回答，谢谢！

2010年7月15日，于清华立斋

（陈德明 整理）

后　序

　　朱子哲学的研究，是我的本业。我的朱子哲学研究大体上可分为前期和后期。前期是20世纪80年代，我的硕士论文和博士论文都是以朱子哲学为主题，硕士论文题为《朱熹理气观的形成与演变》，博士论文题为《朱熹哲学的形成与演变》。这期间还完成了《朱子书信编年考证》一书。这些系统性的朱子研究成果在80年代都出版了。博士论文完成后的次年，我的研究延伸至明清朱子学，做了陆世仪与陆陇其的思想研究。此后至整个90年代，由于研究转向现代哲学和古代宗教，这段时间我就没有再写过朱子的专题论文了。

　　2000年华东师范大学举办了朱子会议，我写了以朱子《仁说》为中心的论文，这是1986年以后首次回到朱子哲学研究。而真正回到朱子研究应该是2010年，这一年清华大学国学研究院主办了朱子会议，并在会上成立了中华朱子学会，我被推为会长。于是，此后每逢中华朱子学会主办朱子会议，我都会撰写论文参加，这便开始了我朱子研究的后期。这些参加中华朱子学会会议的论文即成为本书的主体。今年在北京、婺源的朱子会议上，我都表示，由于已经上了年纪，此后学会的朱子会议，我就只做致辞，不写论文了，把研究的责任全部转给年轻一代的学者。所以，本书可以说是我后期朱子哲学研究的汇集。

这也使我想起，前辈学者钱穆、余英时都是在七十岁后以朱子研究的著作作为个人学术晚期的收山之作；而与他们有所不同的是，我是在走上学术道路的开始便以朱子为主题，下过七八年的功夫，所以这部后期研究的汇集自然不是以体系研究或专题研究为总体特征。但是其中关注的问题对朱子哲学研究仍有重要性，其中大多是前人未曾加以研究的，所使用的资料和方法对朱子哲学研究而言也有一定的意义。本书在整体上可以说代表了我的中国哲学史研究的特色。以下，我把本书各篇发表的情况，列举如下：

1.《朱子对〈洪范〉皇极的诠释》，原载《北京大学学报（哲学社会科学版）》2013年第2期（原题《"一破千古之惑"——朱子对〈洪范〉皇极说的解释》）。

2.《朱子〈克斋记〉的文本与思想》，原载《复旦学报》第2016年第2期。

3.《朱子〈太极解义〉的哲学建构》，原载《哲学研究》第2018年第2期。

4.《朱子〈太极解义〉的成书过程与文本修订》，原载《文史哲》2018年第4期。

5.《朱子〈太极解义〉与张栻〈太极解义〉之比较》，原载《周易研究》2019年第1期（原题《张栻〈太极图说解义〉及其与朱子解义之比较》）。

6.《朱子的四德论》，原载《哲学研究》2011年第1期（原题《朱子思想中的四德论》）。

7.《朱子四德论续论》，原载《中华文史论丛》2011年第4期。

8.《朱子〈仁说〉与道学话语》，收入朱杰人主编：《迈入21世纪的朱子学：纪念朱熹诞辰870周年、逝世800周年论文集》，华东师范大学出版社，2001年（原题《朱子〈仁说〉新论》）。

9.《朱子论"义"》，原载《文史哲》2020年第6期（原题《论古典儒学中"义"的观念——以朱子论"义"为中心》）。

10.《朱子论羞恶》，原载《国际儒学》，2021年第1期。

11.《朱子学"未发之前，气未用事"的思想》，原载《哲学研究》2022年第1期。

12.《朝鲜朱子学关于"气未用事"的讨论》，原载《世界哲学》2022年第3期。

13.《朝鲜朱子学家李栗谷的理气论析论》，原载《厦门大学学报》2015年第1期（原题《韩国朱子学新论——以李退溪与李栗谷的理发气发说为中心》）。

14.《朱子哲学诠释的比较视野》，原载《船山学刊》2022年第2期（原题《朱子理气论研究的比较哲学视野》）。

15.《朱子太极动静论的近代之辩》，原载《现代哲学》2022年第1期（原题《张荫麟、贺麟朱子太极动静说论辩简析》）。

16.《陈荣捷答陈来论朱子书》，原载《中国哲学史》2021年第1期（原题《陈荣捷先生答陈来书二十八通》）。

上面所列举的论文可以说是我以朱子研究专家身份进行的研究。此外，在我研究朱子的后期，也写了一些有关朱子的文章，大部分曾发表于我的新浪博客。这些文章大都不是专题学术论文，但也各有意义。如《朱子经学研究的几个问题》，本是与友人论学书，但其中所论者，确实值得重视。又如《中韩朱子学比较研究的意义》，本是一次会议发言，而其中所论者对中韩朱子学研究也有提示意义。其他有关朱子及其文化思想价值的普及性文章，也曾在各种场合讲述过，有些认识可能也值得参考。我把这些文章汇集为本书的附录，供读者参考。以下是这部分文章的写作年份：

1.《朱子学的时代价值》，2011年。

2.《朱子的学术思想与大学通识教育》，2010年。

3.《朱子的阴阳变化观》，2013年。

4.《朱子其人其学》，2018年。

5.《青年朱子的成长之路》，2020年。

6.《水流无彼此，地势有西东——全球化视野中的朱子学及其意义》，2019年。

7.《朱子经学研究的几个问题》，2004年。

8.《中韩朱子学比较研究的意义》，2014年。

9.《"陈荣捷朱子学论著丛刊"总序》，2007年。

10.《朱熹的历史与价值——戴鹤白教授访问陈来教授》，2010年。

最后，感谢三联书店对我的学术出版的一贯支持。

陈 来

2023年12月6日